好望角

在这里，看见新世界

ISRAEL: A CONCISE HISTORY OF A NATION REBORN

[以色列] 丹尼尔·戈迪斯 _____ 著

王　戎 _____ 译

宋立宏 _____ 校译

以色列

一个民族的重生

浙江人民出版社

图书在版编目（CIP）数据

以色列：一个民族的重生 ／（以）丹尼尔·戈迪斯著；
王戎译. —杭州 ：浙江人民出版社，2018.9（2023.11 重印）
　书名原文：Israel：A Concise History of a Nation Reborn
　ISBN 978-7-213-08798-1

　Ⅰ. ①以… 　Ⅱ. ①丹… ②王… 　Ⅲ. ①以色列-历史
Ⅳ. ①K382

中国版本图书馆 CIP 数据核字（2018）第 119212 号

Israel：A Concise History of a Nation Reborn
by Daniel Gordis
Copyright © 2016 by Daniel Gordis
This edition arranged with InkWell Management，LLC.
through Andrew Nurnberg Associates International Limited

地图审图号：GS（2018）4239 号

浙江省版权局
著作权合同登记章
图字：11-2018-66号

以色列：一个民族的重生

[以色列] 丹尼尔·戈迪斯　著　王　戎　译　宋立宏　校译

出版发行：浙江人民出版社（杭州市体育场路 347 号　邮编 310006）
　　　　　市场部电话：(0571) 85061682　85176516

丛书策划：王利波　　　　　　　　营销编辑：陈雯怡
责任编辑：汪　芳　　　　　　　　责任校对：姚建国　张谷年　朱志萍
责任印务：程　琳　　　　　　　　封面设计：张泮俭　张庆锋
电脑制版：杭州大漠照排印刷有限公司
印　　刷：浙江新华数码印务有限公司
开　　本：880 毫米×1230 毫米　1/32　　印　　张：16.5
字　　数：378 千字　　　　　　　　插　　页：15
版　　次：2018 年 9 月第 1 版　　　印　　次：2023 年 11 月第 24 次印刷
书　　号：ISBN 978-7-213-08798-1
定　　价：88.00 元

如发现印装质量问题，影响阅读，请与市场部联系调换。

图1　希伯来民族诗人比亚利克。摄于1924年他从柏林移居以色列地的前夜。

图2　西奥多·赫茨尔最有名的一张照片。1901年由犹太艺术家以法莲·摩西·利连在第五届犹太复国主义者代表大会期间拍摄，照片上赫茨尔站在巴塞尔的三国王（Drei Könige）酒店房间的阳台上，思考着犹太国的建国大业。

图3　《新故土》初版（莱比锡，1902年）扉页，上有著名的题词："如果你渴望它，它就不是梦想。"（第29页）

图4　阿哈德·哈姆于1922年1月移居特拉维夫。

Altneuland

Roman

von

Theodor Herzl

Wenn Ihr wollt,
ist es kein Märchen

Leipzig
Hermann Seemann Nachfolger.

3

建设家园，发展农业：建设伊休夫和在土地上耕作是早期犹太复国主义运动的核心精神。

图5　1932年人们在农田里劳动。

图6　人们在安装观察哨和防御栅栏。

图7　亚伯拉罕·以撒·库克拉比和世俗犹太人会面。（第66页）

复兴希伯来语是早期犹太复国主义运动一个重要工程。希伯来语作家广受尊重，成为代表民族的声音。

图8　"学习希伯来语！"

图9　埋首书堆的埃利泽·本－耶胡达。（第68页）

图10

新犹太人的形象：早期犹太复国主义运动强调要创造"新犹太人"。不同于欧洲犹太人，"新犹太人"能够掌控自己的命运。早期犹太复国主义运动的海报展现了肌肉发达的"新犹太人"，塑造了他们在土地上劳动和保卫家园的形象。

图10　"参军入伍！"

图11　"拯救民族和人类。"

图12　20世纪30年代犹太国民基金的海报，一位拓荒者撸起袖子在以色列地从事建设。

图11

图12

图13 约瑟夫·哈伊姆·布伦纳（右二）和他的作家朋友，左一是1966年获得诺贝尔文学奖的阿格农。（第75页）

图14 哈伊姆·魏茨曼博士和亚瑟·贝尔福勋爵。

图15 哈加纳第一届指挥官培训班1921年在特拉维夫和吉尔阿迪村举行。中间穿夹克的是教官泽利克维茨，典型的新犹太人。

图16 "泽夫·雅博廷斯基回到祖国"海报，1964年。1964年7月7日，根据雅博廷斯基1935年的遗嘱，并得到以色列总理艾希科尔的批准（见本书第198页脚注），雅博廷斯基夫妇的遗体被重新安葬在耶路撒冷。这张海报具体列出了下葬队伍停留的地点和时间，供送葬的民众瞻仰。

图 17　1933 年 6 月 18 日《达瓦尔》报首页的头条新闻《哈伊姆·阿罗佐罗夫遇刺》。（第 108 页）

图 18　1932 年春天在特拉维夫举行的第一届马卡比运动会的海报。这是犹太世界的奥林匹克运动会，当时吸引了 21 个国家的犹太运动员和数千游客，不少人后来作为非法移民留了下来。（第 110 页）

图 19　以色列最重要的民间舞蹈霍拉（Hora）舞，摄于 20 世纪 30 年代的恩哈罗德（Ein Harod）基布兹。（第 111 页）

图 20　1944 年犹太工人总工会的海报，画面上刀形的"以色列地"地图将 1939 年的"白皮书"劈成两半。（第 118 页）

21

22

非法移民：犹太人不顾英国的限制政策移民巴勒斯坦。早期非法移民非常关键，不但拯救了很多从欧洲逃亡的犹太人，还为以色列建国奠定了人口基础。

图 21 英国士兵严密监视一艘载有非法移民的船靠岸。

图 22 一艘移民船被拖上岸。

图 23 难民乘船抵达。

图 24 1947 年 11 月 29 日夜晚，特拉维夫街头的人群欢庆《联合国巴勒斯坦分治方案》在联合国大会获得通过。（第 138 页）

23

24

以色列独立被认为是犹太历史上最具开创性的时刻之一。

图25　1948年5月，即将宣布以色列建国的大卫·本-古里安。

图26　1948年5月14日，在特拉维夫博物馆，本-古里安站在赫茨尔的画像下宣读以色列《独立宣言》。

图27　1950年贝京领导的赫鲁特党出版的海报，上面的文字是"记住阿尔塔莱纳号及其武器和战士"。（第166页）

图28　1949年3月，最早抵达乌姆·拉什拉什（今埃拉特[Eilat]，以色列最南端通往红海的出海口）的帕尔马赫战士发现这里没有国旗，便即兴用蓝墨水在一块布上画出国旗并升起。

图29　1964年上映的电影《萨拉赫·沙巴提》，以法莲·基翁导演，是以色列第一部获得国际声誉的电影。（第191页）

图30　布痕瓦尔德集中营的犹太幸存者在第二次世界大战结束后抵达以色列。

图31　1967年6月7日，戈伦拉比在西墙前吹羊角号。（第256页）

图32　1968年的《哈加达》插图。《哈加达》是犹太人逾越节的宗教礼仪用书，纪念的是圣经中希伯来奴隶摆脱埃及法老的奴役，整本书的主题是救赎。这页插图来自1968年耶路撒冷《哈加达》，它赋予六日战争的胜利和东、西耶路撒冷的统一以宗教含义：传统插图上这里一般是骑着驴子的弥赛亚来到耶路撒冷的城门前，象征最终救赎的到来；但此处一位以色列空降兵背着枪，手持象征胜利的棕榈枝，来到耶路撒冷老城的雅法城门前，城门上插着以色列国旗，上面的文字是"以色列的自由，耶路撒冷的救赎"。

图 33 "达扬和沙龙又笑了"，摄于 1973 年战争期间。

图 34 梅厄夫人。

图 35 2011 年，耶路撒冷穆斯拉拉（Musrara）区（即黑豹运动发源地）一条小巷以"他们不是好人"命名。

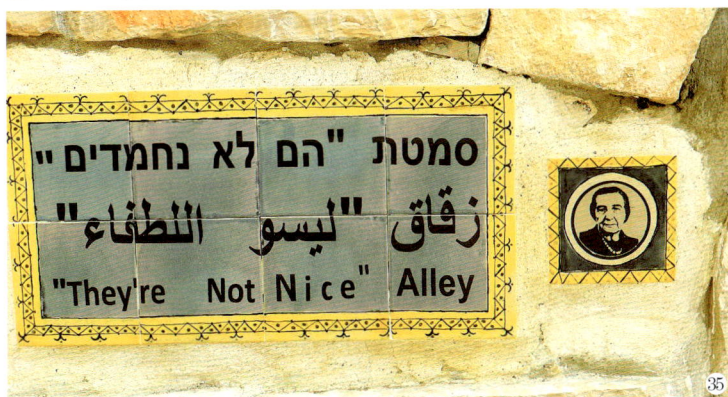

图36 《1989年因提法达》。巴勒斯坦无名艺术家创作的海报。一位年轻的巴勒斯坦人手举弹弓，背后是燃烧的车胎。烧车胎是用来在游行和骚乱时干扰以色列士兵的视线。（第332页）

图37 《以色列》。以色列艺术家迪肖恩于1988年为以色列建国40年而作的海报。构图取自赫茨尔在巴塞尔的一幅著名照片（见图2），海报所用的赭、黑、绿三色取自巴勒斯坦的旗帜。

图38 《妈妈》。以色列艺术家塔特科瓦作于1988年的海报。一位在占领土地上巡逻的以色列士兵路过一位阿拉伯妇女，两人对视的一瞬间，他可能想到自己的妈妈，而她可能在想自己的儿子。

以色列很大程度上是一个依靠来自全世界的犹太移民建立起来的犹太国家。

图39 1949年6月至1950年9月，将也门犹太人运送到以色列的"魔毯行动"。（第186页）

图40 1991年5月，将埃塞俄比亚犹太人运送到以色列的"所罗门行动"。（第337页）

图41 自20世纪90年代以来，极端正统派在耶路撒冷发起的示威游行规模越来越大。他们主要抗议违反安息日教规、在极端正统派居住区附近设立世俗机构、考古挖掘和要求他们服兵役的议案。

图42 伊扎克·拉宾及其实现和平的伙伴约旦国王侯赛因。（第348页）

图43 阿里埃勒·沙龙长期以来是人们心中的战士和政治家，但在他自己心中，他只是一个农民。

图44 贝京欢迎越南难民，1980年。（第396页）

和以色列这个国家一样,丹尼尔·戈迪斯写的《以色列:一个民族的重生》是一部充满勇气、内容丰富、特点鲜明的作品。本书讲述了以色列建国至今令人惊叹的故事。任何人,只要对犹太复国主义的历史感兴趣,都会在这部持论公允、叙事平衡和众所急需的书中发现深刻的见解。

——阿里·沙维特

《我的应许之地:以色列的荣耀与悲情》作者

以色列是谁?它从何而来?为什么犹太国将继续存在,且必须继续存在?戈迪斯精准地抓住了这些问题的本质。有人曾问我:"关于以色列,如果只读一本书,应该读哪本?"现在我已有了答案。

——克林顿总统的中东特别协调员丹迪斯·罗斯

《失去的和平:争取中东和平的内幕》作者

丹尼尔·戈迪斯写下了一部极具启发性的历史,在其中,他不仅通过政治家和战士,还通过艺术家、作家和诗人来讲述以色列的故事。戈迪斯向我们展示了以色列的灵魂,解释了为什么这个在地球上最受憎恨的国家同时也是最受喜爱的国家之一。

——约西·克莱因·哈勒维

《像梦想家一样:统一耶路撒冷但分裂国家的以色列空降兵》作者

以色列史可以说是现代以来最伟大的故事,以简洁而有力的方式陈述这段历史本身就是一项了不起的成就。丹尼尔·戈迪斯做到了这一点。不仅如此,他还用丰富的文字和深刻的见解,充满激情地呈现了以色列的历史。他这本书会让对犹太国感兴趣的人爱不释手,还会成为学者、学生和政策制定者的重要文献。

——以色列前驻美国大使迈克尔·奥伦

《六日战争:1967年6月及其对现代中东的塑造》作者

关于以色列国取得的胜利和经历的磨难，终于有了一部情感细腻、文笔优美、立场公正的作品。

——洛杉矶西奈圣殿拉比戴维·沃尔普

《大卫：分裂的心》《令失败有意义》作者

这本书用精彩、易读、细腻和睿智的方式讲述了一个复杂的故事，任何想弄清楚世界上这个复杂角落的人都应该读这本书。

——埃默里大学教授底波拉·莉丝黛

《否认：大屠杀历史的审判》作者

在丹尼尔·戈迪斯编织的这张关于以色列史的美丽挂毯中，我们能看到创建新型犹太社会是一项多么令人佩服的复杂工程。《以色列：一个民族的重生》很好地提醒我们：凭借新的语言、世俗的文化和无与伦比的成就，以色列当之无愧是人类创造的一个奇迹。

——塔利娅·卡尔纳

《莫斯科酒店》《耶路撒冷少女》作者

丹尼尔·戈迪斯集百科全书式的知识和小说家的写作才华于一身。他探究整个以色列历史，解释了 20 世纪犹太国的重建为何及如何彻底改变了犹太历史，让复杂的历史事件变得明了易懂。《以色列：一个民族的重生》是一本真正重要的书。

——约瑟夫·特拉兴金拉比

《犹太文学》《犹太伦理学准则》《拉比》作者

戈迪斯在事件的叙述中融入了他对历史的判断，巧妙使用了文学文献，介绍了以色列形成期的关键人物，对以色列的历史、政治，特别是其灵魂，进行了深入思考。《以色列：一个民族的重生》是一部活力四射、思路清晰、充满智慧的作品。

——伊兰·特洛恩

以色列研究学会主席

你禁止声音不要哀哭，

禁止眼目不要流泪，

因你所做之工必有赏赐……

你末后必有指望，你的儿女必回到自己的境界。

——《耶利米书》31:16—17

我感到，人的生命应该深深扎根于故土某处，它可以在那里获得这种温柔而亲切的爱：爱那里的大地，爱那里人们的劳作，爱萦绕在那里的各种声响和乡音，爱可以将早年的家园从日后博闻广识中清晰区分开的一切；每当历历在目的往事涌上心头，就会交织着思慕之情。

——乔治·艾略特《丹尼尔·德隆达》

什么构成犹太国的犹太性

—— 中译本序

  以色列是众所瞩目的国家。无论在当代全球政治变局，还是千年世界文化格局中，以色列这个"犹太国"的特殊位置都无须赘言。关于以色列的中文书越来越多，不少还是以色列人写的。我为什么感到有必要再来组织翻译一本关于以色列的书？

  本书是以色列通史，原著出版于 2016 年。我国上一本以色列通史译著的原著出版于 2002 年（阿伦·布雷格曼：《以色列史》，东方出版中心，2009 年）。这十几年来，巴以和谈陷入僵局，巴勒斯坦人的第二次大起义（"因提法达"）让巴勒斯坦人和以色列人之间的隔阂愈益加深。和平既然无望，以色列人开始更多地向内看，以往被巴以冲突多少遮蔽的以色列犹太人内部的社会矛盾日益突出。

  以色列 1948 年建国后，生活在阿拉伯国家的犹太人遭驱逐而移民以色列，这些东方犹太人（Mizrachim）的体征、文化与习俗迥异于欧洲裔的阿什肯纳兹犹太人（Ashkenazim）。欧洲白种犹太移民建国前就来到巴勒斯坦，此时大权在握的他们免不了歧视和剥削东方犹太人，让后者心生怨恨。进入 21 世纪后，东方犹太人的后代不仅在人数上早已赶超阿什肯纳兹犹太人，政治势力举足轻重，文化影响也正在扩大。虔诚的东方犹太人不仅与世俗化的阿什肯纳兹犹太人矛盾重重，更与约 100 万来自前苏联地区的几乎没有任何信仰的犹太移民判若油水。由此产生的政治、文化斗争颇有愈演愈烈之势。

大多数阿什肯纳兹犹太人虽然世俗化了，但他们中仍有一小部分所谓的哈瑞迪人（Haredim）顽强抵制现代世俗文明，以独特的服饰和自成一体的居住区刻意与世俗世界划清界限，力主犹太教自古以来的神圣启示一点一划都不可废弃。其中有些人更坚持神权政治或异族统治的理念，视犹太复国主义者的建国大业为渎神的洪水猛兽，他们反对以色列政府，其不遗余力的程度，即使与巴勒斯坦人相比，也是有过之而无不及。以色列建国时，哈瑞迪人的数量微不足道，政府便网开一面，免除了他们的兵役。但近年来，由于高生育率，以及部分东方犹太人的加入，哈瑞迪人口迅速攀升，政治和经济势力已不可小觑。他们的拒服兵役以及他们的世界观造成了以色列社会的严重分化。

与哈瑞迪人相比，来自埃塞俄比亚的犹太移民人数更少。黑皮肤使他们的犹太身份广受质疑，或明或暗的种族歧视令他们长期沉沦于社会底层。近年来，他们以暴乱为形式的反抗不时见诸报端。

以色列犹太人的内部矛盾不仅根植于不同的籍贯和文化传统，也来自于不同的现实主张。对于 1967 年以后约旦河西岸涌现的犹太人定居点，有的以色列人视为保障国家安全的必要屏障；有的坚持认为去那里定居只是重新回到圣经时代神的"应许之地"；有的则警告，一旦把那里大量的巴勒斯坦人纳入统治，犹太国的犹太性就会瓦解。每个人都认为自己的主张最有利于国家利益，捍卫自己立场的决心也就更加坚定，故而这个问题不仅是巴以和谈中最棘手的问题之一，还是以色列国内最具争议的问题之一。

戈迪斯此书写于这类内部矛盾越来越多地进入人们视野之际，对它们的来龙去脉做了见树见林的交代，这是有别于同类著作的特色之处。因此，本书并非又一部顶着通史名号的阿以战争史、巴以冲突与和谈史，再加犹太移民史，而毋宁说是在此基础上对整个以色列社会的鸟瞰。作者想谱写的，不是以军乐为主的铜管乐，而是多声部的交响乐；作者想捕捉的，与其说是政治事件、军事行动、谈判桌、协议内容、营救策略，不如说是这些东西背后的人、他们的性格、他们的观念。

戈迪斯此书也写于巴以冲突调和无望之际。事实上，自 20 世纪 80 年代起，一批以色列学者根据以色列和英国的解密档案，陆续写出了一批实证性著作，挑战了关于犹太复国主义的主流叙事，其影响之大，以至于今日要讲述以色列的故事，就不得不面对两种深刻对立并仍在交锋的叙事：犹太复国主义的本质，究竟是一场犹太人发起的殖民运动——就像这批"新历史学家"（New Historians）所主张的，还是一场犹太民族的自我解放运动——就像传统观点所坚持的？相应地，以色列国有没有扮演殖民压迫者的角色？是不是它所自我标榜的民主国家？这种争论多少可以视为对巴以冲突延伸进学术领域的折射，哪怕争论双方基本是以色列人。

戈迪斯对这场争论的态度，书后的引用文献就有反映。就"新历史学家"的旗手而言，对于主张巴勒斯坦人的视角不能忽视、中文世界也有译介的艾兰·佩普（Ilan Pappe），他只引用了一篇论文，还是转引自他人文章。对于写出以色列与阿拉伯世界关系的巨著、认为以色列在绿线之外的殖民活动是构成巴以和谈主要障碍的阿维·施莱姆（Avi Shlaim），他没有引。他倒是大量引用了"新历史学家"一语的发明者本尼·莫里斯（Benny Morris）的观点，但在

2000年巴勒斯坦人第二次大起义爆发后，莫里斯已经戏剧性地从政治左翼转向了政治右翼——这也是不少以色列人思想转变的一个缩影。

当然，不同于新历史学家，戈迪斯对以色列的社会与文化更有兴趣；而较之传统叙事，他更在意追溯"犹太国"的观念史，在裁剪史料时更偏好表现以色列人集体记忆中的关键事件，因而更善于揭示政治行为背后的民意，更擅长捕捉以色列人心态的演变轨迹。戈迪斯在很多人眼中属于温和的保守派，他大体上似乎在走中间路线：既不回避以色列的恶行，也不吝于赞美它的善举。毫无疑问，关于以色列的过去，争论永远不会结束。但如何记忆过去在很大程度上取决于当下的现实，也包含了如何塑造未来的设想，这是更值得我们关注和思考的。

戈迪斯1959年生于纽约市一个犹太书香门第，家学渊源深厚，祖父是美国保守派犹太教的领袖和著名学者，叔叔是当今美国犹太社团的领袖拉比之一。他儿童时代就在以色列生活过几年，后来在美国完成高等教育，39岁时举家移民以色列，目前任教于耶路撒冷的沙勒姆学院（Shalem College），这是以色列第一所按照美国常青藤学府办学模式打造的强调研读经典著作的博雅学院。这种背景使他迥异于那些以色列背景的现代以色列历史的研究者。他在观察以色列时，既有那份能够入乎其内的谙熟，又有一份出乎其外的超然。但最突出之处，恐怕仍在于他对什么构成犹太国的犹太性有着不同的理解。

以色列的建国之父们对犹太传统的继承有高度的选择性。在他们看来，犹太人在圣经时代的祖先说希伯来语，建立过统一强盛的国家，因而是现代犹太国的光辉典范。相形之下，在随后近两千年的时光中，犹太人被驱逐出"应许之地"，流散到世界各地，日常生活里不再说希伯来语，政治上则碌碌无为，心甘情愿受异族统治，就算屡遭欺凌，却一直逆来顺受，最终像温顺的羔羊一般任由纳粹屠杀。因此，后圣经时代的犹太传统——包括这一时期形成的犹太教圣典比如《塔木德》——统统是需要抛弃的糟粕。很多建国之父移民巴勒斯坦后就更改姓氏，把带有后圣经时代犹太传统特色的姓氏改成希伯来语化的姓氏，以示与流散生活的决裂。推崇"应许之地"的圣经传统而否定流散地的犹太传统，长期以来是以色列社会根深蒂固的标志性特征。受此影响，犹太复国主义者致力于塑造新犹太人：他们不是传统犹太拉比那种苍白、文弱、阴柔的书生，而应当是晒得黝黑、魁梧挺拔、坚韧自信乃至有点粗野的拓荒者。这类新犹太人最典型、最成功的代表就是基布兹中的农民。

戈迪斯从小接受的传统犹太教育是以学习《塔木德》为核心的，他自然无法接受对流散地犹太传统的全盘否定。他在书中就提醒读者注意，基布兹虽然在很大程度上塑造了建国之初的以色列文化，但即便在其鼎盛时期，基布兹人口也只占全国人口7％左右。与犹太复国主义竭力宣传的价值观相反的事实是，绝大多数犹太移民来到巴勒斯坦后选择住进城市。

有意思的是，否认流散地的意识形态似乎也渗透进我国对以色列的译介中。基布兹文化向来在我国被当作最具以色列特色的文化，国人最喜欢通过基布兹来理解以色列，但基布兹今天更像是受到保护的活化石，虽说是一块仍能吸引络绎不绝访客的活化石。中文世界最受欢迎的以色列作家无疑是阿摩司·奥兹（Amos Oz），他恰恰是基布兹文化的典型化身，奥兹几乎所有的作品都有了中译本，连他编选的基布兹题材的短篇小说集也都有中译本。我们甚至还有因染上肺结核而被赶出基布兹的女诗人拉亥尔的诗集的中译本。但我们迄今为止没有"希伯来民族诗人"比亚利克（Bialik）诗集的中译本。比亚利克的诗歌创作在他51岁移民巴勒斯坦前就已基本停止，移民后他定居于特拉维夫——早在建国前，这里就取代耶路撒冷，成了当地犹太人的文化和经济中心。

如何对待流散地的犹太传统，显然是戈迪斯评骘历史人物的一颗重要砝码。本-古里安是冷静的现实主义者，对潜在机遇的判断和发展趋势的感觉都超越了同僚，一直是公认的国父级别的人物。但值得玩味的是，戈迪斯不时拿本-古里安的头号政敌贝京与他对比，抑本-古里安而扬贝京的语气颇为醒目，似乎暗示贝京才代表了以色列历史的分水岭。贝京不仅通过结束本-古里安政党的专政而改变了以色列的政治生态，通过与埃及实现和平改善了以色列的国际环境，他还改变了犹太国的犹太性。贝京从未换过自己的姓氏，从不否认自己扎根于流散地的犹太灵魂。他团结东方犹太人，又为哈瑞迪人走向以色列政治的核心打开了方便之门。这种解读不能不说是基于当下现实对以色列历史的一种反思，毕竟，耶路撒冷近年来落成的贝京纪念中心和特拉维夫不起眼的本-古里安故居在外观上就已不可同日而语。此外，这种解读还多少带有复兴传统犹太教来替代早期建国之父们推崇的那种世俗化的圣经传统，以凝聚各方共识，防止以色列社会进一步分裂的用意。

在本书副标题"一个民族的重生"中，"民族"一词的原文是"nation"。与"people"这个在中文里也常常译作"民族"的词相比，nation更强调构成民族的人彼此之间在语言、历史、文化、出生或居住地方面的共同点，而不包含人种（ethnography）因素的考量。1882年，正当东欧犹太人掀起第一次移民巴勒斯坦的浪潮之际，法国著名学者勒南（Ernest Renan）发表了后来成为经典的演讲《何谓民族？》（*What is a Nation?*）。按照勒南的定义，"民族是灵魂和精神原则"，其成分是过去和现在的两样密不可分之物，"一是共同拥有一份丰厚的记忆遗产；一是当前的一致，即一种生活在一起的欲望，一种把未经割舍接受来的重要传统长久保存的意愿"。勒南明确把宗教排除在构成民族的成分之外，因为在他那个时代的欧洲，宗教已退入私人领域，不再是动员社会的充分力量。一百多年后的今天，犹太教影响以色列公共领域的趋势渐渐抬头。面对分裂的、多样化的以色列社会，戈迪斯所希冀的这种既是宗教又是民族运动的犹太教能否成为以色列社会的黏合剂，抑或只是用来掩盖内部矛盾的白噪声，仍是需要我们拭目以待的，毕竟以色列社会作为一个整体依然是高度世俗化的。

本书还着意呈现现代以色列的文化，尤其是以诗歌为代表的精英文化，以电影、流行歌曲为代表的大众文化，这在同类中文书籍中恐怕是绝无仅有的。现代希伯来诗人往往有圣经时代先知的那种自觉意识，既是以色列社会的代言人或批判者，又代表了以色列社会的良知。至于大众文化，让我个人兴味盎然的是书中关于20世纪60年代摇滚天王阿里克·艾因施坦的部分，真想不到这位世俗天王的许多近亲如今已转变成了哈瑞迪人。多年前，在以色列希伯来语的学习班（ulpan）上，老师放了一首他的歌，一点不摇滚，是根据比亚利克的诗谱写的。我后来知道这或许是比亚利克传颂最广的诗篇：

> 将我放在你的翅膀下，
> 当我的姐姐，我的妈妈，

你的乳房，让我的头依靠，
容我遭拒绝的祷告筑巢。

在仁慈的黄昏时分，
向你说说我痛苦的秘密：
人说，青春世上有——
我的青春何在？

再向你告白一个秘密：
我的灵魂为火焰烧焚；
人说，爱，世上有——
什么是爱？

星星将我骗害，
梦境业已不再；
如今世上，我一无所有，
什么都无。

将我放在你的翅膀下，
当我的姐姐，我的妈妈，
你的乳房，让我的头依靠，
容我遭拒绝的祷告筑巢。

　　仿佛是寻求母爱的弃儿在喃喃自语；又像是诗人的夫子自道：
比亚利克幼年丧父，母亲迫于经济压力，不得不将他交给祖父抚养；

或许还是这位民族诗人用诗歌表达他在演讲中说过的意思：犹太民族思慕"应许之地"就好比游子渴望与久别的母亲重逢。全诗点缀着来自犹太祈祷书和神秘主义传统的典故，神圣的字词镶嵌在肉欲的意象上，梦境消散，祈祷又得不到回应，诗人的灵魂就这样低徊在拥有与失去之间、幻灭与怀念之间、信仰与不信之间、个人与民族之间、流散与回归之间、神圣与世俗之间——或许只有处在这种中间状态才会诞生诗歌？——直至什么都"无"，而在比亚利克所熟稔的犹太神秘主义传统里，"无"是一切有的起点。

我的合作者王戎先生因手术之故，以六指敲出译稿，此书对他很有纪念意义。高霞、关蕊、杨炯也为中译本贡献了智慧。

我个人在感佩之余，愿意用中译本纪念初闻艾因施坦此曲的那一刻。

宋立宏

2018 年 1 月

于南京大学犹太-以色列研究所

目　录

序言
一个壮观的人类故事

在以色列，要做现实主义者的话，你必须相信奇迹。

——以色列首任总理 大卫·本-古里安[1]

1898 年，马克·吐温在《哈泼斯杂志》（*Harper's Magazine*）上写道："俄国制定了驱赶犹太人的法律，西班牙在 400 年前决定驱逐犹太人，几个世纪后奥地利做出同样的决定。基督教占统治地位的欧洲几乎在每个时代……都限制犹太人的活动。犹太人被禁止从事一个又一个行业，到最后几乎无事可做。犹太人不能务农，不能当律师，不能为非犹太人行医治病，不能从事手工业。甚至连高等学府和科学专科学校都不得不对这个可怕的对手紧闭大门。"[2]

但马克·吐温提到，有位犹太人提出了一个策略，能让犹太人告别这段不堪回首的历史，迎接更美好的未来。"你们听说过西奥多·赫茨尔的计划吗？他想让全世界犹太人回归巴勒斯坦，建立自己的政府。当然，我认为他们会保留苏丹对巴勒斯坦的宗主权。在去年举行的第一届犹太复国主义者代表大会上……世界各地的犹太代表团齐聚一堂，这个方案得到一致通过。"

马克·吐温的语气表明，他赞赏犹太人取得的成就，同情他们目前在欧洲的困境，甚至多少能理解他们在巴勒斯坦重新建国的愿望。但他也表达了顾虑："我不是苏丹，我也不是要反对；但如果把全世界最狡猾的大脑集中到这里建立一个自由国家……我认为最好还是阻止他们。让这个种族发现自己的力量可不是件好事。别让赛马知道自己的力量，否则我们再也没法骑了。"

马克·吐温大概想不到自己是多么有先见之明。这篇文章在《哈泼斯杂志》上发表 50 年后，以色列建国。这在很多方面都算得上有史以来最非凡的人类故事之一。我们很难找到另一个民族在经历了如此多的苦难后，能够用短短几十年时间取得如此成就，达到如此高度。过去一百年发生在以色列的事情有时听起来像神话，但都是真实的。

以色列的故事，是一个无家可归的民族一千多年来坚持梦想的故事，是一个在深渊边缘徘徊的民族最终实现救赎的故事，是一个国家创造奇迹、开创未来的故事。公元 70 年，犹太人被罗马人驱逐出犹地亚，两千年来，他们一直梦想回到这片先祖的土地。在每日的礼拜仪式上，他们总要时时提及耶路撒冷，请求上帝准许他们回到锡安。不管在哪里祷告，他们都会面朝耶路撒冷。逾越节晚餐仪式的末尾，他们会一起说"明年耶路撒冷见"。离开锡安是迫不得已，他们相信总有一天能重回故地。

19 世纪末 20 世纪初，一小拨犹太人开始移民巴勒斯坦，他们中有的人认为欧洲即将掀起针对犹太人的暴力浪潮；有的人移民完全出于意识形态的考虑，当时欧洲民族主义兴起，他们认为犹太人也应该有自己的国家。但悲哀的是，让这一理想变成现实的，不是犹太人的祷告，而是发生在 20 世纪的一幕幕恐怖场景。

尽管英国 1917 年颁布的《贝尔福宣言》支持犹太人建立自己国家的观念，但进展缓慢，随后英国人对犹太人的立场由模糊转为敌对。20 世纪 30 年代，英国开始阻止犹太人移民巴勒斯坦，这沉重打击了犹太复国主义者刚刚燃起的建国希望。紧接着，从 1939 年到 1945 年，纳粹分子屠杀了波兰 90％的犹太人，而战前的波兰拥有世界上最大的犹太社团，总人口达到 330 万。全部算下来，纳粹屠杀了全世界三分之一的犹太人。

这场种族灭绝前所未有，它在一定程度上逐渐改变了国际社会的共识，人们认识到犹太人需要一处属于自己的地方。与此同时，犹太复国主义者继续建设各种建国前的机构，并最终赶走了英国人。1948 年 5 月，以色列国诞生。

建国初期，以色列非常困难，这个刚成立的国家财政储备匮乏，基础设施薄弱，而且还需要在短时间内吸收比当时人口还多的大量移民。犹太国建立后，许多国家开始驱逐本国的犹太人，成千上万的犹太人从北非、伊朗、伊拉克等地来到以色列。遭遇过惨痛经历后，15 万纳粹大屠杀中幸存的难民也来到以色列边境。以色列当时除了少量无法耕种的沼泽地，大部分地区是荒芜的沙漠。由于自然资源贫瘠和资金短缺，国家没有太多办法解决这么多人吃住，开始实行食品定量供应制。刚刚建国几年，这个国家就濒于财政崩溃。

但以色列人没有自暴自弃，部分原因是他们无处可去。美国犹太人长期对犹太国这个观念持暧昧态度，但他们这时伸出了援助之手，为以色列提供了急需的资金支持。加上德国人支付的大屠杀赔款，以色列逐渐从贫困和赢弱中走出来。以色列建设了公路等基础设施，发展了制造业，修建了国家输水系统和大量住房。通过不断展现自己的实力，以色列不但发展成地区强国，还在世界舞台上同美国、英国、法国一道谋划复杂的国际合作。建国 20 年后，由于以色列的成功及其对犹太人形象的重塑，苏联犹太人开始要求移民以色列。又过了几十年，以色列成为全球经济大国和科技强国，甚至是西方羡慕的对象，在纳斯达克上市的以色列公司比整个欧洲大陆的公司还多。

以色列的快速发展体现在方方面面。这个国家在 20 世纪 50 年代还实行食品定量供应制度，到 2000 年时已生产出几十种在国际上获奖的葡萄酒。这个国家在几十年前只有一个（由政府控制的）电视台，现在则拥有数不清的频道，以色列电影还入围奥斯卡奖。这个国家接收了许多被一些人当作被动和无助的典型的大屠杀幸存者，如今已成为军事大国。这个自古以来视学习为神圣使命的民族将该传统带到新生的国家，孕育出非凡成果，赢得多项诺贝尔奖，为诸多研究领域设立了国际标准。

以色列的故事，不仅是一个国家的故事，也是一场革命的故事。犹太复国主义是一场致力于改变犹太人现状的运动。犹太复国主义者认为让犹太人获得重生的时机已经到来。

在很多方面，犹太复国主义是对古老犹太教的反叛。犹太复国主义者认为，欧洲犹太人在历史上不断受攻击，长期被边缘化，欧洲当然要谴责，但犹太人自己也有责任。犹太人不应该随时甘愿充当受害者。不管生活在哪里，他们总以为那里是自己的家，直到东道国驱逐或谋杀他们。1290 年英国驱逐犹太人，1492 年西班牙驱逐犹太人，然后就是席卷欧洲的反犹主义暴力活动。更让犹太复国主义者难以接受的是，在整个过程中，犹太人一直被动、软弱、充满恐惧，他们不曾尝试保护自己，不曾争取历史的主动权，而是挤在一块继续研读古老而神圣的经文。

　　早期犹太复国主义思想家认为这正是急需改变的，他们的革命　　5
热情超乎人们的想象。犹太复国主义在很多方面试图切断犹太人和
历史的联系。为了迫切追求全新的犹太身份，他们不惜更改姓氏。
以色列最早的四位总理就是如此。大卫·本-古里安出生时叫大卫·
格鲁恩，摩西·夏里特出生时叫摩西·谢尔托克，列维·艾希科尔
的本名是列维·什科尔尼克，果尔达·梅厄（以色列第一位女总理）
以前叫果尔达·梅耶森。更换姓氏是和过去"告别"的一种方式。
他们需要新的犹太世界观、新的犹太体格、新的犹太家园以及新的
犹太名字。他们要创造"新犹太人"，让犹太民族实现重生。

　　以色列国的确出现了新犹太人，确切地说是出现了很多种新犹
太人。以色列有一点很有趣：这里的人们从未停止讨论犹太教与犹
太人的现状和未来。这类讨论有时礼貌而克制，有时却会演变成以
色列多条政治阵线上的激战。尽管争吵激烈，犹太复国主义总能在
这条阵线上获胜，令人敬佩地获胜。今天的犹太人不再是当年生活
在欧洲的胆小怕事之辈，毫无疑问，犹太复国主义创造了全新的犹
太人。

　　犹太复国主义也是一场革命，它改变了犹太人没有家园的事实。
面对 20 世纪中期欧洲爆发的种族灭绝的仇恨，许多犹太人无处可
逃。美国和加拿大关闭了国门，英国人禁止犹太人移民巴勒斯坦，
许多载有犹太难民的船只无法靠岸。这些帮助犹太人逃离欧洲大屠
杀的船只有时不得不返回欧洲，或被敌方舰艇故意击沉，仅仅因为
无人想要"多余的犹太人"。犹太复国主义运动决心改变犹太人无家
可归的事实，以色列的建国实现了这一梦想。

　　经历了多个世纪的流亡之苦，犹太复国主义运动要复兴先祖时　　6

代的繁荣文化，让犹太人说自己的语言，掌握自己的命运。犹太人像他们的祈祷书中所说的那样分散在"大地的四个角落"，犹太复国主义者希望他们能重新聚集在一起。上千年的流亡让希伯来语这种曾经的日常用语成为神圣的宗教语言，犹太复国主义要让这种几乎死去的语言重获新生。犹太人要像其他民族一样创造自己的音乐、艺术、文学和诗歌。他们既要创造高雅文化，也要创造大众文化。犹太人要生活在先祖们熟悉的城市中，行走在圣经中的祖先安居乐业的土地上。犹太领导人将制定战争、和平、经济、医疗和移民等方面的政策。犹太复国主义不但实现了这些理想，还取得了更多的成就。以色列如何反映了犹太民族的重生，本书要讲述的故事中就有这方面内容。

当然，并非所有的犹太复国主义理想都能实现。西奥多·赫茨尔和伊斯雷尔·赞格威尔等人认为，犹太人能给中东地区带来进步，因而能够受到当地人的欢迎。他们相信并希望通过和平的方式建立犹太人的国家，不和任何其他民族发生冲突。可惜，这个想法过于天真。早在建国前几十年，犹太人就一直处在一场激烈而痛苦的冲突中，很遗憾，这场冲突直到今天也没有任何缓和的迹象。

作为现代以色列国家的总设计师，西奥多·赫茨尔还认为，一旦犹太人有了自己的国家，欧洲和世界其他地方的反犹主义就将成为历史。这个想法也过于天真。在某种程度上，以色列让世界对犹太人的看法变得更为复杂，也让欧洲犹太人的境地变得更加尴尬。以色列在国际社会上的起起伏伏也是以色列故事的重要组成部分，本书会作详细探讨。

7　　以色列是复杂而充满活力的地方。这里既有诸多宗教圣地，又有热闹的酒吧和精彩的音乐表演（有人会说这是亵渎神灵）。这里在某些方面非常传统，但在其他方面又非常现代。这里居住着逃避现代性的极端正统派犹太教徒，同时又是世界科技的中心。这里既居住着拥有不同肤色和种族背景、说不同语言的世俗犹太人和犹太教徒，又聚集了不少非犹太人。以色列吸收的移民（这里是全世界移民比例最高的国家）大多来自没有民主传统的国家，但以色列是非常成功的民主国家。虽然在面积和人口上都只能算作袖珍国家，但以色列和它的故事向来是世界关注的焦点。可以说，如果不理解这个犹太国家，不明白它的活力和复杂性所在，就无法理解当今世界。

虽然以色列是世界关注的焦点，但到目前为止，还没有哪部单卷本著作像本书这样，以严格的史学方法和平衡的观点，面向大众介绍以色列的故事。当然，目前不乏介绍以色列历史的优秀的单卷本著作，但其篇幅通常是本书的两三倍，很难得到普通读者的青睐。更长的篇幅能够深入探讨本书匆匆提到甚至没有提到的问题，但并不利于把以色列的整体"故事"讲好。

很多书只讲述发生了什么，却没有解释发生的原因，也没有厘清不同的故事情节是如何构成一个整体的。以色列对于我们理解全球事务太重要了。所以本书讲述了犹太国这种"观念"的来龙去脉，让读者明白这个观念源于何处、如何传承以及如何从梦想变为现实的。

本书在介绍发生了什么的同时，将着重解释发生的原因。犹太人从哪里得到去巴勒斯坦建国的观念？全世界有那么多地方，为什么犹太复国主义者偏偏要选择巴勒斯坦？国际社会何时开始支持这个观念？为什么会支持？多半是来自非民主国家的人怎样建立起一个民主国家，而且一路下来运行得令人赞赏？为什么以色列人在许

8

多问题上总是无法达成一致意见，吵个不停？为什么以色列和美国犹太社团在许多关键问题上长期存在分歧？以色列的未来将会如何？

本书也会叙述许多故事，帮助我们理解以色列人如何看待自己和他们的国家。美国人讲起美国故事，一定会讲保罗·里维尔（Paul Revere）夜间骑马报信、乔治·华盛顿强渡冰封的特拉华河和英勇感人的阿拉莫（Alamo）守卫战；同样，以色列人也有自己的历史故事。这些记忆是理解以色列人心态的关键，从中我们能够明白他们看待自己的历史和国家的方式，也能够明白世界是如何看待他们的。本书将为大家讲述以色列民族记忆中最重要的故事。

本书还将介绍在历史背后的这个顽强、热情和独特的民族。为了控制篇幅，书中对许多以色列历史事件的描述非常简略。比如在谈到以色列的战争时，将只讨论以色列为什么会打这场战争、战争过程的主要环节及其对以色列的社会和国际地位的影响。别的书记录了以色列在每场战争中的军功，但本书志不在此。

有些主题，本书几乎没有涉及。比如，以色列的经济发展史引人入胜，但是除了拯救以色列经济的德国赔款和以色列令人难以置信的高科技产业，本书没有把重点放在以色列经济上。同样，这部简史也没有提到其他许多事件和人物。

9　　　以色列情况复杂，任何一本关于这个国家的篇幅较短之作，都只能是对它的一种解读。即便是一些看似"客观的"事实也存在激烈的分歧，关键人物的动机和意图就更难分析了。

此外，什么是对以色列合理的"叙事"同样存在争论。没有任何两个人在写作一本书时会使用同样的方式。对以色列的成就应该给予多大的肯定？如何指出以色列犯下的错误和令人失望的地方？

如何取舍内容？如何分析某些人物的决策和选择？如何通过统一连贯的视角把这些内容串联在一起？对于以上这些问题，读者不可能达成一致意见。

我在对待各种立场时如履薄冰，尽可能用我相信的可靠史实来讲述这个故事。我想展现的以色列历史不是史实的罗列，而是一个故事。这个故事既提到以色列的成就，也提到它的过失；既谈及它非凡的过往，也谈及它令人忧虑的未来；既有它的善举，也有它的恶行。任何宏伟的故事都包含众多角色，他们在历史长河中来来往往，起起伏伏，有时能成就伟业，有时又犯下失误。这个故事中的角色不仅包括个人，还包括组织、政党、国家等。我尽可能以生动活泼和公平合理的方式来讲述这个故事。

《以色列：一个民族的重生》讲述了这个小国是如何从一个古老观念变成现实的历史。这个国家奇迹般地渡过重重难关，但仍然面临强大的敌人（有人说是不可战胜的敌人）和难以逾越的障碍。这是一个民族在付出巨大代价后重获新生的故事，一个复杂、富有戏剧性和悲伤的故事，同时也是一个令人惊叹和鼓舞人心的故事，它对这个世界的影响几乎无处不在。

现在是时候开始讲故事了，让我们一起来理解事情的经过，以及更为重要的，事情发生的原因。

第一章
诗歌和政治：犹太民族寻找家园

在那片温暖而美丽的土地，也会有邪恶统治和灾难降临吗？

——哈伊姆·纳赫曼·比亚利克《鸟颂》

他将成为代表一代犹太人的声音，从这位诗人痛苦的灵魂中，可以看到整个民族经历的痛苦。哈伊姆·纳赫曼·比亚利克19岁时就发表了《鸟颂》，毫无疑问，他是当时最杰出的犹太诗人，也是历史上最伟大的犹太诗人之一。他的诗歌既表现了19世纪末犹太民族的绝望和伤感，也展现了犹太人对那个从未见过的民族家园的强烈渴望。

这位诗人对一只从锡安（当时叫巴勒斯坦）归来的小鸟说："我的灵魂多么渴望听到你的声音。"他问小鸟在那个美好的地方人们怎样生活。"上帝怜悯锡安吗？""赫尔蒙山上的露珠是否如珍珠般晶莹剔透？""在那片温暖而美丽的土地，也会有邪恶统治和灾难降临吗？"这些诗句并非真的是诗人的疑问，而是犹太人对大洋彼岸先祖之地的渴望。比亚利克和那一代犹太人都相信那块土地有可能再次成为他们的家园。

比亚利克1892年发表《鸟颂》时，犹太人在东欧的生活艰难困苦。俄国犹太人大多只能生活在被称为"栅栏区"（the Pale of Settlement）的指定区域。在政府和当地管理者的纵容下，针对犹太人的暴力活动不断加剧。俄国以前也发生过针对犹太人的集体迫害（pogroms），但19世纪末迫害的强度和规模都前所未有。19世纪60年代罗马尼亚爆发对犹太人的集体迫害，1871年敖德萨发生同样的事件。犹太人明白，他们所面对的，是毫无理由的仇恨，没有任何道理可讲。

欧洲的反犹现象变得越来越复杂。在东欧，反犹主义主要源于犹太人杀死了耶稣这一神学观点。① 在科学更发达的中欧和西欧，种族理论得以发展。欧洲种族主义者声称，犹太人的问题不在于他们的宗教，而在于他们的种族。即使皈依基督教也不能"修复"犹太人。1879年，一个名叫威廉·马尔的德国人不但反对犹太人通过同化融入德国社会，还创造了"反犹主义"（anti-Semitism）这一术语，来表达人们（包括他自己）对犹太人的仇恨。[1]

暴力远非欧洲人蔑视犹太人的唯一方式。19世纪80年代，俄国政府对进入学校和大学的犹太人数量做出严格限定。当局想方设法找犹太人的麻烦，1891—1892年俄国警察从莫斯科驱逐了两万多名犹太人。[2] 在欧洲大陆，不管犹太人走到哪，当地人都对他们充满鄙夷，百般刁难。

许多犹太人认为现代性将带来一个理性和包容的时代，他们的处境会向好的方向发展，但这个梦想很快就破灭了。俄国犹太小说

12

13

---

① 这一指控最早出现在《马太福音》27：24—25 中："彼拉多见说也无济于事，反要生乱，就拿水在众人面前洗手，说：'流这义人的血，罪不在我，你们承当吧！'众人都回答说：'他的血归到我们和我们的子孙身上。'"[中文翻译参考（圣经）和合本]

家佩雷兹（彼得）·斯摩棱斯金（1842—1885）提醒犹太人保持现实主义态度，他说："不要相信那些声称这是一个充满智慧和仁爱的年代的人，不要轻信那些赞美这个时代公平和正直的人，这些都是谎言！"[3]

随着时间推移，很多人意识到，犹太人在东欧的生活只会变得更加艰难。许多人选择离开。1882—1914年，大约250万名犹太人离开东欧，其中大多数人来自奥地利、波兰和罗马尼亚。在第一次世界大战爆发前的15年间，有大约130万名犹太人离开俄国。[4] 他们大多来到美国，20世纪建立起繁荣的美国犹太社团。其中有一小部分人来到巴勒斯坦。

正是在这样令人绝望的氛围中，哈伊姆·纳赫曼·比亚利克于1873年诞生了。父亲在他6岁时就去世了，他被严格遵守教规的祖父抚养大，接受了传统犹太教育。13岁前他在犹太儿童宗教学校（heder）学习，17岁前在日托米尔经学院（Zhitomir Yeshiva）学习。然而，和许多同时代的犹太年轻人一样（许多后来成为犹太复国主义作家和领导人的人同样如此），比亚利克醉心于西方文化，支持哈斯卡拉运动（haskalah），即犹太启蒙运动。这场运动从18世纪70年代一直持续到19世纪80年代，旨在改革犹太教对传统和集体主义的过分倚重，将一种更具理性、分析性、智性和个性的生活方式引入犹太社会。

哈斯卡拉运动不只是一场知识分子运动，其中也包含社会和民族议程。哈斯卡拉运动的倡导者认为，犹太人面临的最大挑战是如何从狭小的隔都生活中走出来，"提高犹太人的自信，恢复他们的尊严，唤醒他们的情感，复苏他们对美的感受力，改变长期孤立和隔绝造成的思想僵化"[5]。

比亚利克了解到哈斯卡拉运动，还是在来到一所新的犹太经学院后。为了用更现代的方法学习传统犹太教，比亚利克来到位于立陶宛瓦洛任（Volozhin）的一所举世闻名的犹太经学院学习。在那里他被哈斯卡拉运动所吸引，成为"以色列的永恒"（*Netzach Israel*）组织的成员。这是一个致力于融合犹太民族主义、启蒙主义和正统犹太教的犹太复国主义地下学生组织。

1891 年，比亚利克离开瓦洛任，来到敖德萨，这里当时是俄国南部的现代犹太文化中心。在这期间，他深受当地知识分子圈的影响，并于 1892 年发表了《鸟颂》。

不久，为了不让祖父知道他"逃学"去了敖德萨，他回到日托米尔，但发现祖父和哥哥都已奄奄一息，家中绝望的气氛很能反映当时其他犹太人的境遇。他们去世后，比亚利克在波兰南部小镇索斯诺维茨（Sosnowiec）教希伯来语，这份工作让他非常痛苦，但也很有收获，因为正是在这期间，他笔耕不辍，不久便被公认为世上最有才华的犹太诗人之一。

他的诗并非只用于表达犹太人的苦楚。比亚利克 1898 年发表的《聚会锡安》（*Mikra'ei Zion*）一诗，就表达了犹太人的希望，而非绝望。这首诗是为了纪念 1897 年在巴塞尔举行的第一届犹太复国主义者代表大会而写。[①] 他在其中满怀希望地写道："虽然救赎还没有到来，但我们的救世主还活着；这个伟大的时刻即将来临。"

———————————

① "犹太复国主义"（*Zionism*）指的是在以色列地重建犹太民族家园的运动。该词由当时著名公共知识分子拿单·伯恩鲍姆创造，1890 年 4 月 1 日，他在他办的期刊《自我解放》的一篇文章中首次使用这个词。1892 年 1 月，他第一次在公开演讲中用到这个词。（Lawrence Epstein, *The Dream of Zion：The Story of the First Zionist Congress* [Lanham, MD：Rowman and Littlefield，2016]，p. 13.）

这突如其来的希望从何而来？比亚利克看到即将到来的"这个伟大的时刻"指的是什么？为什么发生在巴塞尔的历史事件如此重要？还有，这个救世主是谁？

英国、美国、巴勒斯坦、阿拉伯地区、俄国、德国、法国和其他国家与地区的 197 名代表来到瑞士巴塞尔，参加了第一届犹太复国主义者代表大会，他们感到自己在创造历史。

距离罗马毁灭第二圣殿、驱逐犹地亚犹太人已过去将近两千年。1897 年 8 月，世界各地的犹太人再次汇集在一起，试图重新成为历史的主人。响应赫茨尔的号召，犹太人结束了一千多年来在世界各地相互隔绝的状态，第一次像古犹太民族那样声称：作为一个统一的民族，他们要做世界历史舞台上的主人，而非看客。

那天，着装优雅的代表们从挂有巨大大卫星的入口走进会场，大卫星下用德语写着"犹太复国主义者代表大会"（ZIONISTEN-KONGRESS）。代表们使用世界各国的语言聊天。他们大多为男士，也有女代表。有富人，也有穷人。现场的空气中涌动着一股莫名的力量。大家落座后，木槌敲响三声，大会正式开始。会议首先对控制巴勒斯坦的奥斯曼帝国苏丹表达了形式上的赞赏。然后，来自罗马尼亚雅西（Jassy）的"锡安热爱者"（Hovevei Zion）① 资深成员和复国主义大会高级代表卡尔·利佩博士站起身来，他按照犹太传统遮住头，在许多在场者的哭泣声中，念出传统的"你赐予我们生命"（shehecheyahu）的祈祷文："上帝啊，祝福你，是你赐予我们生

---

① 严格意义上说，这个组织的名称是"锡安之爱"（Hibat Zion），成员才被称作"锡安热爱者"。但后来这两个词被混用，"锡安热爱者"也可以指该组织。

命，保存我们，让我们活到此刻。"

接着，会议主持者西奥多·赫茨尔开始用德语发表讲话，他说的第一句话是："我们来到这是为了奠定庇护犹太民族之家的基石。"[6]

在赫茨尔生活和工作的西欧，建立庇护犹太民族之家的观念要比在东欧更富有争议。不同于比亚利克所生活的东欧，西欧犹太人仍然相信反犹主义运动将成为历史。毕竟，以前犹太人被迫生活在隔都，而隔都的围墙此时已被推倒，犹太人涌入欧洲大陆的各个城市，很快成为欧洲的精英。他们在欧洲社会教育、文化和经济上的地位不断提高。表面看来，他们的生活比一个世纪前确实好了很多：

> 在 1800 年，中欧和西欧的文化史可以完全不提犹太民族或某个犹太人……在欧洲政治界、文化界和研究与科学领域找不到一个响当当的犹太人……但到 1900 年时，这一情况完全改变，这时犹太人或有犹太血统的人在经济、政治、科学和艺术等领域占据着重要地位。[7]

在经过几个世纪的限制和反犹主义后，犹太人能在较短时间内取得如此成就，确实令人惊异。他们成为专业人士、知识分子和著名科学家，成为重要思想运动和社会运动的领导人。

虽然进步巨大，但西欧犹太人仍无法摆脱欧洲人对他们的仇恨。如果说东欧犹太人经常被当作革命分子的替罪羊，西欧犹太人则被指责为金融危机的罪魁祸首。比如在德国，犹太人虽然不到总人口的 1%，但犹太人很快成为社会各个行业的位高权重者和精英，特别是在金融业和政治圈。

德国人开始对他们充满怨恨，到处都能感受到强烈的反犹情绪。

基于刻板印象，报纸、书籍和杂志开始严厉批判贪婪腐败的犹太资本家，这后来成了 20 世纪中期实施种族灭绝的那些政权的官方立场。1873 年金融危机后，许多德国中产阶级指责犹太人应当为这场危机负责。虽然"贵族跟任何人一样贪婪，但人们大多相信关于犹太人的神话，贵族仍然是伟大的政治家、英勇的战士和忠诚的公务员。金融危机后，民众的愤怒并没有指向这些权贵以及由他们控制的政府，而是指向犹太人"[8]。

在西欧，恰恰是因为犹太人对现代性的支持和他们在职业和文化上取得的成就重新招来了人们的反感。犹太人希望欧洲人对他们的仇恨已经一去不返，但哪知欧洲人对他们的仇恨像一个水位不断升高的巨大水库，随时有溃堤的风险，对此犹太人无能为力。

西奥多·赫茨尔成年之时，西欧正处在这种让犹太人既充满希望又无比绝望的时代。赫茨尔 1860 年出生于佩斯（后来佩斯和布达合并为布达佩斯），18 岁时随家人迁居维也纳。在这里他接触到欧洲社会丰富的知识和文化，和比亚利克一样，他也被这些深深吸引。他如饥似渴地阅读，向往像那些作家一样出名。他和比亚利克一样笔耕不辍。他热爱艺术，对戏剧情有独钟，但父母和导师担心这个爱好不能让他谋生，因此鼓励他学法律。于是，赫茨尔在维也纳大学注册登记。

刚上大学时，赫茨尔读到欧根·卡尔·杜林所著《作为种族、道德和文化问题的犹太人问题》（1882）一书。杜林是当时知识分子的领军人物之一，他在这本书中提出，解放欧洲犹太人并将他们整合到欧洲社会中对欧洲不利，应当反其道而行之。他的追随者甚至宣称要让犹太人回到隔都生活。

令赫茨尔深感不安的是，杜林并非没有受过教育的暴徒，赫茨尔认为："不可否认，杜林拥有出众的才华和渊博的知识，如果连他都能作出这样的言论，那无知的大众会做什么？"[9]

讽刺的是，正是杜林这位著名的欧洲知识分子和恶毒的反犹主义者让赫茨尔开始全身心研究"犹太人问题"。在回忆自己从何时起对犹太人及其在欧洲的未来这个问题感兴趣时，赫茨尔在日记中写道："这显然始于读杜林的书。"[10]

其实，他对这个问题的研究还可以追溯得更远。他后来回忆说，小时候他的一位老师在解释"异教徒"（heathen）这个词的含义时是这样解答的："偶像崇拜者、穆斯林和犹太人。"[11]在维也纳大学，赫茨尔申请加入致力于知性对话和辩论的学生社团莱斯哈雷（*Lesehalle*）。1881年3月的一次"讨论"发展为一起恶性反犹主义事件，该团体因此被解散。这一事件并没有让赫茨尔放弃社团活动，后来他又加入了维也纳的德国民族主义学生联谊会艾比亚（Albia）。然而他发现，即使在这里，这所汇聚欧洲知识精英的大学也明显是反犹的。他加入两年后，几位联谊会兄弟参加了理查德·瓦格纳的哀悼活动，并将哀悼活动变为一次反犹主义集会。[12]为了表达抗议，赫茨尔申请退出这一联谊会，一开始遭到其他成员拒绝，后来他们又找其他理由将赫茨尔赶出联谊会。

赫茨尔第一次直接接触到犹太建国问题很可能是在匈牙利议会，这后来成为他毕生的事业。匈牙利民族主义者和国家反犹党创始人吉奥佐·伊斯托奇（Győző Istóczy）提出了一个解决"犹太人问题"的方案：犹太人应该建立自己的国家，去那里生活。[13]"犹太人，去巴勒斯坦！"成为匈牙利反犹主义运动的口号。讽刺的是，伊斯托奇提出的口号后来竟然成为赫茨尔的口号。

19

伊斯托奇充满仇恨地要求犹太人前往巴勒斯坦，这是否真的影响到赫茨尔，我们不得而知。但我们知道，在赫茨尔事业的开展过程中总能遇到反犹主义。离开维也纳后，赫茨尔来到巴黎，为维也纳《新自由报》（*Neue Freie Presse*）巴黎分社写稿，成为一位知名作家。在巴黎，他报道过一起关于巴拿马运河资金的丑闻，几个犹太金融家被指控犯有贿赂和腐败罪。比这个案情更让赫茨尔惊讶的是，这些犹太人的家人竟多为法国政界和军界的知名人物，但即便如此，他们还是被当作典型的都市犹太人，民众认为他们拿淳朴、忠诚的法国公民的血汗钱来投机倒把。[14]

在奥地利，赫茨尔已经目睹了知识分子主导下的反犹主义的兴起，而欧洲顶尖大学的精英并没有站出来反对。如今在法国，他发现即使是民主制度和共和政府也拿反犹主义没办法。

和比亚利克一样，赫茨尔全身心投入到写作中。1894年秋天，经过短短两周的高强度工作，赫茨尔完成了剧本《新隔都》，第一次塑造出明显具有犹太特性的角色，并公开讨论了"犹太人问题"。这部剧本并没有使用多么高明的艺术手法，而是直白地表达了作者的观点：欧洲解放了犹太人，但犹太人实际上仍然生活在社会和经济意义上的隔都中，时刻承受着需要证明自己清白的压力。[15]即使在看似得到解放的西欧，犹太人如果不能自证清白，仍然会被当作罪人。

但事态很快就恶化了。正当赫茨尔埋头写作《新隔都》时，法国又爆发了一起丑闻。法国犹太裔炮兵军官阿尔弗雷德·德雷福斯上尉被指控将法国机密泄露给德国人。法国当时没完没了地发生着革命，德雷福斯案的审判成为政党政治的牺牲品。在明显有失公正的情况下，德雷福斯被宣判有罪并剥夺军衔。对此，埃米尔·左拉（法国著名小说家、记者和公共知识分子）发表了后来闻名于世的公开信《我控诉》，指责政府公然持有反犹主义偏见，并不公正地将德雷福斯关入监狱。

一般认为，德雷福斯审判让赫茨尔开始思考如何解决欧洲的"犹太人问题"，但现在很多历史学家不这么看。赫茨尔的确在他的专栏中提到德雷福斯曾对狱警说："你看，我是私人恩怨的受害者，我遭到迫害仅仅因为我是犹太人。"[16]但德雷福斯的犹太人属性并不是赫茨尔这篇报道的重点。

讽刺的是，赫茨尔所取得的最伟大的成功，竟是源于一次彻底失败的会面。赫茨尔曾找到著名金融家和慈善家莫里斯·德·赫希男爵，希望他能支持建立犹太国的激进观念。赫希很为东欧犹太人的未来担忧，但他已经有了另一个解决"犹太人问题"的方法。男爵以前就认为巴勒斯坦方案不可行，所以已经着手资助一些俄国犹太人前往阿根廷。赫茨尔想改变赫希的想法，但他给出的理由不够有说服力，最后只得两手空空地离开。为了下次能做得更好，赫茨尔决定把自己的想法付诸文字，把他想对赫希说的话写出来。

赫茨尔没有气馁，带着更有说服力的论证，他开始向另一个经常做慈善事业的犹太家族寻求帮助，这就是著名的罗斯柴尔德家族。为了说服他们，赫茨尔把已写出来的文字进一步发展为一本内容详细、结构合理的计划书，这就是后来著名的《犹太国》一书的雏形。

他给出的理由非常直接：犹太国能够一劳永逸地解决"犹太人问题"。这个国家的地点还没有确定，可能在阿根廷，也可能在巴勒斯坦。不同于赫希，赫茨尔认为这个方案非常可行，犹太人拥有国家对各方都有利。

他相信，犹太人生活在犹太国后不但不会受到反犹主义的迫害，犹太国的存在还能终结全世界的反犹主义。赫茨尔提出："犹太人的离开不会给东道国带来经济混乱、危机或迫害。他们离开的国家将迎来繁荣。"至于犹太国，"它开始的那一天就是反犹主义结束的那一天"[17]。建国并非天方夜谭，他毫不掩饰地说，犹太人的教育程度远高于许多其他建立主权国家的民族。如果其他民族可以获得革命的成功，犹太人也能做到。

出于同样的原因，赫茨尔认为犹太人建国的运动不会遇到太多阻碍。国际社会将支持这个想法，因为许多国家也"饱受犹太人问题之苦"。他写道：

22

> 建立一个新的国家既不荒谬，也并非不现实。我们这个时代就已经有许多民族实现了这一进程，这些民族的主体不是中产阶级，他们比我们更贫穷，教育程度比我们更低，实力比我们更弱。饱受反犹主义之苦的各国政府都会很愿意帮助我们获得梦寐以求的主权。[18]

他认为世界各地存在的犹太人问题既不是社会问题，也不是宗教问题，而是政治问题，所以需要找到一个国际社会认可的政治解决方案。

> 我认为我明白反犹主义这一高度复杂的运动。虽然我是从犹太人的角度考虑这个问题，但我的观点不包含任何恐惧或仇恨的成分……我认为犹太人问题不是社会或宗教问题，虽然它经常以这样的形式呈现。犹太人问题本质上是民族问题，因此我们必须把它当作国际政治问题来讨论，只有通过同全世界文明国家协商才能解决这个问题。[19]

但犹太人散居在欧洲和世界其他地方，看上去并不是一个整体，这该如何解释？赫茨尔说，人们不应该被这种分散的状态迷惑。"我们是一个民族（people），我们只有一个民族。"[20]他坚持认为，其他民族都拥有自己的国家，犹太人也不例外。

赫茨尔是在欣喜若狂的状态下写的这本书。当谈到写书经过时，他说："我当时完全投入到写书中，决心写出一部伟大的作品，当时并不知道自己能否写完，因为书中提出的理想似乎过于宏伟，但有几周的时间我每天沉浸其中，不能自拔。"[21]

读到这本书的人同样难以自拔。《犹太国》这本只有 100 页左右的小册子让赫茨尔成为犹太世界家喻户晓的名字。① 1896 年 2 月出版后，这本书轰动了世界，被不断印刷，不断翻译成其他语言，成为现代犹太作品中阅读最多、流通最广的一本书。"仅在 1896 年，这本书就出现了英语、希伯来语、意第绪语、罗马尼亚语、保加利亚语、俄语和法语版本。他在书中的提议让许多学生热血沸腾。《犹太国》让赫茨尔一夜之间从一个孤零零的声音变为一个国际运动的领导人。"[22]

这本书的中心思想现在看来很普通，但在当时着实是令人惊叹的提议。这本书出版后，几乎整个犹太世界都相信：犹太人需要一个国家，他们能够建立一个国家。

虽然西奥多·赫茨尔是犹太复国主义政治运动的发起者，但在他以前很早就有人表达过类似的观点。1853 年，在赫茨尔《犹太国》出版前 40 年，亚伯拉罕·玛普出版了第一部现代希伯来语小说。和比亚利克一样，玛普也出生于传统犹太家庭，但长大后对欧洲文化

① 西奥多·赫茨尔：《犹太国》，肖宪译，商务印书馆，1993 年。——校注

非常着迷。玛普的小说《锡安之恋》的背景设在圣经时代的以色列，具体说是先知以赛亚时期的以色列。这本小说不仅是个感人的故事，还重新勾起了犹太人对先祖们家园的美好回忆，"表达了整个民族在内心深处对一种更充实、更丰富的生活的向往"[23]。这本书拨动了犹太人的心弦，卖得特别好。随着玛普的出现，现代犹太复国主义出现了萌芽的迹象。

摩西·赫斯（1812—1875）的作品吸引力更大。赫斯出生于德国，从小由当传统犹太教拉比的祖父抚养大（又和比亚利克一样）。赫斯最崇拜的人是荷兰犹太哲学家巴鲁赫·斯宾诺莎，这位哲学家背叛了犹太教，成为泛神主义者。后来，思想激进的赫斯开始支持社会主义，甚至娶了一位工人阶级的天主教徒为妻，进一步拉开了自己和传统犹太教之间的距离。[24]

但赫斯很快发现，即使放弃犹太教、拥护社会主义并和天主教徒结婚，还是无法改变自己成为欧洲反犹主义受害者的命运。他写道："就算改变宗教也不能减轻犹太人承受的德国反犹主义的压力。德国人恨犹太人的宗教，但更恨他们的种族。他们讨厌犹太教中的独特信仰，但更讨厌犹太人与众不同的鼻子。"[25]

1862 年，赫斯写下《罗马和耶路撒冷》，[26]他在书中提出，欧洲永远不会欢迎犹太人。他写道："我们在其他民族中一直被当作陌生人。他们可能会容忍我们的存在，甚至解放我们，但是，只要我们遵循'哪里好哪里是家乡'（*ubi bene ibi patria*）的原则苟且生活下去，不去复兴我们伟大的民族记忆，我们就永远无法得到他们的尊重。"[27]犹太人应该回到巴勒斯坦，回到这片他们上千年来魂牵梦萦、不断提及的土地，在这片土地上劳作，建立一个社会主义社会。

《罗马和耶路撒冷》现在是政治犹太复国主义发展史上一份重要

文本，但赫斯在世时，这本书没有得到应有的重视。当时犹太人并不关心欧洲犹太人的未来，自然也不会认真对待这本书。[28]赫茨尔写完《犹太国》后才第一次读到《罗马和耶路撒冷》，他写道："我们想尝试的一切，他的书中都有。"[29]所以一位研究这一运动的伟大历史学家说，犹太复国主义运动是一场"诞生了两次的运动"[30]。

赫斯的《罗马和耶路撒冷》并不是唯一一本在赫茨尔前注定成为经典的犹太复国主义作品。另一本书的作者是列奥·平斯克，他1821年出生于俄国一个深受哈斯卡拉运动影响的家庭。作为最早到敖德萨上大学的犹太人之一，平斯克起初学的是法律，但他很快意识到，由于存在针对犹太人的就业名额限定，他毕业后根本找不到和法律相关的工作，于是他改行当了医生。

和其他人一样，针对犹太人的暴力运动让平斯克投身于公共生活。1871年发生在敖德萨的集体迫害和1881年更大规模的攻击潮让平斯克非常震惊。他最终得出结论：犹太人永远无法被东道国接受。他写道："对活人来说，犹太人是死人；对当地人来说，犹太人是外来者和流浪者；对有产者来说，犹太人是乞丐；对穷人来说，犹太人是剥削者和百万富翁；对爱国者来说，犹太人是没有祖国的人；对社会各阶级的人来说，犹太人是令人憎恶的竞争对手。"[31]1881年集体迫害发生后一年，他写下《自我解放》一书，书的副标题是"一个俄国犹太人对同胞的忠告"。书中他敦促犹太人重新建国，实现独立自主。

与赫斯的作品不同，平斯克的作品受到一些关注。出版两年后，他参与了"锡安热爱者"组织的建立工作，这是最早帮助犹太人移民巴勒斯坦的欧洲组织之一。然而，他发现单靠这个组织远远不够，犹太人需要一个领袖。他写道："我们或许缺少一个像摩西这样天才

25

般的领袖。但历史不会经常给一个民族这样的杰出领路人。如果我们能明确知道我们最需要的是什么，明确知道建立属于自己家园的必要性，我们当中一定会有一群精力充沛、受人尊重的人站出来领导这项事业，这个团队的力量将不亚于一个伟大的领袖，带领我们走出屈辱和被迫害的历史。"[32]

平斯克在想象的似乎就是赫茨尔。

犹太复国主义早期发展缓慢，影响有限。不同于以前的书，赫茨尔的书一经出版就轰动世界，让许多人兴奋不已。1896 年 3 月初，也就是《犹太国》刚刚问世几周后，有人建议赫茨尔举办犹太复国主义者代表大会。赫茨尔不但接受了这个建议，还全身心投入到大会的筹备当中。一位参与过大会早期准备工作的人说："为了准备这次会议，赫茨尔忘记了大会以外的整个世界。他把全部精力用于筹备工作的各项细节，亲力亲为，毫不马虎。他不但发号施令，还监督各项号令的执行情况。在整个工作过程中，他都保持着柔和的声音和友好的微笑，把每件事情都安排得非常明确，没有任何人能违抗或反对他。"[33]

为了办成一次高规格的大会，准备工作持续了将近 18 个月。他要让这场在 1897 年 8 月 29 日开幕的盛会仅通过富丽堂皇的形式就能令大家明白，一场盛大空前的政治运动诞生了。他要求所有参会的男士（会议也邀请了女代表）一律穿正装，系白色领带。在参会人员中，马克思·诺尔道可能是和赫茨尔关系最密切的战友，他在参与犹太复国主义运动前就已经在国际知识分子圈享有声誉。但当看到他穿着便装来到会场时，赫茨尔直接要求他回酒店换上规定的服装。

有人认为赫茨尔在这些细节上的要求太过苛刻，甚至有些好笑，但赫茨尔真正的目的绝非制造戏剧效果。"我需要一些形式来让代表和全世界看到我们同平凡决裂的决心，让他们明白我们是为了一个共同的梦想汇聚于此，并将宣布一项崇高而美好的计划。"[34]

第一届犹太复国主义者代表大会虽然在形式上有些浮华，在意识形态上存在分歧，许多思想也不够成熟，但还是取得了巨大胜利。与会者被深深吸引，完全投身于这个精神严肃的计划，即便是长达几个小时的演讲，大家也能耐心听完。[35]

大会最突出的成就是清晰界定了这个新成立组织的目标。通过几天时间对文件具体文字的激烈讨论，大会起草了《世界犹太复国主义纲领》，最终形成了这样的文字：

> 犹太复国主义的目标是在巴勒斯坦为犹太民族建立一个被公众承认，受法律保障的犹太人之家……
>
> 为了实现这一目标，大会设想以下几种方法：
>
> 1. 促使农民、工人和手工业者前往巴勒斯坦定居。
> 2. 在遵守各国法律的情况下，通过合适的地方机构和总机构将全体犹太人组织起来。
> 3. 加强犹太人的民族情感和民族意识。
> 4. 为获得实现犹太复国主义目标所需要的政府允诺采取准备措施。[36]

在获得解放后，许多欧洲犹太人有了接受欧洲教育的机会，鉴于这一情况，我们很容易理解为什么参加会议的兹维·赫尔曼·沙皮拉教授会要求在巴勒斯坦建立一所"希伯来大学"，并将其融入政治犹太复国主义运动当中。因此，从一开始，犹太复国主义就是一场富有文化气息的运动，是传统犹太教和欧洲启蒙运动碰撞的产物。它既是犹太人在绝望中的孤注一掷，也体现了犹太人对永恒的追求。在探索政治解决方案的同时，犹太复国主义者们没有放弃教育和写作。

大会确定了犹太国的国歌。1878 年创作的《希望》（国歌选用部分，比原诗要简略很多）是一首用一句话写成的国歌：

> 只要心灵深处，
>
> 尚存犹太人的渴望，
>
> 眺望东方的眼睛，
>
> 注视着锡安山冈，
>
> 我们还没有失去，
>
> 两千年的希望，
>
> 做一个自由的民族，
>
> 屹立在锡安山和耶路撒冷之上。①

大会还讨论了其他问题。第一届犹太复国主义者代表大会提出了设立犹太国民基金（最初目的是购买和开发奥斯曼帝国控制下的巴勒斯坦土地）的想法。大会还成立了许多委员会和管理机构，为后来犹太复国主义运动的高效推进奠定了组织基础。

赫茨尔一丝不苟地筹划了每个细节，倾注全力确保它实现。大会结束后，他欣然离开会场。几周后他在日记中写道："虽然我不会轻易公开这句话，但如果让我用一句话总结巴塞尔大会，那就是：

---

① 《希望》（*Hatikvah*）不同于许多其他国家的国歌。大多数国歌（包括美国国歌《星条旗》、法国国歌《马赛曲》，甚至《国际歌》）都会提到战争和冲突，但《希望》没有。而且《希望》还是不多的一首用小调谱写的国歌，其悲伤的旋律无法在阅兵时演奏。

'在巴塞尔，我成立了犹太国。'如果我现在大声说这句话，全世界都会笑我，但也许5年后，或更确定地说，50年后，每个人都会承认我这句话是对的。"[37]

备受鼓舞的赫茨尔更加坚定了他对这项事业的信念。不久后，他第一次来到巴勒斯坦。他并不是专程来看这片犹太人先祖的土地的（在他心中也是犹太人潜在建国地之一①），而是对当时最关键的政治人物开展游说。当时，德国皇帝威廉二世和几位苏丹代表正在访问圣地，赫茨尔认为和他们见面是获得政治支持的最佳方法。[38]

德国皇帝绝非犹太人的天然盟友。一位参加第一届犹太复国主义者代表大会的代表会后写信给德国皇帝，详细汇报了这次会议提出的目标。看到这封信后，德国皇帝在空白处批示："让这些犹太佬（kikes）赶紧走人，去巴勒斯坦吧，越早越好。我不会挡他们的路。"[39]但德国皇帝对犹太人的反感阻止不了赫茨尔去见他。只要和他的目标一致，只要能推进建立犹太国的进程，哪怕同反犹主义者合作，赫茨尔也不介意。

在赫茨尔看来，这片土地虽然贫瘠，但存在无限的潜能。他在著名乌托邦小说《新故土》中写到了这一点。这本1902年出版的小说和同时代的乌托邦小说风格相似，描绘了一个未来的犹太国。小说讲述了一个同化的犹太人和一个非犹太人同伴的旅行，他们在一个遥远的小岛上被困了许多年，最后来到巴勒斯坦，发现了一个刚刚重新建立的犹太国。赫茨尔描写了一个田园诗般的社会。曾经的

29

---

① 1896年赫茨尔写《犹太国》时并不确定这个国家建在哪里，他写道："有两个可以考虑的地方：巴勒斯坦和阿根廷。"（参见 Theodor Herzl, *The Jewish State* [New York: Dover Publications, 1989], p. 64）6年后，即1902年，在写《新故土》时，赫茨尔才明确指出这个国家应该建在巴勒斯坦。

沙漠变得繁花似锦，赫茨尔在巴勒斯坦亲眼见到的破败社区成为一座座现代化城市。不同信仰的人们在这里和睦相处，以各自的方式举行宗教仪式，人们之间没有任何紧张的气氛。巴勒斯坦这片土地上到处是知识分子、发明家、作家和高尚的政治家。

这是对巴勒斯坦不切实际的想象，但可能因为欧洲的生活越来越让人难以忍受，许多读者被这本书中的景象所吸引：

> 这座圣城弥漫着安息日特有的平静与祥和气氛，往日让远道而来的朝圣者感到厌恶的肮脏之物、嘈杂之音和难闻之味都不复存在。以前，在最终到达圣地前，他们不得不忍受许多不堪入目的景象。现在，一切已大为不同……土地得到精心维护，街道铺设得非常漂亮……穆斯林、犹太教徒和基督徒的福利机构、医院和诊所毗邻而立。在大广场的中央矗立着一座雄伟的和平宫殿，世界各地的和平爱好者和科学家在这里举办国际会议，因为耶路撒冷已成为人类最崇高追求的家园：为了信仰、爱和知识。[40]

得到改善的不仅仅是耶路撒冷，犹太家园的建立还解决了欧洲的犹太人问题：

30

> 沃尔特博士……打算描述犹太人大规模移民对留在欧洲的犹太人产生的影响。他一定会说，对他而言，犹太复国主义既有利于移民的犹太人，也有利于留在欧洲的犹太人。[41]

这是个大胆的梦想，在很多方面不切实际。但很快，它竟然变得非常可行。欧洲犹太人的生活越绝望，他们就越倾向于想象一个不同于当下的世界。赫斯、平斯克和后来的比亚利克都是如此。然而，是西奥多·赫茨尔将这股激情转变为一场政治运动。他当然明白，实现这个梦想绝非易事，但他从未怀疑过这个梦想能实现。他想告诉读者的话其实很简单，正如他在《新故土》精炼的题词中所说："如果你渴望它，它就不是梦想。"[42]

第二章
故土某处

> 当耶和华将那些被掳的带回锡安的时候，
> 我们好像做梦的人。
>
> ——《诗篇》126 篇

人们常说，1897 年从世界各地汇聚在巴塞尔参加第一届犹太复国主义者代表大会的代表们，就是犹太复国主义运动的创立者。这个说法并不完全准确。第一届犹太复国主义者代表大会的参与者开启了犹太复国主义这项政治运动，但犹太复国主义运动的核心——渴望回到先祖在以色列地家园的梦想——早已存在。这个梦想和犹太民族一样古老。

一个民族只有在先祖生活过的土地上才能繁荣兴旺，在其他地方则难以实现，这一点并非只有犹太人明白。第一届犹太复国主义者代表大会召开前二十多年，乔治·艾略特（玛丽·安·伊万斯的笔名）就谈到了一个民族爱一块土地所能产生的力量，虽然其中并没有提到犹太民族。①

---

① 以下这段引文出自乔治·艾略特最后一本小说《丹尼尔·德隆达》（1876），（接下页）

我感到，人的生命应该深深扎根于故土某处，它可以在那里获得这种温柔而亲切的爱：爱那里的大地，爱那里人们的劳作，爱萦绕在那里的各种声响和乡音，爱可以将早年的家园从日后博闻广识中清晰区分开的一切；每当历历在目的往事涌上心头，就会交织着思慕之情。[1]

要理解今天以色列的梦想、成就、遗憾以及以色列人应对各种挑战的方式，我们首先需要理解犹太人长久以来讲述的关于自己的古老故事，在这个故事中，以色列地（Eretz Israel，the Land of Israel）始终占据着中心位置。

圣经让犹太人对锡安的记忆也"交织着思慕之情"，他们把这本书视为"民族日记"。对犹太教徒来说，圣经是神启的话语，里面充满了教导他们如何生活的诫命。对世俗犹太人来说，圣经是有史以来最伟大的文学作品。不管怎样，所有犹太人都认为圣经讲述的是关于他们民族的故事：他们爱过什么，在哪里生活，如何取得胜利，什么时候失败了。这是一个关于他们家族的故事，这个家族故事的中心就是以色列地，西奥多·赫茨尔如今敦促他们回归到这块土地。这本"日记"向他们暗示，这个故事的中心如果没了这块土地，也就没了犹太家族和犹太民族。

以色列地从一开始就是犹太民族故事的重要组成部分。在描述犹太民族诞生时，圣经写道："耶和华对亚伯兰[①]说：'你要离开本

（接上页）小说对比了英国贵族的道德败坏和犹太民族主义者富有献身精神的热诚。今天耶路撒冷有条街道以乔治·艾略特命名。——校注

① 他的名字在《创世记》17：5改为亚伯拉罕。"从此以后，你的名不再叫亚伯兰，要叫亚伯拉罕，因为我已立你作多国的父。"

地……往我所要指示你的地去。'"[2] 亚伯兰听从了上帝的话，不久耶和华又对他说："我要把这块地赐给你的后裔。"[3] 所以，在犹太人故事一开始就出现了"应许之地"这一概念。

33　　这块土地自始至终都是这个民族故事的核心。亚伯拉罕将迦南（当时的称呼）作为自己的家，有时（特别是饥荒时）为了确保生存，他和子孙们也会迁到邻近地区。《创世记》（摩西五经中第一部经典，五部经典合称《托拉》）讲述的就是关于这块土地的故事，里面提到犹太人如何在这里建造城市、购买坟地以及划分家族土地，还讲到他们如何离开这片土地，然后又回到这里。《创世记》大体上可以理解为亚伯拉罕复杂的家族史，但同样，上帝应许给他生活的这片土地在故事中占据着核心位置。

　　《创世记》之后是《出埃及记》，这时，亚伯拉罕的后人不再只是一个家族，而成为一个民族。他们被称为以色列人（Israelites）。他们受困于埃及，沦为法老的奴隶。法老知道不可能永远把以色列人留下来当奴隶，一旦有机会他们就会回到故土。法老对他的人民说："看哪，这以色列民比我们还多……我们不如用巧计待他们，恐怕他们多起来，日后若遇什么争战的事，就联合我们的仇敌攻击我们，离开这地去了。"[4] 所以，法老一开始就明白，以色列人反抗并不是为了夺取他的王位，而是为了回家。他意识到故乡对一个民族拥有神奇的吸引力，人们为了回到先祖之地会不惜付出一切代价。

　　后来果然如此。一位新的领导人站了出来，决心结束犹太人被人奴役的命运。摩西带领犹太人挣脱枷锁，离开埃及。《托拉》接下来叙述了古以色列人回到应许之地走过的漫长道路，圣经说他们在沙漠中走了40年，其间经历了饥渴、战争、怀疑甚至叛乱。几千年后，犹太复国主义者们明白，《托拉》想告诉人们，通往自由的道路必然漫长而艰辛。在《约书亚记》中，古以色列人最终回到了亚伯拉罕曾经走过的这块土地，但回家从来就不容易，这一点历史已经清楚揭示了。

圣经中关于建立民族家园还表达了一个观点：即使回到了故土，留在故土也很难。圣经记载，这块土地不但已被 7 个不同的民族占据，还面临外部威胁。[5] 这里战乱不断，以色列人尝试过的几种政治领导模式相继失败。为了留下而进行的长期征战让以色列人精疲力竭，最后，十二个支派一致要求推选一名国王来领导整个民族。

以色列人的第一位国王扫罗性格上有严重缺陷，很快被年轻的大卫取代。这位矮小而低调的国王成长为一位才华横溢的军事指挥官，建立起稳定的君主制和庞大的帝国（参见地图 1）。虽然大卫也有缺陷（比如他有时很无情），但在圣经中他不但有远见、有能力，还非常虔诚；作为领袖，他被描绘得近乎完美，一个有血有肉的凡人能达到的极致莫过于此。难怪在第一届犹太复国主义者代表大会上，一位代表在描写赫茨尔的非凡气度时写道：

> 在我们面前站着一位杰出而高贵的人，他有着国王的气质和体形，从他深邃的双眼中能读出一种肃穆的庄严和莫名的悲伤……这一定是大卫家族的子嗣，从死者中间复活，全身上下充满着传奇、幻想和华美的色彩。[6]

第一届犹太复国主义者代表大会似乎有种神奇和伟大：所有与会者感到他们正在复兴以前的荣耀，这种荣耀犹太人曾经实现过——在以色列地上。

大卫将王国交给了儿子所罗门。公元前 10 世纪，所罗门在耶路撒冷建立第一圣殿，这成为以色列人宗教生活的中心。以色列人在这里祭祀，每年三次来到这里朝圣。耶路撒冷和圣殿实际上成了以色列人的首都。圣殿山不仅成为犹太人的圣地，因为第一圣殿和第二圣殿都位于此，还是基督徒和穆斯林的圣地。对于基督徒而言，耶稣在这里布道，反对圣殿中的腐败，并驱赶兑换银钱之人。对于穆斯林而言，穆罕默德在此登霄，为纪念这一事件，公元691—692年他们在此修建了阿克萨清真寺和金顶清真寺。

所罗门大兴土木，耗资巨大，为维持财政收支平衡，不得不提高赋税。结果各支派怨声载道，北部的支派更是认为所罗门偏袒南部支派。虽然出现政治动乱，但所罗门勉强维持了联盟的统一。他的儿子罗波安显然没有父亲的政治才能。公元前928年，统一王国分裂成两个相互间经常发生冲突的王国，北部的以色列王国（由十二个支派中的十个支派组成）和南部的犹大王国（由十二支派中的两个支派组成）。①

接下来圣经谈到另一个犹太人经常讲述的主题：分裂的危险。王国的分裂意味着灾难，北部王国深受权力斗争之苦，在不到两百年的时间里经历了19个王朝。更糟糕的是，两个独立王国之间还经常发生战争。

另一个当今以色列人面临的重大威胁在几千年前的圣经中也有涉及，这一区域的王国自古以来就被强敌环绕。北部是位于今天伊拉克的亚述帝国（参见地图1），其强大的军事实力严重威胁到位于幼发拉底河西岸的众多国家，包括以色列王国和犹大王国。除了亚述帝国，同样在北部构成威胁的还有亚兰（Aram）。东部的巴比伦帝国也经常加入战争。南部强大的埃及帝国让情况变得更加复杂。

---

① 犹大王国的领土进入罗马时期后叫"犹地亚"（Judea）。——校注

任何一个帝国要想控制这一区域，首先需要征服以色列王国和犹大王国。可以说，这两个犹太王国的命运已被注定：不管哪个帝国获胜，它们终将成为被征服的对象。

这也是以色列看待当下外部安全威胁的方式。很早以前，中东这个地区就错综复杂，为了生存下来，必须不断斗争。

面对困境，古以色列人的两个王国千方百计维持自身生存，它们和其他国家建立联盟或进贡关系，但长远看来这些策略并没有多大作用。它们的故事充满无数波折，各种和约与较量比比皆是，两个王国逐渐走向衰落。因为相互内斗并受到周边强大军队的威胁，两个王国的灭亡只是时间问题。

公元前 733 年到公元前 732 年，亚述国王提革拉毗列色三世（Tiglath-Pileser Ⅲ）吞并加利利和外约旦地区后，驱逐了大量当地居民，开创了中东大规模驱逐人口的先河，这一策略一直沿用至今。对以色列人而言，成为驱逐的对象对他们的宗教生活产生了多重影响。在那之前，以色列人身份首先体现为对具体支派的认同，但支派身份衍生自土地归属。一旦他们从故土流放出去，支派身份就很难维系。

因为环境的突变由不得他们选择，犹太人被迫重新思考犹太身份的意义。在后来的几千年里，犹太人（和犹太复国主义者）也要在不断变化的世界中面临类似的挑战。

37

圣经没有告诉我们被流放的十个支派下落如何。流亡的故事告诉我们，不管对哪个民族而言，强制移民都非常危险，20 世纪犹太人和阿拉伯人都深受其害。消失的十个支派的下落人们不得而知，但根据圣经的记载，南部犹大王国的两个支派幸存了下来，发展成为后来的犹太民族。

南部王国南北受敌，剩下两个支派如何生存下去仍然是一个难题。亚述帝国的军事实力衰落，但巴比伦帝国迅速填补了权力真空。南方的埃及帝国依旧强大，对犹大王国虎视眈眈。犹大王国领导人犯下了一系列致命的错误，让王国的形势变得更为严峻。犹大国王误以为巴比伦帝国不再像以前那样强大，决定停止进贡，愤怒的巴比伦人于公元前598年入侵犹大王国，杀掉国王，将圣殿洗劫一空，大约一万人沦为奴隶（大多数为士兵和工匠）。为了摧毁犹大王国的民族意志，巴比伦国王使用了亚述国王驱逐当地居民的手段。

后来，犹大王国的人反抗巴比伦统治，新的巴比伦国王尼布甲尼撒再次带兵入侵。这一次，为了根除犹太人造反的可能性，巴比伦人不但采用驱逐的老办法，还摧毁了犹太人在以色列地的精神中心：公元前586年，所罗门圣殿被一场大火夷为平地。

和以色列王国一样，犹大王国也不复存在，犹太人独立的历史告一段落，流散巴比伦的历史开始。从那以后，犹太民族再也没有作为一个统一整体生活在以色列地。

38　　　　祭祀仪式和祭司领导体制是以色列人宗教生活的核心，圣殿被毁意味着祭祀仪式和祭司权力消亡，这本可能导致以色列人宗教生活的结束。但凭借过人的社会学和宗教学才华，以色列人的领袖请求追随者们不要把这视为终结，而要在灾难面前保持希望。

亲眼看见耶路撒冷陷落的先知耶利米在流散期间发表了对未来的预言，他认为冷酷无情的事实并不意味着犹太民族将灭亡，他说："你们要盖造房屋，住在其中，栽种田园，吃其中所产的，娶妻生儿女，为你们的儿子娶妻，使你们的女儿嫁人，生儿养女，在那里生养众多，不至减少。"[7] 耶利米不但告诫人们要充满希望，还要保持耐心。犹太人和上帝间立下的契约仍然有效，但他们需要等待，等待更为强大的力量带领他们回到锡安。

圣经先知哈拿尼雅提出了截然不同的观点，他认为巴比伦人只能统治两年，而不是 70 年。他警告以色列人不要接受流散生活。不同于耶利米，他认为犹太人可以更早回到自己的家园。

耶利米和哈拿尼雅之间关于犹太人是适应流散生活还是尽快回到家园的争论一直存在于犹太人生活中。比如，赫茨尔急于创造一个犹太国，而反对他的宗教势力则主张将犹太人的命运交给上帝。以色列早期领导人希望全世界犹太人都回归以色列，而美国犹太社团领导人坚持认为犹太人在先祖之地以外已经找到了美国这个理想的家园。

巴比伦之囚持续了几十年，在这期间，他们回到故土锡安的愿望从未消失。身处流散地的以色列人一直心怀故土。《诗篇》137 篇就反映了许多犹太人的世界观："我们曾在巴比伦的河边坐下，一追想锡安就哭了。"[8] 他们不但哭泣，还梦想回到故土。《诗篇》中另一段文字没有提到眼泪，而是表现了犹太人对美好未来的憧憬：

> 当耶和华将那些被掳的带回锡安的时候，
>
> 我们好像做梦的人。
>
> 我们满口喜笑、满舌欢呼的时候，
>
> 外邦中就有人说：
>
> "耶和华为他们行了大事！"
>
> 耶和华果然为我们行了大事，
>
> 我们就欢喜。

39

> 耶和华啊，求你使我们被掳的人归回，
>
> 好像南地的河水复流。
>
> 流泪撒种的，
>
> 必欢呼收割。
>
> 那带种流泪出去的，
>
> 必要欢欢乐乐地带禾捆回来。[9]

犹太人长期诵读《诗篇》中这节文字，虽然他们没有看到过这片土地，知道自己可能活不到回归的那一天，对于魂牵梦萦的这个地方也并不了解，但在内心深处他们知道这是犹太民族必将实现的梦想，犹太人终将回到自己的家园。只要那一天还没有到来，锡安之梦就仍然是犹太精神和民族生活的支柱。

40　　在希伯来圣经的末尾，公元前 539 年战胜巴比伦的波斯王居鲁士让流散在外的犹太人回到故土重建圣殿。"在你们中间凡做他子民的，可以上［耶路撒冷去］。"[10] 我们不知道流散社团中哪些人选择了回到锡安，但人数显然不多。[11]①

然而，圣经所编织的故事没有关注那些选择留在流散地的人，而是强调居鲁士的规劝——是时候回家了。犹太人的民族故事从上帝要亚伯兰"往我所要指示你的地去"（即去以色列地）开始，以"可以上［耶路撒冷去］"而结束。

意味深长的是，圣经故事始于对家园的应许，而止于犹太人回

---

① 犹太人的希伯来圣经和基督徒的《旧约》虽然内容一样，但在章节划分和各卷的编排顺序上有所不同。希伯来圣经以《历代志下》收尾，而《旧约》以《玛拉基书》作结。——校注

到以色列地。圣经故事讲述的这个民族从未放弃过回家的许诺。

那些遵循居鲁士指令，从巴比伦回到以色列地的犹太人发现这里动荡不安，这种乱象一直持续至今。最终，返回这里的这一小部分人重建了圣殿，尽管它最初只是对第一圣殿的草草模仿。第二圣殿矗立了 600 年左右，但在此期间犹太人并非一直拥有主权。

波斯帝国衰落后，亚历山大大帝征服了此地。希腊人的统治手段非常严厉，宗教自由被严重限制，虽然许多犹太人接受了古希腊文化，但正如后来犹太历史中反复出现的那样，一小部分人坚决抵抗外族文化和宗教的影响，他们认为仅仅生活在先祖之地是不够的，只有坚持犹太核心观念、信仰和义务，生活在这里才真正有意义。

面对希腊人对犹太宗教自由的限制，犹太抵抗组织开始武装反抗，这也是自大卫王以来犹太人最强有力的一次军事行动。公元前 164 年，马卡比家族①的一群犹太人发动反对希腊人的起义，推翻了希腊人的统治，400 多年来犹太人第一次在以色列地建立起一个独立的犹太国。每年的光明节（Hanukkah），犹太人都会庆祝这次伟大的胜利。

犹太人的独立只持续了大约一个世纪，之后犹地亚成为罗马帝国的附庸国。刚开始，生活还可以忍受，由于罗马远离犹地亚，罗马领导人并不关心生活在以色列地犹太人的日常生活，以色列人大多时候实行自治，虽然和那个年代其他被征服民族一样，他们必须缴纳沉重的赋税。但随着时间的推移，罗马人的统治变得越来越暴虐，他们不但增加税收，还逐渐剥夺犹太人的宗教自治。公元 6 年，

41

---

①"马卡比"的意思是"锤子"。——校注

罗马人开始直接统治犹地亚，结束了犹太人对主权抱有的幻想。

渴望主权的犹太人再次发动反叛。一小群所谓的奋锐党人（Zealots）主张对罗马人发动军事起义。公元 66 年起义爆发，最初罗马人节节败退，但罗马帝国毕竟是军事强国，犹太人根本不是他们的对手。公元 70 年，罗马人兵临耶路撒冷城下，整座城市被罗马军队包围，任何人无法进出，城内粮食告罄，饥荒出现。很快，罗马人冲破耶路撒冷城墙，将这座城市洗劫一空，烧毁第二圣殿。罗马人屠杀了大量犹太居民，流放了这一地区剩下的犹太人，开启了犹太人持续了两千年之久的流散。

第二圣殿时期走到尽头，耶路撒冷陷落。但不愿向罗马人屈服的决心非常强烈，零零星星的反抗仍在继续，其中坚持时间最久的是马萨达要塞（死海西岸一座建有防御工事的山丘）的奋锐党人，他们的事迹家喻户晓。其实，守卫在那的犹太人也知道，面对强大的罗马军队没有任何胜算。在重重包围之下，他们没有留给罗马人屠杀他们的机会，而是选择亲手结束自己的生命，其中几个人杀死了几乎所有的妇女、儿童和男人，最后一个人选择了自杀。马萨达上有将近一千名犹太人，最后活下来的只有两名妇女和五个孩子。[12]

同罗马人的鏖战让犹太人付出了惨烈的代价，对于这段历史，我们的了解主要来自历史学家约瑟福斯的记录。据他记载，数十万犹太人在这场战争中死去，还有许多人沦为奴隶或被迫在罗马矿山劳动。

令人惊讶的是，即便这样彻底的失败也没有让犹太人放弃在先祖之地上追求主权的愿望。公元 130 年，也就是第二圣殿被毁 60 年后，罗马皇帝哈德良宣布重建耶路撒冷，为了割断这座城市同犹太人之间的联系，他将其改名为伊利亚·卡皮托林那（Aelia

Capitolina），并计划在这里建立异教祭坛。此外，他把这一地区改称为叙利亚·巴勒斯坦那（Syria Palestina），这也是今天巴勒斯坦名字的来历。

由于罗马皇帝的挑衅行为，在年迈的阿齐瓦（Akiva）拉比的支持下，西蒙·巴尔·科赫巴开始策划新的起义，数十万犹太战士加入他麾下。起义于公元132年爆发，和公元66年的起义一样，犹太人在初期获得了一些胜利，巴尔·科赫巴攻下了耶路撒冷和大量其他领土，在所到之处建立起犹太人的自治统治。现代考古学家发掘出大量带有"以色列的救赎""以色列的自由""耶路撒冷的自由"等希伯来语铭文的钱币，它们就是巴尔·科赫巴短暂独立时期留下来的文物。[13]

和以前的起义一样，罗马帝国在军事上享有绝对优势。哈德良打败了巴尔·科赫巴和他的战士们，迫使他们撤退到耶路撒冷南部一个叫作贝塔尔（Betar）的城市。公元135年，罗马军队消灭了这里的残余势力，平息了长达三年的起义。据古代史料记载，约58万人被杀，还有很多人被卖到奴隶市场。

犹地亚第三次陷落。犹太人的主权再次结束。这一次，犹太人没有在70年后卷土重来，也没有在60年后再次发动起义。这一次，是彻底完了。

在接下来的两千年（确切说是1762年），犹太人一直没有获得过政治自治权，他们生活在其他民族的统治下，有时受到礼遇，有时备受欺凌。这一时期犹太人几乎没有认真尝试过恢复政治主权，直到1897年西奥多·赫茨尔在巴塞尔组织第一届犹太复国主义者代表大会。赫茨尔呼吁犹太人恢复古代以色列的辉煌，结束漫长的、腐蚀人心的流散。犹太人不应该继续生活在异国他乡，看着别人的脸色过日子，而应该把历史掌握在自己手中。

当 1897 年赫茨尔站在第一届犹太复国主义者代表大会的讲台上发表演讲时，犹太人回归故土的梦想已经持续了将近两千年。他们是如何做到的？如果从未见过这片先祖之地，他们如何长时间保持对这里的记忆？用乔治·艾略特的话说，如果从未在那生活过，从未去过，甚至可能永远不会去，他们如何能清晰地区分出"早年的家园"？

虽然没去过以色列地，但犹太人会周期性回忆和想象他们民族的历史，在巴塞尔畅想未来建国也不例外。犹太传统最大的特点就是在宗教仪式和节日上让历史得以重现。在他们的言行举止和思维中，以色列地始终占据着重要的位置。每日三次的祷告时，他们会面朝耶路撒冷。上千年来，犹太人都会在犹太历埃波（Av）月的第九日禁食，因为这一天被认为是两次圣殿被毁的日子。不管是在西班牙还是波兰，犹太人饭后祷告时会诵读道："赞美你，上帝，你以仁慈重建了耶路撒冷。"在逾越节晚餐祷告词结束时，不管是在非洲还是欧洲，在也门还是伊拉克，全世界犹太人都会唱"明年耶路撒冷见"。在犹太婚礼上，新郎会故意打碎一只酒杯，提醒在场者即使在欢乐时刻也不能忘记耶路撒冷被毁的历史。让一代代犹太人记住锡安（耶路撒冷）之梦的还有几十上百种宗教仪式，即使从未见过这个地方，他们也绝不会忘记。

这种保存犹太记忆的策略，就是比亚利克 1892 年发表的《鸟颂》会在犹太人中产生强烈共鸣的原因。诗中的字句是全新的，但所表达的思想却非常古老。在某种程度上，比亚利克只是在重复耶利米、哈拿尼雅和《诗篇》中已经说过的话：犹太人可能生活在许多不同的地方，但只有一个地方才是真正的家。

古老的思想在新的历史条件下展现出新的活力。19 世纪末欧洲人开始强烈排斥犹太人，民族主义席卷整个欧洲大陆，许多犹太人意识到欧洲很快将没有容身之地，他们本能地知道，在欧洲之外有一个属于他们的家园。不管是宗教人士还是世俗人士，知识分子还是普通民众，东欧犹太人还是西欧犹太人，他们都在对锡安的憧憬中长大，对于赫茨尔的《犹太国》中所提出的梦想再熟悉不过。赫茨尔的思想之所以能迅速传播，一个重要原因是它并非一个全新的思想，它只是激活了犹太人千年来的梦想。

所以，一位参加巴塞尔会议的代表作出如下评论也就不足为奇了。他说："每个人都屏住呼吸坐在会场，仿佛在见证神迹一般。坦白说，难道我们看到的不是神迹吗？现场爆发出热烈的掌声，代表们鼓掌叫好，挥舞着手帕，一直持续了 15 分钟。"[14] 毕竟，对于那些对欧洲已经失去信心的犹太人，对于那些将犹太复国主义视为新的希望和梦想的犹太人，赫茨尔就是第一次被命令"往我所要指示你的地去"的亚伯拉罕，就是带领犹太人回到应许之地的摩西，就是让犹太主权获得新生的大卫，就是坚持认为改变历史的时机已到的巴尔·科赫巴。几乎凭借一己之力，赫茨尔激活了犹太人古老的梦想，重新点燃了民族复兴的希望，让犹太人敢于畅想一个截然不同的未来。

第一届犹太复国主义者代表大会后，政治犹太复国主义被提到很高的地位，但这并非什么新鲜事物，只是将一个古老的梦想重新点燃。

第三章
是对话而不是意识形态：犹太复国主义者在世纪之交时的分歧

只要犹太人还因为民族身份而经受身体和精神上的折磨，自尊心受到伤害，财产被剥夺，那么基希涅夫惨案就会一直存在下去。让我们拯救那些还能被拯救的人！

——1903年西奥多·赫茨尔在第六届犹太复国主义者代表大会上的讲话[1]

1949年，丘吉尔感慨万分地回忆道："进入20世纪时，我们对自己的国家、整个帝国乃至全世界都充满了希望，看到19世纪大部分时期（特别是后期）自由主义的进步，1900年时大多数人感到未来一片光明，日子会越来越好。"[2]

世纪之交的许多犹太人也和后来的丘吉尔一样乐观。丘吉尔提到的自由主义的进步理应给欧洲犹太人带来新的机会，1897年第一届犹太复国主义者代表大会也预示着犹太人即将加入各民族组成的大家庭，前途一片光明。

但刚刚迈入20世纪，就爆发了一系列针对犹太人的暴力活动，将人们对美好未来的期许无情摧毁，许多犹太人感到非常震惊。在俄国，首先给犹太人当头一棒的是《锡安长老会纪要》的出版。这本书虚构了一本会议"记录"，指控犹太人试图通过操纵媒体和全球经济来控制世界。这本书被翻译成多种语言，在全球广为传播。

48

很快，俄国人对犹太人的敌意从语言攻击发展为暴力袭击，其中最让犹太人惊讶的是 1903 年发生在基希涅夫的集体迫害，这一恐怖事件发生在 4 月 19 日复活节：

> 刚开始年轻人开始驱赶楚夫林斯基（Chuflinskii）广场上的犹太人，后来，借着节日的气氛，越来越多的成年人加入进来。当天下午，大概有 25 支人数在 30—50 人之间的队伍冲入比萨拉比亚首府的犹太区，男性青少年带头砸房屋和商店的玻璃，皇家学校和市内的宗教学院的学生们拿起铁棍和斧头紧随其后，强盗们也加入进来，掠夺和毁坏财产。当地警察没有干预，秘密警察局局长拉文达（Levendal）还鼓励这些行为……坐在马车里行驶在街上时，东正教主教雅科夫（Iakov）还祝福那些大多为摩尔多瓦人的攻击者。[3]

当暴徒们发现政府不会干预，事态就进一步恶化，接下来的事情简直惨不忍睹：

> 当晚人们开始实施谋杀和屠杀……5 万犹太人（占总人口的三分之一）成为这些野蛮行为的受害者……一名两岁男孩还活着时舌头便被割掉……迈耶·韦斯曼（Meyer Weissman）小时候有一只眼睛失明，为了让暴徒饶他一命，他交出 60 卢布，暴徒首领收钱后不但砸掉了他的小杂货店，还挖掉了他的另一只眼睛，并对他说："这样你再也看不到基督徒孩子了。"有的犹太人脑部被打入钢钉，身体被切成两半，肚子剖开后被塞进羽

毛。妇女和女孩惨遭强奸，有的人还被切掉乳房。[4]

49　　恐怖事件不断升级，后来《圣彼得堡宣言报》（*St. Petersburgskiye Vedomosti*）报道说，上层阶级的人"淡定地走在街上，目睹这些惨状而完全无动于衷"[5]。直到内务部部长给总督发电报，要求他阻止屠杀后，军队才出动，4 月 21 日上午开始戒严。

犹太人死伤惨重，集体迫害导致 34 名男性（包括两名婴儿）和 7 名女性遇害，后来又有 8 人死于重伤。财产损失也非常严重。一名在集体迫害后赶到现场的记者说，当地的非犹太人没有表现出"遗憾和悔恨"[6]。

集体迫害发生后，敖德萨犹太历史委员会派纳赫曼·比亚利克去基希涅夫采访幸存者，对事件进行报道。派给比亚利克这项任务是顺理成章的，在 10 年前发表《鸟颂》后，他声名鹊起。1901 年他出版一本诗集后，被公认为当时最伟大的希伯来语作家。同样擅长写作的犹太复国主义领导人泽夫·雅博廷斯基曾说："比亚利克是现代文学界中唯一一位用诗歌塑造了一代人灵魂的诗人。"[7]

在基希涅夫的所见所闻让比亚利克震惊不已，为此他创作了史诗《屠杀之城》。他在诗中不仅对犯下抢劫、强奸和谋杀罪的暴徒发火，还令人惊异地对犹太人发火。在这首复杂长诗的中间部分，他描述了发生在一户人家地下室的场景，一群哥萨克人残忍地轮奸了一群犹太女人，而犹太男人却懦弱地躲在酒桶后，不敢站出来制止。

50　比亚利克充满讽刺地将这些男人称为"马卡比之子"，以此说明欧洲犹太人身上出了问题。

比亚利克还将怒火发向犹太传统。袭击过后，这些男人从惨遭蹂躏、奄奄一息的妻子身上跨过，跑去请教拉比："我的妻子还能跟我同房吗?"[8]

比亚利克几乎咆哮着质问："这就是你们所担心的?"你们所爱的人惨遭强奸，伤痕累累地躺在地上，而你们关心的却是在犹太教律法上还能否与妻子同房？你们还有人性吗？你们都成了什么？

比亚利克的描述是否属实并不重要，他毕竟是一位诗人，不是历史学家。重要的是他想表达的惊恐之情，对欧洲人的所作所为和犹太人的无所作为的惊恐。在他看来，犹太人这种被动的态度是犹太传统的产物。

比亚利克指出，犹太人上千年的流散不但剥夺了他们的力量和勇气，还腐蚀了他们的感知能力。换言之，流散生活毁掉了犹太人。犹太传统中的律法体系在历史上曾帮助他们在混乱的世界里获得了纯净而神圣的空间，但现在却禁锢了犹太人的灵魂，让他们对真正重要的事情漠不关心。总而言之，他认为犹太传统是一颗摧毁犹太人人性的毒瘤。

所以，对比亚利克和许多同时代人来说，犹太复国主义的意义不仅在于创造一个解决欧洲"犹太人问题"的避难所，更重要的一点在于，只有回到自己的土地才能创造"新犹太人"。他认为重新打造古老马卡比家族的时机已经来临，犹太民族应当获得重生。

因为基希涅夫事件而发生深刻转变的远不止比亚利克一人。在赫茨尔看来，基希涅夫事件再一次证明犹太人迫切需要自己的家园，不管这个家园在哪里。赫茨尔很早前就思考过在阿根廷建立犹太国的可行性。现在，由于同奥斯曼帝国的谈判没有取得进展，他开始考虑在巴勒斯坦之外的建国方案。

在 1903 年 8 月 23 日召开的第六届犹太复国主义者代表大会上，

51

赫茨尔提到了基希涅夫事件，他说，基希涅夫不是一次事件，也不是一个地点，而是一种状态。他说："只要犹太人还因为民族身份而经受身体和精神上的折磨，自尊心受到伤害，财产被剥夺，那么基希涅夫惨案就会一直存在下去。让我们拯救那些还能被拯救的人！"[9] 他在给马克思·诺尔道的信中提到，他们应该接受英国关于犹太人在东非建国的提议。他提醒诺尔道说："这是唯一的提议……总之，我们必须抓住眼前这个政治机会。"[10]

这个"政治机会"是时任英国殖民地大臣的约瑟夫·张伯伦提出的，在赫茨尔的政治施压下，他提议犹太人不应该坚持回归巴勒斯坦，而应该在东非寻找一块领土。赫茨尔立即将乌干达方案（实际上此地位于今天的肯尼亚，当时是乌干达保护国的一部分[11]）提交第六届犹太复国主义者代表大会进行讨论。对于这一计划的争论非常激烈，支持者给出的理由是，乌干达不会成为犹太人的最终目的地，而是回到巴勒斯坦先祖之地前的短暂落足点。出乎人们意料的是，一些支持犹太复国主义的宗教人士的代表本应坚持在以色列地建国，但这时却同赫茨尔一样认为当前形势紧迫，他们投票赞成了这一计划。①

52　　但反对者的力量更为强大，谁愿意在某处安家后马上又离开？许多犹太人宁可不去乌干达；许多人担心，一旦人们来到乌干达，

---

　　① 乌干达并不是巴勒斯坦之外唯一一个拟定建国地，急于寻找家园的犹太人还考虑过其他地方。19世纪初犹太人还提出在纽约州的格兰德岛（Grand Island）建国。在随后几十年被提出用于建立犹太国的地方还有东非的瓦辛基苏郡（Uasin Gishu，1903—1905）、安哥拉的本格拉（Benguela）高原（1907—1914）、马达加斯加岛（1933—1942）、塔斯马尼亚的戴维（Davey）港（1940—1945）和苏里南（1938—1948）。1948年以色列建国后，人们才停止寻找新犹太家园的地点。（Adam Rovner, *In the Shadow of Zion: Promised Lands before Israel* [New York: NYU Press, 2014].）

即使时机到来，他们也不会再去巴勒斯坦。乌干达方案会让回归巴勒斯坦的计划偏离先前的轨道，对他们而言，犹太复国主义不仅是为犹太人找一个安身立命之处，更是为了在先祖之地重建家园；甚至许多世俗犹太复国主义者（他们对这块土地没有宗教意义上的情感）也反对这一方案，坚持认为"哪怕放弃锡安一个小时都是可怕的歪理邪说"[12]；部分俄国代表也强烈反对在东非建立犹太国的方案，"其中有些人就来自基希涅夫"[13]，按理说他们应该最迫切希望找到一处犹太人的避难所。

赫茨尔很快意识到自己无意中引发了一场无法控制的风暴，犹太复国主义者代表大会和犹太复国主义运动出现了严重分裂，由此造成的损害，赫茨尔短期内无能为力。

犹太复国主义者纷纷卷入激辩，这种状态一直持续到今天。即使人们逐渐淡忘了在乌干达建国的想法，仍不断有新问题涌现出来。这时已逐渐清晰的是，犹太复国主义不仅仅是一场简单的政治运动。犹太复国主义的核心是犹太人未来建立一个民族家园，但恰恰在如何实现这一目标上，人们存在严重分歧，无法达成一致意见。从这个角度看，犹太复国主义不仅是一场运动，更是一场纷繁复杂、充满争论的对话。

大家很明白，因分歧而走向全面对立对谁都没有好处，所以大会决定回避乌干达方案，只对方案的可行性投票表决，即使这样也激怒了许多代表。投票结束后，带头反对该方案的耶希尔·塔希利诺（Yechiel Tschlenow）愤怒地冲出会场，另外128名代表随他一起离开。

会后，赫茨尔感到非常沮丧。这时他的身体已经很差，俄国犹太人的悲惨境地让他痛心疾首，自己的提议又让他苦心经营的复国

53

主义大会分崩离析。1904 年春天，他已经意识到自己犯下了严重的战术错误，作为补救措施，他在犹太复国主义常务会议上表示："我们的方案只能落实在巴勒斯坦。"[14]这次会议后来被称为"和解会议"。

正如赫茨尔所预料的一样，在 1905 年 7 月召开的第七届犹太复国主义者代表大会上，乌干达方案最终被否决。但他没能参加这次会议，1904 年 7 月 3 日，年仅 44 岁的赫茨尔因心力衰竭去世。

赫茨尔年轻时就知道自己心脏有问题，但为了实现拯救犹太民族的梦想，他不顾自己的身体状况，不惜奉献出了生命。犹太人不会忘记他做出的牺牲，是他让犹太历史发生了实质性的改变。

一位学者这样评说："维也纳从来没有过这样的葬礼。"[15]参加了赫茨尔葬礼的犹太作家斯蒂芬·茨威格则这样写道：

> 七月的那一天很奇怪，所有亲眼看见这一场景的人都将终生难忘。突然，每个车站、每列火车、每个地区、每个港口都有人不分昼夜赶到这里，人数达几千人之多。西欧、东欧、俄国、土耳其甚至偏远村庄的犹太人都涌入这座城市，他们脸上留着听到噩耗后的惊恐表情，这个长期以来被反对者和闲言碎语者经常误传的消息终于如同晴天霹雳一般向人们揭晓：这一伟大运动的领袖已与世长辞。维也纳这座城市突然明白，这位死去的人不是普通的作家或诗人，而是一位改变人们思想的巨擘，这样的人物在历史上并不多见。整个民族心头一阵剧痛，我第一次意识到，这个人凭借一己之力描绘了一幅雄伟壮阔的蓝图，给这个世界带来了无穷的勇气和无尽的希望。[16]

犹太民族已有几百年没有出现过这样的伟人。

基希涅夫事件并非只影响到赫茨尔和比亚利克这两位犹太复国主义领导人。事件爆发后，阿谢尔·兹维·金兹伯格写道："我满脑子都是基希涅夫暴力杀人事件，无法思考任何其他事情。"他也认为犹太人需要改变，他说："五百万人相互推卸责任，面对屠杀者时主动伸出脖子，哭喊求救，却从来没有尝试过捍卫自己的荣誉与生命，这是他们的耻辱。"[17]

阿谢尔·兹维·金兹伯格 1856 年（比赫茨尔年长四岁）出生于乌克兰，大家更熟悉的是他的笔名阿哈德·哈姆。他成长于虔诚的哈西德教派家庭，家人们希望他也能成为一名虔诚的哈西德教徒。但和比亚利克等人一样，阿哈德·哈姆被知识分子的世界所吸引，欧洲和哈斯卡拉运动为他提供了认识这一世界的理想平台。这似乎成了普遍现象：这一时期许多著名犹太复国主义思想家都出生在正统派家庭，但他们都不同程度地离开了传统犹太世界。在这些人的领导下，犹太复国主义运动一方面包含丰富的犹太元素，另一方面又包含对犹太复国主义者从小浸染的传统的反抗，成为一个矛盾的综合体。①

55

不同于那些和犹太传统世界彻底决裂的人，阿哈德·哈姆对塑造他人格的宗教世界充满眷恋之情。据说他父亲禁止他继续读异教徒的书，否则不得进入父亲的图书馆。有一次，为了不让父亲知道他在读异族文献，阿哈德·哈姆情急之下竟然烧掉了一本书，[18] 他不愿意被驱逐出父亲那装满犹太经典的图书馆。

---

① 遵循这种宗教和思想发展轨迹的犹太复国主义作家数量多得惊人，包括将在本书中讨论到的马克思·诺尔道、A.D. 戈登、埃利泽·本-耶胡达、米嘉·约瑟夫·别尔季切夫斯基、阿哈德·哈姆、哈伊姆·魏茨曼、约瑟夫·布伦纳、贝尔·卡茨纳尔逊（Berl Katznelson）等人。

出于对父亲的服从，他还同意娶犹太教徒为妻，14 岁时就和一位出自哈西德派名门望族的女人订婚。虽然阿哈德·哈姆不喜欢她，[19]但有趣的是，他们的结合经受住了时间的考验。

父亲由于生活困难而病倒（这是许多早期犹太复国主义者的共同经历）后，阿哈德·哈姆来到他心之所向的犹太启蒙运动中心敖德萨，这是俄国唯一一个允许犹太人生活的城市，聚集了大量犹太知识分子，产生了许多犹太复国主义运动的伟大思想家。

阿哈德·哈姆沉浸在敖德萨这片犹太文化的浓郁氛围中，但不同于许多犹太复国主义思想家，他内心深处对哈西德世界的审美方式情有独钟，1888 年在一篇名为《残破的书稿》的文章中，他罕见地表达了这种矛盾的情感：

56

> 在那些漫漫冬夜，当我和其他启蒙知识分子们坐在一起，桌上不但有不符合犹太教规的食物，还有扑克牌，我内心很喜悦，表情看上去也很快乐，但不知道为什么，每当这时，我面前会突然出现一张破旧的桌子，桌脚已经损坏，桌上摆满了残破但神圣的书籍，虽然积满了灰尘，但这些才是真正有价值的书。借着微弱的烛光，我独自坐在那儿一本接一本地读，虽然字体很小，但我毫不在意……整个世界变得像伊甸园一样美好。[20]

他虽然选择了离开哈西德教派的世界，但仍不加掩饰地深爱着那个世界，这使他有别于其他犹太复国主义者。他认为犹太人最需要的不是主权，犹太人内在的精神性能够将他们和非犹太人区分开来，异教徒的民族主义是基于权力，然而犹太教则认为，精神的力量能够战胜物质的力量。他当时写道："不以民族文化为依托的政治理想容易诱惑我们放弃对崇高精神的追求，让我们趋向于寻找一条从物质力量和政治优势中获取荣耀的道路，这会切断将我们与过去联系起来的纽带。"[21]在他看来，犹太复国主义应该专注于在巴勒斯坦建立一个精神中心，而不是国家。

赫茨尔对犹太国的设想缺少犹太特色，这让阿哈德·哈姆恼怒。他说："如果犹太民族生活在一个沉溺于毫无意义的权力交易的小国中，除了国民是犹太先祖的后裔，这个犹太国和其他国家毫无区别，那还不如让犹太民族在历史上消失。"[22]

阿哈德·哈姆知道赫茨尔试图拯救犹太民族，但他认为赫茨尔的计划存在严重问题：

> 他不但没有考虑文化因素，他的政治风格也严重偏离了犹太历史的轨迹：他教化民众（阿哈德·哈姆立刻谴责他是在煽动民众），承诺人们能立即获得救赎，很容易让人联想到以前那些号称自己是弥赛亚的骗子……他甚至指责赫茨尔在传播异端邪说。[23]

阿哈德·哈姆给出了不同的提议，他认为犹太人不应当在巴勒斯坦建立国家，而应当建立一个由犹太世界精英人士组成的"聚集地"，这个精神中心能够丰富世界各地犹太人的精神生活。[24]几千年前，圣经时期的先知以赛亚曾满怀信心地宣称："训诲必出于锡安。"[25]阿哈德·哈姆显然认为犹太复国主义应该应验先知的这一预言。

在他看来，犹太人不应该把全部希望都寄托在锡安一地。他并不看重主权，故而能够接受不同类型的犹太教在不同地方各自繁荣的想法。他相信犹太人可以在美国实现繁荣，他自问自答地说："去以色列地还是去美国？答案是，美国和以色列地都可以，犹太人问题的经济方面需要在美国解决，但理想方面……只能在以色列地解决。"[26]

1902 年赫茨尔出版了《新故土》，他和阿哈德·哈姆（当时对赫茨尔批判最严厉的人）之间的争论白热化。但一年后发生的基希涅夫集体迫害让一向反感政治的阿哈德·哈姆作出让步。这时大家都意识到，犹太人需要搁置争议，一起寻找逃离欧洲的办法。然而，阿哈德·哈姆从来没有放弃过对赫茨尔建立犹太国的反对，他坚信建国对犹太人来说是个巨大的错误。

两人之间的论争以阿哈德·哈姆的失败告终，犹太复国主义最终实现了建国，但他的思想对犹太复国主义者影响深远，至今犹存。

在阿哈德·哈姆最早的拥护者中，有一群来自巴勒斯坦的知识分子，他们成立了布里特沙洛姆（*Brit Shalom*，"和平契约"之意）。该组织的目的是促进犹太人和阿拉伯人和平相处，主要方法是呼吁犹太人放弃建国。其成员相信，犹太国的存在注定永远要和该地区的阿拉伯人发生冲突，建立一个由犹太人和阿拉伯人共同组成的国家更符合犹太人利益，犹太人和阿拉伯人完全可以在同一地区甚至同一个社区和睦相处。

这个组织的规模从来没有超过一百人，但影响力远远超过了它的规模。其中著名的成员包括曾在犹太代办处身居高位的经济学家阿瑟·鲁宾、哲学家马丁·布伯和著名哲学家与历史学家哥舒姆·肖勒姆。阿尔伯特·爱因斯坦虽然没有加入这个组织，但一直是坚定的支持者。支持者还有美国改革派拉比与和平主义者犹大·马格内斯，他塑造了希伯来大学的文化（他是该大学第一任名誉校长，后来成为校长），进而影响到很多代以色列学生和学者的思想。后来几代美国犹太社团领导人也深受阿哈德·哈姆的影响。阿哈德·哈姆的追随者尤其在以色列建国初期经常大声质疑，认为建国方案是一个战略性错误，无形中将犹太人引入歧途。

不管是主张建国还是反对建国的方案，有一点是相同的，方案制定者都希望大量犹太人来到奥斯曼帝国管辖的这个省，这一点在当时看来希望十分渺茫。

其他犹太复国主义观点也在这一时期形成。马克思·诺尔道是一位受到高度尊敬的公共知识分子，他在德雷福斯案件发生后投入犹太复国主义事业。他出生于佩斯一个正统派家庭，曾当过德国自由主义报纸《福斯报》（*Vossische Zeitung*）驻巴黎记者，一度告别了犹太世界，成为一名德国知识分子。为了拉开与犹太遗产的距离，他不惜将本姓"苏德菲尔德"（Südfeld）改掉。

诺尔道在某种程度上预见了基希涅夫事件。早在第二届犹太复国主义者代表大会上，他就主张创造"肌肉型犹太人"（*Muskeljuden*）。他指出，犹太复国主义者迫切希望建立的犹太国应当拥有新的犹太人，他们强壮有力，犹太经学院对他们而言只是遥远的记忆。

> 长久以来我们让自己的肉体坏死，更确切地说，我们利用别人来杀死我们的肉体。看一看隔都里、教堂墓地中和中世纪欧洲道路边堆放的无数犹太人尸体就可以知道，在这一点上我们做得多么成功……在狭窄的犹太街道上，我们瘦弱的躯干忘记了如何舞蹈，在没有阳光的昏暗房间里我们胆怯地眨眼，长期的迫害让我们不敢大声说话，只敢窃窃私语，只有在临死前我们的殉道者才敢在刽子手面前大声喊出最后的祷告语……让

我们抛弃这些传统，再次成为身体强健有力、眼睛炯炯有神的人。[27]

并非只有诺尔道一人主张犹太复国主义应当让新时期的犹太人拥有强健体魄。在犹太复国主义者当中，基希涅夫集体迫害对弗拉基米尔·泽夫·雅博廷斯基的冲击格外大。[28]雅博廷斯基（后来他把"泽夫"用作自己的第一个名字①）1880 年出生于敖德萨，是一名多少被同化的世俗犹太人。他年轻时做过记者，在俄国和欧洲当海外通讯员。

得知基希涅夫集体迫害的消息时，雅博廷斯基正在敖德萨给犹太文学协会做关于平斯克《自我解放》的演讲，这个消息虽然让他感到震惊，但并不完全意外。这次屠杀前，关于集体迫害的传言已经在散播，雅博廷斯基和其他人已着手搜集枪支，并向人们解释自卫的合法性和重要性。

后来，雅博廷斯基和主流犹太复国主义者之间的矛盾激化，特别是当他发现犹太复国主义者在奥斯曼帝国和英国这两个先后反对他们实现建国目标的力量前表现得过于软弱和被动时。他希望"修正"主流犹太复国主义运动中在获取土地和建立国家上妥协与渐进的方法。为此，他创立了修正派犹太复国主义运动，从主流的犹太复国主义运动中分裂出来。

理论上，修正派和主流犹太复国主义没有本质区别，两者都同意"在巴勒斯坦建立犹太人的定居点，犹太人有权动用武装力量，犹太人能够自由向巴勒斯坦移民，而且都主张这一切应当通过同英国外交协商来实现"。两者都认可在圣经中描述的整片以色列地上

---

① "弗拉基米尔"（Vladimir）是个俄国名，而"泽夫"（Ze'ev）是个犹太名。——校注

（包括约旦河两岸）定居。他们唯一的区别在于实现这一目标过程中使用武力的意愿。

雅博廷斯基着手在俄国全境建立以青年为主体的犹太自卫组织。几年后，在 1923 年，雅博廷斯基成立了修正派青年运动贝塔尔，这正是公元 135 年巴尔·科赫巴起义坚守到最后的要塞的名称。贝塔尔的目的是讲授军事战术，强健欧洲犹太青年的体魄。雅博廷斯基在《贝塔尔的思想》一文中解释说，该组织的目标——

> 非常简单，但也非常艰难：为了更快更好地建立犹太国，该组织负责培养民族所需的新犹太人……现在之所以存在困难，就是因为现在的犹太人既不正常也不"健康"，长期的流散阻碍了对正常和健康公民的培养。[29]

贝塔尔组织遍布整个欧洲，在波兰、拉脱维亚、立陶宛、奥地利、捷克斯洛伐克、德国和巴勒斯坦都建立了分支机构，在短短 10 年内，该组织成员就扩展到 7 万人。

不同于阿哈德·哈姆和布里特沙洛姆，雅博廷斯基绝非和平主义者。他提醒人们，犹太人只有通过战争才能得到巴勒斯坦。许多主流犹太复国主义者常常觉得军事实力和使用武力多少违背了犹太复国主义的基本精神；但雅博廷斯基和追随他的修正派成员则认为，当命运需要犹太人使用武力时，绝不能手软。

他们认为，命运周期性地要求犹太人使用武力。令人悲哀的是，历史将证明雅博廷斯基及其追随者确有先见之明。

如果说诺尔道和雅博廷斯基认为强健的体魄是塑造新犹太人的关键，其他人则对强健体魄给出了截然不同的定义。在 20 世纪的第一个 10 年里，基希涅夫集体迫害和俄国革命的失败让许多人出于意识形态的激励而移民巴勒斯坦，其中最具代表性的人物是亚伦·大卫·戈登（人们总是称他为 A. D. 戈登）。[30] 作为阿哈德·哈姆哲学的支持者，戈登后来成为劳工犹太复国主义的创始人。他也认为应该培养新的犹太人，但在他看来，新犹太人不需要摈弃传统，不需要从其他世俗文明那儿汲取养料，也不需要拥有多么强壮的身体。新犹太人产生于在这片土地上劳作的过程中。

戈登出生于乌克兰小城波多利亚（Podolia），位于现在摩尔多瓦边境上。戈登早年负责管理一位富裕亲戚的房产。1904 年，47 岁的他不顾劝阻来到巴勒斯坦，把所有的钱财留给妻子和两个孩子，计划不久后把他们也接过来。他先前一直从事白领工作，虽然身体羸弱，年纪不小，仍毅然决然地来到这片土地，成为一名体力劳动者。他成功了。不管是在加利利湖（Galilee）附近的佩塔提克瓦（Petach Tikvah）的酒厂，还是最后在德加尼亚（劳工犹太复国主义运动建立的第一个基布兹①），他一直辛苦劳作，直到用尽最后的体力。1921 年他已经病得很重，但继续劳动，最后和赫茨尔一样耗尽了自己的生命。

戈登为伊休夫②和后来的以色列留下一笔宝贵的财富，特别是他创立的基布兹运动。他培养的新犹太人都相信"劳动的宗教"：

> 劳动是将人和土地联系在一起的力量，只有通过劳动才算真正拥有了这块土地；此外，劳动还是创造民族文化的基础。

---

① 基布兹是基于社会主义原则建立的集体社区，主要从事农业生产。在建国最初几十年，基布兹是最具以色列特色的组织。严格意义上说，德加尼亚是第一个克武察（kevutza），克武察的规模一般比基布兹小。但现在人们普遍称德加尼亚是第一个基布兹。

② 希伯来语"定居区"的意思，这个词也指以色列建国前的巴勒斯坦犹太人社团。"新伊休夫"指移民潮期间来到巴勒斯坦的犹太人，"老伊休夫"指此前就生活在巴勒斯坦的犹太人。

这正是我们所没有的，而且我们意识不到这点。我们这个民族没有国家，没有活的民族语言，没有富有生命力的文化……充满活力的文化不能远离生活，而应当全方位地拥抱生活……包括农业、建筑、修路在内，所有的工作、技能和生产行为都是文化的一部分，真正是文化的基础和实质。[31]

戈登认为，犹太人应该回归大自然，用双手在土地上劳作。但长久以来犹太人靠脑力劳动为生，这种生活方式扭曲了他们的灵魂（对于这一点，比亚利克和阿哈德·哈姆肯定都赞同）。在戈登看来，土地是改变这一点的关键，应当让犹太人回归体力劳动的生活。他说："劳动让我们痛苦，但劳动能够治愈我们的顽疾。"[32]

戈登的观点对最早几十年来到巴勒斯坦生活的犹太人产生了深刻影响，这样说并不夸张。早期基布兹运动以务农为主，犹太人以农民的形象重新在这片土地上定居（虽然，即使在人数最多的时候，务农的犹太人比例也很低），这些在很大程度上都是戈登思想的体现。建国前早期犹太复国主义者以从事在某些人眼中枯燥的劳动为荣，也反映了戈登的影响。直到今天，以色列还有人宣扬"希伯来劳动"（*avodah ivrit*），和戈登一样，他们认为长满老茧、带有以色列地泥土的双手中能够产生真正的犹太精神。

比亚利克和阿哈德·哈姆从来没有失去对犹太经典与传统犹太世界的热爱，这浸润了他们各自的写作。但还有一些犹太复国主义者感到，犹太复国主义不仅仅是要改变犹太教，更要彻底摆脱犹太教，这方面最典型的代表是俄国学者米嘉·约瑟夫·别尔季切夫斯基，他最著名的观点是犹太复国主义应当彻底反叛犹太教。[33]犹太人应当将自己从犹太传统、历史和宗教的教条中解放出来，实现自我重塑。他说："我们要么做最后一批犹太人，要么做第一批希伯来人。"[34]

犹太复国主义者当中有这么多人反对传统犹太教，因此，传统犹太世界中的很多人反对犹太复国主义也就不足为奇了。虽然犹太复国主义者中也有教徒，但对许多其他犹太教徒而言，宗教义务是他们不加入这一运动的外在理由。

这些理由已经有上千年的历史，《巴比伦塔木德》① 中有一段经常被讨论的章节，其中提到以色列和世界其他民族立的三个誓言：世界其他民族发誓不会过度压迫以色列民族，以色列人发誓不使用武力进入以色列地，也不反抗世界上的其他民族。[35]

千百年来，犹太人认为不能主动回到先祖之地，除非得到上帝的指引。个中缘由，主要就在于这短短几行经文。大多数人明白，回到那片土地必定要使用武力，这将违背他们的誓言。讽刺的是，包括布里特沙洛姆部分成员在内的世俗和平主义者也像宗教人士那样，反对犹太复国主义，因为它不可避免地会使用武力。

其实这些誓言还不是问题的关键。宗教人士反对犹太复国主义运动还有更深层的原因。经过千百年的流散，犹太人认为世界只存在两种状态：流散和救赎。[36]这很像耶利米的预言：当造物主说时间已到，犹太人就能回到那片土地。在这种观念的作用下，许多犹太人（特别是生活在东欧的犹太人）认为继续流散、等待上帝救赎是他们的宗教义务，犹太复国主义试图将历史和犹太人的命运掌握在人的手里，这违背了犹太教的本质。此外，大多数犹太复国主义领

---

①《巴比伦塔木德》是大概在公元 200 年到公元 500 年之间由流散到巴比伦的犹太社团创作的。这是圣经之后最重要的犹太教著作。直到今天，全世界传统犹太人还在学习这部鸿篇巨作（传统版本有 20 卷）。

导人非但是极端的世俗人士，甚至还具有狂热的反宗教倾向，这让宗教人士更加不能接受这一运动。他们强烈反对犹太复国主义者，和他们划清界限。

然而，还有一些宗教犹太复国主义者。他们不像极端正统派教徒那样在原则上反对犹太复国主义，也不介意犹太人自己掌握历史的命运，但他们对犹太复兴的展望和世俗的主流观点还是存在差别。早在 19 世纪晚期，宗教犹太复国主义运动已开始萌芽，但形成体系还是在 1902 年以后，这一年召开的第五届犹太复国主义者代表大会强调，犹太复国主义运动的重点是犹太文化。同年，第一个宗教犹太复国主义组织米兹腊希（Mizrachi）诞生。成立该组织的宗教人士主张，光靠文化根本维系不了犹太教，信仰上帝和遵守诫命历来是犹太人精神生活的核心。自从西奈山上得到《托拉》以来，遵守犹太律法就是犹太人生存下来的关键，这一点是不能改变的。只有把宗教作为核心，犹太复国主义才有意义。

1904 年，米兹腊希在今天的布拉迪斯拉发（Bratislava）召开了第一次世界大会，基希涅夫事件在前一年爆发，赫茨尔在同一年去世。虽然仍然势单力薄，但在大会上他们既驳斥了东欧宗教人士对犹太复国主义运动的反对，也谴责了犹太复国主义运动中的反宗教元素。这支力量顽强地坚持下来，虽然在 1967 年以前一直处在相对边缘的地位，但之后突然成为一支将永久改变犹太复国主义和以色列的重要力量。

犹太复国主义运动发展出一系列无法达成和解的争论。有的人（如赫茨尔）寻求建国，而有的人（如阿哈德·哈姆）坚持认为建国会导致精神的堕落，犹太人应该建立的是一个精神中心。有的人

65

（如比亚利克）视宗教为残害犹太人的毒瘤（虽然比亚利克一直对犹太宗教经典情有独钟），而有的人（如宗教犹太复国主义者）觉得宗教是维系犹太民族唯一的希望。有的人一直无视阿拉伯人问题，似乎在他们看来巴勒斯坦根本就没有阿拉伯人；有的人（如赫茨尔）大同小异地希望犹太人将给这一地区带来的进步可以赢得阿拉伯邻居的尊重与赞美；还有的人（如雅博廷斯基）认为这些观点过于天真，如果犹太人不愿战斗，锡安就没有未来。有的人（如诺尔道）设想犹太人如果拥有强健的体魄就能拯救自己，而有的人（如 A. D. 戈登）主张身体的意义在于在这片土地上劳动。犹太复国主义是一场运动，但同时也是相互冲突的梦想的集合。

实现犹太国的梦想还有很长的路要走。早在建国前几十年，人们对于如何建国已经存在严重分歧。虽然犹太复国主义者后来成功建国，但这些观念不同、相互对抗的团体将继续存在于这个匆匆宣布独立的国家当中。尽管意见相左，但这些人不得不一起生活，一起去爱，一起上战场，一起建设这个国家，甚至一起去死。在某种程度上，当今以色列动荡而分裂的政治生态正是早年犹太复国主义者之间冲突的延续。犹太国建立后，犹太人才开始学习如何在一起生活。正如著名希伯来语作家和早期犹太复国主义者约瑟夫·布伦纳所说，犹太复国主义"还没来得及生根就不得不先把枝干给长出来"[37]。

第四章
梦想实现的曙光

土地和语言，没有这两者，犹太人就不成其为一个民族。

——埃利泽·本-耶胡达[1]

在 19 世纪最后 10 年，当赫茨尔用德语写作时，英语世界最有名的犹太作家是伊斯雷尔·赞格威尔。这位小说家和剧作家（他还积极参与了维护妇女权益的运动）虽出生于传统犹太家庭，但也离开了传统犹太世界，成了犹太复国主义者。

他早年许多文章将巴勒斯坦描绘成"荒野"、"布满石头的荒芜之地"、"废弃的家园"和一片"已经沦为废墟"的土地。[2] 但他关于巴勒斯坦最著名的表述还是"一块没有民族的土地，等待着一个没有土地的民族"[3]。

这个表述当然不全对，却也不全错。巴勒斯坦当时已经有人居住，但这些人的生活方式和欧洲人的预想完全不同。虽然奥斯曼帝国从 1517 年开始就控制了巴勒斯坦，但并没有发展这一地区：

松散地分布在贝鲁特省和叙利亚省之间，19 世纪早期巴勒斯坦的行政管理体系基本处于瘫痪状态，几个世纪来土耳其人对这里不闻不问，管理十分混乱。当地帕夏之间经常发生战争，当地 40 万居民（1840 年数据）常年生活在贝都因强盗团伙的恐惧下。贸易基本上没有。[4]

虽然管理混乱，民众缺少身份认同，但这片土地并非荒无人烟，而是生活着几十万人，其中大部分为阿拉伯人。[5] 大部分时间，他们分布在这一地区七八百个村庄里，过着乡村生活。他们大多数是封建制度下为土地所有者出卖劳动力的佃农，但也有人生活在加沙、希伯伦、海法等城镇。虽然阿拉伯民族认同还没有形成，但已经可以感到两个民族间的敌对情绪。早在 1891 年，一些富有的阿拉伯人就对奥斯曼当局施压，要求他们阻止犹太难民在巴勒斯坦定居，他们清楚地意识到该地区的"阿拉伯属性"将被改变。[6]

19 世纪 70 年代末，大约有 2.7 万犹太人生活在巴勒斯坦，他们主要集中在耶路撒冷，这座城市大部分人口为犹太人。这些犹太人很贫穷，但非常虔诚。他们和社团外的人联系很少，主要经济来源依赖哈卢卡制度（halukka，"分配"之意），这项制度从流散地收集钱财，发放给学者、寡妇、孤儿和其他需要经济支持的犹太人。当地犹太人过着一种脱离现代社会的简单生活，但当地的犹太人和阿拉伯人对这种生活方式习以为常。

谁也没有想到，改变巴勒斯坦简单生活方式的居然是欧洲的反犹主义。欧洲犹太人的生活变得越来越艰难，许多人逃离欧洲，部分犹太人选择移民巴勒斯坦。

69　　在乌托邦小说《新故土》中，赫茨尔描绘了犹太人如何促进巴勒斯坦的发展。他相信阿拉伯人会张开双臂欢迎犹太人的到来。不知是过于理想化还是过于天真，赞格威尔也认为欧洲犹太人的到来对每个人都有好处。1903 年在一篇名为《锡安，我的帮助从何而来？》的文章中，他说，犹太人将重新获得这片土地，把它建成现代化的繁华之地，这样一来，欧洲犹太人找到了自己的家园，当地居民也能从经济发展中受益。

但欧洲犹太人将在这遇到他们当时基本无法理解的一种文化：

> 如果认为苏丹及其政府在按照欧洲人所理解的政府和行政体制管理这片区域，那就大错特错了。实际上，在奥斯曼帝国，部落、宗族、教派和城镇才是当地人最为认同的政治实体，这让欧洲人感到非常不解，欧洲人现代公民和国籍的概念在奥斯曼政治环境下根本不适用。[7]

犹太复国主义者从欧洲带来的民族和公民的概念将同巴勒斯坦阿拉伯人已有的部落、宗族等当地体系产生冲突。同样，欧洲犹太人发现自己和那些在巴勒斯坦过着与世隔绝生活的犹太人也关系紧张。那些犹太人不但反对现代性，还反对将现代元素带到中东的欧洲犹太人。可以说，当地人和外来者对国家和社会抱有的不同理念、对荣誉和记忆的不同感受以及许多其他方面的难以沟通，成为后来犹太人和阿拉伯人长期冲突的重要原因。

第一次犹太移民潮中来到新伊休夫的人，大多不是坚定的理想主义者，这些犹太人在 19 世纪末 20 世纪初逃到巴勒斯坦，和当时逃到北美的几百万犹太人没什么区别。他们大多是俄国人，想远离暗无天日的欧洲，找个地方过简单安稳的生活。当然，他们其中也有人一心为犹太人的未来着想，希望能在巴勒斯坦建立一个全新的犹太社会，不少人还希望这个新社会能够体现当时在俄国流行的社会主义理想（社会主义之父卡尔·马克思 1883 年去世，1917 年布尔什维克革命爆发）。他们觉得新的犹太生活只有在先祖之地巴勒斯坦才能实现。

第一次犹太移民潮也称为第一次阿利亚①，它开始于 1882 年，断断续续一直持续到 1903 年。这一时期，帮助犹太人移民巴勒斯坦（后来叫以色列）的各种海外组织开始形成，其中最重要的两个团体都成立于 1882 年：一个是在平斯克帮助下成立的"锡安热爱者"，另一个是一小群大学生（"比卢伊姆"）组成的"比卢"②。后者虽然人数很少，取得的成就也不大，但因为充满激情而成为传奇，盖代拉（Gedera）就是他们当年建立的定居点。

欧洲犹太复国主义者的大量涌入引起了当地犹太人（旧伊休夫）的警惕。旧伊休夫犹太人信仰虔诚，只听从自己的拉比。新伊休夫的意识形态极端世俗，在旧伊休夫眼中几乎就是异类，甚至是对神的亵渎。

71　　　伊休夫中至少有一位核心人物希望弥合两个群体之间的分歧，他就是亚伯拉罕·以撒·库克拉比。库克拉比出生于 1865 年，1904 年（赫茨尔去世那年）移民巴勒斯坦时已经是一名广受尊敬的学者。作为虔诚的正统派犹太教徒，他当然不认可新伊休夫反对宗教和极端世俗的生活方式与哲学，但他也不愿意全盘否定他们。比亚利克等人对传统犹太教提出严厉批评，认为它对犹太人造成不良影响，对此库克拉比当然不同意，但他也承认犹太传统生活的确存在一些问题。他认为"许多年轻人之所以不尊重权威，是因为他们的视野

---

　　① 每次移民潮叫一次"阿利亚"（*aliyah*，复数为 *aliyot*），希伯来语字面意思是"上升者"。因为犹太宗教经典中总是把去以色列地表达为"上升"去以色列地。

　　② 比卢（*Bilu*）是希伯来语中"雅各之家，让我们上行"的简写。希伯来语为"*beit ya'akov lechu ve-nelcha*"。（《以赛亚书》2:5）

超越了权威，而宗教人士没能提供与他们的道德激情相匹配的教育，这是他们困惑、痛苦和愤世嫉俗的根源。他们的反抗恰恰说明他们'渴望思想和理性，并想拥有更为丰富和鲜活的体验'"[8]。不同于同一时代大多数拉比，库克拉比不愿意简单地把新伊休夫视为叛教者，他认为这些拓荒者"心中充满了爱、正义和力量，拉比的任务是让这些人重新认识自我。精神领袖们不应当压制这些年轻人，而应该用他们最不屑（哪怕有理由不屑）的《托拉》来赋予他们力量"[9]。

通过库克拉比的不懈努力，人们找到了一座连接这两个看似完全不同世界的桥梁。库克表面上非常传统，和那些认为犹太复国主义者一无是处的老派犹太人简直一模一样。但不同于那些拉比，库克为拓荒者和新伊休夫的思想热情所倾倒。"有一次走过田野时，他突然指着远处说：'看啊，一头犹太牛！'还有一次，在前往里雄莱锡安（Rishon Le-Zion）的路上，他对一位旅伴说：'我愿意亲吻这片土地上的每块石头，甚至路上的骡子。'"[10]

1935 年去世时，库克拉比留下了一笔深邃的思想财富，有人希望可以用它来为不同的社团搭桥——这些沟通工作绝大多数仍未展开。一代人过后，他的儿子兹维·耶胡达·库克将成为以色列最有激情的理论家，在一些人看来，这个儿子还是一个充满争议的人物。

72

复活希伯来语是犹太复国主义运动早期另一个革命运动。如果说西奥多·赫茨尔是政治犹太复国主义之父，阿哈德·哈姆是犹太复国主义运动在精神方面的开先河者，那么埃利泽·帕尔曼（后来改名为埃利泽·本-耶胡达，意思是"犹大之子埃利泽"）就是现代希伯来语之父。犹太复国主义包含很多方面，它让犹太人重新成为历史舞台上的重要角色，让一个古老国家重新屹立于世界。由于本-

耶胡达的努力，希伯来语这个犹太人最早用来定义自己身份的圣经语言也得到复活。

本-耶胡达的成长背景和许多犹太复国主义领导人以及哈斯卡拉运动的知识分子非常相似。他也出身于正统犹太教家庭，后来发现自己对世俗的犹太复国主义更感兴趣。他没有像比亚利克那样成为诗人，让他着迷的是如何让古老的希伯来语适用于现代散文和日常对话。他曾经在巴黎大学学习，在那里见证了法语对法国民族主义产生的深远影响，他认为犹太民族主义也需要自己的语言。1880 年，他在给未来妻子底波拉的信中写道："我已决定……为了拥有我们自己的土地，过上自己的政治生活，我们需要共同的语言，这就是希伯来语。但我们不需要拉比和犹太学者所使用的希伯来语，而必须创造出能够在日常生活中使用的现代希伯来语。"[11]

1881 年，本-耶胡达和妻子来到以色列地后，他们家只说希伯来语，孩子们也不例外。他们不允许孩子和其他人说任何其他语言，由于基本上没有其他人说希伯来语，他们的孩子只能和家人说话。从这个角度看，同赫茨尔等犹太复国主义领导人相比，本-耶胡达的革命热情有过之而无不及。

逐渐，本-耶胡达在这场语言战斗中找到志同道合者。他和一小群希伯来语爱好者们开始以惊人的速度创作希伯来语文学作品。作家人数少，但社会影响力极大；在这种氛围下，他们不但被视为艺术家，更代表着犹太民族复兴运动的声音。

本-耶胡达的革命热情还表现在他邀请无数女性在他创办的各种期刊上发表希伯来语作品。他认为，女性在这方面能发挥独特的作用，能够"让已死、遭人遗忘、古老、单调、死板的希伯来语变得富有感情、温柔、灵活、微妙"[12]。伊休夫远远不是男女平等的社会，但第二届犹太复国主义者代表大会通过了允许女性投票和竞选的决议，伊休夫也早早有了舞文弄墨的女性。

虽然伊休夫的知识精英们热情高涨，但对于普通犹太移民来说，希伯来语并没有那么重要（赫茨尔甚至怀疑希伯来语能否成为犹太国的语言[13]）。早期来到巴勒斯坦的拓荒者们面临诸多困难，对掌握这门语言缺少热情情有可原。大多数人更愿意使用东欧犹太社团的意第绪语，雅法上演的意第绪语戏剧总能吸引很多观众，他们能轻松地听懂戏剧，更好地享受闲暇时光。在语言问题上，革命精英和普通大众出现分歧，希伯来语作家一心创造高雅文化，移民急需在艰苦的体力劳动后得到放松，不愿再费脑力。

除了普通大众缺乏热情，本-耶胡达和他的同伴们还要面对另一个障碍。对犹太教徒来说，复活希伯来语和犹太复国主义同样错误，希伯来语是圣经、《密释纳》（第一部最重要的拉比文献）和祈祷书使用的神圣语言，他们认为犹太人在日常事务中使用希伯来语是亵渎这种神圣语言。本-耶胡达创造新希伯来语词汇遭到他们无情的批评，他们向他的办公室扔石头，向奥斯曼政府举报他，本-耶胡达还因此坐了一段时间牢。后来，宗教领袖将他逐出犹太教。1891 年，本-耶胡达第一任妻子底波拉死于肺结核，宗教人士不同意将她埋葬在阿什肯纳兹①犹太人的公墓。底波拉死后，本-耶胡达娶妻子的妹妹为妻。

宗教社团对本-耶胡达的攻击有自己的逻辑。实际上，和比亚利克等人一样，本-耶胡达明确表示，犹太复国主义是对耶路撒冷宗教

①"阿什肯纳兹"指欧洲裔犹太人。而"塞法迪人"或"米兹腊希人"指的是来自东方（主要是北非和中东）的犹太人。[中译本下文将"米兹腊希人"译为"东方犹太人"。]

人士所代表的那个犹太世界的反抗。乌干达事件后，他写道：

> 这些"锡安犹太复国主义者"认为那些支持在乌干达建国的人背弃了我们的整个历史，这种说法太拙劣，简直是天大的笑话！这些自己背弃历史的人居然指责别人背弃历史！我可以告诉大家，唯一没有背弃历史的人是"罪恶调查委员会"的成员［耶路撒冷反对本-耶胡达的宗教人士］，我们每个人都背弃了历史，这正是我们的光荣和伟大之处！[14]

从许多方面说，本-耶胡达是位独行者，不但宗教人士奚落他，一些致力于复活希伯来语的人也瞧不起他，甚至"包括阿哈德·哈姆和比亚利克在内的文化民族主义者也认为他是一个没有灵魂的语言机器，虽然他们都没有他那种白手创造希伯来语词汇的能力"[15]。

但本-耶胡达逐渐在伊休夫中赢得了许多支持者。正统派犹太机构先是没能阻止欧洲犹太人加入犹太复国主义运动，现在又没能阻止希伯来语的复兴。本-耶胡达不但复活了这门语言，还让整个民族开始说这门语言。1922 年 12 月他在耶路撒冷去世，大约三万人参加了他的葬礼，伊休夫官方为他哀悼了三天。

就像欧洲一样，在巴勒斯坦，文学也将成为犹太人畅想未来的平台。很快，希伯来语文学成为犹太人想象新家园的途径，人们通过这一媒介表达犹太复国主义生活中的矛盾与分歧。作家和诗人在塑造伊休夫和以色列建国后的犹太复国主义运动中将扮演核心角色。

伊休夫最早的希伯来语文学作品出自泽夫·雅维茨之笔，他于 1887 年移民巴勒斯坦。他发现那些移民没有努力重塑犹太人身份，为此惴惴不安，于是提笔讨伐这些人，认为他们没有意识到移民来巴勒斯坦应该出于革命激情。在一篇小说中，他对比了两种截然不同的犹太人：一种是流散地犹太人，他称之为"游客"；另一种是拓荒者，他称之为"居民"。[16]他的偏好不言而喻。流散地犹太人穿得过于正式，身体虚弱，一心贪图享乐，只在意自己的容貌，他的"胡须被精心修剪，嘴唇上还留有八字胡……他把提包放在大腿上，手上拿着弯曲的手杖和有褶裥花边的太阳伞……但是他看上去绵软无力，脸色苍白"[17]。

在雅维茨的小说中，流散地犹太人怕弄脏裤子，不愿和拓荒者中的男女老少一起坐在地上欣赏美景。不同于"游客"，"居民"接地气又积极向上，他穿着阿拉伯风格的简装，手拿自卫的武器（而不是手杖），骑着白马。他健康、自信，对生活充满激情。他是比亚利克所说的新犹太人，遇到集体迫害绝不会躲在酒桶后。这位新犹太人决心与充当受害者的历史决裂，将命运的主导权牢牢握在自己手里。多亏了雅维茨，对新犹太人的文学讨论从欧洲移到巴勒斯坦，从流散地移到蓬勃发展的伊休夫。

除了雅维茨，对伊休夫产生深远影响的作家还有很多，另一位闻名伊休夫乃至整个西方世界的作家是撒母耳·约瑟夫（沙伊）·恰奇克斯，他是库克拉比家的常客。和许多新伊休夫成员一样，他对流散地的犹太教传统怒不可遏；但和许多人一样，他一生深爱着犹太经典，不愿意放弃这笔宝贵的财富。在恰奇克斯看来，库克拉比指明了一条将两者结合起来的道路，在认识库克后不久，他创作了短篇小说《弃妇》（Agunot），讲述了一群因丈夫拒绝宗教离婚而囚禁在不幸婚姻中的女人。他用新取的笔名沙伊·阿格农发表了这一作品。[18]1966 年，他成为第一位获得诺贝尔奖的以色列人。

76

在雅维茨笔下，"接地气"的拓荒者在新家园的泥尘中过得很舒坦，但亲身经历这种生活完全是另外一回事。有点莽撞的年轻人带着丰富的理想来到巴勒斯坦，但他们没有任何农业技能。他们建立社会主义农业定居点的乌托邦理想几乎立刻就破灭了，不得不想尽办法寻找一切可得的经济资助。

和几十年后以色列建国后的情况一样，伊休夫所需的大部分资助来自流散地犹太人，其中最著名的慈善家是埃德蒙·德·罗斯柴尔德男爵。男爵捐出大量财产用于购买定居者所需的一切，包括房屋、设备和牲畜等，人们很快称他为"那位捐助者"。截至世纪之交，他捐助的资金总额达到 600 万美元，按现在的价值计算相当于 1.5 亿美元。

罗斯柴尔德还被称为"莫沙夫教父"①，他派欧洲农业专家到巴勒斯坦帮助新移民，并在那里购买总面积达到 200 平方英里的土地，在这些土地上建立了约 40 个村庄。从最北部的梅图拉（Metulla）到南部的马兹凯雷特巴特亚（Mazkeret Batya，即以革伦［Ekron］）都有罗斯柴尔德资助的社区。此外，里雄莱锡安、罗什平纳（Rosh Pina）、奇科隆雅科夫（Zichron Yaakov）等这类如今重要的城镇也得到他的资助。因此，他的资助对象不仅包括各种形式的农业社区（莫沙夫和基布兹），还包括城镇。仅 1880—1895 年间，在他的资助下就建立了 30 多个这类社区。截至 1937 年，巴勒斯坦大约有 160 个村庄，罗斯柴尔德资助了其中三分之一（参见地图 2）。

犹太人购买土地虽然合法，但引起了奥斯曼帝国和当地阿拉伯人的警惕，他们知道犹太人想在巴勒斯坦获得立足之地，奥斯曼帝

---

① 莫沙夫是以色列合作社制的农业社区。

国开始限制犹太人活动。早在比卢成员到达巴勒斯坦前，当地土耳其官员就宣布禁止敖德萨犹太人进入巴勒斯坦（这个政策显然是针对比卢成员，因为该组织位于敖德萨）。1856 年，奥斯曼帝国通过了允许外国人在帝国内购买土地的法律，但 1881 年奥斯曼政府开始禁止犹太人和基督徒购买土地，这条禁令一直持续到帝国解体。同年，奥斯曼政府还宣布，允许犹太人移民奥斯曼帝国，但巴勒斯坦除外。

　　这些禁令没能阻止犹太人在巴勒斯坦购买土地，"中央政府对外国人购买土地的立场很模糊，态度还不断变化；法律法规在表述上也不清晰，能够作出不同的解读；奥斯曼帝国各级行政体系非常腐败，普遍收受贿赂"。也就是说，犹太人仍然可以通过合法手段购买土地。[19]伊休夫充分利用了这些机会，旧伊休夫的犹太人精通阿拉伯语，对奥斯曼文化和政府也如指掌。通过这些犹太人，犹太复国主义者能够巧妙地利用奥斯曼腐败的官僚体系。连赫茨尔也不能免俗，他就不得不通过贿赂获得面见苏丹的机会。

　　没有罗斯柴尔德的资助，伊休夫这些新团体可能根本无法生存下来，但罗斯柴尔德和拓荒先驱们经常发生矛盾，年轻的移民者充满理想主义热情，他们认为使用罗斯柴尔德的财富影响到社会主义乌托邦的实现。从罗斯柴尔德的角度看，许多劳动者似乎感觉这些资助是他们应得的，这让他很失望。当他派当地管理者监督这些人时，年轻的移民就更无法接受了，他们认为自己好不容易逃离了资产阶级的剥削，这些人的魔爪现在又伸到他们的新家园。

　　几十年后，以色列和流散地资助者们也存在这样的矛盾，特别是在以色列外交政策和宗教多元性问题上，流散地犹太人（特别是美国犹太人）最善意的行为有时也让以色列人非常反感，认为"富裕的流散地犹太人胡乱干预"。

79 第一次阿利亚总共将两三万犹太人带到巴勒斯坦，但其中60%—90%的人几年后又选择了离开。对于充满理想主义色彩的年轻移民来说，来到先祖之地后的生活既振奋人心，又令人沮丧，他们带着宏伟的计划来到这儿，结果得靠别人的资助过日子。来之前，很多移民想象这里是沐浴着阳光的宁静之处，但现实和理想之间的反差太大，当他们踏上这片土地，看到脏乱的雅法港散发着恶臭，拥挤的人群中不时有人随地吐痰，他们第一次明白，新家园的生活并没有想象的那么容易。许多人选择了离开，留下来的人也发现他们的梦想和能力之间存在巨大的鸿沟。与此同时，欧洲的情况也让他们很失望，特别是1903年乌干达方案被提出来后，他们不禁问自己，如果欧洲的犹太复国主义者不在乎巴勒斯坦，甚至准备放弃这片土地，那他们在此辛苦劳动的意义何在？

  虽然充满自我怀疑，但早期拓荒者远比自己想象的要成功。他们没有明确意识到，正是他们的努力为将来的移民铺好了道路，为社区的建立打下了基础，未来这些地方都将成为以色列的村庄和城市。可能最重要的是，他们是最早将赫茨尔的愿景转变为现实的人。

  在基希涅夫集体迫害及乌干达方案提出和否决后不久，第二次阿利亚（1904—1914）开始。在此期间，有大约4万犹太人来到以色列地，他们大多来自东欧。这次移民潮对巴勒斯坦正在蓬勃发展80的犹太社区产生了深远的影响。他们在加利利湖以南建立了第一个基布兹德加尼亚,① 建立了第一个犹太自卫组织,还在雅法郊区建立了日后的特拉维夫。这批移民将成为以色列好几代人的榜样。这一时期的许多伊休夫领导人还将成为建国早期重要的政界和军界人物。

同先前的移民一样,这些先驱的生活也很困难,他们也充满怀疑。同第一次阿利亚一样,第二次阿利亚期间,人们也在文学作品中生动描述了他们所经历的困难。

这一时期最伟大的希伯来语作家之一是约瑟夫·哈伊姆·布伦纳。他出生在乌克兰小镇一个贫困的犹太家庭,曾在波切普(Pochep)的犹太经学院学习。和犹太复国主义运动中其他人一样,他对世俗文化深感兴趣,特别是对陀思妥耶夫斯基和托尔斯泰的作品。但战争中断了他的学术发展道路,1901—1904 年他在沙皇军队中服役,日俄战争爆发后逃到伦敦,在那一直生活到 1908 年。伦敦的生活也没有给他安定感,1909 年他移民巴勒斯坦。在这里,他引领了新一波现代希伯来语文学,成为伊休夫著名知识分子之一。

布伦纳富有激情,但思想复杂。他矛盾的心态很能代表随后几十年犹太复国主义运动的特点:他积极参与犹太复国主义运动,但同时是个没完没了的悲观主义者。他致力于在巴勒斯坦创立新的希伯来文化,有时又觉得他自己虽然怀抱理想,但犹太复国主义者的所作所为没有一点理想主义色彩。他说,流散只是被转移到以色列地而已。[20]

81

---

① 不同于许多传统拉比,库克拉比有时会来到完全世俗化的社区为那些被当地阿拉伯人谋杀的犹太人主持葬礼。库克曾和其他人在海法附近的梅哈维亚(Merhavia)为两位犹太人主持葬礼,其中一名死者是来自德加尼亚的摩西·巴尔斯基,他在为朋友撒母耳·达扬拿药时遇害。为了纪念他,撒母耳给他第一个孩子(也是最早出生在德加尼亚基布兹的孩子之一)取名为摩西·达扬。(Yehudah Mirsky, *Rav Kook*:*Mystic in a Time of Revolution* [New Haven, CT:Yale University Press,2014], p. 84.)

在很多方面，他是"饱受折磨的希伯来文学的世俗的圣人"[21]。布伦纳是欧洲宗教世界的产物，却又被启蒙运动深深吸引。他这种人正是库克拉比苦苦寻找的，库克拉比试图让这类人接受他的新宗教观。

但和伊休夫早期作家与思想家一样，虽然内心充满了痛苦的挣扎，但布伦纳并没有成为库克拉比的信徒，他"像一位没有情感的苦行者，对犹太人面临的困境和所处时代的精神危机拥有非常透彻的洞察，这使他不可能倒向库克拉比对他及其同代人的反叛和渴望所持有的神秘的神正论见解。"他这样评论库克拉比："有时，在库克拉比关于咆哮而沸腾的民族灵魂的某些话语中，人们能感受到他像是一个被暴风雨卷起波澜的水洼。"[22]

这就是当时犹太复国主义所处的时代，一群充满激情的灵魂迫切希望犹太民族得到重生，他们痛苦地站在两个世界之间，一个是传统的旧世界，另一个是充满不确定性的新世界。决心创造新社会的理想主义者在巴勒斯坦撞上了残酷的现实，旧伊休夫和新伊休夫同在，探索者和建设者并存。这是美好而动荡的时代，既拥有巨大的可能性，也潜伏着许多危险。

犹太复国主义将要建立的国家对这类张力也会有很多反映。

布伦纳对于犹太复国主义运动有时非常悲观，在 1911 年一篇名为《精神病》（*Atzabim*）的短篇小说中，他明确表达了对犹太复国主义运动未来的担忧，主角对叙事者讲述了他到巴勒斯坦的经历，思考这到底有没有意义。主人公最早从乌克兰来到纽约，在一家缝扣子的血汗工厂工作，为了追求美好的未来，他坐船来到巴勒斯坦，但他发现这里的生活依旧辛苦，唯一的区别是以前缝扣子，现在摘橘子。此前，锡安是个美丽的梦想，现在看来，这只是不理智的冲动，是"犹太人精神病"发作的症状。

并非只有布伦纳一人担心犹太复国主义运动的前景。作为第二次阿利亚的移民，大卫·本-古里安（后来成为以色列第一任总理）感到第一次阿利亚的移民已经向现实妥协。他说："第一次阿利亚的先驱成为投机倒把者，他们利用民族的希望和年轻人的理想赚钱，将流散地的偶像带到了即将得以重建的圣殿，这些'偶像崇拜'是对建国理想的玷污。"23 本-古里安这话说得有些重，也不尽客观，但它体现了犹太人深刻的自我审视和自我批判，伊休夫和后来的以色列国也善于这种自我审视和自我批判。

布伦纳虽然思想复杂，但他可能是第二次阿利亚中最大的文化偶像，他的作品仍被奉为经典，提出了不少直到今天以色列人还在努力解决的问题。如果他活得更久些，一定能取得更大成就，但在1921年的雅法暴乱中，他被阿拉伯暴徒杀害。

第二次阿利亚留下了两笔对犹太国影响深远的遗产：一是现代希伯来语的复活与全面使用，二是犹太复国主义运动标志性制度基布兹的诞生。

基布兹运动主要靠犹太国民基金从奥斯曼帝国购买的土地而蓬勃发展起来，它带有强烈的社会主义理想，强调集体责任和 A. D. 戈登提出的在土地上劳动的观念。从俄国带来的集体主义原则成为早期移民为以色列国家精神做出的最伟大的贡献。在基布兹，平等被提到至高无上的地位。所有的东西都由集体成员共同分享与承担，包括食物、利润和守护领土的责任。在基布兹的集体主义原则面前，连核心家庭也变得次要了；孩子由集体而不是由父母抚养，他们睡在基布兹的儿童之家而不是父母家。

83

　　这种充满理想主义色彩的丰富的集体生活体现了先驱带来的社会和经济理念。晚上，所有基布兹成员会聚集在餐厅，讨论公共事务和基布兹思想。大多数基布兹明显是世俗的，其成员相信，通过体力劳动，他们能够成为比亚利克、戈登等许多人在几十年前描绘过的新犹太人。

　　当然，基布兹也为这种强烈的理想主义色彩付出了代价。基布兹运动早期受到俄国革命的启发和影响，但后来由于斯大林的行为，共产主义形象不再那么完美，面对这些问题，基布兹内部出现分歧。许多夫妻由于政治观点相左而分开，许多家庭因此破裂，而受害者是无辜的孩子。

　　早期基布兹运动还出现了另一个连后来以色列社会也无法逃避的问题：集体与个人之间的冲突。很多革命运动会面临这个冲突，犹太复国主义也不例外。在以色列民间，最能体现这种冲突的是拉亥尔·布劳斯坦·塞拉，她的笔名是"女诗人拉亥尔"（Rachel HaMishoreret）。

　　大家都称她拉亥尔，她年轻时移民巴勒斯坦。1919 年，29 岁的拉亥尔来到德加尼亚的基布兹，抵达后不久就患上肺结核，可能是此前在俄国旅行时感染上的病毒。考虑到其他成员的健康，基布兹强迫她离开。

　　在生命的最后阶段，她四处漂泊，生活拮据，1931 年病逝于疗养院。虽然早早离开了人世，但直到今天，她的诗歌还在以色列学校中传颂，成为民族文化的瑰宝。她在诗歌中表达了自己对基布兹生活的怀念和被集体匆匆抛弃的痛苦。[24] 她最著名的诗歌《也许》表达了她对基布兹的眷恋之情，将近一个世纪后，这首诗还经常被以

色列人诵读:①

> 也许从来不是如此。
>
> 也许
>
> 我从来没有很早醒来就下地
>
> 额角汗津津地去劳作。
>
> 也从来没有在收获季节
>
> 那漫长、灼热的日子
>
> 站在装满稼禾的货车顶上,
>
> 放开喉咙高歌一曲。
>
> 也从来没有洗澡净身
>
> 在加利利湖那平静
>
> 湛蓝的湖水中。
>
> 啊,我的加利利湖啊,
>
> 你是否真在那里?还是我在做梦?[25]

那些献身集体事业的人就不能从集体中获取一些回报?集体就那么重要?难道新犹太人对保护个人——哪怕这样做会危及集体——就没有一点责任?

拉亥尔的诗歌让人同时注意到这种理想主义激情的丰厚和危险。尽管如此,作为一种先驱性建国精神的体现,基布兹运动在 20 世纪 30 年代还是迅速发展。集体主义理念和国家理念逐渐融为一体,密不可分,"1934 年,一个年轻拓荒者离开基布兹只是背叛了朋友和组

① 高秋福译:《百年心声:现代希伯来诗选》,人民文学出版社,1998 年,第 42—43 页。另参车兆和译:《似花还似非花:拉亥尔诗选》,大众文艺出版社,1999 年,第 23 页。——校注

织，但 1937—1939 年，他这样做会觉得自己还背叛了国家"[26]。

虽然发展势头很好，但实际上伊休夫只有一小部分加入基布兹，即便在基布兹运动的顶峰时期，1947 年基布兹人口也只占到伊休夫人口总数的 7％。虽然人数不多，但该运动对后来以色列社会的影响非常大。[27] 许多以色列领导人都来自基布兹，没有生活在基布兹的人也认为基布兹代表着这个国家开拓进取的精神。许多基布兹有意建在危险的边境地区，后来在以色列的长期战争中发挥了关键作用，基布兹中也因此形成了强烈的爱国主义精神。

20 世纪 60 年代，生活在基布兹的以色列人只占全国人口的 4％，但有 15％的议员来自基布兹。在六日战争中，"基布兹成员的伤亡率接近全国平均伤亡率的五倍，将近五分之一的阵亡士兵来自基布兹，将近三分之一的阵亡军官是基布兹成员"[28]。如果以色列在建国后几十年存在一个制造爱国主义精神的"工厂"，那么这个工厂非基布兹莫属。

很多新移民对于创造犹太模式的社会主义理想社会充满热情，但也有人非常怀念欧洲的城市生活。少部分人住进已有的阿拉伯城市，但那里的居民区中东特色过于强烈，和他们已经习惯的欧洲生活完全不同。面对这个问题，约 60 位谦逊的专业人士决定在雅法北部建立第一个"犹太郊区"。不同于古老的港口城市雅法，他们希望建造"一个'干净、漂亮和健康的地方'。如果从欧洲的隔都跑出来再住进中东的隔都，那似乎不对劲，简直有点'反犹太复国主义'了"[29]。

1909 年，特拉维夫诞生。"特拉维夫"是赫茨尔乌托邦小说《新故土》的希伯来语翻译。① 对这个几十年后将成为世界级城市的郊区，人们一开始就没有打算把它建成"农庄，而是……一座城市，效仿了许多他们熟悉的欧洲城市。有人想把它建成巴勒斯坦的敖德萨，还有人想把它建成地中海边的维也纳"[30]。人们希望特拉维夫成为犹太复国主义高雅文化的沃土，比亚利克和当时许多著名的作家都选择在这里安家。复活希伯来语的计划也在这里奏效，"到1930年，市政学校中有超过1.3万名儿童能说希伯来语"[31]。

特拉维夫最终成了"第一座说希伯来语的城市"，现在听起来平淡无奇。但任何地方的任何一座城市能够成为"说希伯来语的城市"，其实都是有时激进的犹太复国主义革命的副产品，也是第二次阿利亚中充满理想主义热情的移民的功劳。本-耶胡达的成功在于：

> 得到了具有钢铁意志的犹太复国主义移民的支持，特别是第二次阿利亚期间的移民。客观地说，让这些平时说意第绪语或俄语的犹太人在家里和田野中使用希伯来语，对他们来说苦不堪言，他们本能地想在劳动之余好好放松。但就像面对巴勒斯坦生活中其他困难一样，他们勇敢地接受了这一挑战。大多数投身犹太复国主义事业的农民和工人已经完全接受了本-耶胡达的观点：除了汗水和鲜血，一个民族同样需要自己的语言。[32]

文学在伊休夫也得到发展。这里涌现出知识阶层、出版行业和如饥似渴的读者，在这个地区堪称前所未有。特拉维夫（连同其接

---

①"特尔"（tel）指的是很多代人在同一个地方生活和不断修建房屋留下的山丘。随着时间推移，人们生活过的地方会形成一个土堆，通过对土堆不同文化层的发掘，考古学家可以发现每代人生活的特点。在这个词语中，"特尔"代表的是历史。"阿维夫"（aviv）在希伯来语中是春天的意思。"特尔"和"阿维夫"合在一起（连读后成了"特拉维夫"），就捕捉到了赫茨尔书名中"新故土"（Altneuland）的那层意思。

受过良好教育的文学精英）很快变为"第二个莱比锡"，莱比锡是欧洲的希伯来语出版中心。[33] 复兴希伯来语不再是一小部分受革命激情鼓舞的理想主义者的事业。犹太复国主义领导人和巴勒斯坦希伯来语教师联盟创始人梅纳赫姆·乌什金评论说：

> 儿童在乡村学校能学到多少基本语法知识……能学到多少历史和科学知识并不重要。但他们必须学会这些：成为强壮、健康的村民，热爱周围环境，热爱体力活，以及最重要的是成为全身心热爱希伯来语和犹太民族的村民。[34]

伊休夫在文化上的追求远远不止于希伯来语和特拉维夫。在1897年的第一届犹太复国主义者代表大会上，兹维·赫尔曼·沙皮拉敦促在巴勒斯坦建立一所大学，让教育成为犹太复国主义运动的重中之重。1903年伊休夫成立教师协会，这明确表明教育将在伊休夫和后来的犹太国中发挥核心作用。

几十年后，以色列将诞生许多诺贝尔奖得主，并获得"创业国度"的美称，这很大程度上是因为几千年来犹太人对教育的强调，而犹太复国主义革命从一开始就倚重教育。

头两次阿利亚中的理想主义者和普通移民给伊休夫留下不可磨灭的印记。虽然很多人最终离开了巴勒斯坦，而留下来的人生活困苦，但正是这些留下来的人建立了最早的犹太定居点，发起了基布兹运动，复活了希伯来语，建成了第一座说希伯来语的城市特拉维夫，后来还成立了用"新"语言表演节目的剧院，出版了各种书籍。

这些是为实现赫茨尔和阿哈德·哈姆的梦想而迈出的第一步。虽然通往建国的道路还很漫长，但犹太人已经开始建造基础设施，这最终会创造出赫茨尔急切渴望建立的那个国家。这第一步还让人想起阿哈德·哈姆关于巴勒斯坦应该成为犹太人的文化中心的信念，因为除了建造基础设施和为政治主权奠定基础，犹太人几千年来第一次可以看到、听到和感受到什么是犹太社会。它意味着有自己的语言、文学和独特的生活方式。

自古罗马人流放犹太人以来，在犹太复国主义运动的帮助下，犹太人第一次隐隐约约看到了一个重生的犹太民族的模样。

第五章
《贝尔福宣言》：英帝国支持犹太国

> 英王陛下政府赞成在巴勒斯坦建立一个犹太人的民族家园，并将尽最大努力促成此目标实现。
>
> ——《贝尔福宣言》，1917 年

伊休夫的生活在不断改善，但欧洲却笼罩在灾难的阴霾下。这个世纪将发生一场人类历史上最血腥的浩劫。20 世纪上半叶，在两次世界大战中，约八千万到一亿战士和平民死亡。

泽夫·雅博廷斯基是最早预料到这场灾难的人之一。他在第一次世界大战前说："两到三个世界大国将展开一场极具毁灭性的大规模战争，所有现代技术将被疯狂地使用……死伤人数将非常惊人，直接、间接和预料不到的经济损失将成为无法计算的天文数字。"[1]

不少人明白，不管这场灾难以什么形式发生，都将持续很长时间。英国外交大臣爱德华·格雷（Edward Grey）爵士说："整个欧洲的灯火将熄灭，我们有生之年无法看到灯火被重新点亮。"[2]

第一次世界大战前夕，犹太复国主义者最关心的问题是，奥斯曼帝国是否会失去对中东的控制，如果失去，英国是否会控制中东。面对不明朗的政局，犹太复国主义内部很快出现分歧。马克思·诺尔道坚持认为，犹太复国主义者应该不惜一切代价争取奥斯曼帝国的支持。但似乎是为了证明他的判断有多么荒谬，刚刚被任命为埃及前线总司令的杰马尔帕夏（Djemal Pasha）在奥斯曼帝国参战几周后就亮出了自己的反犹立场，他解散了工党领导人本-古里安和伊扎克·本-兹维建立的亲奥斯曼帝国的犹太军事组织，关闭了犹太复国主义运动的《团结报》（Ha'achdut），还宣布所有犹太复国主义者是土耳其的敌人，一旦捕获，可以立即处决。

本-古里安一开始认为，犹太复国主义者可以寄希望于奥斯曼帝国。当土耳其人开始驱逐特拉维夫的犹太人时，他意识到自己错了，开始效忠英国。雅博廷斯基等人从一开始就认为，寻求英国的支持更符合犹太复国主义运动的利益，只要奥斯曼帝国继续在中东统治，犹太国的梦想就无法实现。[3] 雅博廷斯基迫切希望奥斯曼帝国解体，也坚信这一天会到来。英国同德国与奥斯曼帝国等国即将开战，雅博廷斯基认为犹太复国主义者应该开始对英国政治领导人展开游说，让他们相信犹太复国主义运动是一项正义的事业。"如果我们不表明态度，再两面讨好，最后会全盘皆输。我们必须支持协约国，用我们的犹太战士帮助协约国征服以色列地。"[4]

杰马尔帕夏将大量犹太人驱逐出巴勒斯坦，其中一部分人被遣送到埃及的加巴里（Gabbari）军营，雅博廷斯基就在其中。正是在加巴里，雅博廷斯基第一次见到了约瑟夫·特伦佩尔多。特伦佩尔多1880年出生于高加索，1904年日俄战争中帮助俄国人作战，失去了左臂。沙皇曾五次亲自向他授勋，表彰他的英勇，他最终成为第二位俄国军队中的犹太军官。1912年他离开俄国来到巴勒斯坦，在加利利湖旁的农田劳动。1914 年，杰马尔帕夏将他和其他几千人驱逐出境。

这时，英国人正在寻找一位能够指挥犹太军队同土耳其人作战的军官。曾在南非参加英布战争的约翰·亨利·帕特森中校恰好来到埃及。帕特森是一位爱尔兰新教徒，对犹太历史非常熟悉，对犹太复国主义事业充满同情，他得到了这个职位。最终，他同雅博廷斯基、特伦佩尔多一起组建了锡安骡马队（Zion Mule Corps）。

锡安骡马队是一千八百年前巴尔·科赫巴发动对罗马人起义以来第一支由犹太人组成、在犹太旗帜下战斗的军队，它重新唤醒了古老的犹太自豪感。锡安骡马队中有几位成员后来成为以色列国防军前身的核心人物。由于杰马尔帕夏的大规模驱逐，犹太人居然两千年以来第一次有了自己的军队，这颇有讽刺意味。

特伦佩尔多 1920 年在守卫特尔哈伊（Tel Hai）定居点的战斗中牺牲，据传他在临死前说："没关系，为国牺牲是光荣的。"三年后，雅博廷斯基创立贝塔尔组织，取这个名字一方面是因为这是巴尔·科赫巴最后的据点，另一方面也是为了纪念特伦佩尔多。[①]

虽然犹太复国主义者知道奥斯曼帝国对犹太复国主义运动怀有敌意，但他们中很多人认为在奥斯曼帝国和英国的冲突中站队非明智之举。这些人在中立国家丹麦的哥本哈根建立了一个联络办公室。另一些人则对英国将在战争胜利后得到巴勒斯坦十分有信心，因而不遗余力地和伦敦建立联系。

92

---

① 贝塔尔（Betar）也是"约瑟夫·特伦佩尔多盟约"（**Brit Yosef Trumpeldor**）的首字母缩写。

要完成这项任务，没有人比哈伊姆·魏茨曼更合适，他后来成为以色列第一任总统。魏茨曼 1874 年出生于平斯克附近的一个叫作莫塔尔（Motal）的村庄（位于今天的白俄罗斯，当时属于俄国）。和许多犹太复国主义领导人一样，他也成长于俄国传统犹太家庭，后来被欧洲的知识界所吸引。他智商过人，思想自由。他的一位启蒙老师说过："他要么成为天才，要么改信基督教。"[5]

魏茨曼先后在德国和瑞士学习化学，1899 年在瑞士弗里堡大学拿到有机化学博士学位。虽然没有参加 1897 年巴塞尔的第一届犹太复国主义者代表大会（当时他想参加），但他出席了后来所有的会议，迅速成为犹太复国主义运动的核心人物。他早期一个重要工作就是提倡在巴勒斯坦建立高等学府，希伯来大学的创建就有他的功劳。他还致力于建立一所专门研究科学技术的大学，其结果是 1912年以色列理工学院的成立。此外，他还是 1934 年成立的魏茨曼研究所的创始人之一，这个研究所后来蜚声世界。

1904 年，魏茨曼到曼彻斯特大学担任高级讲师，两年后正是在这里，他经人介绍认识了后来成为议员的亚瑟·贝尔福。贝尔福原先支持乌干达方案，他非常欣赏魏茨曼。魏茨曼通过私人关系让贝尔福逐渐成为犹太复国主义运动的支持者。

1916 年，魏茨曼成为英国海军实验室主任，因工作从曼彻斯特搬到伦敦。他在研究中发展了丙酮的制造方法，丙酮是海军使用的无烟炸药的关键成分。这一发现为英国在战争中取胜做出了重大贡献，魏茨曼因此受到广泛赞誉，他也得以用自己的新地位来接近英国权要，这是其他犹太复国主义领导人只能梦想的。

奥斯曼帝国大势已去，英国和法国虽然还没有获得奥斯曼帝国

93

的领土，但已经开始考虑如何瓜分中东。

1915 年底，两国召开了一系列表明各自诉求的会议。英国派出的代表是马克·赛克斯，他是天主教徒，曾研究过中东国情，1903 年到巴勒斯坦度过蜜月，他职业生涯大部分时间在外交部工作。法国派出的代表是弗朗索瓦·乔治-皮科，他也是职业外交人员，同英国谈判时他是法国驻伦敦大使馆的一等秘书。赛克斯以前就提出将巴勒斯坦交给英国管理的建议，但是并没有明确界定这片区域的边界。赛克斯和皮科最终达成《小亚细亚协定》，也称为《赛克斯-皮科协定》。根据该协定，法国将控制现在的叙利亚和黎巴嫩地区。由于印度对英帝国非常重要，英国需要获得通向苏伊士运河（参见地图 6）的自由通道（这也是 1956 年以色列西奈战役爆发的重要原因），所以英国将控制从地中海到约旦河的沿海地带，包括现在的约旦、伊拉克南部、海法港、阿卡（Acre）港和整个内盖夫沙漠。根据协定，巴勒斯坦西部、加利利湖南部和加沙北部由国际共管。[6] 协定还包含关于耶路撒冷那些圣地的条款，协定建议将它们交由国际监督和管理。

94　　赛克斯和皮科既没有考虑犹太复国主义者的利益，也没有考虑巴勒斯坦阿拉伯居民的利益，所以犹太人和阿拉伯人对于这一协定都厌恶。两个外国势力还没有赢得战争就私自将中东瓜分，这让阿拉伯人勃然大怒。在亨利·麦克马洪爵士（英国驻埃及高级专员）和侯赛因·本·阿里（麦加谢里夫）以前的讨论中，麦克马洪敦促阿拉伯人推翻奥斯曼帝国统治，他试图让阿里相信，英国不但希望巴勒斯坦摆脱土耳其人的统治，还致力于建立一个从北部的叙利亚向南延伸到也门的阿拉伯国。在阿拉伯人看来，《赛克斯-皮科协定》公然违背了英国先前的承诺，英国人和巴勒斯坦阿拉伯人之间的关系大大恶化。

犹太复国主义者同样不高兴。法国人一向反感犹太复国主义运动，英法共同控制这一区域不利于犹太人实现他们的目标。魏茨曼等犹太复国主义者更希望巴勒斯坦单独成为英国的保护国，他们认为英国向来"给殖民地（白种）臣民更多自由，任何帝国在这方面都比不上英国"，而法国"一心想让殖民地臣民变为法国公民，抹杀他们的民族认同"[7]。因此，犹太复国主义者决心让英国控制巴勒斯坦，但历史会让他们失望地发现，英国人后来根本不像魏茨曼等人想象的那样支持犹太复国主义运动。

与此同时，巴勒斯坦的犹太人亲眼看到奥斯曼帝国对亚美尼亚人的屠杀。从 1915 年开始，妇女和儿童被遣送到叙利亚沙漠，在长途行走中死去，接下来大量强壮男性被迫从事强制劳动，这一过程中亚美尼亚人的死亡人数达到 150 万。这让伊休夫非常担心：如果奥斯曼土耳其人可以对亚美尼亚人实施种族灭绝，他们有什么理由不对巴勒斯坦的犹太人做同样的事？

一小群犹太人决定主动摆脱奥斯曼帝国对巴勒斯坦的统治。亚伦松家族组织和领导了一个小型间谍网络，其中最重要的情报人员包括亚伦·亚伦松、他的姐妹萨拉和丽芙卡，以及丽芙卡的未婚夫阿夫沙洛姆·费恩伯格（Avshalom Feinberg）。亚伦·亚伦松是一位农学家，因在加利利地区发现了一种古代小麦品种而小有名气。这个团体自称为"尼里"①。

95

---

① 尼里（Nili）是圣经经文"以色列的大能者必不至说谎"（Netzach Yisrael Lo Yeshaker）的首字母缩写。（《撒母耳记上》15:29）

那时，当地出现蝗灾，土耳其人委派亚伦·亚伦松负责控制灾情，这让他获得权限，可以进出该地区的政府办公室和军事设施，他将搜集来的大量情报提供给英国。刚开始英国人还心存疑虑，但后来发现亚伦松很有利用价值。他留在开罗，负责与英国人接头，他的姐妹及兄弟亚历山大和费恩伯格（除了这些核心成员，据不同的估计，该组织还有 20—60 名成员）负责间谍网络的日常事务。

尼里最主要的活动是为英国提供奥斯曼帝国防御工事、军队驻地、铁路线和水源的信息，方便英国人制订偷袭计划。每两周尼里会将窃取的情报通过密码和信号灯的形式发送给停靠在阿特利特（Atlit，位于海法港南边）岸边的一艘英国海军快艇。后来这艘船没有再回来，他们开始用信鸽传递情报。

正是信鸽葬送了这个组织。1917 年 9 月，土耳其人截获了一只携带密信的鸽子，奥斯曼帝国得到间谍网络的证据。截至 1917 年秋天，几乎所有尼里组织成员被捕，其中部分人在饱经折磨后出卖了其他成员。部分人被判处死刑，一人在大马士革被公开处以绞刑。

28 岁的萨拉在奇科隆雅科夫被捕后遭到严刑拷打，她找借口要回趟家换掉身上沾满血的衣服。为了不让自己招供，她拿起藏在家中的手枪向自己嘴里开了一枪，几天后死去。

尼里的行动恐怕没有对战争结果产生太大影响。但尼里的事迹和萨拉不怕牺牲的大无畏精神在伊休夫广为传颂，犹太人将外国势力（首先是奥斯曼帝国，几十年后是英国）赶出巴勒斯坦的决心和勇气由此可见一斑。

在伦敦，哈伊姆·魏茨曼继续为犹太复国主义事业奔走游说。他在犹太复国主义运动中没有官方职务，很多人认为他我行我素，不受纪律约束。但不管是否如此，没有任何人能像他那样近距离接触英国高官，利用各种手段解释犹太人在巴勒斯坦建国的合理性。

这不是简单的任务。英国外交部大多数人是研究阿拉伯文化的，他们认为阿拉伯人拥有巴勒斯坦的理由更充分，从更务实的角度考虑，英国也不愿意激起巴勒斯坦阿拉伯人的民怨。[8] 但事情突然出现转机，1916 年大卫·劳合·乔治当选英国首相。赫茨尔就乌干达问题谈判时，劳合·乔治曾担任代表犹太复国主义运动的律师，他和赫茨尔都承认巴勒斯坦和犹太人自古以来的联系，都认为相对于阿拉伯人，犹太人能让这片土地得到更好的发展。他说："世界四大国都支持犹太复国主义。不管是对是错，是好是坏，和现在生活在这片古老土地的 70 万阿拉伯人的欲望和偏见相比，犹太复国主义扎根于这片土地上的悠久历史中，有客观的现实需要，未来也能为这片土地带来更深刻的变化。我认为支持犹太复国主义是正确的。"[9]

意识到劳合·乔治的上台是千载难逢的机会，魏茨曼迅速接近劳合·乔治和贝尔福（当时的英国外交大臣），他还同英国外交部有影响力的外交官赛克斯建立了联系，他称赛克斯是"我们最伟大的发现"[10]。

支持和反对力量都在积极行动。正当魏茨曼努力推进他的计划时，一些英国犹太议员继续反对犹太复国主义运动，他们担心这会掀起英国和其他地方的反犹主义浪潮，如果阿拉伯人被激怒，出现反犹主义浪潮可能性会变得更大。赛克斯和其他英国外交官员则努力说服其他政府官员让犹太人合法获得巴勒斯坦。

魏茨曼最终获胜。他取得了他迄今为止最伟大的成就——以书信为形式的《贝尔福宣言》。劳合·乔治曾在回忆录中写道，《贝尔福宣言》是对魏茨曼"在丙酮制造上所做的重要工作的奖励"[11]。

1917 年 11 月 2 日，贝尔福给沃尔特·罗斯柴尔德勋爵[①]写了这封信：

> 尊敬的罗斯柴尔德勋爵：
>
> 我愉快地代表英王陛下政府将下述对犹太复国主义者的志向表示同情的宣言转交给您，这个宣言已经呈交内阁，并为内阁所批准。
>
> "英王陛下政府赞成在巴勒斯坦建立一个犹太人的民族家园，并将尽最大努力促成此目标实现。但要明确说明的是，不得伤害巴勒斯坦现有的非犹太社团的公民权利和宗教权利，也不能伤害犹太人在其他国家享有的各项权利和政治地位。"
>
> 若您能把宣言的内容通知犹太复国主义联盟，我将向您表示感谢。
>
> 亚瑟·詹姆士·贝尔福谨启[12]

距离赫茨尔 1897 年在巴塞尔建立犹太复国主义运动仅 20 年，全世界最大的帝国就承认并开始支持这一运动，还承诺尽力促成此目标的实现。如果赫茨尔没有在 13 年前去世，这个消息一定会让他感到震惊。

虽然具有重大历史意义，但 1917 年的《贝尔福宣言》是一份非常模糊的文件，它说要"建立一个犹太人的民族家园"，但并没有提到犹太国，没有提供建立"民族家园"的时间表和路线图，更没有解释犹太人建立"民族家园"如何能不侵犯"巴勒斯坦现有的非犹

---

① 沃尔特·罗斯柴尔德勋爵是罗斯柴尔德家族英国分支的家族成员，他并不是资助早期伊休夫移民的那位罗斯柴尔德。

太社团的公民权利和宗教权利"。宣言没有提供任何地图或定义来界定"巴勒斯坦"的范围。最后，这份文件没有提到的事实是，在宣言发表时巴勒斯坦仍在奥斯曼帝国控制下。虽然英国人有信心很快能控制这里，但当时他们根本就拿不出巴勒斯坦。

　　不过，对于上面提到的部分问题，我们起码能找到一些模糊的答案。在英国政治领导人中间，确实有在犹太人口占多数的地方建国的意思。[13]预期的犹太国领土显然很大。约 20 年后，1937 年的巴勒斯坦皇家委员会指出，"要建立的犹太民族家园的土地在《贝尔福宣言》发表时，被理解为历史上整个巴勒斯坦地区"，这意味着包括约旦河两岸，相当于今天的以色列和约旦（参见地图 3）。

　　至于英国还未控制巴勒斯坦的事实，他们认为奥斯曼帝国的灭亡已不可避免，而根据《赛克斯-皮科协定》，英国将很快获得巴勒斯坦。果然，《贝尔福宣言》公布六周后，埃德蒙·艾伦比将军指挥的埃及远征军赶走了耶路撒冷的奥斯曼帝国守军。数百名群众和同英国并肩作战争夺耶路撒冷的战士站在街道两边，目睹了英军隆重的庆祝仪式。出于对圣城的尊重，艾伦比将军步行从雅法门走进耶路撒冷老城。[14]

　　英国人获得了巴勒斯坦——他们当初可是承诺要把这里给犹太人的。在接下来的 31 年里，他们将管理这块犹太人祖先的土地，直到 1948 年 5 月以色列建国。

　　伊休夫在继续壮大。1913 年在维也纳举行的第十一届犹太复国主义者代表大会决定，在耶路撒冷建立一所大学，且在五年内开始建设。[15]1918 年 7 月 24 日，《贝尔福宣言》宣布不到一年，数千人聚集在耶路撒冷斯科普斯（Scopus）山参加希伯来大学的奠基仪式。

思想生活从一开始就在伊休夫和后来的以色列国处于核心地位。

1918 年第一次世界大战结束后，人口又可以重新在全球自由流动，欧洲出现了新一轮反犹主义高潮，在俄国的武装冲突中，10万—20 万犹太人被杀害，这引发了新一轮的巴勒斯坦移民潮。第三次阿利亚（1919—1923）中有 3.5 万人来到巴勒斯坦。亲眼看见战争让欧洲变得满目疮痍后，第三次阿利亚成员积极建设建国前的机构，正是这些机构保证以色列最终能够顺利建国，实现犹太人的主权。这批移民也是《贝尔福宣言》后第一批来到巴勒斯坦的人，他们明白自己的事业已经获得国际社会的认可。

这批移民的涌入帮助犹太人在许多领域取得了技术进步，在水资源技术上取得的成就尤为重要。水是这一地区的稀缺资源，实际上，这一时期英国限制犹太人移民的理由就是声称当地没有足够的自然资源。[16]因此，对水资源的研究成为当务之急。伊休夫领导人明白，他们不仅要为已经到来的移民提供充足的水资源，还要向英国和全世界证明这片土地能够接受更多的移民，远远超过英国给出的人数。

面对恶劣的自然环境，实现这个目标并不容易。1880—1914 年，犹太复国主义者购买的土地主要集中在西部从海法到雅法的沿海平原，以及东部的耶斯列（Jezreel）和约旦河谷地。这些土地多为荒无人烟的沼泽地。他们建立的第一座村庄佩塔提克瓦就暴发过疟疾疫情，导致俄国的移民－拓荒者不得不离开。同样因为疟疾，哈代拉（Hadera）刚建成的 20 年里超过半数的居民死去。[17]但这并没有让移民退缩，两年后他们又回到佩塔提克瓦，抽掉沼泽地的水，在土地上发展农业，将这里建成盛产橘子的果园。大卫·本-古里安在佩塔提克瓦橘子园工作时还感染过疟疾。

　　基布兹在排干沼泽地和消灭疾病的工作中做出了巨大贡献。在这一过程中，德·罗斯柴尔德男爵也发挥了很大作用，他请来埃及工人帮助犹太人为沼泽地排水，消除这里的疟疾，在他们的帮助下，基布兹成员在这方面取得了可喜的进展。

　　当移民们不断开拓土地时，犹太复国主义运动领导人也展现出过人的眼光，他们购买了许多当时看似无法居住的沼泽地，有时不惜重金。面对质疑，曾担任第一届犹太复国主义者代表大会秘书，后来成为犹太国民基金负责人的梅纳赫姆·乌什金认为，在买地问题上，再高的价格也划算。他说："巴勒斯坦的地价年年在攀升，如果我们现在不买，以后就再也没有机会买。"[18]

　　改造土地的工作进展迅速。1938 年，美国农业部派土壤专家沃尔特·克雷·罗德民对欧洲、北非和巴勒斯坦进行调研，他发现与犹太人到来之前相比，伊休夫大幅提高了当地水利技术。罗德民为犹太人取得的成就感到"惊讶"，说这是他此行在全世界看到的"最值得称道"的农业复垦工程。[19]①

　　这一时期伊休夫还建立起自己的政治机构。1920 年 4 月 19 日，经选举产生了"代表大会"（*Asefat Hanivharim*），这相当于英控巴勒斯坦时期犹太人的议会组织。代表大会中共有 314 个席位（这也是犹太历史上议员人数最多的时候），延续了赫茨尔时期管理世界犹太复国主义者组织的管理方法，政党通过选票获得相应席位，比如一个政党能获得 30% 的选票，就可以在代表大会中获得 30% 的

101

──────────

　　① 罗德民后来将这些发现写入《应许之地巴勒斯坦》一书中，这本书非常畅销。富兰克林·德拉诺·罗斯福总统去世时桌上就摆着这本书，这很可能是罗斯福总统生前阅读的最后一本书。（Seth M. Siegel, *Let There Be Water*: *Israel's Solution for a Water-Starved World* [New York: Thomas Dunne Books，2015]，p. 30. ）

席位。

102　　1920 年选举中没有任何政党得到大部分选票，事实上，不管是伊休夫代表大会还是独立后取代代表大会的以色列议会，没有任何一个政党获得过大多数选票。在 1920 年的选举中，获得最多选票的工党也只得到 70 个席位，选举产生的代表大会成为伊休夫准政府的议会机构。

　　伊休夫是如何形成民主传统的？大多数伊休夫移民来自非民主国家，不管是俄国和波兰的犹太人，还是奥斯曼帝国统治下的犹太人，都没有在民主政体下生活过。犹太教也没有明显的民主传统，圣经时期的国王并非通过选举产生，塔木德时期的拉比虽然不是王朝的产物，但也不是民主选举的结果。那伊休夫和后来的以色列为何会有追求民主的愿望？

　　犹太社团追求民主的传统起源于流散时期。从先祖之地被驱逐到欧洲各地后，他们重新建设自己的社团体系。1580—1764 年，位于波兰卢布林（Lublin）的四土地委员会是大波兰、小波兰、鲁塞尼亚（Ruthenia）和沃利尼亚（Volhynia）的犹太权力中心，这个选举产生的议会负责税收、处理同外族社团关系等事务。除了四土地委员会，分布在欧洲各个犹太社团、规模更小的地方委员会也是通过选举产生。犹太复国主义者代表大会沿袭了这种方式。到 20 世纪早期，犹太人选举、立法、收税的历史已经有 350 年。[20]

　　19 世纪末 20 世纪初，这一传统在完全没有民主环境的巴勒斯坦得到坚持。1948 年犹太国建立后，这一制度还改变了来自没有民主

103　积淀国家的移民。的确，第二次世界大战后大约有 100 个新的国家成立（主要是因为各帝国的解体），以色列是少数几个从建国伊始就

采取民主体制并一直坚持下来的国家。

1920 年 4 月，就在巴勒斯坦选举产生第一届代表大会的同一天，伊休夫的命运在意大利的小镇圣雷莫（San Remo）也被提上议事议程。在圣雷莫会议上，英国、法国、意大利和日本商讨如何瓜分奥斯曼帝国的领土，他们没有画出具体的地图，而是就总体原则达成一致意见。对伊休夫而言，4 月 25 日召开的圣雷莫会议最重要一点在于，与会代表承认了 1917 年的《贝尔福宣言》，将其写入会议决议，还正式将巴勒斯坦交给英国进行委任统治。

犹太人要在巴勒斯坦建立民族家园不再只是英国人的政策，而成了第一次世界大战战胜国的共同立场。

巴勒斯坦的阿拉伯人对此非常愤慨，他们用暴力回应，这种反应模式后来频繁出现。1920 年在耶路撒冷的阿拉伯人暴乱中，6 名犹太人被杀，一些人受伤。1921 年雅法发生的暴乱迅速扩散，最后有 40 多名犹太人死亡，其中包括约瑟夫·哈伊姆·布伦纳。

讽刺的是，这些暴乱导致以色列国防军前身的产生。早在几十年前，犹太人就建立了自己的防卫组织，1907 年成立的秘密安保组织巴尔-吉奥拉（Bar-Giora）是最早的防卫组织之一。和其他类似组织一样，巴尔-吉奥拉是一群犹太人组成的提供有偿安保服务的组织，他们曾为塞杰拉（Sejera，今天叫伊兰尼亚［Ilaniya］）提供安保，本-古里安刚到巴勒斯坦时就在这个定居点的农田里干活。两年后，也就是在 1909 年，巴尔-吉奥拉解散，取而代之的是规模更大的防卫组织哈绍莫（Hashomer，"守卫者"之意），哈绍莫的覆盖面更广，为犹太人和他们的村庄提供安全保障。这是为巴勒斯坦犹太社团提供有组织的防御的首次尝试。

104

哈绍莫成员计划取代犹太农场的阿拉伯护卫人员，他们还雄心勃勃地计划将人员安排到乌克兰的哥萨克村庄，以取代那里的护卫人员，但这个计划落空了。[21] 阿拉伯暴力袭击活动当时在不断蔓延。意识到英国人无法保证他们的安全后，伊休夫领导人在 1921 年创立了用于保护犹太农场和村庄的哈加纳（Haganah，"防御"之意），该组织的职责还包括预防和抵抗袭击活动。在最初成立的几年内，哈加纳组织松散，作用有限。

虽然伊休夫在不断提高防御能力，但在外交上却遇到重挫。1921 年，《贝尔福宣言》发表刚过去四年，将宣言写入决议的圣雷莫会议结束刚过去一年，被任命为殖民地大臣的温斯顿·丘吉尔（他此前一直被当作犹太复国主义者的朋友）在没有和犹太复国主义者盟友商量的情况下，重新绘制了中东地图。[22] 他在本属于巴勒斯坦的约旦河东岸成立了一个新的国家——外约旦（后来称为约旦）。[23]

面对《贝尔福宣言》和圣雷莫会议取得的成果，犹太复国主义者们认为委任统治地的版图就是未来犹太国的版图，但突然间四分之三的领土被生生拿走，犹太国的面积将远远小于他们先前的预期。他们当时不知道，未来以色列的领土还会继续缩小。

正当丘吉尔在分割委任统治地时，巴勒斯坦阿拉伯人因为犹太移民的涌入和国际社会对犹太人建国的支持而对伊休夫发起了新一轮攻击。这让犹太复国主义领导人措手不及，他们以前并没有充分考虑阿拉伯人的抵抗运动。阿哈德·哈姆对这一疏忽直言不讳："我们以前把阿拉伯人看作生活在沙漠里的原始人，是像驴一样愚蠢的民族，既看不到又无法理解身边的事情。但这个判断大错特错。"[24]

阿哈德·哈姆从不主张建国，他或许有理由对犹太人和阿拉伯人能够和平相处抱有希望。但对于那些全力寻求建国的人而言，和阿拉伯人关系的恶化是凶兆。对于两个民族间日益紧张的关系，没有人比泽夫·雅博廷斯基表达得更为直接，1923 年他写了《铁墙》和《铁墙之外》两本小册子，主张不能低估阿拉伯人。他们和其他民族一样，同自己生活的土地有着紧密的联系，他写道：

> 我们当中的和平贩子试图让我们相信阿拉伯人很愚蠢，我们可以通过隐藏自己的真实目的来欺骗他们，他们还试图让我们以为阿拉伯人很腐败，只需要给一些文化和经济上的好处，他们就会放弃巴勒斯坦。我坚决认为这些关于巴勒斯坦阿拉伯人的观点是错误的。在文化上，他们落后我们五百年，没有我们所拥有的毅力和决心。但他们和我们一样善于分析人的心理，多个世纪的唇枪舌剑将他们的大脑锤炼得和我们一样敏锐。我们可以向他们解释我们的目标有多么单纯，用甜言蜜语缓和紧张气氛，哄他们开心，但是他们知道我们想要什么，就像我们知道他们不想要什么一样。同我们一样，他们也深爱着巴勒斯坦这片土地，就像阿兹特克人深爱古墨西哥、印第安人热爱在他们的大草原上驰骋一样。[25]

雅博廷斯基说，阿拉伯人绝不会主动和犹太复国主义者达成任何协议。如果想在巴勒斯坦站稳脚跟，犹太复国主义者必须用铁墙对抗阿拉伯人的暴力：

> 这并不是说不能和巴勒斯坦人达成协议，但他们绝不会主动达成协议。只要阿拉伯人认为有希望赶走我们，他们就不会放弃，任何甜言蜜语和物质诱惑都无济于事，因为他们不是一群乌合之众，而是一个富有生命力的民族。只有当他们发现没

106

有任何希望赶走我们，无法在铁墙上打开缺口时，他们才会在关键问题上妥协。只有到那时，他们才会抛弃他们喜欢走极端的领导人，才会抛弃这些领导人"永不放弃！"的口号。[26]

雅博廷斯基又说："达成协议的唯一方法就是铁墙，我们要在巴勒斯坦拥有不会屈服于阿拉伯压力的强大力量。换句话说，为了在未来达成协议，现在我们要抛弃任何达成协议的想法。"[27]这席话几十年后成为以色列右翼政治势力的指导精神。

很遗憾，历史证明雅博廷斯基有先见之明。没多久，新的暴力袭击爆发，一个古老的犹太社团被完全摧毁。

耶路撒冷圣殿山的紧张局势已经持续了几个月。1928 年 9 月，犹太人按照犹太传统临时将西墙①划分为两块区域，以便男女教徒在赎罪日分开祷告。作为回应，大穆夫提哈吉·阿明·侯赛尼下令限制犹太人在西墙活动，导致事态进一步升级，这种煽动行为后来反复出现。[28]

阿拉伯人当中开始流传犹太人对圣殿山（阿拉伯语直译为"高贵圣所"，犹太人称之为圣殿山）有阴谋的谣言，还传播了金顶清真寺被损坏的虚假图片，② 穆斯林领导人称这些"损坏"是犹太人造成的。[29]1929 年 8 月 23 日，一群阿拉伯青年朝希伯伦犹太经学院的学生

---

① 即基督教传统中所说的"哭墙"。——校注

② 巴以冲突出现后，经常会有犹太人占领圣殿山或破坏清真寺的传言，从一开始这些传言就被证明是虚构的。1929 年，正是在这类传言的煽动下，阿拉伯人清洗了希伯伦存在了几个世纪的犹太社团，这一事件成为巴以冲突的起点。2000 年，当时担任议员的阿里埃勒·沙龙访问圣殿山，他提前公布了访问计划，没有违法，也没有进入清真寺，但亚西尔·阿拉法特以此为借口发动了第二次因提法达，它从 2002 持续到 2004 年，让几千人丧生。2015 年，有谣言说以色列计划改变圣殿山现状，对去那里祷告的人进行限定，这一煽动行为再次引发阿拉伯人的袭击潮，阿拉伯人用匕首捅、用枪射、开车压犹太人。

扔石头。当天晚些时候，一位名叫什穆埃尔·罗森霍尔茨（Shmuel Rosenholtz）的犹太男青年独自一人前往犹太经学院，阿拉伯人冲进经学院将其杀害，在他之后还有几十人在这场暴乱中丧生。

第二天是犹太人的安息日，早上，挥舞着木棍、刀子和斧头的阿拉伯暴徒将希伯伦犹太居民区包围，阿拉伯妇女和儿童朝犹太人扔石头，男人们则冲进去洗劫犹太人家庭，摧毁犹太人财产。许多犹太人受到惊吓，躲进当地拉比家中，阿拉伯暴徒前来和拉比谈判，他们声称如果他能交出所有的阿什肯纳兹犹太人，本地的中东犹太人社团将被赦免。拉比拒绝了他们的要求，被当场杀害。希伯伦暴乱很快蔓延到其他地区，一共有 133 名犹太人死亡，其中 67 人死于希伯伦。[30] 几百名犹太人在阿拉伯邻居的保护下逃过一劫，为了救他们，有的阿拉伯人承受了巨大的风险。[31] 但最终，这个 400 年前由西班牙犹太难民建成的希伯伦犹太社团被彻底摧毁，这也是世界上最早的犹太社团之一。[32]

基希涅夫惨案从欧洲来到了巴勒斯坦。

面对 1929 年的阿拉伯人暴乱和整个希伯伦犹太社团被屠杀的悲惨事实，伊休夫开始发展准军事能力。哈加纳一边购买外国军火，一边自主生产武器。哈加纳最终形成 20 个分支机构，有 2.5 万名男女志愿者。在较短时间内，哈加纳就从未经训练的军事组织发展成组织良好的地下武装力量。犹太军队开始形成。

当时，哈加纳奉行"克制"（havlagah）政策。哈加纳战士只负责保卫犹太居民区。他们尽一切可能避免袭击，在袭击活动出现前不采取任何行动。[33]

随着阿拉伯人袭击巴勒斯坦犹太人的暴力活动增多，"克制"政策越来越受争议。雅博廷斯基在《铁墙》中写道，犹太复国主义应该以暴制暴，伊休夫面临的情况似乎说明他的观点是对的。1931 年，一群深受雅博廷斯基思想影响的战士从哈加纳中分裂出来，组建了自己的军事派别。面对阿拉伯人的袭击，他们不再坐以待毙，而是向敌人发起战争。这个组织刚开始叫作哈加纳 B，后来改名为"国家军事组织"（Irgun Tzva'i Leumi），一般就叫伊尔贡。① 刚开始，大部分伊尔贡成员是雅博廷斯基修正派运动和贝塔尔的成员；雅博廷斯基从被英国人驱逐出巴勒斯坦一直到他 1940 年去世，都是伊尔贡象征性的最高领袖。

伊尔贡对待使用武力的态度和哈加纳不同。《希望》是包括哈加纳在内主流犹太复国主义运动选定的国歌，歌词从头到尾没有提到战争，但贝塔尔的国歌则反映了雅博廷斯基及其在伊休夫与以色列政治中的追随者的观点和立场，强调在必要时通过战争来拯救犹太民族：

> 面对每一个阻挠，
>
> 不管身处顺境还是逆境，
>
> 仍能点燃一团烈火，
>
> 升腾起反抗的火焰，
>
> 因为沉默是尘土。
>
> 为了隐藏的荣耀，
>
> 奉献热血与精神，
>
> 去死，或者去占领

---

① 伊尔贡（Irgun）也称为"埃策尔"（Etzel）——这是希伯来语"国家军事组织"（Irgun Tzva'i Leumi）的首字母缩写。

约德法①、马萨达和贝塔尔高地。

当伊休夫的犹太人逐渐学会保卫自己时，欧洲犹太人却变得越来越无助，比第一次世界大战还要惨烈的一场战争即将在欧洲爆发，其残忍程度让基希涅夫和希伯伦事件都黯然失色。犹太民族即将进入犹太史上最黑暗、最恐怖的一段时期。

---

① 约德法（Yodfat），古名为Jodapata，公元1世纪犹太人起义反抗罗马时的北方战场。——校注

第六章
无处可去，即使能离开

> 我们将和英国一起同希特勒作战，就像没有白皮书一样；我们将反对白皮书，就像没有战争一样。

> ——大卫·本-古里安，1939 年

1925 年，希特勒出版了《我的奋斗》。他在书中说，犹太人试图控制整个世界，一旦实现，他们将毁灭人类。"如果……犹太人战胜了世界各民族，那么他们的皇冠便将成为为人类送葬的花圈，地球又将像千万年前一样变得空无一人，运行于太空之中。"

希特勒宣称，犹太复国主义运动是犹太人的阴谋：

> 犹太复国主义试图让全世界认为，犹太人兴起的民族意识只是为了在巴勒斯坦建立犹太国，他们只是用新办法欺骗头脑简单的非犹太人。他们丝毫不打算在巴勒斯坦建和生活，他们的真实目的是建立一个国际诈骗组织的中心。[1]

1933 年 1 月，希特勒被任命为德国总理。3 月举行了选举，纳粹党仍然是德国国会的第一大党。鉴于希特勒在 10 年前出版了《我的奋斗》，德国人都明白他们将这个人选上台意味着什么。大卫·

本-古里安预言道："国家仇恨、压迫、独裁和对自由的拒绝将得到加强，犹太人将成为第一批受害者。"[2]

大卫·本-古里安以前叫大卫·格鲁恩，1886 年出生于小城普伦斯克（Plonsk，今天位于波兰，但当时属于俄国）。和许多早期犹太复国主义者一样，他成长于一个接受了世俗教育和犹太复国主义的宗教家庭。他小时候父亲经常在家里举行"锡安热爱者"会议。亚伯拉罕·玛普对锡安充满向往之情的圣经题材的小说《锡安之恋》，也对他产生了深远影响，让他在圣经中找到了建立犹太国的道德基础。在他们的影响下，年轻的格鲁恩成为一名坚定的犹太复国主义者。

17 岁时，格鲁恩得知第六届犹太复国主义者代表大会上居然讨论乌干达方案，他为犹太复国主义运动考虑放弃在先祖之地建国感到无比愤慨。意识到建立犹太国更需要行动，而不是语言，年轻的格鲁恩决定移民巴勒斯坦。

1906 年 9 月 7 日，格鲁恩终于来到赫茨尔在《新故土》中描写的雅法港，接着他来到佩塔提克瓦的橘子园工作。他深信建立犹太国需要从体力劳动做起（受 A. D. 戈登的影响），后来又在加利利地区几个农场工作过。1910 年，他迁到耶路撒冷，成为锡安工人党官方刊物《团结》（Achdut）的编委会成员。他在这份刊物上用新取的希伯来化的姓氏"本-古里安"发表了第一篇文章。

当时奥斯曼帝国还控制着巴勒斯坦，本-古里安认为，如果想当伊休夫领导人，需要拥有土耳其教育背景。1911 年，他离开巴勒斯坦，去土耳其学习法律（没有修完学位），后来又到美国传播犹太复国主义思想，参加了在那举行的锡安工人党会议。在纽约生活期间，他

113

遇见了波拉·曼维斯（Paula Munweis），1917 年两人结婚，后来生下一儿两女。

《贝尔福宣言》发表之后，本-古里安转而支持英国人，他加入了英军的犹太军团，和英国人一起在巴勒斯坦战役中对土耳其人作战。虽然一直保持和锡安工人党的合作关系，但他还成立了自己的劳工团结党（*Achdut Ha'avoda*），该党大部分成员为锡安工人党分裂出来的思想左倾的成员。1921 年，本-古里安成为犹太工人总工会（伊休夫的工会组织）秘书。他领导该组织 13 年，稳固地确立了他在伊休夫高层领导人中的地位。当他在 1933 年预言欧洲即将发生灾难时，人们已普遍认为他代表着伊休夫最权威的声音。

欧洲大难临头，这在伊休夫中引发复杂的情绪。这应验了当初来到巴勒斯坦的移民对未来的担忧，他们对历史准确的判断一方面当然让他们更加认可自己当初离开欧洲的选择，但另一方面，这些生活在巴勒斯坦的犹太人也意识到自己必须不遗余力地帮助欧洲犹太人。

有的人认为，经济抵制手段能够改变希特勒政权越来越具反犹主义倾向的政策，虽然当时还没有开始屠杀犹太人。雅博廷斯基设想，如果能够形成给德国经济造成巨大冲击的犹太统一战线，德国可能会继续保持德国犹太人的公民权利，甚至进一步推进犹太人解放。[3]

然而，伊休夫中许多人反对抵制德国的计划，认为同纳粹德国直接谈判是解决问题的最佳方法。伊休夫担心抵制会激怒德国人，让犹太人的处境变得更困难。他们还认为谈判能促使德国政府让更多的德国犹太人移民伊休夫。

关于抵制政策的争论引发了伊休夫历史上最离奇的事件之一，直到今天还很有神秘色彩。哈伊姆·阿罗佐罗夫当时是犹太代办处政治部门负责人，实际上还履行该组织外长的职责。为了逃离集体迫害，1924 年他携家人从乌克兰来到特拉维夫，在来的路上他在德国停留了一段时间，在那儿拿到了经济学博士的学位。

在德国时，他和一个名为玛格达·里切尔（Magda Ritschel）的女人发生婚外情，这个女人后来的丈夫就是纳粹政府臭名昭著的宣传部部长约瑟夫·戈培尔。1933 年 6 月，已经成为伊休夫高层领导人的阿罗佐罗夫回到德国同德国人谈判，显然，他是通过以前的情妇才和重要官员建立起联系的。[4] 他在德国的主要任务是推进《哈瓦拉协议》（Ha'avarah，《转移协议》），这项协议试图保证德国犹太人不用上交财产就能顺利离开德国。离开德国的犹太人可以将自己的资金放在一个和巴勒斯坦银行有金融业务关系的基金会，这些银行用这些资金购买德国商品，海运到巴勒斯坦。巴勒斯坦的商人购买这些商品，再把货款交还给从德国来到巴勒斯坦的犹太人。[5] 这似乎对每个人都有利，德国人摆脱了他们厌恶的犹太人，犹太人可以在离开德国时保留住部分资产，巴勒斯坦能够进口到迫切需要的德国商品。大约两万名德国人加入了这一计划，三千万美元的资金从德国转移到伊休夫。

115

然而，随着德国不断加大对犹太人的打击力度，该协议饱受争议，许多人认为这是阿罗佐罗夫和魔鬼达成的协议。虽然本-古里安拥护这一协议，认为它不但能够促进伊休夫的经济，还能增加移民的数量。但其他人主张抵制德国，而《哈瓦拉协议》严重影响到抵制运动的效果。雅博廷斯基对该协议大加批判，认为这是破坏德国经济孤立的鲁莽之举。修正派运动的报纸《人民阵线》（Hazit

Ha'am）在 1933 年 6 月 16 日的专栏上谴责了阿罗佐罗夫的协议，威胁说犹太民族"将明白应当如何回应这一令人作呕的法案"，这篇文章还指名道姓提到了阿罗佐罗夫。[6]

就在当天晚上，哈伊姆·阿罗佐罗夫和妻子西玛（Sima）来到特拉维夫海滩散步，黑暗中突然出现两名男子，一人拿着手电筒照阿罗佐罗夫的脸，另一人对他开枪射击。阿罗佐罗夫立即被送到医院，几个小时后死在手术台上。

雅博廷斯基的修正派迅即被指责为幕后主谋。两天后，修正派组织贝塔尔成员亚伯拉罕·斯塔夫斯基被捕，根据西玛的指认，他就是那天持手电筒的人。后来另外两人也被抓获，一人是共犯，一人是开枪者。左翼人士谴责雅博廷斯基不但为这些人"提供"了枪支，还是这一行动的策划者。雅博廷斯基则极力为被捕的三人辩护，刚开始斯塔夫斯基被定罪并判处死刑，但因为巴勒斯坦英国上诉法院的改判，他于 1934 年 7 月获释。

没有任何一个凶手被判刑，阿罗佐罗夫刺杀案至今仍是一个谜。但可以肯定，这种犹太人因为政见不同而自相残杀的事件在犹太国还会发生。

正如一些伊休夫成员所料，随着欧洲局势的恶化，大量犹太人移民巴勒斯坦。这时阿拉伯人的暴力运动已经平息，伊休夫的基础设施建设在不断完善，巴勒斯坦的生活也慢慢变得没有以前那么艰难。由于美国限制移民入境（苏联也是如此，但当时几乎没有犹太人愿意去那里），20 世纪 30 年代巴勒斯坦成为犹太移民最主要的目的地。当时的犹太代办处一方面资金匮乏，另一方面迫于委任统治政府施加的巨大压力，不得不限制进入巴勒斯坦的移民数量。移民需要"证明"才能成行，有时人们会不择手段获取"证明"，有人指责代办处只接收有钱人和有可能支持本-古里安政治观点的人。移民成为一个一触即发的敏感问题，直到今天还是如此。

第四次阿利亚（1924—1929）主要是来自城市中产阶级的波兰移民，而现在，来到巴勒斯坦的第五次阿利亚（1932—1936）的移民被认为是家境富裕、接受过良好教育但急于逃离欧洲的德国人。可实际上，和前几次阿利亚一样，第五次阿利亚中的大多数移民还是来自中东欧，但不同于之前，这次移民潮的移民人数大幅增长。1934年，人们已经明白希特勒的反犹政策只会越来越严厉，这一年有4.2万人来到以色列地，刷新了伊休夫单年接收移民的最高纪录，不断增长的人口为以色列的建国奠定了基础。

当哈伊姆·纳赫曼·比亚利克写《屠杀之城》时，他和读者们都没有想到欧洲将会陷入如此黑暗的时代。1921年比亚利克最终离开俄国来到德国，1924年移民巴勒斯坦。来到巴勒斯坦的比亚利克投入到公共事务中，发表作品的数量远不如以前，但他仍然代表着那一代人的声音。1934年夏天，比亚利克去维也纳做前列腺手术，手术失败，他于当年7月4日去世。

特拉维夫整座城市都在为这位伊休夫的桂冠诗人哀悼，到处张贴有通知葬礼时间的巨大海报。中东的夏天炎热难耐，但就像1922年埃利泽·本-耶胡达的葬礼一样，数千人走上街道游行，其中既有宗教人士，也有世俗人士，既有阿什肯纳兹犹太人，也有东方犹太人，既有特拉维夫人，也有巴勒斯坦其他地方赶来的人。几乎每栋楼上都挂着缠有黑色丝带的蓝白旗。比亚利克的棺材在当地公墓下葬，他右边是阿哈德·哈姆的墓地，左边是哈伊姆·阿罗佐罗夫的墓地。政治家（阿罗佐罗夫）、诗人（比亚利克）和哲学家（阿哈德·哈姆）被埋葬在一起，这既体现了犹太复国主义深厚的文化渊源，也体现了犹太社会来自不同领域的力量在关键时刻汇聚到一起形成合力的特点。

1935 年，纳粹政府通过《纽伦堡法案》，剥夺了德国犹太人的公民权，规定犹太人与非犹太人不能通婚或发生婚外性关系。来到巴勒斯坦的移民人数再创新高，1935 年移民人数达到 6.1 万。1933—1936 年，巴勒斯坦的犹太人口从 234967 人增长到 384078 人，犹太人在当地的人口比例从五分之一上升到将近三分之一。

文化和知识界也呈现爆发式发展，伊休夫发生着变化。很快，这种变化体现出传统与现代的融合、宗教和世俗的融合、阿什肯纳兹犹太人和塞法迪犹太人的融合，以及社会主义和自由市场经济的融合。

一种犹太民间文化开始产生。在 20 世纪 20 年代，特拉维夫在普珥节举行以斯帖女王选美大赛。[7] 为了融洽民族内部关系，大赛有意让参赛选手中既有东方犹太人，又有阿什肯纳兹犹太人。这不仅是一场选美大赛，官员们还想借此选拔一位伊休夫的非官方代言人。在伊休夫宗教势力的施压下，大赛在 1929 年停办了，但不可否认，在欧洲的影响下伊休夫正在变化；巴勒斯坦和以前已经大不一样，再也不是第一次和第二次阿利亚移民所看到的那片荒芜之地。

1932 年，伊休夫开始举办每年为期 9 天的马卡比运动会，来自全世界的犹太男女在体操、篮球、田径、游泳、网球等项目上同场竞技，这项赛事也包含意识形态上的考虑，诺尔道"肌肉型犹太人"观念和阿哈德·哈姆将巴勒斯坦建成犹太人文化中心的理想都促成了这项赛事的诞生。此外，伊休夫还希望让犹太人来巴勒斯坦参加比赛能够带来更多的移民。

包括舞台舞蹈和民间舞蹈在内的舞蹈艺术成为伊休夫生活的支柱。舞台舞蹈家可以参加全民舞蹈比赛，民间舞蹈家可以在 1944 年开始举办的达利亚舞蹈节上展示风采。[8] 最开始这只是伊休夫内部的比赛，但这项赛事几十年来对犹太复国主义文化产生了巨大影响，"以色列民间舞蹈"直到今天还是犹太复国主义活动的核心特色。"20 世纪 40 年代，以色列民间舞蹈传播到世界各地，成为新犹太人的重要标志。"民间舞蹈是"以色列身份的重要符号，也是以色列文化向全世界最重要、最成功的输出之一"[9]。

伊休夫中的思想生活和经济生活也经历了深刻改变。德国移民的到来大幅增加了希伯来大学学生的数量。银行业和金融业也得到发展。德国犹太人和中产阶级波兰犹太人带来大量财产，巴勒斯坦很快开始出现百货商店和高档咖啡馆。《哈瓦拉协议》（阿罗佐罗夫显然因此而遇刺）也让大量资金流入伊休夫。很多阿拉伯人愿意将地产变现，犹太人用这些钱从当地阿拉伯人手上购买了更多土地。

119

然而，对伊休夫而言的巨大进步却让阿拉伯人感到深刻的混乱。随着越来越多犹太移民的到来，多数当地居民发现他们的生活方式已经被改变。阿拉伯人的挫折感再一次以暴力的形式表现出来。

1936 年 4 月 15 日，阿拉伯人在图尔卡姆（Tulkarm，在今天的约旦河西岸，内塔尼亚［Netanya］以东）附近对 3 名犹太司机开枪，一人当场死亡，另一人 5 天后抢救无效死亡，只有一人活了下来。两天后，一群来自极端团伙的犹太人在佩塔提克瓦开枪杀害两名生活在棚屋的阿拉伯人。当天，在上述那名犹太受害者葬礼举办的同时，犹太人举行了反对阿拉伯人和英国人的抗议活动。在这一过程中，一名阿拉伯人和一名保护他的警官遭殴打，一些犹太人还袭击了给人擦皮鞋的阿拉伯男孩和阿拉伯小商贩。阿拉伯人展开了反击，4月19日，一些失业农民和流动工人冲入雅法城，杀害了9名犹太人，另有6人受伤。雅法很快陷入混乱，犹太人和阿拉伯人相互追杀。几千名犹太人逃到特拉维夫。

1936—1939年的阿拉伯起义爆发。

阿拉伯社团再次采用暴力手段限制犹太移民和伊休夫的发展。在起义过程中，暴力活动接连不断，阿拉伯人烧掉了犹太人开发的农田和栽种的果园，摧毁了犹太人的商店，还袭击了不少私人住宅。为了破坏伊休夫的经济，阿拉伯社团举行了罢工，但适得其反，犹太商店和工厂趁机填补了真空，阿拉伯人的罢工反而无意中促进了伊休夫犹太经济的发展。

虽然经济可能有所发展，但伊休夫对于阿拉伯人持续的暴力运动深感担忧。以前认为可以和阿拉伯人和平相处的犹太人现在疑虑丛生。为了表明犹太人不会放弃建国的梦想，伊休夫在这一时期建立起更多的村庄。

阿拉伯人的起义没有打击到犹太人的士气，阿拉伯人转而利用这一机会向英国人提出要求。双方在耶路撒冷谈判，阿拉伯人要求英国政府彻底禁止犹太人向巴勒斯坦移民，禁止土地买卖，呼吁建立阿拉伯人占多数的政府。即使在谈判期间，暴力活动还在继续。

阿拉伯起义也针对英国人。一开始，英国人对阿拉伯人的暴力活动无情镇压。他们追捕穆夫提，将雅法部分地区夷为平地。但经过谈判，他们改变了策略，为了避免暴力活动继续，让这块动荡的地区恢复平静，英国人开始试图安抚阿拉伯人。1936年中期，他们建议将下半年犹太移民的数量限制为4500人。前一年，也就是1935

年，有 6.1 万名犹太移民来到巴勒斯坦。英国人提出每年犹太移民的数量限制在 9000 人，这相当于减少了 85% 的犹太移民。但令人惊讶的是，阿拉伯人竟然拒绝了这个建议，坚决要求没有任何移民进入。

暴力活动仍在继续。英国政府希望暴力活动能够自我平息，不愿意损害英国和阿拉伯人之间的关系，故而采取了克制政策。但这一政策完全失败了。起义爆发 6 个月后，200 名阿拉伯人、80 名犹太人和 28 名英国人遇难，英国人不得不采取补救措施。

首先，英国向巴勒斯坦派出了更多军队，向犹太人提供武器用于自卫，实施宵禁，安排夜间巡逻。他们知道单纯依靠这些短期措施还不够，为了探索长期解决方案，英国政府成立巴勒斯坦皇家委员会（该委员会由威廉·罗伯特·韦尔斯利·皮尔勋爵负责，所以也称为皮尔委员会），调查巴勒斯坦局势，提出解决方案。

1936 年 11 月，皮尔委员会到达巴勒斯坦，他们调查了这一区域，广泛听取了犹太和阿拉伯代表的意见。1937 年 7 月 7 日，该委员会发布了一份 404 页的调查报告，提出了解决计划，其中还包括详细地图（《贝尔福宣言》不包括地图）。皮尔委员会建议，犹太人和阿拉伯人存在根本利益上的冲突，双方声称对同一块土地拥有权利，两个民族共同治理这片土地的可能性很小，唯一的解决方案就是分治（参见地图 4）。

皮尔是第一个提出将巴勒斯坦一分为二的人。报告建议，犹太人获得从北部罗什哈尼卡拉（Rosh Hanikrah）到南部贝尔图维亚（Be'er Tuvia）的滨海平原、加利利地区、耶斯列谷地和约旦河谷地，除了耶路撒冷和伯利恒仍然由委任统治政府控制，剩下区域都归阿拉伯人。这一方案让巴勒斯坦成立的阿拉伯国和外约旦连在一起。

委员会还呼吁这两个地区的犹太人和巴勒斯坦人进行人口转移，从而将犹太人和阿拉伯人社团分离。许多年后，人口转移仍然是该地区极具争议的问题。

皮尔建议分给犹太国的土地远比犹太复国主义者预计的少，虽然贝尔福没有定义"巴勒斯坦"，但皮尔委员会承认："要建立的犹太民族家园的土地在《贝尔福宣言》发表时被理解为历史上整个巴勒斯坦地区。"[10]这片地区包括今天的加沙、以色列、约旦河西岸和整个今天的约旦。皮尔建议只将其中很少一部分土地分给犹太人，只占全部领土的20％，而70％—75％的土地被分给阿拉伯人。[11]

包括雅博廷斯基及其追随者在内的许多犹太复国主义领导人，为他们眼中的英国人对《贝尔福宣言》的背弃愤怒异常。他们也感到沮丧，因为这意味着在丘吉尔于1921年独立外约旦后，他们又要放弃更多的土地。

犹太人再次通过诗歌表达自己的失望之情。乌里·茨维·格林伯格是当时著名诗人之一，他出生在奥匈帝国的哈西德派家庭，1923年，27岁的他在波兰集体迫害中逃过一劫，来到巴勒斯坦。1929年希伯伦暴乱后，他的政治立场变得强硬起来，最终加入雅博廷斯基的修正派运动。他对于皮尔瓜分巴勒斯坦的计划提出强烈反对。

1936年，正当皮尔委员会在撰写这份报告时，他创作了《一个真理，而不是两个》一诗。模仿拉比文献中比比皆是的"我们的拉比教导"这一套语，他写道：

> 你们的拉比教导，再过几代人，弥赛亚将到来，
> 不用炮火，不用流血，犹地亚将重新崛起……
> 而我说：如果你们这一代人裹足不前，

不用自己的双手和拳头去闯出结果……

那么不管多少代，弥赛亚都不会到来，

犹地亚都不会崛起。[12]

格林伯格在这首诗后面提醒人们，"血债血还"是非犹太人和犹太人的共同原则。为了让犹地亚崛起，犹太人必须投入战斗。这成了部分以色列领导人所支持的精神立场，甚至几十年后仍是如此。

虽然许多人同意雅博廷斯基的观点，但实际上，犹太人中反对皮尔计划的人并不多。魏茨曼和本-古里安都主张犹太人支持皮尔提出的分治计划。本-古里安说："赫茨尔如果在世，只要将文件中一小部分巴勒斯坦给犹太人，他都会迫不及待地接受，认为这是天赐良机，并全力在这片土地上建立犹太国。当然，他也不会承诺以后的犹太国仅仅局限于这一地区。"[13]本-古里安的话似乎在提醒犹太复国主义者们，考虑到第一届犹太复国主义者代表大会仅过去 40 年，这已经是了不起的成就。同样，魏茨曼也指出，虽然皮尔委员会在报告中用于犹太人建国的土地远比他们预想的小，但是这仍然意味着赫茨尔的理想终于得以实现。他言简意赅地说，犹太人"不接受才傻，就算只给他们桌布那么大一块地"[14]。

1937 年 8 月，在苏黎世举行的第二十届犹太复国主义者代表大会上，通过了皮尔的分治建议。与会者并不关心报告的具体细节，他们关心的是即将拥有自己的国家，这事在几年前还无法想象。

犹太社团接受了皮尔的建议，但阿拉伯人断然拒绝。外约旦的阿卜杜拉国王显然支持这一计划，因为它能够让巴勒斯坦的阿拉伯人加入他的王国，获得更多耕地，但由于阿拉伯民众极力反对，阿卜杜拉也无能为力。耶路撒冷大穆夫提哈吉·阿明·侯赛尼（后来成为纳粹分子的支持者）坚决反对这一计划，他的立场决定了阿拉伯最高委员会无法通过这一计划。

为了反对皮尔，阿拉伯人又掀起了一轮针对犹太人和英国人的暴力潮，这几乎已经成为他们固定的行为模式。这一次的受害者包括英国官员刘易斯·安德鲁斯，他当时负责安排皮尔委员会在巴勒斯坦的所有行程，这位犹太复国主义运动的支持者在 9 月 26 日前往教堂的路上被枪杀。

到 1937 年 10 月中旬，暴力活动比一年前更为猛烈。居民区、公交车、犹太平民、英国巡逻队都成为袭击对象。利达（Lydda）的新机场被焚烧，石油管道遭损坏。大部分公共交通中断了，由于道路两旁埋有地雷和炸弹，英国禁止人们夜间出行。英国人还增派驻军，对暴力行动的参与者处以死刑，后来他们经常使用死刑这一手段。但这些措施都未收到明显效果。

巴勒斯坦日益陷入战争。

同一时期，欧洲的局势进一步恶化。1938 年 2 月，本-古里安说："德国正在吞并奥地利，明天就会轮到捷克斯洛伐克。"[15]他的预测准得离奇。几个月后的 1938 年 11 月，欧洲大国一致同意德国将捷克斯洛伐克部分领土吞并（德国人称之为苏台德区）。英国首相内维尔·张伯伦解释说，他默许德国入侵是为了维持和平；但本-古里安明白，绥靖政策只会助长德国的嚣张气焰。他在写给巴勒斯坦自卫组织负责人埃利亚胡·戈洛姆（Eliyahu Golomb）的信中写道："我认为现在是欧洲最黑暗的时刻，在捷克斯洛伐克被'和平解决'后，谁能保证下个受害者不是我们？"[16]

正如本-古里安所料，西方更倾向于对阿拉伯领导人妥协，而不是保护犹太人。12 月，伊休夫提交给英国一份提议，建议拯救德国的犹太儿童，将他们带到巴勒斯坦。同时，穆夫提要求委任统治政府释放关押在塞舌尔群岛的阿拉伯最高委员会成员，理由是这些人可以作为巴勒斯坦阿拉伯代表团成员访问伦敦。阿拉伯人要求释放的人并无生命危险，但英国答应了他们的要求，却拒绝了伊休夫拯救一万名犹太儿童的请求。[17]

　　纳粹政府长期的反犹宣传和歧视性法令在 1938 年 11 月 9 日和 10 日显示出后果，当一位精神失常的犹太人在巴黎杀害一名德国官员后，出于仇恨，德国和奥地利爆发了针对犹太人的大规模暴力活动。两国的许多犹太人家庭、犹太会堂和商店被毁。267 个犹太会堂被烧，7500 家犹太人开的商店沦为废墟。根据上级指示，只有当非犹太人的房屋受到火灾威胁才需要出动消防人员。纳粹党卫军和希特勒青年团肆无忌惮地冲到犹太人家中袭击平民，许多妇女被强奸，有的妇女不惜选择自杀。2.6 万名犹太人被送往集中营，很多人不久后在那死于折磨。这场袭击活动史称"碎玻璃之夜"（*Kristallnacht*），它让犹太人再次体验到几十年前的集体迫害。这次事件可以视作纳粹大屠杀（Holocaust）的起点。

　　一个月后，也就是 12 月，伊休夫讨论了这一事件，第一次使用了希伯来语"朔阿"（*shoah*）一词。[18]① 这个词来自圣经的《西番雅书》，先知预言"那日，是荒废凄凉的日子，是黑暗、幽冥、密云、乌黑的日子"[19]。使用这个很少用到的圣经词汇，说明他们和雅博廷斯基与赫茨尔一样，预料到这将是一次空前的灾难，他们感觉到犹太历史即将永远被改变。

---

　　①"朔阿"（*shoah*）是"纳粹大屠杀"（Holocaust）一词在希伯来语中的对应用语，字面意思是"毁灭、消灭"。——校注

5 个月后，1939 年 5 月，英国发表了一份白皮书（政府官方文件的泛称），接受了阿拉伯人在 1936 年起义后提出的大部分要求。当时的欧洲正在成为几百万犹太人的坟墓，但英国竟然在这个时候规定，未来 5 年，到巴勒斯坦的犹太移民数量不能超过 7.5 万人，超过这一数字必须经过阿拉伯人的同意。这份白皮书还规定许多地方的土地不能卖给犹太人，并承诺 10 年后在巴勒斯坦成立一个以阿拉伯人为主体的独立国家。

令人惊讶的是，阿拉伯最高委员会否决了英国人的这份白皮书，称 10 年的过渡期对犹太人有利。对于犹太社团而言，限制移民意味着欧洲犹太人无处逃离，巴勒斯坦也无法拥有建国所需要的人口，犹太人在巴勒斯坦的犹太会堂和公众集会上抗议这一政策。一些犹太军事组织在泽夫·雅博廷斯基的鼓舞下，不顾哈加纳和英国人的合作，炸毁了耶路撒冷和特拉维夫的部分政府建筑，还袭击了具有战略意义的英国基础设施，包括电力设施与广播和电话的通信线路。他们反对哈加纳的克制政策，为了赢得民众的支持，他们还创立了地下报纸和广播。这时，伊休夫也意识到需要改变策略，开始支持非法移民，帮助更多犹太人进入巴勒斯坦。

伊休夫已经不再对英国人在《贝尔福宣言》中许下的承诺抱任何希望。22 年前，贝尔福勋爵呼吁在巴勒斯坦建立"犹太民族家园"，但是没有足够的移民，这个目标根本无法实现。当整个欧洲的犹太人受到希特勒威胁时，英国人对纳粹政府明确表示他们并不关心犹太人的命运。

第二十一届犹太复国主义者代表大会于 1939 年 8 月在日内瓦召开。面对即将来临的灾难，哈伊姆·魏茨曼在闭幕式发言中说："我怀着沉重的心情宣布大会结束。如果像我希望的那样，我们能够幸免于难，继续这项事业，谁知道呢——浓密的黑暗之后兴许会出现一道新光，将我们照亮。"[20]听众闻之落泪。[21]

1897年第一届犹太复国主义者代表大会给人们带来无限的希望，而1939年大会后却是一片死寂。一周后的1939年9月1日，德国入侵波兰。两天后，英国和法国对德国宣战，第二次世界大战爆发。大多数参加第二十一届犹太复国主义者代表大会的欧洲代表没有活到大战结束。

英国和德国开战让伊休夫陷入窘境。英国限制移民进入巴勒斯坦，是伊休夫的敌人，但英国又在同纳粹分子作战。伊休夫何去何从呢？本-古里安的名言成为伊休夫的官方立场："我们将和英国一起同希特勒作战，就像没有白皮书一样；我们将反对白皮书，就像没有战争一样。"[22]

127

三艘难民船的经历清晰地体现了当时全世界犹太人的处境。第一艘是"圣路易斯"号客轮。1939年5月，载有937名乘客的"圣路易斯"号客轮从汉堡出发前往古巴，乘客大多数是"碎玻璃之夜"事件后购买了合法的古巴签证逃离德国的犹太人。轮船到达目的地后，古巴总统费德里科·拉雷多·布鲁（Federico Laredo Brú）拒绝他们入境，船长德国人古斯塔夫·施罗德（Gustav Shroder）并不是犹太人，但他决心为每一位乘客找到自己的家园，开展了为期数周的谈判。然而，美国和加拿大都拒绝提供庇护，施罗德不得不对其他欧洲国家开展游说，最终，荷兰同意接收181人，法国同意接收224人，英国同意接收228人，比利时同意接收214人，剩下的人施罗德也无能为力。没想到离开欧洲一个多月后，这艘客轮又启程驶回欧洲，6月中旬靠岸。随着战局的变化，这些接收国家大多成为纳粹势力范围，这些乘客离美国海岸曾只有 90 英里的距离，但现在又回到了纳粹的魔爪下。到战争结束，乘客中有 254 人成为纳粹大屠杀受害者，刚好超过总人数四分之一。[23]

第二艘船的目的地不是古巴，而是巴勒斯坦。1940 年 11 月，载有 1730 名德国难民的"大西洋"号客轮从罗马尼亚驶抵海法湾。委任统治政府不允许他们进入巴勒斯坦，要求另一艘"帕特利亚"（Patria）号客轮将他们运送到印度洋上的毛里求斯岛。犹太军事抵抗运动成员为了阻止轮船起航，在"帕特利亚"号客轮上安放炸药，但第二天早上第一批非法移民被带上"帕特利亚"号后，炸弹威力远远超过了人们的想象，直接将船炸沉，超过 250 人被淹死。英国人最后将剩下的难民送到海法附近阿特利特的拘留营。

第三艘船是"斯特鲁马"（Struma）号难民船，这艘船 1941 年 12 月 16 日载着 769 名犹太难民从罗马尼亚出发前往巴勒斯坦，本来几天时间即可到达，但由于引擎故障，船只被迫停靠伊斯坦布尔港口。土耳其政府拒绝临时收容难民，他们不得不在船上生活了两个月，这艘船上只有四个洗手池、一个净水龙头和八个没有卫生纸的厕所位。船上也没有配备救生圈。[24]犹太代办处请求英国政府允许这些犹太难民进入巴勒斯坦，临时入境后再将他们带到毛里求斯，但遭到英国人拒绝。1942 年 2 月 24 日，土耳其人要求"斯特鲁马"号离开港口，他们将船拖到黑海。没有引擎，这艘船只能漂在黑海上。当时一艘苏联潜艇接到密令，击沉所有航行在黑海上的敌方和中立国船只（以防原材料被运到纳粹德国），遂使用鱼雷将"斯特鲁马"号击沉。[25]船上的男女老少几乎全部遇难，只有一人幸存。

"圣路易斯"号、"大西洋"号和"斯特鲁马"号三艘船的遭遇让人们清醒地认识到一点：犹太人无处逃离，赫茨尔梦想的和贝尔福承诺的犹太国对犹太人而言变得比任何时候都重要。建立犹太国眼下事关生死。

2.7 万名巴勒斯坦犹太人加入英军。但与此同时，伊休夫坚决抵制那份白皮书中限制移民的政策。为了帮助欧洲犹太人进入巴勒斯坦，哈加纳成立了专门帮助非法移民的"移民组织 B"（*Mossad le-Aliyah Bet*）。该组织购买船只，雇佣船员，集合潜在移民，将他们带到这个有待建成的国家后，还安排人员协助他们躲藏。这一行动总体上成功了，但也有失败的一面，以色列著名历史学家本尼·莫里斯指出："1934—1938 年，大约 4 万名犹太人非法进入巴勒斯坦，截至 1939 年 9 月又有 9000 人进入。但在接下来 6 年中，也就是在犹太人最需要庇护的时候，只有不足 1.6 万人移民。"[26]

许多非法移民（希伯来语中叫作"马阿皮里姆"①）虽然到达巴勒斯坦，但是很快被英国人抓住，被送到拘留营。最大的拘留营位于阿特利特，恰恰是当年代表英国的尼里间谍组织活动的地方。

为了阻止非法移民，英国一方面对非法船只的驶离国进行外交施压。另一方面，作为惩罚，他们大幅削减移民指标，给出的理由很荒唐，声称轴心国间谍有可能掺入犹太难民中。第二次世界大战一共持续了 39 个月，在最初 19 个月中，英国人没有批准一名犹太移民进入巴勒斯坦。

但这些手段无法阻止非法移民的进入，英国人于是开始诉诸武力，海岸警卫队对非法船只开火，将船上的难民送到拘留营。拘留

129

130

---

①"马阿皮里姆"（*ma'apilim*）一词来自圣经。在《民数记》中，摩西劝告以色列人不要进入这片土地，"恐怕你们被仇敌杀败了……亚玛力人和迦南人都在你们面前"。（《民数记》14:42—43）但以色列人急于回到故土，没有听从摩西的话："他们却擅敢上山顶去。"（《民数记》14:44）此词来自原文的"擅敢上山顶"（*va-ya'apilu*），将圣经术语用于无畏的非法移民，就强调了这些人在返回故土，因而是在延续古老而神圣的故事。

营起初设在毛里求斯，后来设在离巴勒斯坦很近的塞浦路斯（只有不到 300 英里距离）。英国人有意让拘留营的生活非常艰苦，最初建立这些拘留营，就是想"让东欧的潜在犹太移民引以为戒"27。英国人的拘留营和德国人的集中营区别明显，但两者都把犹太人关在铁丝网后的营地，这是悲剧性的历史巧合。

伊休夫全力帮助同盟国，部分阿拉伯人则开始效忠于轴心国，认为英国人是犹太复国主义运动的帮凶，是英国挫败了 1936—1939 年的阿拉伯起义。1936 年被英国赶出巴勒斯坦的耶路撒冷穆夫提哈吉·阿明·侯赛尼于 1941 年逃到德国，帮助纳粹分子在中东开展舆论宣传工作。得知丘吉尔在英国下议院宣布将训练犹太军团并送往前线的计划后，穆夫提写信给党卫军头子海因里希·希姆莱，建议他在德国建立一支伊斯兰军队。

英国人并没有因为穆夫提的提议而放弃计划，而是积极训练犹太士兵。1943 年，由伊休夫男青年组成的犹太军团正式并入英军，前往北非同意大利军队作战。在大战期间，一共有将近 3 万名巴勒斯坦犹太人在英军中服役，日后哈加纳和以色列国防军的许多重要军官在这一时期接受了英国的训练。

虽然实现了军事合作，但英国许多政策在犹太人看来仍然非常武断，不考虑他们的感受。比如英国禁止犹太人在西墙吹羊角号（shofar），禁止犹太人将《托拉》卷轴带到这个两千年来犹太人最神圣的地方。①

131

---

① 现在的西墙是被罗马人摧毁的耶路撒冷第二圣殿残留下来的一段外墙。两千年来，这面墙是犹太人心中的圣地，他们经常来这祷告。

为了坚持原则，维护民族尊严，有的犹太人勇敢地和这些政策作对。1930 年神圣的赎罪日上，摩西·西格尔（Moshe Segal，伊尔贡的创始人之一）就不顾英国人的禁令，在西墙前吹响了羊角号。当时正是日落时分，根据犹太传统，日落时赎罪日的禁食结束。虽然他因这一举动被捕入狱，但犹太人的抵抗行为没有停息。到 1947 年前，每年的赎罪日上都有犹太男子把羊角号带到西墙，不顾英国人的警告和巡逻队伍的监视，吹响羊角号。这些人有的成功逃跑，但大多数人被逮捕。1967 年 6 月，以色列赶走约旦人，占领耶路撒冷老城后，犹太人才第一次能够安心地站在他们的圣地吹羊角号，再也不用担心被骚扰或监禁。

1941 年德国入侵苏联后，纳粹分子开始有计划地清洗欧洲犹太人。特别行动队（*Einsatzgruppen*）将犹太男女老少集中起来射杀，短短几小时就能灭绝整个犹太社区的居民。几个月内，几十万犹太人被屠杀。

同年，哈加纳建立突击部队帕尔马赫。① 一开始，帕尔马赫是一支准备抵抗德国入侵巴勒斯坦的精锐部队，吸收了伊休夫最优秀的男女，1942—1943 年还得到过英国的专门训练。成立之初，帕尔马赫只有 100 人。1948 年 5 月以色列宣布建国时，这支精锐部队已经有 2100 名训练有素的战士，另外还有 1000 人也完成了训练，随时可以被召回这支部队。[28] 这些人将成为以色列国防军的中坚力量。

1942 年 1 月，纳粹党高级官员在万湖（Wannsee）开会，大会通过了纳粹领导人在欧洲新的行动方案：德国人将把犹太人集中到

132

---

① 帕尔马赫（Palmach）是希伯来语 "突击队"（*Pelugot Machatze*）的首字母缩写。

波兰的灭绝营，在那里用毒气杀死他们再烧掉。截至 1942 年，已有100 万俄国犹太人和数十万波兰犹太人被屠杀，接下来的 4 年，还有500 万人将被屠杀。大战结束时，全世界三分之一的犹太人遇害。波兰曾是全世界犹太人的中心，600 年来一直拥有繁荣的犹太社团，大战结束后，90％的波兰犹太人被谋杀。在这方面，希特勒赢得了战争。

希特勒的军事力量早已不再局限于欧洲。陆军元帅埃尔温·隆美尔 1942 年带兵打到埃及的阿拉曼（El Alamein），伊休夫相信他们接下来就会进攻巴勒斯坦。面对德国人可能发动的入侵，伊休夫领导人计划占领英国在巴勒斯坦的军事要塞（他们认为一旦纳粹入侵，英国人会放弃委任统治），炸毁具有战略意义的桥梁，进行最后的抵抗。

纳粹的暴行和伊休夫的恐惧改变了伊休夫对欧洲犹太人的态度。几年前，1938 年 12 月（"碎玻璃之夜"事件后一个月）本-古里安曾说："如果存在两种拯救方案，一是把所有的德国（犹太）儿童转移到英国，还有一个是将其中一半人转移到巴勒斯坦，我会选择后者，因为我们所面对的，不仅仅是计算这些儿童的数量，更要计算整个犹太民族的历史命运。"[29] 当时，犹太复国主义运动似乎是第一位的，远比拯救欧洲犹太人来得紧迫。

现在，随着欧洲局势的恶化，连本-古里安这样死心塌地的犹太复国主义者也开始批评伊休夫对待灾难自以为是的态度，让人们警惕"伊休夫主义"（Yishuvism）的不良影响，他造出这个词来形容伊休夫只考虑巴勒斯坦犹太人的狭隘心态。[30] 他明白，伊休夫和欧洲犹太人同气相连，巴勒斯坦犹太人不应该有任何优越感。他还说："欧洲犹太人的毁灭将敲响犹太复国主义运动的丧钟。"[31] 但伊休夫这时已做不了什么了。

1942年5月6日，英国战时内阁正式宣布"将采取一切可行措施阻止非法移民进入巴勒斯坦"。面对这一局势，犹太复国主义领导人在纽约的比尔特莫（Biltmore）酒店召开犹太复国主义特别会议，会上全世界犹太人决心不管有没有英国人的支持都要建立犹太国。参会者一致认为不能再相信英国，犹太代办处应该取代委任统治政府成为巴勒斯坦的执行机构。犹太复国主义运动新的政治纲领就是结束所有针对移民的限制，在巴勒斯坦建立一个"犹太共和国"（Jewish Commonwealth）。

发生在欧洲的恐怖场景让犹太人变得空前团结，半个世纪的辩论都没能做到这一点。犹太复国主义运动第一次拥有了一个官方政策，其目标就是创建一个犹太国。[32]

第七章
伊休夫抵抗英国统治，阿拉伯人反对分治决议

> 在革命战争中，双方都使用武力……自由战士必须武装自己，
> 否则将在一夜之间被击溃。
>
> ——梅纳赫姆·贝京《反抗》[1]

1942 年 11 月 22 日，犹太代办处召开了第二次世界大战爆发后第一次专门讨论欧洲犹太人问题的会议。次日，大会发表了一份官方宣言，声称纳粹为了达到灭绝犹太民族的目的，正在有计划地谋杀犹太人。

伊休夫内一些年轻人立刻聚集在一起讨论如何拯救欧洲犹太人。参会人中有一位耶希埃尔·卡迪沙伊，他是正在英军服役的伊休夫犹太战士，刚从位于埃及伊斯梅利亚（Ismailia）的军事基地回来休几天假。

据卡迪沙伊后来回忆，[2] 会议期间突然走进来一位穿着短裤、戴着眼镜的 20 多岁的年轻人，他身材矮小精壮，安静地坐在一旁。在讨论过程中，这位迟到者站起来说，巴勒斯坦的犹太人如果想拯救波兰犹太人，只有一个办法。只要欧洲犹太人知道无处可去，他们就没有动力逃离波兰。他还指出，希特勒的势力还没有危及匈牙利

和罗马尼亚的犹太人，这些犹太人还有机会得救。

这位年轻人接着说，要想解救这些欧洲犹太人，英国必须让巴勒斯坦向犹太移民开放，而要想让英国人解除对海岸线的封锁，犹太人必须大规模使用武力。如果想拯救欧洲犹太人，伊休夫就得向巴勒斯坦的英国人发起进攻。说完这席话，他坐了下来。

这次会议并没有达成任何决议，但卡迪沙伊很欣赏这位年轻人的勇气。离场时他问一位朋友，刚才发言的人是谁，朋友告诉他："他是波兰贝塔尔组织的领导人，曾被苏联人关押，出狱后刚来到这。他叫［梅纳赫姆·］贝京。"

犹太人即将发动对英国人的起义。

让人有点惊讶的是，伊休夫很少讨论纳粹对犹太人的种族灭绝，伊休夫领导人后来因此受到批评。梅纳赫姆·贝京那种充满向往的谈话只是偶尔能听到，但实际上，伊休夫做不了什么。那类谈话中有个计划是将犹太人空降到欧洲搜集情报，寻找幸存者，并帮助英国对抗纳粹分子。

这些空降兵中最有名的是汉娜·西纳什。西纳什出生于匈牙利，1939 年高中毕业后移民巴勒斯坦，很快成为一名哈加纳成员。1944 年 3 月，她空降到南斯拉夫，希望从那里进入匈牙利。她的目的是帮助匈牙利那些即将被驱逐到奥斯维辛死亡营的犹太人。德国人在匈牙利边界将她逮捕。在狱中她惨遭折磨，1944 年底在布达佩斯遭处决。很快，她和萨拉·亚伦松一样成为犹太民族的英雄，在犹太复国主义教育中受到传颂。1950 年，她的遗体被带回以色列，同雅博廷斯基和以色列几位总理一起埋葬在耶路撒冷的赫茨尔山。

然而，不管在欧洲还是巴勒斯坦，这些行动虽然英勇，但对于身处困境的犹太人而言远远不够。在欧洲，纳粹分子正在屠杀数百万犹太人；在巴勒斯坦，伊休夫同时与阿拉伯人和英国人战斗。许多英国高级将领毫不掩饰他们对犹太人的鄙视。英军在巴勒斯坦的总司令伊夫林·巴克（Evelyn Barker）将军就常常在给情人的信中表达他对犹太人的厌恶，有封信这样写道："我恨透了他们……我们为什么害怕说出我们恨他们？我们应该让这个民族知道我们的想法，这个令人生厌的民族！"[3]

一些伊休夫成员对英国人也充满厌恶。到巴勒斯坦不久，梅纳赫姆·贝京就被要求担任伊尔贡的领导人。他满口答应下来，很快，他不顾伊休夫领导人的反对，决定将英国人赶出巴勒斯坦。在他看来，对犹太人而言，英国人是仅次于希特勒的第二大敌人。贝京吹响了"反抗"英国人的号角。

伊尔贡喜欢使用武力，对英国人的仇视也更公开，但伊尔贡并非伊休夫最极端的地下组织。1940 年 7 月，从伊尔贡分裂出来的另一个组织更为极端。该组织领导人亚伯拉罕·斯特恩写过不少诗歌，他常在作品中表达对以色列地深沉的爱恋。斯特恩本来计划到意大利读博士学位，但他认为犹太人在赶走英国人解放巴勒斯坦的事业上做得不够，就放弃了学术追求，成立了一个更为好战的组织。

几十位伊尔贡成员追随斯特恩，他们成立了自己的地下武装，取名为"以色列自由战士"（*Lochamei Cherut Yisrael*），其希伯来语首字母缩称"莱希"（Lechi）是这个组织最广为人知的名称（该组织的反对者又称他们为"斯特恩帮"）。英国正在同纳粹作战，伊尔贡对于是否应该同英国全面开战一直犹豫不决，而莱希认为英国人是伊休夫更大的敌人，因此对英国人发动了激烈的游击战，主要表现为一些小规模行动，包括暗杀英国军官和政府官员。① 1942 年 2 月，在英军一场大规模搜捕行动中，斯特恩死于枪战。

1944 年 11 月 6 日，正当汉娜·西纳什在布达佩斯被处决时，莱希的一次行动惹怒了整个伊休夫。⁴ 两名莱希成员埃利亚胡·贝特-祖里（Eliyahu Bet-Zuri）和埃利亚胡·哈基姆（Eliyahu Hakim）将负责中东事务的英国国务大臣莫因（Moyne）勋爵在其开罗的家门口刺杀。他们还杀害了莫因勋爵的司机。任务完成后，他们很快被愤怒的群众围住，最后被判处绞刑。在审判期间，这两位埃利亚胡声称，他们刺杀莫因勋爵的原因是他反对犹太人移民，这是对犹太民族的犯罪行为，这当然不能说服英国法庭。莱希成员在这次行动中连司机也不放过，让许多伊休夫成员认为莱希不是一支纪律严明的部队，而是一帮杀手。

伊休夫领导人越来越担心犹太极端准军事组织会让英国人迁怒于整个伊休夫。经过本-古里安批准，哈加纳决定取缔其他准军事组织。从 1944 年 11 月到 1945 年 3 月（这一段时期被称为"狩猎季"），帕尔马赫中的一支特种部队开始负责搜查伊尔贡和莱希成员，抓到

① 犹太地下武装确实存在莱希这样比伊尔贡更滥用武力的极端组织，但英国有时也会采取非常恐怖的措施，手段之残忍比这些英国试图消灭的组织有过之而无不及。臭名昭著的罗伊·法伦（Roy Farran）事件就是其中一个例子。罗伊·法伦在第二次世界大战期间是英军欧洲战场一名少校，后来被派到巴勒斯坦，帮助建立一个从伊尔贡和莱希战士那里获取情报的秘密英国团队。1947 年 5 月 6 日，法伦的手下绑架了正在发放伊尔贡传单的 16 岁男孩亚历山大·鲁波维茨（Alexander Rubowitz）。多年后，人们才发现鲁波维茨在关押期间虽然受到严刑拷打，但拒绝透露情报。法伦在审讯中用石头砸他的头，导致他死亡。犹太人花了很大的力气也没有找到鲁波维茨的尸体。一年后，出于报复，莱希成员向法伦在英国的住宅寄了一个炸弹包裹，但打开包裹的不是法伦，而是他的兄弟雷克斯，后者当场死亡。罗伊·法伦后来迁往加拿大，成为一名成功的商人和政治家，1971—1979 年担任阿尔伯塔省立法委员会成员。（Bruce Hoffman, *Anonymous Soldiers：The Struggle for Israel：1917—1947* [New York：Alfred A. Knopf, 2015], pp. 422 ff.）

后立即将他们交给英国人，哪怕非常清楚英国人会对他们处以绞刑。贝京反抗英国人的行动并没有因此有所收敛，但他同时也拒绝同哈加纳作战。本-古里安似乎没有像贝京一样感到不安。以色列著名历史学家安妮塔·沙皮拉后来评论说："'狩猎季'并不是本-古里安最值得骄傲的时刻，他从未对此表达过悔意。"[5]

在欧洲，同盟国与纳粹的战争取得了进展。1945 年 5 月 8 日，德国人无条件投降，4 个月后的 9 月 2 日，第二次世界大战正式结束。6000 万人死于这场大战（占 1940 年全球人口的 3%），其中包括死于大屠杀的 600 万犹太人（占犹太人总人口的三分之一）。几年后在反思这场浩劫时，本-古里安说："如果（皮尔委员会提议的）分治决议能得以执行，我们民族的历史将完全不同，这 600 万人大部分会来到以色列，逃过被杀害的命运。"[6]

战后英国陷入严重的财政危机，冷战的威胁无处不在，阿拉伯石油的关键作用日益凸显。为了避免引发阿拉伯人的反抗，英国工党政府没有改变白皮书的政策，也并没有像《贝尔福宣言》所承诺的那样着手建立犹太国。

并非只有英国人反感犹太人，到处弥漫着对犹太人的敌意。在安置难民时，联合国善后救济总署（UNRRA）将犹太难民和德国难民放在同一个难民营，当犹太人提出不愿意和刚刚还迫害他们的人待在一起时，联合国善后救济总署挖苦地回复说，将犹太人和德国人分开才会让德国的种族主义政策阴魂不散。

也并非每个美国领导人都同情犹太人。1945 年，乔治·S. 巴顿将军在日记中写道："［其他人］认为难民是人，但其实不是，特别是那些比动物还低贱的犹太人。"[7]巴顿曾带着他的指挥官德怀特·

D. 艾森豪威尔将军，去参观犹太难民为了过赎罪日而临时修建的一座犹太会堂，他回忆说："我们走进那个犹太会堂，看到里面挤满了我所见过的最肮脏的一群人。当然，我一开始就接触了这些人，看看他们的相貌和举止，他们居然好意思声称自己是按照上帝的模样创造出来的，真是让人匪夷所思。"[8]

这些难民虽然在大屠杀中逃过一劫，但身体已经非常羸弱，迫切希望移民到其他国家。根据联合国善后救济总署对犹太难民的民意调查，96.8％的人想去巴勒斯坦。美国要求英国停止移民限制，放开土地买卖，让10万名犹太人进入巴勒斯坦。但美国自己在战争期间禁止犹太人入境，这个要求没有说服力，遭到英国拒绝。

战后伊休夫开始大量接收非法移民。1945—1948年，为了拯救幸存下来的欧洲犹太人，伊休夫帮助许多想努力活下去的犹太人非法进入巴勒斯坦。这些伊休夫成员冒着巨大的人身风险，在海边迎接大大小小的难民船，带难民上岸，再赶紧将他们藏起来。

但还是有很多人被英国人抓到。这些大屠杀幸存者好不容易来到巴勒斯坦，没想到等待他们的却是英国人的监狱。为了消毒，英国人让他们脱衣冲洗，这勾起他们惨痛的回忆。

1945年6月26日，在纽约的一次新闻发布会上，本-古里安宣称，如果英国人坚持白皮书政策，伊休夫将别无选择，不得不"经常使用残酷的武力"[9]。哈加纳、伊尔贡和莱希联合成立由本-古里安领导的"希伯来抵抗运动"（*Tnu'at Hameri Haivri*），联合采用统一战略对付英国人，攻击"战略要害，破坏基础设施和英国委任统治赖以存在的权力象征"。哈加纳对所有行动拥有否决权。

希伯来抵抗运动最成功的袭击发生在1946年6月16日和17日。

11 起经过统一协调的军事行动摧毁了大量道路和铁路桥，让海法的铁路系统陷入瘫痪，巴勒斯坦完全同邻国隔绝，英国运送物资和士兵的交通线全部中断。这些袭击对英国委任统治政府造成的损失超过 400 万英镑，这在当时是笔巨大数额。

12 天后，英国展开报复行动。在阿加莎（Agatha）行动（伊休夫称之为"黑色安息日"）中，英国将耶路撒冷、特拉维夫、拉马特甘（Ramat Gan）、海法和内塔尼亚几座城市完全封锁，约 1.7 万名英军加入这场搜索武装分子、非法武器和有牵连的文件证据的行动。他们一共抓获了 2700 名犹太人，其中包括许多犹太复国主义领导人。本-古里安当时在巴黎，逃过一劫。

巴勒斯坦的犹太人被大量逮捕，而欧洲犹太人仍在被杀害。"黑色安息日" 5 天后，1946 年 7 月 4 日，波兰凯尔采（Kielce）的 150—200 名大屠杀犹太幸存者（其中一部分是凯尔采人，他们从其他地方回到故乡，还有一部分是正好路过）遭到袭击，这是战后的第一起集体迫害。在这次暴徒袭击中（从一开始就有波兰军队和警察的参与），42 名犹太人被杀，还有人被殴打或被石头砸伤。世界大战已经结束，但集体迫害又回到了欧洲。战后的波兰对犹太人而言仍然不安全。

基希涅夫惨案并没有成为历史。

下一场袭击的消息很快传开。即将爆发袭击的 24 小时内，5000 名犹太人离开家园，来到捷克斯洛伐克边境，希望能从这前往巴勒斯坦。但他们在进入奥地利的同盟国占领区之前，就被英国人拦了下来。

大量欧洲难民无处可去。伊休夫的领导人又大多被关进监狱。英国还获得大量犹太代办处的文件，其中部分文件可以成为起诉伊休夫领导人的证据。该地区变得空前混乱，战争一触即发。

　　伊休夫领导人得到消息，称英国人通过"黑色安息日"获取的大部分文件保存在著名的大卫王酒店。伊休夫有把握相信，这些文件足以让英国人逮捕甚至处决不少伊休夫领导人，包括果尔达·梅厄。[10] 为了报复英军的镇压和销毁有牵连的证据，伊尔贡建议袭击该酒店。1938 年以来，这座酒店的南翼一直是英国委任统治政府的军事和行政管理总部（酒店其他部分正常营业）。

　　1946 年 7 月 1 日，当时哈加纳负责人摩西·斯奈给梅纳赫姆·贝京一份密件，授权他组织爆炸袭击。由伊尔贡轰炸大卫王酒店，哈加纳和莱希则负责袭击其他建筑。但后来哈加纳和莱希放弃了这一计划，就在原定袭击日前两天，魏茨曼要求斯奈阻止伊尔贡执行这一计划，否则自己将退出世界犹太复国主义组织，伊休夫将随之分裂。斯奈将爆炸袭击时间推了几次。伊尔贡领导人发现哈加纳临阵退缩后，决定一意孤行。

　　大卫王酒店定期会收到装满牛奶的大锡罐。7 月 22 日，7 个装满 TNT 炸药的大牛奶罐被放置在建筑中的关键部位，引爆炸弹前 20 分钟，一位伊尔贡成员打电话到大卫王酒店，用英语和希伯来语发出袭击警告，但工作人员没有理会。伊尔贡还打电话提醒法国领事馆和《巴勒斯坦邮报》，但同样没有引起重视。

　　下午 12 点 37 分，他们引爆了炸弹，巨大的爆炸相当于建筑被一枚 500 千克的空袭炸弹直接击中。许多人当场死亡，几十人被掩埋在废墟下。这次袭击导致 91 人死亡，其中 28 人为英国人，42 人为阿拉伯人，17 人为犹太人，包括一名执行爆炸任务的伊尔贡成员。死者中还有两个美国人、一个俄国人和一个希腊人。

143

不出所料，这次袭击激起了公愤。美国和英国报纸强烈谴责这次袭击行为，预言犹太复国主义事业将遭受挫折。犹太代办处也谴责爆炸袭击，全然不顾这次行动事先得到伊休夫领导人批准这个关键事实。包括本-古里安在内的哈加纳成员矢口否认与袭击有任何瓜葛，这是谎话。这次袭击的影响非常大，希伯来抵抗运动因此名存实亡。伊尔贡和莱希继续单独行动，经常不接受哈加纳领导。

1946 年 12 月 9 日，大卫王酒店爆炸案发生 5 个月后，第二十二届犹太复国主义者代表大会在巴塞尔举行，会场就在近 50 年前赫茨尔召开第一届犹太复国主义者代表大会的同一个地方。由于发生了爆炸案，大会的中心议题是如何对付英国——是使用武力呢，还是等待英国改变自己的立场。这场讨论有点像圣经时代耶利米和哈拿尼雅之间的争论。魏茨曼说，恐怖主义是"身体中的毒瘤"，使用"非犹太手段"来建立犹太国违背了犹太复国主义运动的初衷。他在演讲末尾还引用了耶利米的话："我希望我能拥有火焰一般的舌头和先知们的力量告诉你们，我们不能重蹈巴比伦和埃及的覆辙……'锡安必因公平得蒙救赎'，而不是通过其他方式。"[11]

魏茨曼的恳求让本-古里安认为犹太复国主义者代表大会已经失去建立犹太国的勇气，他一气之下离开会场，回到房间，这也是赫茨尔住过的房间。在其他代表的请求之下，他才没有离开巴塞尔。黎明时分，大会就伊休夫是否使用更大暴力手段反抗英国的问题进行投票。最终，171 票支持，154 票反对，本-古里安以微弱的优势胜出。

30 年来魏茨曼一直拥有影响力，但这一次，他所呼吁的克制不仅失败了，他自己还失去了以前一些支持者的敬佩。他一生献给了犹太复国主义事业，战争让他付出了惨痛的代价——他儿子是英军的战斗机飞行员，飞机被击落后遇难。这次会议后，魏茨曼仍然是犹太复国主义运动和以色列事务中的关键人物，正是他日后说服哈里·杜鲁门总统承认以色列国，但不可否认，他的形象和地位在犹太复国主义运动中已大打折扣。

145

第二次世界大战让英国蒙受了巨大的损失，不得不减少海外开支。1947 年，印度获得独立，在中东，维持委任统治的成本也变得越来越高。英国有大约 10 万军队驻扎在巴勒斯坦（占英帝国总军力的十分之一），当地军人和居民的比例是 1：18。[12]

与此同时，为了扩大未来犹太国的领土，伊休夫领导人竭尽所能创造更多的既定事实。1946 年 10 月 6 日（赎罪日禁食刚结束），犹太代办处一夜之间在内盖夫沙漠北部成立了 11 个新的定居点。这些犹太定居点都位于皮尔委员会报告中分给犹太国的领土之外。他们相信，通过创造这些既定事实，这些土地在未来的分治决议中有可能成为犹太国的领土。

伊休夫需要快速行动的直觉被证明有先见之明。1946 年 7 月大卫王酒店爆炸案过去之后 6 个月，英国于 1947 年 1 月 22 日宣布将巴勒斯坦的命运和建立犹太国事宜交给联合国。

1947 年 5 月 15 日，联合国成立巴勒斯坦问题特别委员会（UNSCOP）。该委员会由 11 个国家的代表组成，主要负责完成英国人未能完成的任务：寻求巴勒斯坦问题的解决方案。阿拉伯人立即宣布，他们将抵制联合国巴勒斯坦问题特别委员会的一切会议和讨论。6 月 2 日，联合国巴勒斯坦问题特别委员会成员抵达巴勒斯坦，开始了为期三个月的深入细致的调查和研究。

146　　　欧洲当时还有数十万大屠杀幸存者没有找到归宿，非法移民行动正加速进行。就在联合国巴勒斯坦问题特别委员会讨论巴勒斯坦问题时，另一艘载有无家可归犹太人的船上了新闻头条。这艘船是"出埃及"号。这一次，英国人仍然不允许船上的人在巴勒斯坦上岸。

"出埃及"号轮船从热那亚开出，船上超载着德国和波兰的犹太难民。它于 1947 年 7 月到达巴勒斯坦，同英国皇家海军短暂交火后，船上三名大屠杀幸存者丧生，所有乘客被英国人赶下船，转移到"帝国竞争者"号轮船上，不同于先前很多难民的命运，这艘船的目的地不是塞浦路斯，而是欧洲。

这让幸存者们感到无比绝望。在奥布里·埃班（后来改名为阿巴·埃班，担任过以色列驻联合国代表和驻美国大使）的劝说下，联合国巴勒斯坦问题特别委员会成员来到现场，目睹了难民转移的场景。埃班后来在文章中说，到达现场时，他们看到"英国士兵对这些死亡营幸存下来的人使用步枪枪托、高压水枪和催泪瓦斯。男女老少被强行赶到囚犯船上，被关在甲板下的笼子里，驶离巴勒斯坦水域"[13]。当联合国巴勒斯坦问题特别委员会成员回到耶路撒冷时，对于亲眼看到的英国人的残忍行为，"他们震惊得脸色苍白"[14]。

关于英国撤军后犹太人如何防御阿拉伯人进攻的问题，联合国巴勒斯坦问题特别委员会成员听取了伊休夫领导人的建议，还跟哈加纳成员秘密会晤。1947 年 9 月 1 日，联合国巴勒斯坦问题特别委员会成员正式提交了一份巴以分治的建议书。根据这份文件，耶路撒冷仍然由国际共管（参见地图 5）；犹太复国主义者的建国计划又向前迈进了一大步，虽然国家的领土还是比他们预期的要小，但至

147

少比皮尔委员会划分给犹太人的领土大了不少。皮尔委员会报告将20％的巴勒斯坦划分给犹太人，80％划分给阿拉伯人。联合国巴勒斯坦问题特别委员会成员则将55％的巴勒斯坦划分给犹太人，阿拉伯人只得到45％。虽然犹太人区域大多为沙漠，但该方案无疑更有利于犹太人，而对阿拉伯人来说是挫败。

　　然而，最让犹太人担心的是拟建的两个国家的人口平衡问题。在联合国巴勒斯坦问题特别委员会成员建议成立犹太国的地区，犹太人的人数为 49.8 万，阿拉伯人数为 40.7 万。[15] 在拟定建立阿拉伯国的地区，阿拉伯人数为 72.5 万，犹太人数只有 1 万。[16] 考虑到阿拉伯人的出生率远高于犹太人，周边国家的阿拉伯人也可能进入即将成立的阿拉伯国，犹太人担心一旦阿拉伯人接受这一计划，在一代人时间内，整个巴勒斯坦区都将成为阿拉伯人的地盘。但就像当年皮尔委员会的结局一样，犹太代办处接受了联合国巴勒斯坦问题特别委员会成员的建议，而阿拉伯最高委员会拒绝接受。

　　1947 年时，联合国刚成立两年，只有 56 个成员方。在 1947 年11 月最后一周，联合国大会在纽约召开，讨论 181 号议案，该议案只在联合国巴勒斯坦问题特别委员会成员建议的基础上稍事修改。一开始，美国没有积极支持犹太复国主义者，乔治·马歇尔领导下的美国国务院长期采取坚定反对犹太人独立的立场。更让伊休夫感到棘手的是，就在联合国大会计划进行投票的前一天，一份美国中央情报局的秘密报告建议杜鲁门总统不要支持犹太人。该报告指出，犹太国没有足够的军事自卫能力，一旦独立，犹太国同阿拉伯国之间的冲突不可避免，美国将被卷入这场冲突。中央情报局预测"犹太人坚持不了两年"[17]。

　　但总统没有听从中央情报局和国务院的建议，不但在分治决议上投了赞成票，还对接受美国援助的国家施加压力。[18]

苏联很早就表明了将支持犹太人独立的立场。苏联人相信犹太国很可能成为社会主义国家（英国作为西方帝国主义的象征在整个巴勒斯坦问题中蒙受的耻辱无疑让苏联人幸灾乐祸），积极支持犹太人建国。苏联代表安德烈·葛罗米柯说："犹太人历史上长期和巴勒斯坦有着紧密的联系……犹太人在大战中承受的苦难比任何一个民族都多……所以，犹太民族迫切需要建立自己的国家，剥夺他们这一权利有失公平。"[19]

虽然同时得到苏联和美国两个大国的支持，但犹太复国主义者还是担心他们无法得到三分之二以上的票数，联合国大会投票原定于周三进行，也就是 11 月 26 日。犹太代办处需要更多的时间来做包括海地、利比里亚、菲律宾在内国家的工作。这时帮助来自乌拉圭驻联合国代表罗德里格兹·法布拉格特（Rodriguez Fabraget），他在大会上用阻挠手段将投票时间延期到感恩节后，[20]这为犹太复国主义者争取到一天时间来游说几个关键国家。埃班等人不分昼夜地工作，深夜给各国代表打电话，向他们解释犹太人的处境，恳求他们能够帮助犹太人实现两千年来建立第一个犹太共和国的梦想。[21]

11 月 29 日，联合国大会继续讨论分治问题，全世界犹太人都守在收音机前，密切关注着大会结果，他们迫切希望犹太民族在大屠杀的恐怖经历后能够获得新生。美国、欧洲、澳大利亚和伊休夫的犹太人此时心连心，等待着民族命运被彻底改变。不出所料，苏联和美国投了赞成票，曾经统治巴勒斯坦的英国投弃权票。但没有料到的是，11 月 25 日 17 个表示投弃权票的国家中有 7 个国家最终投了赞成票。[22]阻挠手段成功了，最终，联合国大会以 33 票赞成、13 票反对和 10 票弃权通过了《联合国巴勒斯坦分治方案》。

犹太人终于将拥有自己的国家。1897年第一届犹太复国主义者代表大会时，赫茨尔曾在日记上写道："虽然我不会轻易公开这句话，但如果让我用一句话总结巴塞尔大会，那就是：'在巴塞尔，我成立了犹太国。'如果我现在大声说这句话，全世界都会笑我，但也许5年后，或更确定地说，50年后，每个人都会承认我这句话是对的。"[23] 整整50年后的1947年，赫茨尔大胆的梦想即将成真。

全世界的犹太人相互拥抱，喜极而泣。在巴勒斯坦，犹太会堂开放到深夜，供人们来做感恩祷告。数十万犹太人走上街头尽情舞蹈。有人回忆说，第二天上午"北部的犹太集体农场还燃烧着熊熊篝火，特拉维夫许多大型咖啡厅免费为客人提供香槟……有的犹太人嘲笑正在特拉维夫街道巡逻的英国军队，但也有人给他们递了红酒"[24]。

阿摩司·奥兹将成长为以色列最伟大的小说家之一，已多次进入诺贝尔文学奖候选人名单，他在自传体小说《爱与黑暗的故事》中回忆了当晚的场景。他当时只有8岁，骑在父亲肩膀上看到整个耶路撒冷的犹太人都在庆祝。凌晨三四点回家后，他没有换掉身上的脏衣服就爬上了床。不一会儿，父亲来到他的床边，不是责备儿子没有换衣服，而是对他说，自己小时候在波兰上学时，有一次其他学生把他的裤子抢走了，奥兹的爷爷来到学校理论，男女学生又一起打了爷爷一顿，把他的裤子也拿走了。这是充满耻辱的回忆。

奥兹的父亲在1947年11月30日凌晨告诉他："本来，你也可能在上学时或在大街上蒙受这样的耻辱……但从今往后，我们有了自己的国家，你不再会因为是犹太人而受人欺负……再也不会！从今晚开始这一切都永远结束了！"[25]

最后奥兹写道："我睡意蒙眬地伸手抚摸他的脸，我摸到的不是眼镜，而是眼泪。在那晚之前，我从来没有看到父亲哭过，之后也没有，哪怕是在母亲去世时。"[26]

150　　伊休夫中并非所有人都沉浸在对美好未来的畅想中。梅纳赫姆·贝京没有跳舞，因为他知道战争即将来临。阿拉伯人使用暴力来回应犹太人移民和皮尔委员会报告，他认为这一次也不会例外。贝京的宿敌大卫·本-古里安同样如此，他后来回忆说："我不能跳舞，我知道我们面临一场战争，我们许多最优秀的年轻人将在这场战争中牺牲。"[27]

最能表达伊休夫对未来判断的是拿单·奥尔特曼创作的《银盘》一诗。① 奥尔特曼 1910 年出生于华沙，1925 年和家人来到巴勒斯坦。1941 年时，他已被公认为是伊休夫最著名的诗人之一，逐渐取代比亚利克，成为犹太复国主义运动的桂冠诗人。他在 1947 年 12 月 26 日写下《银盘》，当时距联合国大会投票结束还不到一个月，魏茨曼刚说过一句话："国家不会被盛在银盘里送给一个民族。"[28]

在《银盘》中，奥尔特曼将这个等待建国的民族比作圣经时代在西奈山上等待上帝授予《托拉》的以色列人。奥尔特曼说，伊休夫在等待"唯一的奇迹"，正当犹太民族等待之际，一个男孩、一个女孩缓步默默走向人群。两人几乎快走不动了。犹太民族惊讶地看着这对浑身沾满土和血的男女，问他们是谁。男孩和女孩回答："我们是将犹太国带给你们的银盘。"说完就倒下了。诗歌结束。

暴力流血事件已经开始，奥尔特曼用诗歌提醒犹太民族，更大的代价仍在后面。他还表达了一个更为重要的观点：有待建成的国

---

① 中译文见高秋福译：《百年心声：现代希伯来诗选》，人民文学出版社，1998 年，第 60—62 页。——校注

家是新的西奈山，即将获得独立的犹太国将创造新的犹太人，这也是比亚利克半个世纪前在《屠杀之城》中所呼吁的。

奥尔特曼暗示人们，一种世俗的犹太教将作为"新的宗教"成为这个国家的非官方宗教。对传统犹太人而言，当犹太民族聚在一起等待"唯一的奇迹"时，这个奇迹是从西奈山上得到《托拉》的启示。但在奥尔特曼看来，"唯一的奇迹"是建立犹太国。在圣经中，当犹太民族准备接受《托拉》时，摩西要求男子不得亲近女子。[29]在《银盘》中，那对男女彼此不分离，甚至难以区分。《托拉》要求男女在西奈山脚下分开，犹太复国主义者则根本不接受这一点。在《托拉》中，上帝命令以色列人在得到启示前要洗净衣服，[30]在奥尔特曼的诗中，男孩和女孩即使浑身是土也没有去洗。

奥尔特曼在告诉大家，要想拯救犹太人，就不能怕脏。洁净和神圣不能保证犹太人的生存，要想活下去，年轻的男女必须敢于牺牲自己的生命。

伊休夫开始匆匆备战。相对于其他邻国的领导人，外约旦阿卜杜拉国王长期以来和伊休夫保持较好的关系，本-古里安联系上他，（徒然地）希望外约旦能在战争中保持中立。英国还没有离开巴勒斯坦，哈加纳严格意义上仍是非法武装组织，但面对紧迫的形势，哈加纳成立了四个旅，建立了秘密武器库，并招募了拥有第二次世界大战参战经验的犹太战士。塞浦路斯的犹太难民也接受了哈加纳战士的训练，他们使用的是当地木匠做的木质步枪。

几个月来，阿拉伯人零零星星的恐怖袭击时有发生，联合国投票结束后，正如人们所料，双方间正式爆发战争。这场一直持续到1949年初的战争大体上分为两个阶段。第一阶段从1947年11月联

151

152　合国投票开始，到 1948 年 5 月以色列宣布独立时结束。这一时期，哈加纳与其他犹太军事组织同组织松散的当地阿拉伯战士和其他国家的阿拉伯非正规部队作战。不同于正规部队间的战争，这一阶段更像是犹太人和阿拉伯人的内战。第二阶段从 1948 年 5 月开始，到 1949 年初结束。建国后的以色列拥有了一支正规军，而他们的对手也成为黎巴嫩、叙利亚、伊拉克、约旦和埃及五个国家的正规军。

联合国投票的第二天，就有阿拉伯人对开往哈达萨医院的犹太救护车开枪，所幸没有人员伤亡。同一天晚些时候，一群阿拉伯人用机枪向一辆从内塔尼亚开往耶路撒冷的载客巴士射击，还向它投掷手榴弹，这些人就没那么幸运了，这次事件造成五名犹太人死亡，其中还有一位前往婚礼现场的新娘。持续五个半月的独立战争第一阶段由此揭开序幕。

英国人还没有离开巴勒斯坦，理论上有责任维持当地秩序，但他们没有阻止阿拉伯人的暴力行动。阿拉伯人攻击一群犹太人后，哈加纳一个排的兵力赶来保护犹太人，英国人将哈加纳成员挡在街道外，不让他们阻止阿拉伯人的暴行。白皮书政策如今已经没有意义，但英国人一如既往地坚持这一政策，阻止运输"非法"移民的船只靠岸。

犹太人的策略也没有发生变化，哈加纳仍然坚持"克制"政策，仅对参与袭击的阿拉伯人进行报复。伊尔贡和莱希则加大了对英国人和阿拉伯人的行动力度，这导致双方陷入相互袭击和报复的恶性循环，仅 6 周时间，就有 1069 名阿拉伯人、769 名犹太人和 123 名英国人死亡。

本-古里安要求他的武装力量即使面对阿拉伯人的袭击也不能放弃土地，伊休夫大体做到了这点，但也有例外。损失最惨烈且最有

名的是古什埃齐翁（Gush Etzion）遇袭，古什埃齐翁是四个定居点
的集合名称，它位于耶路撒冷南部希伯伦山区。在 1948 年的头两
周，这四个定居点（埃齐翁村［Kfar Etzion］、马苏奥特伊扎克
［Massuot Yitzhak］、恩特祖里［Ein Tzurim］和雷瓦迪姆
［Revadim］）被围攻。在穆夫提的堂弟阿卜杜·卡迪尔·侯赛尼
（Abdel-Kader al-Husseini）的带领下，1000 名阿拉伯村民将这四个
定居点中几百名犹太男人（妇女和儿童已经撤离）包围起来。犹太
人的武装非常有限，阿拉伯人方面则有几百名妇女和儿童加入战斗，
他们大多带着空箱子，准备抢劫犹太人留下的财产。1 月 14 日，犹
太守卫者击退了阿拉伯人一轮进攻，150 名阿拉伯村民阵亡。但犹太
人本来有限的弹药消耗殆尽，包围仍在持续。

　　1948 年 1 月 16 日，第一轮进攻结束后两天，犹太人派出一支援
救队伍前往古什埃齐翁，这支队伍由 35 人组成，大多为希伯来大学
的优等生。由于从哈尔图夫（Hartuv，现在是贝特谢梅什［Beit
Shemesh］市附近一个工业区）出发的时间晚于原计划，他们无法得
到夜色的掩护，而且当时也没有无线电等通信设备。

　　这支车队（又称为"拉美德黑"［Lamed Heh］，这是希伯来语
中第三和第五个字母的音译，代表 35 这个数字）从未到达古什埃齐
翁。据说，他们在路上遇到一个阿拉伯牧羊人，他们要么杀掉他，
要么承受位置暴露的风险。那个牧羊人发誓不会告密，于是他们放
走了他。几十年后又出现了另一种说法。一大早，古什埃齐翁西边
山区特祖里夫（Tzurif）村的两名阿拉伯妇女在找柴火，撞见了两名
帕尔马赫成员，她们尖叫着跑回村子去。士兵没有杀她们。[31]

　　不管哪个版本是真的，他们的位置被暴露，这 35 位年轻人还没
来得及将补给物资带到古什埃齐翁就遭遇埋伏，惨遭杀害，他们的

尸体被肢解，有的根本无法辨认。

完全失去和伊休夫的联系，面对强大的阿拉伯军团，古什埃齐翁的犹太人根本没有还手之力。1948 年 5 月 13 日，就在以色列宣布建国的前一天，在坚守了几个月后，古什埃齐翁陷落。活下来的人不得不投降，获胜的阿拉伯人将许多投降的犹太人杀害。

古什埃齐翁的陷落沉重打击了伊休夫的士气。就在独立前一天，即将成立的犹太国已经丧失了一块领土，还损失了一部分优秀的年轻人。

即使在战争期间，诗人也在听着伊休夫的声音。哈伊姆·古里的诗让这 35 人的牺牲很快成为建国战争中的重要事件，建国后在以色列人中也家喻户晓。哈伊姆·古里是伊休夫的另一位重要诗人，1923 年出生于特拉维夫。这首写给这 35 人的诗名为《这里埋有我们的身体》，古里借用他们的声音写道：“看啊，这里埋有我们的身体，排成长长的一列。我们的容颜已改。眼中流露着死亡。无法呼吸。”[32]

古里的诗并非关于死亡，而是关于建国的信仰和实现建国的决心。诗中的男子富有象征意义地问道：“你们现在会埋葬我们吗？”“我们将重生，像以前一样再次站立……因为我们体内还充满生命力，血管内的血液还在流淌。”对于建国需要付出的牺牲，这名男子在描述自己如何死去的时候写道：“我们没有背叛。看啊，枪就在我们身边，里面弹药已尽……弹夹尚有余温，我们一步步走过的土地染着鲜血。”

古里的诗引起了人们的强烈共鸣，拉美德黑战士的牺牲激发了伊休夫的士气。哈加纳抛弃了“克制”政策。从此以后，袭击犹太人的村庄将受到报复。战事升级，平民和士兵的死亡人数猛增，几乎所有居民的生活都受到战争的影响。本-古里安儿时的同伴什洛莫·拉维（Shlomo Lavi）也是犹太复国主义积极分子，后来成为以色列议员。在这场战斗中，他的两个儿子分别死于加利利地区和内盖夫沙漠。[33] 类似的例子数不胜数。

三个地下武装组织都在积极行动，但大多数时候它们之间缺少相互协调。为了不让英国人发现（对伊尔贡和莱希而言还不能让哈加纳发现）他们搜集的军火，每个武装组织都秘密藏匿了大量枪支、手榴弹、子弹等武器装备，用于同英国或巴勒斯坦阿拉伯人作战。这些秘密武器藏匿点被称为"slicks"（词源不详，可能来自希伯来语"移动"一词的词根），城市、莫沙夫和基布兹的仓库中遍布这种武器藏匿点，有的位于地下，有的甚至在水库下面。[34]

截至 1948 年，伊休夫有 1500 多个这种武器藏匿点。有的专家说，这里几乎每个基布兹和莫沙夫都有这样的藏匿点。哈加纳最大的藏匿点和主要的弹药来源地是一个地下弹药工厂（现在叫阿亚龙［Ayalon］工厂），建在雷霍沃特（Rehovot）旁的一个基布兹中。1945—1948 年，这个工厂位于营业的洗衣房和面包房地下，由一群年轻的帕尔马赫成员运营，它生产了 200 万发 9 毫米口径子弹，为战争胜利做出了重大贡献。

所有知道藏匿点位置的人都发誓保密，有的人几十年后才过世，但至死闭口不提此事。有的武器藏匿点在建设新工程时才偶然被发现，有的可能永远不为人知。

随着战事的恶化，国际舆论开始变化。美国国务院要求杜鲁门总统改变立场，有的人甚至呼吁联合国就分治决议重新投票。对犹太人而言，获得美国总统的支持至关重要。1948 年 2 月，魏茨曼来到美国寻求他对分治决议的支持，但杜鲁门总统拒绝接见他。无奈之下，美国犹太领导人找到杜鲁门的犹太好友艾迪·雅各布森，杜鲁门和雅各布森在几十年前合开了一间男子服饰用品店，私交一直很好。

圣约之子会（B'nai B'rith，当时美国重要的犹太组织）主席弗兰克·古德曼（Frank Goldman）打电话给雅各布森，请求由他出面调停。雅各布森给总统写信，但杜鲁门仍然不为所动。他在回信中说，魏茨曼告诉不了他什么新的内容。雅各布森于 3 月 13 日亲自来到华盛顿，作为杜鲁门多年的好友，他得以从侧门进入白宫。在椭圆形办公室外等待总统接见时，有人提醒雅各布森，不要在会谈期间谈及巴勒斯坦问题。

让杜鲁门感到生气的是，这恰恰是雅各布森要谈的事。总统严厉批评了他，但雅各布森没有退让。他指着杜鲁门办公室里摆放的安德鲁·杰克逊①的雕像，对这位多年的好友说："哈里，这一直以来是你生命中的英雄……在我心中也有这样一位英雄，虽然从未谋面，但我认为他是一位最伟大的犹太人，他就是哈伊姆·魏茨曼。"雅各布森接着说："他已经病得很重，身体虚弱，但为了自己民族的事业，仍然不远万里来见你，而你却拒绝接见他，仅仅因为几位美国犹太领导人得罪过你……哈里，这不像是你的作风，我本以为你可以就事论事。"

雅各布森后来回忆说，他说完这番话后，两人沉默了"像有几个世纪那么久"。直到杜鲁门对雅各布森说："你赢了，你这个狗娘养的光头。我同意见他。"计划成功了。魏茨曼以前就见过杜鲁门，

---

① 安德鲁·杰克逊（Andrew Jackson, 1767—1845），美国第七任总统，民主党创建者之一。——校注

总统评价他是"一个伟大的人，可能是我见过的最有智慧的人"，这次见面，他说服了杜鲁门。

1948 年的冬天格外寒冷，耶路撒冷被大雪覆盖。从 1948 年 2 月起，阿拉伯军队封锁了通往耶路撒冷的道路，犹太居民无法得到食品和弹药补给，阿拉伯狙击手经常从远处射杀排队领取食物和水的犹太人，为了获得最基本的生活用品，也可能付出生命的代价。

北部的战斗也很激烈。1 月 10 日，位于叙利亚的阿拉伯解放军派出 900 人的军队进攻距离叙以边界只有 200 码的索尔德村（Kfar Szold）。犹太守卫人员准备充分，阿拉伯进攻者伤亡惨重，最终撤退。

但是在争夺道路的战争中，伊休夫处于劣势，耶路撒冷因此岌岌可危。面对阿拉伯人势如破竹的攻势，犹太人士气低落。国外分析家认为，如果犹太人连巴勒斯坦阿拉伯人都打不过，守不住联合国分给他们的领土，和阿拉伯国家军队作战就更没有希望了。美国国务院开始制订托管计划，代替以前建立犹太国的分治决议。杜鲁门的顾问告诉他，犹太人要输掉这场战争，并惨遭屠杀，杜鲁门的立场开始动摇。

建立犹太国的机会两千年一遇，伊休夫眼看就要错过，必须采取强有力的行动来改变颓势。

1948 年 3 月，本-古里安命令哈加纳"获得对希伯来国领土的控制权，守住边界"，开始执行"D 计划"（Plan Dalet）。根据这一计划，如果阿拉伯村庄位于战略要冲，具有关键的通信作用，或可能被用作敌方基地，哈加纳可以摧毁这些村庄的敌军，将敌方平民赶到国界线以外。当然，只有在敌方存在抵抗行为时才使用武力，如

157

果不做抵抗，他们可以留在村庄接受犹太人的管理。但大多数阿拉伯人不愿接受犹太人的统治，选择了逃跑。1948 年 5 月 14 日，以色列宣布独立时，大约有 30 万阿拉伯人离开巴勒斯坦，巴勒斯坦难民问题由此产生，直到今天也无法解决。

158　　　一群被称为"新历史学家"的以色列学者（常和以色列政治左翼过从甚密）认为，本-古里安作出这一决定，既有领土上的考虑，也有人口上的考虑。他们声称，本-古里安明白，联合国分治决议将造成的人口平衡，从长远来看是犹太国无法维持的。建立民主的犹太国，必须保证犹太人口占绝对优势。这些历史学家认为，"D 计划"等措施的目的，主要就是赶走大量阿拉伯人，这和阿拉伯历史学家的观点不谋而合。但主流犹太历史学家的看法完全不同，他们认为之所以大多数阿拉伯人会选择逃跑，一方面是因为他们的领导人已经提前逃跑了，另一方面是出于对步步紧逼的犹太军队的恐惧。直到今天，这些导致巴勒斯坦难民外逃的决策和行为，仍然是独立战争中一个充满争议的问题。

包括海法市长阿巴·胡西（Abba Hushy）在内的一些犹太领导人，鼓励甚至恳求阿拉伯居民留在他们以前和犹太人共同生活与工作的城市。但他们没有听从胡西的劝告，而是步已经逃离海法的阿拉伯领导人的后尘，选择了离开（他们当时可能只是逃避有可能发生的暴力行动，打算等风头过后再回来）。

对于这一正在展开的人道主义灾难，伊休夫没有漠视，有的领导人明确表达了他们对阿拉伯人的同情。果尔达·梅厄取代摩西·谢尔托克（Moshe Shertok），成为犹太代办处的政治部门领导人。她看到海法的阿拉伯居民弃城而逃后，在 5 月 6 日说："我看到孩子、妇女和老弱病残者都在设法离开，我走进他们的房屋，有的桌上还摆着咖啡和烧饼（pita），这让我不禁想起当年许多犹太村庄［中的犹太人在第二次世界大战期间逃离家园］的场景。"[35] 阿拉伯人因为拒绝分治决议而发动了这场战争，但不得不承认，战争给阿拉伯人带来了巨大的灾难。

　　总体上看，战局对犹太人并不利。善于把握时机并深谙战略哲学的本-古里安明白，如果不能立刻改变战争局势，犹太人将失去一切。[36] 阿拉伯人控制了大多数道路；耶路撒冷成为一座孤岛，急需食品和其他物资的供给。犹太人眼看就要输掉这场战争。

159

　　更糟糕的是，美国正在考虑收回对分治决议的支持，将巴勒斯坦交由国际托管。本-古里安知道形势对他极为不利，他命令哈加纳发动前所未有的大规模攻势。在 1948 年 4 月的"拿雄行动"（Operation Nachshon）中，本-古里安派出 1500 名士兵打通通往耶路撒冷的道路，扭转了战争局势。

　　借助捷克斯洛伐克的军火（捷克斯洛伐克是为数不多的不顾国际武器禁运的国家之一），犹太军队攻占了太巴列（Tiberias）、采法特（Safed）和极具战略意义的海法港。本-古里安抓住时机，改变了战争走向。

　　除了对犹太军队有时强迫阿拉伯居民离开家园的合理指控，历史学家本尼·莫里斯还指出战争期间犹太军队的"残暴因素"，[37] 他指控犹太军队在独立战争中犯下了许多残忍的暴行，包括强奸和谋杀。这些指控大多已被当代学者彻底地反驳掉。

　　最重要的例子是发生在阿拉伯村庄代尔亚辛（Deir Yassin）的

激烈战斗，这一事件充满争议，直到今天还经常被以色列的敌人提起。1948 年 3 月 22 日，阿拉伯军队成功将耶路撒冷同城外所有其他犹太定居点隔离开来。哈加纳集结了三倍于以往行动的兵力，出动1500 人组成加强排，实施"拿雄行动"。伊尔贡和莱希为了减轻耶路撒冷承受的压力，决定占领代尔亚辛村，阿拉伯军队正在从这座村庄对通往耶路撒冷的道路射击。代尔亚辛村属于耶路撒冷西边阿拉伯人还没有放弃的最后一批村庄。参与行动的伊尔贡战士没有受过军事训练，装备也很差，几乎没有实战能力，但以色列估计在这座村庄不会遇到实质性的抵抗行为。

攻占村庄的行动开始于 4 月 9 日，一辆装有扬声器的卡车开到村庄，要求村民离开或投降。但卡车还没靠近村庄就动不了了，伊尔贡和莱希成员之间的联络设备也出现问题，他们遇到的抵抗也远远超出想象。情急之下，这些缺乏实战经验的战士向阿拉伯房屋内投掷手榴弹，造成大量人员伤亡。最初的数据显示有 250 人死亡，有人还声称犹太战士强奸了村民。

伊尔贡承认当时的死亡人数很多，但坚持认为死亡人数接近 100人，并矢口否认强奸指控。但没有人听他们的辩解，因为这些指控对多方有利。哈加纳利用这一事件指责伊尔贡不负责任的谋杀行为；阿拉伯人利用这一事件向国际社会证明犹太人的屠杀行为，坚定其他阿拉伯国家参战的决心；整个伊休夫包括本-古里安在内利用这一事件来加剧阿拉伯人的恐惧心理，让阿拉伯人逃离犹太领土正是本-古里安想要看到的事情。

是否真的存在种族灭绝或强奸行为？后来的以色列和巴勒斯坦学者一致认为根本不存在强奸行为，伊尔贡给出的死亡人数最接近事实。[38]哈加纳和阿拉伯人都故意夸大了死亡人数。毫无疑问，这是

160

一次激战，死伤惨烈，但并不存在蓄意谋杀平民的行为。

但当时阿拉伯人没有客观描述这一事件，而声称这是一次恐怖的屠杀事件，更多的巴勒斯坦人因此逃离家园，成为难民。直到今天，他们还利用代尔亚辛事件来证明以色列"诞生于罪恶之中"。

1948 年 5 月 10 日，化装成阿拉伯妇女的果尔达来到约旦，会见 161 了阿卜杜拉国王，梅厄知道阿拉伯国家马上就要加入战争，一旦进入这一阶段，战争将带来更多的死伤。她请求阿卜杜拉国王不要进攻新生的犹太国，以色列和约旦可以成为盟友。但阿卜杜拉对当时的政治局势有自己的判断，他告诉果尔达自己很可能没有选择，只能参战。接着，他要求梅厄不要着急宣布犹太国的独立。她对国王说："我们已经等了两千年，这算着急吗?"

果尔达明白，建国远远不只是为了主权，而是为了确保犹太民族的未来。犹太人经历了太多的苦难，不能再继续浪费时间。这件事情不许失败，只能成功。

但国王没有做出任何承诺。当她离开他的办公室时，梅厄对阿卜杜拉说："如果除了刚才那席话，你不能再为我们做任何事情，战争将不可避免，而我们会赢。以后我们也许还会见面，那时，战争已经结束，犹太国已成为不争的事实。"[39]

第八章
独立：国家诞生

> 根据我们自然的和历史的权利……我们宣告在以色列故土上建立一个犹太人的国家——以色列国。

——以色列《独立宣言》

1917 年，埃德蒙·艾伦比将军从雅法门进入耶路撒冷老城宣告英国对巴勒斯坦统治的开始。30 年后的 1948 年 5 月 14 日，海法港降下最后一面英国国旗，标志着委任统治的结束。日薄西山的大英帝国被成立不久的伊休夫屈辱地赶出了巴勒斯坦。就像当年和马卡比家族作战的希腊人一样，英国人严重低估了巴勒斯坦犹太人战争到底的决心。

犹太复国主义者曾对奥斯曼帝国解体后英国人对巴勒斯坦的统治充满希望，但英国对犹太复国主义运动的态度从《贝尔福宣言》的支持转变为 1939 年白皮书的敌视，进而发展到完全敌对的关系。英军指挥官伊夫林·巴克在巴勒斯坦做的最后一件事情，是在这片土地上撒尿。[1]

虽然犹太人和英国人最后成为对手，但巴勒斯坦已经远比英国人接管时发达。英国人建立起这个国家的基础设施，允许伊休夫成立和发展了后来成为国家关键部门的各种机构。虽然后来英国限制犹太移民的进入，但在英国人统治期间，伊休夫的人口翻了10倍，从5.6万人发展到60万人左右，为建立一个小型国家奠定了人口基础。

英国人终于要离开了。由西奥多·赫茨尔提出、得到贝尔福勋爵支持但后来受到英国阻碍的梦想终于要实现了。

本-古里安这位善于把握历史大势的天才明白，伊休夫面对的机会一旦错失或许再不可得，他坚决反对任何推迟建国的建议。哈里·杜鲁门承诺支持以色列建国，进一步坚定了他的信念。① 但伊休夫一些成员提出反对意见，他们认为建国意味着战争，而伊休夫尚未做好战争准备。他们还担心，不管伊休夫是否愿意承认，美国国务院和中央情报局对以色列无法抵抗阿拉伯军队的判断是有道理的，犹太人应当耐心等待宣布建国的时机。

本-古里安清楚犹太人所面临的巨大危险，并承认："我们……必须做好准备，承受领土和人员上的惨烈损失，伊休夫的民众也将承受巨大的冲击。"[2] 但他坚持认为，如果犹太人希望获得主权，机会"要么就在现在，要么永远没了"。莫迪凯·本托夫（Mordecai Bentov）是犹太代办处派往联合国代表团成员之一，他后来写道：

165

---

① 杜鲁门认为自己对以色列的建立功不可没。几年后，他的老友艾迪·雅各布森在介绍这位前总统时说，他"曾为以色列建国提供了帮助"。杜鲁门回答："什么叫'提供了帮助'？我就是居鲁士。"在希伯来圣经末尾的经文（《历代志下》36：22—23）中，波斯王居鲁士要生活在波斯王国的犹太人回耶路撒冷重建圣殿。（John B. Judis, "Seeds of Doubt: Harry Truman's Concerns about Israel and Palestine Were Prescient—and Forgotten," *New Republic*（January 16, 2014）, http://www.newrepublic.com/article/116215/was-harry-truman-zionist.）

"房间里坐着 10 位犹太人，他们要做出犹太人两千年来最重要的决定。"[3] 在犹地亚陷落两千年后，1948 年 5 月 12 日，犹太民族执行委员会（the People's Administration）在特拉维夫以 6 票赞成、4 票反对的微弱优势通过了宣布建立犹太国的决议。

1948 年 5 月 14 日周五，犹太代表大会成员挤在特拉维夫博物馆聚会。由于担心阿拉伯人实施爆炸袭击，举行典礼的消息很晚才公布，一天前才发出正式邀请函。但消息泄露了，典礼开始前，数百人已经在博物馆门外翘首等待。

由于大厅空间不够大，有的受邀者只能站在门外，受邀演奏国歌的巴勒斯坦爱乐乐团不得不临时挪到二楼。会议准备得非常仓促，大家忙得不可开交，但每个人都明白这一天的意义。本-古里安的助理泽夫·沙里夫（Ze'ev Sharef）回忆说："那天我们各司其职，仿佛置身梦境……弥赛亚已经到来，接受异族奴役的日子结束了。"[4]

现场的布置有意模仿 51 年前第一届犹太复国主义者代表大会的会场。在移民巴勒斯坦 42 年后，本-古里安站在发言台上，头上方挂着一幅现代犹太复国主义之父西奥多·赫茨尔的巨大画像。

一到下午 4 点钟，在摄影师连续不断的闪光灯的映射下，全体与会代表起立演唱《希望》。[5]

166 　　　　本-古里安，这位 62 岁，身高 5 英尺 3 英寸的实用主义者有着磐石般坚定的信仰，他一生都在为自己和犹太民族积累权力，目的就是恢复犹太人在巴勒斯坦的民族自决权。1906 年，一位阿拉伯码头工人将（来自波兰的）他从小船上背到巴勒斯坦的岸上，几十年后，本-古里安宣读了以色列《独立宣言》。

《独立宣言》的序言很长，其中提到犹太民族诞生于以色列地。

在以色列地，犹太民族创造了具有民族和世界意义的文化。流散各地的犹太人矢志不渝地希望返回故土。接下来，本-古里安用颤抖但坚定的声音宣布："根据我们自然的和历史的权利以及联合国大会决议，我们宣告在以色列故土上建立一个犹太人的国家——以色列国。"[6]①

本-古里安读完《独立宣言》后，从被包围的耶路撒冷赶来参加签字仪式的宗教犹太复国主义政党米兹腊希党领导人耶胡达·莱伯·费希曼－迈蒙念诵了"你赐予我们生命"（*shehecheyanu*）的祝福祈祷。和1897年在巴塞尔第一届犹太复国主义者代表大会上的卡尔·利佩博士一样，他念道："上帝啊，祝福你，宇宙之主，是你赐予我们生命，保存我们，让我们活到此刻。"[7]

与会代表又唱了一遍《希望》，然后本-古里安宣布："以色列国已经成立。大会结束。"仪式虽然只持续了32分钟，但揭开了犹太历史新的篇章，罗马人攻破耶路撒冷后，持续了两千年的流亡生涯终于结束，犹太人在先祖之地重新获得主权。

虽然包含念诵祈祷文"你赐予我们生命"这一环节，但整个仪式世俗特色鲜明。和50年前的赫茨尔一样，本-古里安在仪式上没有头戴基帕帽。半个世纪前，赫茨尔那一代人呼吁创造新犹太人。从建国仪式的各种细节中可以发现，新犹太人已经出现，正是他们在建立一个拥有主权的犹太国。

以色列《独立宣言》不是一份神学文件，而是一份历史文件。美国《独立宣言》提到"上帝""造物主"等词，以色列《独立宣

①《独立宣言》的全文参见本书附录3。

言》中完全没有提到上帝。宗教人士希望《独立宣言》是份显而易见的宗教文本，为了照顾他们的情绪，原文中写道："怀着对以色列磐石的信念，我们在国家临时委员会的这次会议上，为宣言签名作证。"但这句话故意用了模糊的措辞。对于宗教人士来说，"以色列磐石"这个传统术语指的总是上帝。[8]（迈蒙拉比在自己签名的上方加上了意为"蒙上帝恩典"的三个希伯来字母。[9]）但对世俗人士来说，国家和上帝没有任何关系，"以色列磐石"指的是犹太历史、犹太人的勇气以及新获得的犹太人的自卫能力。①

宣言虽然没有提及上帝，但其中充满了历史。它言及犹太民族在以色列地的诞生，在这块土地上创造的辉煌历史，以及犹太人20世纪经历的惨重灾难。本-古里安热爱圣经，认为这本"书中之书"可以为刚刚成立的犹太国指引方向；宣言中反映了这点，承诺以色列"将把以色列先知所憧憬的自由、正义与和平原则作为立国基础"。

168　　　但《独立宣言》不是一份不切实际的文件。犹太复国主义运动从诞生起就密切关注风云变化的世界形势，《独立宣言》也体现了犹太复国主义者对当时历史环境的深刻理解。宣言明确提到战争已经爆发。本-古里安似乎已经预见到世界对犹太人以及刚刚成立的以色列的同情不会持续太久，宣言强调联合国181号决议具有不可撤销的法律效应。原文中"以色列国将向散居世界各国的犹太人敞开移居的大门"明确意味着英国的白皮书政策已经失效。虽然战争已经爆发，但宣言还是向以色列的敌人提出和平的建议："我们向所有邻

---

① 并非所有《独立宣言》的签署者都在周五上午来到特拉维夫。耶路撒冷被阿拉伯人包围，全国的公路也很危险。许多人是几天后在安全的场所签的字。

邦及其人民伸出和平、和睦、友邦之手，敦请他们与已经在自己故土上独立的犹太民族以互助精神合作。"

宣言的文本复杂而微妙。它强调平等，承诺"将保证全体公民，不分宗教、信仰、种族和性别，享有最充分的社会和政治平等权"，呼吁"生活在以色列地的阿拉伯居民"能够"维护和平，并在享有平等公民权利的基础上为国家的发展建设贡献出他们的力量"。但与此同时，宣言也强调犹太传统的伦理基础将在新成立的犹太国中发挥关键作用（这是"以色列先知所憧憬的"），犹太国将成为犹太民族的避风港，但同时也会"全力促进国家的发展以造福所有居民"。

既要保证国家鲜明的犹太性，又要保证非犹太人的权利，这绝非易事。直到今天，以色列关于如何平衡犹太性和民主性的争论还在持续。

在《独立宣言》上签字的犹太人来自各个不同的派别，既有左翼的共产主义者，也有右翼极端正统教派组织以色列联盟（Agudath Yisrael）的成员。在 1897 年的第一届犹太复国主义者代表大会上，这些组织存在严重的意识形态分歧，但在犹太历史的关键时刻，他们表现出空前的团结，搁置了争议。后来的历史也证明，不管是面对巨大的机会还是严重的危机，犹太人总能在关系到民族未来的关键时刻搁置重大分歧，共同面对挑战。

早在 1898 年巴塞尔的第二届犹太复国主义者代表大会上，女性就成为犹太复国主义政治体系的正式成员（在这方面远远早于欧洲政府），她们在犹太复国主义运动和伊休夫中扮演了重要角色，发挥了巨大作用。有两位女性在《独立宣言》上签名：果尔达·梅厄（后来成为以色列第四任总理）和蕾切尔·卡根-科恩（资深的女性权益和社会福利方面的社会活动家）。

169

本-古里安的政治对手、领导伊尔贡的梅纳赫姆·贝京没有参加这一仪式（莱希领导人伊扎克·沙米尔如果在以色列应该也不会被邀请，但他当时被英国人流放到境外，受到关押），这并不让人意外。在本-古里安看来，贝京和雅博廷斯基一样让他感到厌恶，《独立宣言》是本-古里安塑造以色列建国叙事的核心组成部分，他尽可能不让贝京或伊尔贡在其中扮演关键角色。哈伊姆·魏茨曼当时在国外，也没能签字，回国后本-古里安拒绝让他补签，在这样关键的历史时刻，本-古里安始终不忘个人恩怨。

170　　　　这个新成立国家的名字也有着深刻的象征意义。① 关于这个国家的名字，一开始有好几个选项，但最终选定为以色列，这是圣经时代的雅各和天使角力后获得的名称。"你的名不要再叫雅各，要叫以色列，因为你与神与人较力，都得了胜。"10没有谁可以想到比这更合适的名字。

特拉维夫博物馆外的人群欣喜若狂，但领导阶层并没有心情庆祝。本-古里安在日记中写道："全国到处是欢庆的人群，充满着喜悦的氛围，但就像11月29日一样，我如同身处欢庆人群中的哀悼者。"11他对西蒙·佩雷斯（当时还是一位年轻的国家领导人，后来成为以色列总理和总统）说："今天每个人都高兴。明天就有流血。"12

────────────

① 5月14日宣布建国前，伊休夫领导人专门开会讨论国家的名字。有人提出沿用古犹太王国的名称，称之为"犹大"。但历史上犹大国的大部分领土不在分治决议划分给犹太人的范围内，这个名字没有被采纳。会上还有人提出"锡安"、"萨布拉"（Tzabr [Sabra]）等名。但后来有人提出"以色列"，在投票中这个名字以7票赞成、3票反对得以通过。最早建议将国名定为"以色列"的人不是本-古里安，而是犹太裔加利西亚人作家以撒·佩恩霍夫（Isaac Pernhoff）。1896年，他在一篇回应赫茨尔的文章中预测这个国家建国时将取名为以色列国。（Elon Gilad, "Why Is Israel Called Israel?" Ha'aretz [April 20, 2015], http：//www.haaretz.com/israel-news/.premium-1.652699.）

第二天独立战争进入第二阶段，一直持续到 1949 年 1 月。在这期间，在联合国的调停下，双方实现两次停火，因此这一阶段的战争又可以进一步分为三个阶段。

第一个月的战斗最为惨烈，以色列共阵亡了 876 名战士和将近 300 名平民。哈加纳（很快将改组为以色列国防军）面对的是约旦、埃及、黎巴嫩、伊拉克和叙利亚五个阿拉伯国家的军队，他们还得到苏丹、也门和沙特阿拉伯的支援。本-古里安总是用圣经叙事的眼光看待新生的犹太国，他认为埃及和叙利亚是以色列极为关键的敌人。战争期间，他在日记中写道："我们的飞机需要轰炸和摧毁安曼，然后飞越约旦，攻陷叙利亚。我们还要轰炸赛得港、亚历山大和开罗。这样我们才能结束这场战争，为当年与埃及、亚述和亚兰作战的我们的祖先报仇。"[13]

虽然他这些理想很高远，但战争初期进展并不顺利。在北部，以色列要面对装备精良的伊拉克和叙利亚军队。南部的形势也不容乐观，埃及军队正迅速向内盖夫沙漠推进，很快就能向以色列总参谋部所在地特拉维夫发动空袭。后来成为总参谋长的伊加尔·雅丁当时是以色列国防军作战部部长，他回忆说：

> 我意识到……整个北部可能沦陷，突然有些不知所措……在南部，埃及军队正朝特拉维夫推进。耶路撒冷被封锁，伊拉克军队在对以色列中部施压。那一刻，我突然感到几代人的梦想就要破灭。[14]

本-古里安也意识到未来几天的战事将决定整个国家的命运，他在 5 月 19 日即宣布独立后五天说："我们在和时间赛跑。如果再能

171

坚持两周，我们就能赢。"[15]

　　虽然四面受敌，但早在 5 月 19 日，本-古里安还是敦促伊加尔·雅丁进攻耶路撒冷，但雅丁担心哈加纳还没有做好准备。根据联合国分治决议，耶路撒冷既不属于犹太国也不属于阿拉伯国，将受国际保护。但大家心里明白，这不大可行。联合国没有实际权力，世界大国对落实分治决议不感兴趣，无论犹太人还是阿拉伯人都对将这座城市交由国际共管不感兴趣。如果存在强烈的国际压力，犹太人可能会同意这一方案，但阿拉伯人一定会拒绝，就像以前拒绝皮尔委员会方案和其他分治方案一样。

172

　　争夺这座城市的战争随之打响。耶路撒冷城内的阿拉伯人面临物资匮乏，为了支援他们，阿拉伯军团开始向耶路撒冷推进。本-古里安决心让以色列人赶走他们。

　　问题是如何去耶路撒冷。要想控制通往耶路撒冷的道路，以色列人首先必须占领拉特伦（Latrun），这是位于耶路撒冷以西 15 英里处的一个高地（现在以色列装甲部队纪念馆就位于此）。本-古里安命令新组建的哈加纳第七旅来执行任务。但雅丁反对，他指出到前线参加拉特伦战斗的士兵基本没有作战经验，武器装备十分落后，许多人连水壶都没有。雅丁恳请本-古里安能认清这个极具讽刺意味的现实：这些士兵许多来自纳粹的死亡营，然后被送到塞浦路斯的拘留营，不久前才在巴勒斯坦登陆，如今却要让这些没有接受过任何军事训练的人拿起落后的武器加入战斗。本-古里安表示理解，但不为所动，拉特伦第一场战斗在 5 月 24 日打响。

　　正如雅丁所料，这场战斗惨不忍睹，以色列军队被击退。时任排长的阿里埃勒·沙龙（赎罪日战争中的英雄，后来的以色列总理）在这场战斗中负伤。6 月 1 日，以色列军队对拉特伦发起新一轮进攻，但再次失败。根据官方给出的数据，以色列军队阵亡 139 人，其他人认为实际死亡人数更高。

　　正如雅丁进一步所料，拉特伦将作为"大屠杀幸存者抛洒鲜血之地"被人们记住。[16]这样的悲剧不只发生在拉特伦。在以色列独立战争期间，超过 10 万犹太人应征加入以色列国防军，一位历史学家指出："许多为国捐躯者是来自欧洲的大屠杀幸存者。"[17]不少人刚刚来就牺牲了，他们的墓碑上没有名字，成为捍卫这个国家的无名英雄。后来，在如何对待大屠杀幸存者的问题上，以色列社会还将经受类似的考验。考虑到这些无名英雄目睹了欧洲的灾难，可以说他们的死亡见证了他们的信念：建立犹太国比任何事情都重要，包括自己的幸存。

　　拉特伦军事行动失败刚过几天，以色列遭受了另一次沉重的打击。训练有素、装备优良的阿拉伯军团在英国指挥官的带领下攻陷了耶路撒冷老城的犹太区。后来成为以色列总理的伊扎克·拉宾眼睁睁地看着犹太居民挥着白旗向阿拉伯军团投降，他们的脸上刻着深深的失落。公元前 586 年，巴比伦国王尼布甲尼撒攻陷耶路撒冷后，犹太人被流放，同样的悲剧在公元 70 年罗马人攻占耶路撒冷后再次发生。现在，和两千年前一样，犹太人又背上自己少得可怜的行囊，含泪离开耶路撒冷。和以前的征服者一样，约旦人对这座城市毫不留情，犹太会堂被用作马厩，犹太人的墓碑被用来修建厕所。19 年后，犹太人才能再次触摸西墙，回到犹太教最神圣的地方做祷告。

　　哈加纳放弃攻占拉特伦，开辟了一条被称为"滇缅公路"（这条通道的主要目的是为耶路撒冷犹太人运送物资，正如第二次世界大

173

战期间向被日本占领的中国运送物资一样）的通道。绝望中在一条古老道路基础上奋力修建"滇缅公路"，既反映了伊休夫时期出其不意地下作战思想，又体现了如今以色列国防军的作战特色。需求乃创新之母，这个刚刚成立的国家明白，如果不能打通连接耶路撒冷的道路，将有更多犹太人死去，战争期间犹太人在许多方面展现了创新和勤奋，比如，在修建"滇缅公路"方面：

> 利用推土机、拖拉机和人力，工程师几乎不可思议地开辟出一条通往果园尽头峭壁的行道，再开辟出峭壁下通往山谷的道路。夜晚，在约旦的炮轰下，可以看到似乎不真实的一幕：几百名运输工背着食品和补给走下山，那里等着他们的是卡车、吉普车，甚至骡子。由于急需向耶路撒冷输送牛肉，这条道上甚至有人赶着牛群在上面走。[18]

利用这条替代性的通道，当时年仅26岁的伊扎克·拉宾指挥着哈雷尔（Harel）旅，不但将物资运送到城内，还守住了西耶路撒冷，但他们最后没能夺回耶路撒冷老城。

展现犹太人创造力的，远不止修建"滇缅公路"。战争中大部分时期缺乏重型武器，伊休夫使用了一种名为戴维德卡（Davidka）的3英寸口径自制迫击炮。这种武器击中目标的概率很低，还经常发射出哑弹。[19]但它也有妙处，因为一旦爆炸，不管偏离目标多远，炸弹都会发出刺眼的亮光和巨大的声响，在当地阿拉伯民众中引起恐慌。[20]戴维德卡在攻打耶路撒冷和采法特的战斗中发挥了重要作用，让许多当地人要么逃跑，要么迅速投降。在5月6日到9日的采法特战斗中，戴维德卡的巨大声响让当地阿拉伯人以为犹太人在使用"原子弹"。"一架战场上空的哈加纳侦察机提供报告说：'数千名难

民徒步向梅龙（Meirun）方向逃亡.'许多阿拉伯人居民区一夜之间
成为'鬼城'."[21]

以色列空军也运用了类似策略。地勤人员除了装载炸弹，还把　　175
从基地和附近搜集来的许多空瓶子装载到飞机上，他们听说这些瓶
子在下降时发出的巨大哨音在地面人员听来就像炸弹坠落一般，这
一策略对敌方起到了震慑作用。

然而，这个羽翼未丰的犹太国在武器上仍处劣势，艰难地维持
着战局，伤亡也非常惨重。以色列在国外购买的重型武器还没有运
到。埃及掌握着制空权。刚刚宣布独立的以色列命悬一线。

为了停止流血冲突，国际社会试图干预。5 月 22 日，联合国安
理会要求双方立即停火，联合国秘书长委派瑞典外交官福克·伯纳
多特伯爵调停双方停火事宜。

伯纳多特是个有意思的人选。第二次世界大战期间，时任瑞典
红十字会负责人的他拯救了数千名死亡集中营的犹太人。他还同包
括海因里希·希姆莱在内的纳粹高级领导人会面，寻找终止冲突的
秘密途径。他在巴勒斯坦战事最酣时受命出任调停官。人们普遍认
为他是一位"热心的瑞典贵族，'乐观，……急于行动'，是一位有
'人道主义情怀'的堂吉诃德"[22]。他勇敢接受了这个没有人完成过的
任务，计划首先实现停火，然后寻求长久的和平方案。

一方面由于伯纳多特的政治斡旋，另一方面由于参战各国已力
不从心，战争双方同意停火。原计划从 6 月 1 日开始停火，但落实
停火远比想象的复杂，因此又推迟了 10 天，于 6 月 11 日正式停火。

根据停火条约，"以色列和阿拉伯国家都将接受包括武器和军事　　176
人员在内的全面禁运"[23]。但双方都没有遵守这一协定。阿拉伯国家

加强了作战部队的实力，停火期间还不时向以色列开火。以色列则在停火期间从美国和其他西方国家购进了大量军火。伊休夫还接受了来自捷克斯洛伐克的大量物资，包括"2.5 万把步枪、5000 挺机关枪、5000 万发子弹"[24]。讽刺的是，其中竟然有德国 1945 年 5 月以前出厂的毛瑟（Mauser）枪和 MG 机枪，上面还有纳粹党徽的标记（志愿飞行员的服装上也有）。德国在第二次世界大战期间生产的枪，竟然落到犹太人手里，成为他们开启犹太史新篇章的工具。[25]

从海外运送来的不仅是武器。战争初期以色列没有军用飞机，飞行员也很少。[26]但第二次世界大战后的美国却有几百架编余的飞机，也有为美国战斗过的犹太飞行员。以色列开展了秘密工作，寻找这些飞行员。他们中的许多人已经高度同化，但纳粹大屠杀唤醒了一些飞行员对犹太同胞的责任感。少数人甚至不顾美国法律，协助购买了美国的编余飞机，将飞机飞到欧洲，再飞到以色列。就像印有纳粹党徽的步枪一样，这些飞行员后来穿的二手军装上也缝着纳粹空军的标志。

德国在捷克斯洛伐克建有生产梅塞施密特（Messerschmitt）战斗机的工厂，第二次世界大战结束后，这些飞机的生产并未停止。有些美国飞行员开着这种飞机飞到以色列参加战斗。

几乎是刚到以色列，就有人告诉这些美国人，埃及军队离特拉维夫只有 6 英里的距离，如果不立即发动空袭，第二天早上他们将在特拉维夫看到一万埃及大军。[27]于是他们立即驾着原始的单引擎飞机起飞，执行第一次轰炸任务，迅速改变了战局。由于他们的轰炸，伊拉克军队不得不原地待命，停止了向以色列方向的行军。[28]

全世界一共有大约 3500 人自愿加入以色列国防军的战斗。有趣的是，其中很多并非犹太人。大约有 190 名志愿者在以色列空军服役，[29] 有几名飞行员在空袭行动中牺牲。战争结束后，大多数美国人返回自己的祖国。也有一些人认为以色列才是他们的家，便留了下来，成为以色列航空公司（El Al）飞行员，或者在以色列飞机工业领域工作。

本尼·莫里斯认为，除了军事上的作用，这些志愿者还让以色列人明白，虽然他们人数不占优势，但并非孤军奋战。[30] 犹太人的命运和大屠杀时期已大为不同，这极大提高了整个国家的士气。

迫切需要重整军备导致战争期间发生了一起潜在破坏性极大的事件。5月26日，本-古里安结束了哈加纳的"秘密地位"，在一页仅仅打了20行字的备忘录中宣布在哈加纳基础上成立以色列的官方军队：以色列国防军。这份备忘录还要求其他武装团体停止活动。此时国家体系已逐渐成形，凭借强大的个人权力，这位开国总理还在备忘录中写道："所有符合这一命令的行为都视为合法，即使有违现行法律中的其他指示。"[31]

根据本-古里安和梅纳赫姆·贝京之间达成的协议，所有伊尔贡成员将加入新成立的以色列国防军，伊尔贡的武器装备和武器生产设施将交给国防军。军队的旅级建制中不设伊尔贡单位，且伊尔贡停止独立采购行为。本-古里安明白，要想成为合法的国家，以色列不能拥有互相竞争的民兵组织。

贝京理解并同意让伊尔贡停止作为以色列国一个独特军事单位存在。但部分伊尔贡战士还在受到围攻的耶路撒冷作战，耶路撒冷此时严格意义上还不算以色列领土，因此不受将伊尔贡收编进国防军协议的限制。当时耶路撒冷弹药告急，贝京更关心的是为耶路撒冷的伊尔贡成员提供弹药，并不惜一切代价守住耶路撒冷。

但是贝京当时并不知道，一向同贝京存在分歧的伊尔贡美国分支购买了一艘旧船，将之命名为"阿尔塔莱纳"号（意大利语"跷跷板"的意思，这是雅博廷斯基当记者时的笔名）。这艘船后来在法国靠岸，法国为了制衡英国在中东的影响力，向犹太人捐赠了价值1.5亿法郎的军火（按现在的市值相当于5亿多美元）。[32] 装载到"阿尔塔莱纳"号上的武器包括5000把步枪、250把布伦（Bren）枪、500万发子弹、50个"巴祖卡"（bazooka）火箭筒和10辆履带式轻型装甲车。除了武器装备，登船的还有940名移民（许多是第二次世界大战的幸存者）和包括耶希埃尔·卡迪沙伊在内的伊尔贡成员。这艘船原计划于5月14日到达巴勒斯坦，但后来推迟到6月11日才出发，正赶上停火协议和武器禁运生效的日期。

贝京服从停火协议，当时并不知道这艘船已经出发。当他得知这一消息时，船只已经接近以色列的领海。贝京连忙联系船长埃利亚胡·兰金（Eliyahu Lankin），命令他不要进入以色列领海，但通信设备出现故障。发现已无法让船只调头后，贝京将此事汇报给本-古里安。

本-古里安明白，船只靠岸将违反停火协议，但他也不想放弃此时急需的武器。6月20日到达以色列海岸后，这艘船只被要求驶往特拉维夫以北的维特金（Vitkin）村，他们认为在那也许不会被联合国观察员看到。但直到这时，关于如何处理这些军火，本-古里安和贝京并没有达成一致意见，贝京同意将大部分军火交给以色列国防军，但要求把20%的军火留给坚守在耶路撒冷抗击约旦军队的伊尔贡战士，本-古里安断然拒绝。本-古里安认为，即使将一小部分军火分给伊尔贡（哪怕是位于耶路撒冷的伊尔贡成员），也会影响到以色列国防军的合法性，让伊尔贡成为一支军队中的军队。

关于这艘船的消息很快散播开来，更有传闻说贝京要在维特金村的海岸现身。贝京此时在地下活动，一直接受贝京指挥的伊尔贡战士见主心切，就舍弃自己所属的军营，前往维特金村。本-古里安本来就对贝京有疑心，伊尔贡战士的离去越发让他肯定贝京图谋不轨。次日，他召开内阁会议，对部长们说，贝京直到"阿尔塔莱纳"号开到海上才告诉他这一计划（这一说法并不准确）。本-古里安这时的所作所为完全出于长期以来对贝京的不信任，他对内阁说：

> 不能有两个国家，也不能有两支军队。贝京先生不能为所欲为。我们必须决定到底是授权他这一行为，还是终止他的分裂活动。如果他不妥协，我们将对他开火。[33]

军队总参谋长伊斯雷尔·加利利（Yisrael Galili）命令以色列国防军飞行员向货船扫射。这些飞行员很多是参加过第二次世界大战的同盟国飞行员，来自美国和其他国家，他们拒绝接受命令，他们说："我们来这是为犹太人作战，而不是同犹太人作战。"[34]

这时贝京已经登上货船，他要求伊尔贡成员利用夜色的掩护开始卸货。国防军向他发出最后通牒，要求他交出所有武器，但他没有做出回应；他后来表示最后通牒完全不切实际，因为根本没有留给他时间做出回应。

哈加纳部队和忠于伊尔贡的人员交火。"阿尔塔莱纳"号货船离开海岸，朝南边的特拉维夫驶去，却在海边搁浅了，无法移动——这一切都落入酒店客人、在海边玩耍的人、记者和联合国观察员的视线。突然，岸上的帕尔马赫战士（帕尔马赫最敌视伊尔贡，帕尔马赫的指挥官中就有伊扎克·拉宾）开始朝"阿尔塔莱纳"号货轮开枪，伊尔贡战士还击，犹太人和犹太人打了起来，刚刚成立不到五周，犹太国就处在内战爆发边缘。

装满军火的船只还遭到炮击，在整个过程中，贝京命令下属不得还击。被击中后，船上的军火开始爆炸。此时仍在船上的贝京下令弃船，虽然他想坚守在船上直到最后，但下属强行把他带到岸上，其间许多人朝他的方向开火，在场的人都认为哈加纳成员想杀掉贝京。贝京刚下船不久，船上剩余的军火就将整艘船引爆。在场的以色列国防军战士万万没有想到，刚刚建国就会面对如此复杂的局面，纷纷跳到水中去营救船上的乘客。

岸上的战斗仍在继续，哈加纳成员和伊尔贡成员相互射击，这场犹太人的内战从地中海转移到了特拉维夫街道，双方都有死伤。但贝京此前已要求伊尔贡成员不得向犹太人开火，双方都明白此时的以色列根本经不起一场内战的消耗。交火最终停止。

181　　算上维特金村的战斗，军队方面以色列国防军有 3 人死亡，伊尔贡有 16 人死亡。全部死者中有一人是亚伯拉罕·斯塔夫斯基，他曾因 1933 年谋杀哈伊姆·阿罗佐罗夫而被指控，但后来获得赦免。斯塔夫斯基当时是"阿尔塔莱纳"号上的一名乘客，他就死在 15 年前阿罗佐罗夫遇刺的特拉维夫海滩的离岸不远处。

贝京通过广播向伊尔贡发表了一个多小时的长篇演讲。他在演讲中重申伊尔贡没有做错任何事情，但反复提醒伊尔贡成员："不要对自己的兄弟动手，哪怕在今天这样的情况下。"他一而再再而三地坚持说，犹太人不能打犹太人，因为"希伯来武器不能用来攻击希伯来战士"。他几乎是咆哮着喊道："大敌当前，我们决不能陷入内战！"

本-古里安非常恼火，拒绝让死去的伊尔贡成员埋葬在特拉维夫。

有人批评贝京将这些武器运送到以色列，也有人称赞他在终止这场冲突中发挥了关键作用（他在"狩猎季"中也拒绝对哈加纳作战）。后来，贝京说他对以色列最大的贡献就是避免了一场全面内战的爆发。事后，本-古里安也理直气壮，声称自己让国家避免了一场武装叛乱。他在谈话中多次说击沉"阿尔塔莱纳"号的大炮非常神圣，"如果第三圣殿建成，这门大炮应该摆到圣殿旁"[35]。

1965 年，在政府调查"阿尔塔莱纳"号事件后，本-古里安才承认"我当时有可能弄错了"[36]。

在以色列的民族叙事中，"阿尔塔莱纳"号最重要的意义在于，它让人们明白，要建立具有合法性的国家，所有军队应当置于政治家的领导下。多年后，看到巴勒斯坦民选官员无法驾驭巴勒斯坦多个武装派别，以色列人会说："巴勒斯坦人还没有经历他们的'阿尔塔莱纳'号事件。"

战争下一阶段开始于 1948 年 7 月 8 日（为期将近一个月的停火结束）。这一阶段只持续了短短 10 天，但出现了不少极具争议的时刻，包括一次至今仍被时常讨论的战斗。 182

利达争夺战非常能体现以色列独立战争乃至整个以色列历史"相互冲突的叙事方式"。以色列著名历史学家迈克尔·奥伦（后来担任以色列驻美国大使）写道："历史上的重大战争往往会成为史学上的重大战争。"[37]世界上大概没有哪个国家像以色列一样引发过如此激烈的"史学战争"，直到今天还是如此。

为什么会有这一现象？奥伦指出："关于阿以关系的争论之所以异常激烈，是因为这个问题直接牵涉到的利益太多。敌对双方的矛盾不像在大学里争夺书架那么简单，而是在一些深刻影响到几百万人生活的问题上较量，这些问题包括以色列安全、巴勒斯坦难民权利、耶路撒冷未来归属等。"[38] 这也不单纯是犹太人和阿拉伯人的较量。在以色列内部有一群被称为"新历史学家"的学者，总想推翻以色列对这场冲突的主流叙事。他们毫不掩饰自己的目的，正如他们的代表人物以色列人艾兰·佩普（Ilan Pappe）所言，他们的目的是"重新思考在过去地理意义上的巴勒斯坦寻求建立犹太民族国家的合法性"[39]。

这场围绕历史展开的战争也是关于以色列合法性和以色列未来的战争。不难理解，独立战争中的许多事件，特别是导致巴勒斯坦阿拉伯人大量离开以色列的因素（直到今天这还是一个在政治上非常敏感和充满争议的问题），成为不同学派历史学家之间较量的关键战场。

利达就是这样一个战场。1948 年夏天，面对约旦军队的进攻，耶路撒冷岌岌可危，本-古里安决定再打通一条通往耶路撒冷的道路。为了达到这一目的，军队高层认为首先应当占领利达，这座阿拉伯城市①位于特拉维夫通往耶路撒冷的道路上，拥有约两万居民。战争爆发以来，由于许多阿拉伯人逃离了原来居住的城镇，利达的人口激增，外约旦的阿拉伯军团在此驻扎了一个 125 人的步兵连，这些军人和部分当地武装分子联合起来，做好了同以色列国防军决一死战的准备。

以色列发动的"丹尼行动"（Operation Dani）拉开了战斗的序幕。7 月 11 日，以色列军队对利达发起进攻，但遭到反击，以色列无法完全控制这一区域。夜晚，以色列又派出一个营的兵力，占领

---

① "利达"（Lydda）今已改成希伯来圣经中的名字"罗德"（Lod）。——校注

了此城的大清真寺和圣乔治教堂。以色列国防军要求民众集中到清真寺和教堂，很快，这两座建筑人满为患。根据大多数记录，以色列军队后来允许阿拉伯妇女和儿童离开。

整座城市大概有 300 名以色列战士，阿拉伯军团已撤到当地警察局内并设置起路障，双方形成对峙局面。第二天，几辆阿拉伯军团的车突然冲入市内，车上的人持枪四处扫射。当地武装分子也加入战斗，从许多建筑中朝以色列人开枪。有些冷枪来自市内一座小清真寺，占据清真寺顶部的阿拉伯狙击手构成致命威胁。以色列士兵接到终结阿拉伯军队火力的命令，在随后的战斗中，以军向清真寺发射了反坦克榴弹。虽然关于这一事件的记录存在不同版本，但无疑死伤众多。

直到今天，关于战争具体进程、清真寺内外阿拉伯人的死亡人数和死者中平民的人数仍存在激烈的争论。一些修正主义历史学家指责了以色列国防军在利达的所作所为，一位著名的以色列作者在总结这派观点时指出："当天正午，在短短 30 分钟内，超过 200 名平民不幸遇害。"[40] 他还表示应当为此负责的，不仅仅是在场的战士，他们身后的那场运动也脱不了干系，"是犹太复国主义运动酿成了这场发生在利达山谷的人类灾难"[41]。

许多历史学家明确驳斥了这些修正主义者得出的结论。2014 年，一位备受尊敬的历史学家在仔细研读了利达战斗的档案材料后指出，为了推翻以色列的叙事，修正主义历史学家置证据于不顾，得出的结论偏离了事实。利达的实际死亡人数远远低于修正主义者给出的数据，死者大多为作战人员，双方都有死伤，并没有出现新历史学家所描述的屠杀行为。[42]

本尼·莫里斯也曾是新历史学家，他对以色列传统叙事持强烈批判态度，在描述这一事件时他也用了"屠杀"一词。但他同时指出，利达事件必须放在战争的大背景下来理解，需要考虑以色列和阿拉伯作战人员的行为方式。他说：

> 利达事件并不能代表犹太复国主义者的行为方式。1948 年以前，犹太复国主义者主要通过购买而非强占的方式获得阿拉伯领土，壮大他们的事业。反倒是阿拉伯人周期性地屠杀犹太人，比如 1929 年的希伯伦事件和采法特事件。1948 年战争中最早出现的暴力事件也是阿拉伯人所为：1947 年 12 月 30 日，海法炼油厂的 39 名犹太工人被阿拉伯人杀害。

> 不可否认，犹太人继而实施了不少暴行；长期的内战激发了战士的复仇心理，让他们变得更残暴。但之所以会出现这些暴行，是因为以色列人占领了 400 多座阿拉伯城市和村庄，而巴勒斯坦人几乎连一个犹太居民点都没有攻下（即便占领也不是单独凭借巴勒斯坦阿拉伯人的力量）。1948 年 5 月 13 日，巴勒斯坦阿拉伯人在约旦阿拉伯军团的帮助下占领了埃齐翁村后，就在这里进行了大规模屠杀。[43]

185　　独立战争是一场残忍的战争，对阿拉伯人而言它事关荣誉，对犹太人而言它事关生存。在这一过程中，双方都有野蛮行径。莫里斯指出，野蛮行径在犹太人那里是例外，但在阿拉伯人那里是规则。

利达战争结束后，剩余的阿拉伯军队撤退。以色列国防军和当地阿拉伯领导人达成协议，当地居民将离开，向东迁移。和这场战争中许多其他战斗一样，许多难民排成长队离开家园。犹太考古学家施马亚·古特曼目睹了大批离去的难民，他回忆说：

> 大量居民挨个走着……女人头上顶着装满东西的盒子和布

袋，母亲拉着孩子。不时能听到以色列人鸣枪警告。偶尔你可以在人群中看到某位年轻人锐利的目光，仿佛在说："我们没有投降，我们还会回来打你。"[44]

这一时期，难民的队伍随处可见，这些不幸者中既有阿拉伯人，也有犹太人。犹太人被赶出耶路撒冷老城，数十万的阿拉伯人离开了以色列北部。不久，生活在北非的几十万犹太人也将成为难民，他们中有的是被赶走的，有的是受到不公正待遇或暴力威胁而选择离开。最终有 70 万犹太人离开阿拉伯国家，来到刚刚成立的以色列。总而言之，这一时期许多阿拉伯人和犹太人流离失所，苦不堪言。大规模人口迁移产生的民愤将在几十年后让这一地区变得动荡不安。

1948 年 11 月 19 日，拿单·奥尔特曼在犹太工人总工会报纸《达瓦尔报》（*Davar*）上发表了一首诗，名为《关于那一切》（*Al Zot*）。这首诗没有提到某个具体事件，有可能暗指利达事件（但当时利达战斗已经过去几个月，他应当不会等这么长的时间才做出反应），也可能指某个没有明说的事件，又或者只是泛泛地表达对战争丑恶的感觉。他在诗中写了吉普车上一位"幼狮般活络筋骨"的年轻男子。一对沿街走的年迈夫妇看到他后，出于恐惧，转身面向街边墙壁。年轻人笑着自言自语："我要试试这把枪。"接下来奥尔特曼写道："老头刚用手抱住头，他的鲜血就染红了那面墙。"虽然不知道奥尔特曼描述的是哪一次军事行动，但我们确切知道以色列领导人的反应。本-古里安不但没有生气，反而感谢奥尔特曼。当时还在战争期间，本-古里安一读到这首诗，就给诗人写了一封信：

186

尊敬的奥尔特曼先生：

祝贺你在《达瓦尔报》刚发表的那首具有道德力量和感染力的作品。你发出了能代表人类良知的声音，这种声音纯洁而忠诚。如果我们心中没有这种良知，就配不上目前取得的成就……我请求你允许以色列国防部加印10万份你的作品，发放到每一位以色列战士手中，在我们的军队中，没有任何武器拥有你的作品那样巨大的威力。

充满欣赏和感谢之情

大卫·本-古里安

战争双方都有许多人死去。但以色列社会当时表现出的强迫性的自我批判倾向，后来发展成为以色列社会的一个重要特点。早在建国之初，以色列社会就具有高度反思能力。诗人和政治家都认为，要想对得起以色列刚刚取得的独立，就必须反映出传统的价值观，犹太国的梦想正是来自这些价值观。这种自我批判的声音在随后几十年将变为以色列的一个长处。

凭借第一次停火期间引进的武器和生存下去的坚定信念，以色列军队在全国范围内巩固了战局。这时联合国又开始协调停火事宜，经过10天鏖战，7月19日第二次停火生效。

和第一次停火一样，双方还是在一阵犹豫后才同意停火，并利用停火加强各自军备，修建防御工事。在积极准备下一轮战斗时，以色列人已经感到战争局面发生了改变，这场冲突不久能结束，他们将获得胜利。怀着喜悦的心情，他们甚至于7月27日在耶路撒冷举行了一次阅兵，后来这成为每年的传统。[45]

阿拉伯人开始意识到摧毁以色列的战争已经失败，于是把目光转向一个新问题：阿拉伯难民的命运。

独立战争期间，大约有 70 万阿拉伯人流离失所。本尼·莫里斯指出了阿拉伯人离开家园的不同原因。在雅法、海法和其他大城镇，阿拉伯领导人的离开是导致城市社会解体的主要原因。在另一些地方，关于以色列暴行的谣言让阿拉伯人相信只有逃跑才能活下来。还有些地方的阿拉伯人的确是被以色列人赶走的。连本尼·莫里斯也明白本-古里安当时真的没有其他选择。他的责任是建立一个可以生存下去的犹太国，他"对人口问题有理解，明白需要建立一个没有太多阿拉伯人的犹太国"[46]。除此之外，犹太国无法继续存在。

战争结束时，这 70 万巴勒斯坦难民（几乎与即将被迫逃离伊斯兰国家的犹太人的人数相当）来到黎巴嫩、叙利亚、约旦和加沙寻求庇护。阿拉伯人给伯纳多特伯爵施压，他当时仍在代表联合国为交战双方调停，要求他将阿拉伯难民问题当作任何解决冲突方案的核心。

以色列人宣称，只要阿拉伯人还试图消灭犹太国，就拒绝讨论难民问题。阿拉伯人针锋相对，提出只有在难民问题解决后才会进行和平谈判。解决难民问题不是谈判的目标，而是谈判的前提。这意味着难民问题始终无法得到解决。在以色列看来，黎巴嫩和叙利亚（在一定程度上，也包括约旦）并没有真正试图解决难民问题，而是将其作为自己口袋中的一张王牌。他们未来同犹太复国主义敌人谈判时将用到这个"筹码"——但即使到那时，只要以色列还存在，他们就决意不停止冲突。

伯纳多特伯爵开始对犹太人施压，要求以色列允许难民回归，并建议以色列放弃内盖夫沙漠、耶路撒冷、海法港（交由国际共管）

和利达国际机场（现在是以色列最大的本-古里安机场）等地。在大多数以色列人看来，伯纳多特根本不是公正的仲裁者，很多人甚至认为他已经完全是个敌人，站到了以色列的敌人一边。

1948 年 9 月 17 日，4 名莱希成员决定用他们的方式解决这个问题，他们穿上以色列国防军的军装，在西耶路撒冷暗杀了伯纳多特，当时他手里还拿着没有发表的解决方案。国际社会的谴责随之潮涌而来，本-古里安恼羞成怒。签署过《独立宣言》的交通部部长大卫·雷梅兹（David Remez）说："自从耶稣被钉上十字架以来，我们还没受过这么大的指责。"[47] 这一事件坚定了本-古里安清剿剩余伊尔贡和莱希成员的决心。为了终止恐怖主义行为，他要求内阁赋予他更大的权力，包括不经审判就行政拘留的权力。犹太地下武装尽管在赶走英国人的过程中发挥了重要作用，但他们的时代已经结束。

本-古里安明白战争再拖下去对他不利。他已经动员了以色列一半成年男性加入军队，部分女性也在服役，这场冲突不能再这样无休无止了。但在分治决议划分给以色列的土地上还有叙利亚、埃及和约旦的军队，为了赶走他们，本-古里安命令国防军控制以色列全境，尽快结束这场战争。

到 10 月底，以色列北部的叙利亚和阿拉伯解放军被驱逐出境。到 1949 年 1 月，以色列国防军赶走了内盖夫沙漠的埃及军队，甚至占领了部分在分治决议中没有划分给以色列的领土，但埃及军队仍然控制着加沙地带。约旦人也急于摆脱战争，他们私下同以色列达成协议，限制双方战斗规模，确保约旦人获得约旦河西岸。不再需要更多战役了。战争基本结束。

本-古里安手下有些将军希望占领约旦河西岸，利用这一机会为以色列建立一道安全可靠的天然边界，但本-古里安不同意。他有几个考虑。他相信，控制更多数量的阿拉伯平民是以色列首先需要避免的。那些留在以色列境内的阿拉伯人已经让本-古里安很担心了，他们是以色列人，因为他们已经留在以色列境内，而这些人同境外敌人唯一的区别是他们当时没有像家人那样选择逃亡。本-古里安无法设想他们会忠于这个新成立的国家。

本-古里安还担心占领更多的领土会招致美国的反对。此外，没有占领约旦河西岸，还因为本-古里安有新的难题需要考虑，正如安妮塔·沙皮拉所说，他"已经在思考如何吸引和吸收大量移民这一重大任务"[48]。

阿拉伯人不愿意和以色列签订停火协议，因为，就算撇开他们不承认以色列这点不谈，和以色列签订任何协议，就意味着他们承认消灭犹太国的战争已经失败。然而他们没有选择，埃及、黎巴嫩、约旦分别于1949年2月24日、3月23日和4月3日同以色列签订停火协议，最后叙利亚也于1949年7月20日在停火协议上签字。

不同于美国国务院的预测，以色列取得了这场战争的胜利，但以色列付出了沉重代价，大约6000名以色列人死亡，其中四分之一为平民，死亡人数占新国家犹太人口的将近百分之一。500位女性在战争中死去，其中108人来自军队。[49]巴勒斯坦阿拉伯人的死亡人数也占到总人数的百分之一，在比例上同以色列基本持平。

这场冲突最大的失败者是巴勒斯坦的阿拉伯人，他们将这段历史称为"大灾难"（Nakba），70万人因为战争沦为难民，几千人死去。这些数字让人触目惊心。

不可否认，这么多巴勒斯坦阿拉伯人离开家园令人悲痛。这其

190

中以色列人无疑负有责任。但与此同时，那些难民接收国造成了真正的人类悲剧，为了挑起国际社会对以色列的谴责，他们故意让这些难民无家可归，一直生活在难民营。保持这些巴勒斯坦人的难民身份成为黎巴嫩、叙利亚、约旦和埃及等国在未来阿以冲突中的王牌。

对待无家可归的同胞，以色列的做法截然不同。几十万犹太人同样被阿拉伯国家驱逐出境，他们在以色列靠岸后，犹太国就给予他们公民身份。巴勒斯坦人被嘲讽和利用，犹太人却得到同胞的关爱，满怀对美好未来的憧憬。这两种不同的对待也决定了两者不同的未来。

1947 年 11 月 29 日，联合国投票通过分治决议。此后不到两年时间，以色列宣布独立，在所有人不看好的情况下战胜了首先挑起战争的阿拉伯邻国，还在许多领域取得了长足进步。本-古里安此人，什么都可以，就是与天真绝缘。他知道以色列的阿拉伯邻国无法接受犹太国的存在，还会联合起来再次进攻以色列。最终，这场战争注定会卷土重来。

但现在，总理暂时忘记了战争，转而关注其他方面。是时候建设国家了。

第九章
从建国之梦到建国之路

> 你要这样告诉雅各家，晓谕以色列人说："我向埃及人所行的事，你们都看见了；且看见我如鹰将你们背在翅膀上，带来归我。"
>
> ——《出埃及记》19:3—4

1949年1月25日对这个刚刚独立8个月的国家来说庄严而神圣，这时战争已基本结束，以色列在这天举行了第一次全国选举。

两千年来犹太人没有主权，每个人都明白选举的意义是多么重大。摩西·耶库蒂尔·阿尔伯特是一位极端正统派的拉比，在英国委任统治期间担任耶路撒冷多个犹太社区的领导人（mukhtar）。

早上5点35分，我和妻子、弟弟西蒙·莱布拉比、姐夫内塔内尔拉比和儿子多夫都醒了。喝完咖啡后，为了迎接这个伟大而神圣的日子，我们穿上了安息日的服饰，因为"这是耶和华所定的日子，我们在其中要高兴欢喜"。（《诗篇》118:24）自两千年前开始流散以来，甚至从上帝创世以来，我们从未有过如此喜悦的一天，今天我们可以为犹太国投票……"上帝啊，祝福你，是你让我们活下来，保护我们，让我们活到此刻。"[1]

喝完咖啡，阿尔伯特拿上他的以色列公民身份证前往投票现场。那里早上 6 点开始工作。"一路上我都非常开心，仿佛是在欢庆托拉节①上抱着《托拉》卷轴跳舞（*hakafos*）一样，我这样激动，仅仅是因为手里拿着以色列身份证。那天早上我的喜悦之情真是无穷无尽。"

阿尔伯特第一个到达现场，等待了几分钟后，他拿到一张印有数字 1 的投票卡。

> 我感到这是我生命中最神圣的一刻，我的父亲和祖父都未曾体验过。我们三人中只有我在有生之年有幸见证了这神圣而纯粹的时刻。"我是幸运和蒙福的！"念完"你赐予我们生命"（*shehecheyanu*）的祝福祈祷文后，我将装有投票卡的信封投进票箱。[2]

平日里阿尔伯特拉比每天第一件事是晨祷，但这天他投完票后才回家做祷告。

并非只有阿尔伯特一人这么激动。在特拉维夫，几乎整座城市的人都兴奋地来到投票现场，人们显得很有耐心，预先派到某个交通要道的警察和救护车向总部报告无事可做。[3] 在内塔尼亚，等待投票的人群有序地排成长队，还唱起了《希望》，这曾是犹太复国主义运动的歌曲，现在成为犹太国的国歌。

195　　一共有 440095 人参加了这次投票，占到符合投票资格人数的 87%。几天后投票结果公布，不出所料，大卫·本-古里安领导的马帕伊党（Mapai）获得 36% 的票数，成为第一大党，获得以色列立宪

---

① 欢庆托拉节（Simchat Torah）是犹太历中一年最欢乐的节日，犹太人在这天庆祝他们得到《托拉》。在传统犹太社团，人们会围成圈跳舞，然后围着《托拉》卷轴转 7 圈。这种舞蹈称为"哈卡弗特"（*hakafot*）或"哈卡弗斯"（*hakafos*）。

会议 120 个席位中的 46 席。几周后，立宪会议成为克奈塞特（Knesset），即以色列议会。①

以色列第一届议会建立在广泛基础上，其中既有宗教人士，也有世俗人士，既有犹太人，也有阿拉伯人。它包括 46 名马帕伊党议员、代表拿撒勒民主人士名单（Democratic List of Nazareth）的 2 名阿拉伯议员、16 名联合宗教阵线（United Religious Front）的议员、5 名进步党议员和 4 名塞法迪名单（Sephardi List）议员。作为第一大党马帕伊党的领袖，大卫·本-古里安成为总理，兼任国防部部长。② 他拒绝共产主义政党和梅纳赫姆·贝京领导的赫鲁特（"自由"）党进入联合政府，认为这两股力量会对这个新成立国家的价值观产生不利影响。

以色列的建国者们知道，他们能有今天，离不开一位先驱的努力，虽然他没能亲眼看到这一天的到来。大选几个月后，1949 年 8 月 17 日，西奥多·赫茨尔的遗体被接回以色列，埋葬在现在的赫茨尔山国家公墓。赫茨尔的遗体由 64 辆汽车组成的车队运送，车队从特拉维夫驶往首都③时，数千人走在车队后，路两边站着更多的民

196

---

① 从技术意义上讲，立宪会议的目的是制定宪法，这个任务完成后就要解散。但立宪会议宣称自己是立法机构，推迟了宪法制定。

克奈塞特（这是塔木德时期犹太立法机构的名称，原意为"大聚会"）有 120 个席位，采用犹太复国主义者大会的比例代表制。一个政党如果能获得四分之一选票，就能得到克奈塞特中 30 席位。但由于存在许多互相竞争的政党，大多数政党无法获得足够的选票，总理只能与其他政党联合组阁，直到组阁政党的席位超过席位总数的半数，达到 61 个。每个政党往往持不同政见，所以联合组阁的政党从一开始就有很多分歧。小党会威胁退出联合执政，以此限制总理的权力，以色列建国以来政府体制长期不稳定也源于此。

② 以色列总理有权保留部分内阁部长职位，大多数情况下他们把这些职位分配给其他部长。本-古里安不是唯一一个担任国防部部长的总理，后来的列维·艾希科尔和伊扎克·拉宾同样如此。有的总理会同时担任其他部长职务。

③ 以色列视耶路撒冷为首都，虽然没有得到世界上大多数国家承认。——译注

众。这支庞大的游行队伍首先来到 1898 年赫茨尔和德皇威廉会面的密克维以色列（Mikveh Israel），随后来到赫茨尔在巴勒斯坦度过第一夜的里雄莱锡安，赫茨尔只访问过巴勒斯坦一次。在前往首都的路上，总共有 20 万人来到现场表达对赫茨尔的敬意，占到当时全国人口的四分之一。[4] 在耶路撒冷，灵柩停放妥当后，约两万人排成长队参加遗体告别仪式，包括内阁和议会的全体成员以及 6000 名受邀者。赫茨尔的棺材上挂着 380 个蓝白色小袋子，里面装着全以色列各个定居点的泥土。[5] 最后他在首都的山顶长眠，从这里他可以俯瞰自己梦想建立的国家，为了实现这个梦想，他献出了自己的生命。

新成立的国家需要一面国旗。几十年前，赫茨尔在《犹太国》中写道："我建议采用白色旗帜，上面有七颗金星。白底象征我们纯净的新生活，星星象征工作日中七小时黄金时间。"[6] 但赫茨尔这个想法没有被采纳。1948 年 10 月，以色列选用 19 世纪 90 年代犹太复国主义运动的旗帜作为国旗，白色背景下有一颗浅蓝色大卫星，在大卫星上下各有一条水平方向的浅蓝色条纹。设计者想通过这两条蓝色条纹让人想到犹太祈祷披巾（*tallit*）。从国旗设计就能看出，虽然犹太复国主义者决心建立一个极度世俗的新国家，但在实际操作中无法回避宗教因素。

197　　以色列议会第一次全体会议于 1949 年 2 月 14 日召开。当时还没有办公场所，会议便在耶路撒冷市中心的犹太代办处召开。大会讨论的第一项议程是任命哈伊姆·魏茨曼为国家总统。三十年前，正是他说服贝尔福勋爵发表《贝尔福宣言》。虽然以色列总统基本上是荣誉性职位，但魏茨曼的个人影响力令这个职位受人敬重。一当选，他立即在议会全体会议上发表讲话。

　　半个世纪前，西奥多·赫茨尔在《犹太国》中提出，犹太人家园的复兴将成为全世界人民的榜样。他写道："我们在这里为自身创造的福利将产生强大影响，会造福全人类。"[7] 现在，赫茨尔所梦想的国家已然建成，魏茨曼也希望犹太人取得的成就能够鼓舞世界其他地方受压迫的民族。

> 　　今天我们站在新时代的门槛上，即将离开拂晓时分的临时政权，迈入阳光普照下的民主政权……这在世界史上也是伟大的日子，但我们不可过于骄傲。此时此刻，我们希望将这个充满希望、鼓舞人心的消息从圣城的这里传到所有受压迫和所有为自由与平等而奋斗的人们那里。[8]

　　接下来，魏茨曼谈到"世界各国数十万的犹太同胞，他们即将回到敞开怀抱迎接他们的以色列"[9]。他说："我们祈愿能有更多流散在外的犹太人回到以色列扎根，和我们肩并肩地建设这个国家，让我们这块贫瘠的土地再次变得富饶。"[10]

　　一年后，在 1950 年 7 月 5 日，议会制定并通过了最能代表以色列国家性质的《回归法》，赋予所有犹太人回归以色列的权利。当时的另一项法律让犹太移民踏上这片国土时自动获得以色列公民身份。美国诗人罗伯特·弗罗斯特在《雇工之死》一诗中写道："家就是这样一个地方：你不得不去那里时，那里不得不接纳你。"[11] 对犹太人而言，犹太国如今就是这样一个家。因为这个家的存在，再也不会有成千上万犹太人因无人接收而住在欧洲的难民营中，再也不会有载着犹太人的船只穿越大洋寻找停泊之处。《回归法》宣告犹太人无家可归、到处流浪的时代已经结束。

　　迫于阿拉伯人的压力，1939 年英国的白皮书禁止犹太人移民巴

198

勒斯坦。移民是建国的前提，将移民非法化意味着白皮书撤回了《贝尔福宣言》中许下的承诺。《回归法》取消了犹太人移民以色列的所有限制，废除了 1939 年英国的白皮书。

《回归法》还是对纳粹政府《纽伦堡法案》的象征性推翻。在那个法案中，纳粹分子规定祖父母中有一人为犹太人的人，就被视为犹太人。《回归法》几乎使用了同样的界定方式。① 以色列议会通过这种方式向世人宣告："只要你的犹太性足以招致纳粹分子的杀害，你就能得到以色列国的保护。"

犹太人以前所未有之势移民到这个刚刚成立的国家。从 1948 年 5 月 15 日到 1949 年底，70 个国家不下 686739 名犹太人来到以色列，这个人数几乎和建国时以色列的人口相等，成为 20 世纪规模最大的一次移民浪潮，以色列在吸收移民方面创造了现代史上一个奇迹：

199

> 战争期间有 10 万新移民来到以色列，超过以往任何一年的移民数量。这预示了接下来的事情。在建国后的 42 个月中，月均移民数达到 1.6 万，总人数达到 69 万，短短 3 年时间，以色列的犹太人口就翻了一倍。在任何其他移民国家，从未听说过这种移民人数超过原有居民的现象。[12]

以色列一直是一个在移民的努力下不断发展的国家。② 1948 年，全世界只有 6％的犹太人生活在以色列。到 2015 年，这一比例已经上升到 46％，几乎占到全世界犹太人的一半。

他们中许多人来自北非的阿拉伯国家。1948 年，大约有 7.5 万

---

① 传统犹太教律法只将母亲是犹太人或完成改宗程序的人定义为犹太人。《回归法》对犹太人的定义不是根据传统犹太教律法，而是根据《纽伦堡法案》。

② 截至 2015 年，以色列人口已较 1948 年建国时翻了 10 倍。据估计，同一时期全世界流散地犹太人的数量从 1050 万下降到 780 万。

名犹太人生活在埃及，但就在这一年，埃及开始逮捕犹太人，强征他们的财产。开罗的犹太区遭到炸弹袭击，犹太人被迫离开埃及。1956 年，埃及又驱逐了 2.5 万名犹太人。1967 年的迫害让更多犹太人选择移民，当地犹太人的人数下降到 2500 人。到 20 世纪 70 年代，生活在埃及的犹太人只剩下几百人。

1948 年，利比亚有 3.8 万名犹太人。纳粹军队占领班加西（Benghazi）后，对当地犹太人施加集体迫害。纳粹分子离开后，当地人继续迫害犹太人，3 万名犹太人选择逃亡，其中多数人在 1949 年离境。1951 年利比亚独立后，面对不确定的未来，更多犹太人选择离开。1967 年六日战争后，当地又爆发了针对犹太人的集体迫害，此后利比亚为数不多的犹太人也离开了这个国家。

1948 年，摩洛哥的犹太居民多达 26.5 万人。以色列独立后，犹太人除了成为暴乱的袭击对象，在经济上也遭到抵制。截至 1958 年，6.5 万名犹太人离开摩洛哥。1963 年，又有 10 万名犹太人离开家园。截至 1968 年，生活在摩洛哥的犹太人只剩下最后 5 万人。类似情况还发生在阿尔及利亚、伊拉克、叙利亚、突尼斯和也门。许多长期生活在阿拉伯国家的犹太社团不复存在。在利比亚、伊拉克和也门，90％的犹太人在以色列建国后十年内离开了。[13] 1948—1951 年的短短 3 年内，生活在伊斯兰国家超过 37％的犹太人移民到以色列。[14]

同样的事还发生在非阿拉伯国家。保加利亚几乎所有犹太人移民到以色列。1991 年共产主义解体后，阿尔巴尼亚几乎所有犹太人作出了同样的选择。

对犹太人而言，进入以色列虽然已经不是问题，但离开东道国变得越来越困难。伊拉克政府最初规定，只要犹太人放弃伊拉克公民权，就可以离开。政府预计有 1 万—4 万名犹太人离开，但最后移民人数超过 12 万，几乎占到伊拉克犹太总人口的 90％。这让政府非常震惊和难堪，立即着手冻结犹太人的资产，（从 1951 年开始）还禁止犹太家庭携带财产出国。几乎一夜之间，这些移民从伊拉克上层社会的富人变为身无分文的以色列新移民。

由于伊拉克犹太人移民变得越来越危险，以色列发动了"以斯拉和尼希米行动"。2500 年前在居鲁士统治时期，正是以斯拉和尼希米带领巴比伦犹太人回到犹地亚。为了让伊拉克犹太人尽早回归以色列，大拉比不顾犹太教的标准规定，破例允许飞机在安息日运送这些移民。

本-古里安深知，新成立的以色列面临极其严峻的经济困难，但在为数不多的几个领域内他不愿让财政考虑影响到政策，其中就包括移民。以色列要想生存下去，需要大规模移民带来的人力资本。不管移民来自哪里，他都要接收，即使这么多移民会给以色列带来沉重的财政负担。当时主持犹太代办处财政工作的列维·艾希科尔（后来成为以色列第三任总理）表达了对大规模移民的担忧，他说："我们连帐篷都没有，他们来到这里只能睡大街。"[15]但本-古里安决心已定，以色列将接收每一个想要来以色列的犹太人。

怀着这种坚定的信念，以色列执行了多次史诗般的移民营救行动。1949 年 6 月至 1950 年 9 月的"魔毯行动"几乎将也门所有的犹太人空运到以色列。① 也门犹太人在上飞机前，艰难地跋涉到事先指定的集结点，从阿拉斯加航空公司租赁的 DC-4"空中霸王"运输机再将他们送到以色列。[16]以色列还在集合点安排了医疗人员，帮助也

---

① 埃及对所有以色列船只封锁了苏伊士运河，所以无法走海路。

门犹太人做好长途飞行的准备。其中一次大规模空运就运送了 45640
人，这些运输机内的座椅全被拆卸，每架飞机每次能运送 500—600
人。另有 3275 名犹太人从红海边的海港城市亚丁（Aden）被空运到
以色列。果尔达·梅厄后来回忆：

> 有时我会来到利达机场，看一架架来自亚丁的飞机降落。
> 乘客们看上去非常疲惫，但他们的意志和信念让我惊叹不已。
> 我问其中一位留胡子的老人："以前见过飞机吗？"他回答说没
> 有。"那你在空中的时候不害怕吗？"我又追问。他坚定地说：
> "不害怕。这都在圣经的《以赛亚书》中写到过，'他们必如鹰
> 展翅上腾'。①"我站在飞机场听他将整段经文背了下来，他面带
> 喜悦，因为先知的预言应验了，也因为旅程结束了。[17]

许多移民到达以色列时需要接受紧急医疗救助，也门的 3000 名
儿童身体状态非常差，[18] 几百人死在了路上。

虽然他们已经来到以色列，但国家并没有为数十万新移民准备
住房。政府没有经济实力为移民提供食物、医疗、就业等基本需求。
建国早期，许多人已经对本-古里安独断专行的处事风格怨恨有加，
如果不了解这点，就无法理解接下来几十年里以色列国的政治，包
括本-古里安的政党最后的失势。

一开始，移民住在临时营地里，但随着人数的增加，这些营地
的条件很快变得让人无法忍受。海法附近一个临时营地的负责人对
以色列政府不能为移民提供好的条件而感到悲痛，他这样描述移民

---

① 这次行动的官方名称是"鹰翅之上"，但俗称为"魔毯"。"鹰翅之上"实际上不出自
《以赛亚书》，而来自《出埃及记》（19：4）："我向埃及人所行的事，你们都看见了；且看见
我如鹰将你们背在翅膀上，带来归我。"

的生活：

> 这些移民被锁在营区，周围围有铁丝网，还有武装警察守卫。他们住在英国军队留下的用木头和石头搭建的房子里，里面在不同时期都非常拥挤，甚至达到了相当残忍的程度。他们每日三餐要排很长的队领取食物，看病和办理海关手续的队伍就更长了，经常绵延几公里。为了上洗手间，移民有时要等上几个小时，厕所由于用的人太多都堵住了。营地的水有时不够用，经常停电，每到夜晚营地就一片漆黑。[19]

政府急于改善移民的生活条件，从 1950 年开始建设永久性住房，但以色列当时面临的挑战太多，这些住房没有按时建成。于是以色列修建了过渡营（ma'abarot），这里的条件好于以前的临时营地，政府计划在"真正"的房屋建好前让新移民临时住在这里。

很快，过渡营的条件变得和临时营地一样糟糕，过渡营还成为许多移民的永久性住处。许多年后，有的过渡营发展成小型城市，而且大多为以色列欠发达的城市。生活在过渡营的主要是（来自中东的）东方犹太人，过渡营成为滋生民众不满情绪的温床，这些人数越来越多、对政府越来越不满的东方犹太人后来发展成工党不可小觑的政治力量。

即使资源有限，本-古里安不惜投入大量资源的另一个领域是儿童义务教育。教育一直是犹太人社团生活的基础，也是早期历届犹太复国主义者代表大会的一个关注点。伊休夫建立了 10 多个教育机构，他们明白要想实现国家的繁荣，必须着重发展教育。1949 年，以色列议会颁布了最早的法律之一《义务教育法》，为所有 5—13 岁儿童提供免费教育。对于犹太儿童，国家沿用了三个并存的学校体系：普通学校体系，政治上奉行社会主义的学校体系（不久后取消），以及宗教犹太复国主义学校体系。此外，又成立了极端正统派的学校体系。国家还对已有的阿拉伯教育体系进行管理。

1948 年以前，阿拉伯儿童主要去英国政府运营的公立学校和各种宗教机构运营的私立学校上学。截至 1948 年，只有 30％的阿拉伯儿童上学（主要是小学）。整个巴勒斯坦区只有 10 所阿拉伯高中。由于《义务教育法》同样适用于阿拉伯儿童，以色列彻底改变了当地阿拉伯教育资源不足的局面。[20]

几十年前，赫茨尔极富预见性地写道："一旦犹太人真的回到家园，第二天就会发现，多年来他们并不是一个整体。他们在不同国家生活了许多个世纪，受到当地国民的影响，因而彼此不同。"[21]赫茨尔说得没错。几十年来，前所未有的大规模移民不但影响到以色列社会的形成和政治的演变，还带来了巨大的文化冲突。

这种冲突甚至在他们还没有踏上以色列国土时就体现出来。在"帕姆克莱森特"号运输船上，匈牙利女孩经常穿着比基尼在甲板上晒太阳，让摩洛哥男人感到震惊和难堪，在他们以前生活的社区，女性从不穿得这么暴露。

即便同样来自中东地区、被统称为"东方犹太人"的人，彼此之间差别也很大。一位历史学家注意到：

> 来自伊拉克的大多为专业技术人员和受过教育的精英；库尔德斯坦的移民几乎目不识丁；埃及犹太人认为自己属于"欧洲"犹太社团，他们中既有商业精英，也有共产党成立者；也门犹太人主要是工匠和商贩，他们支持犹太复国主义主要出于弥赛亚情怀。[22]

204

这些犹太人虽然各不相同，但普遍遇到欧洲移民颐指气使的对待。欧洲移民早于他们来到巴勒斯坦建立伊休夫，现在又成为国家的管理者。这并不涉及种族主义，和肤色没有任何关系，而是文化精英主义的体现。这些人发自内心地认为欧洲文化比其他文化优越，如果可以向所有人传授欧洲精英文化，那对这个新生国家将再好不过了。

205　　大多数东方犹太人给这个羽翼未丰的国家带来的财富很少，这当然不利于欧洲移民改变对他们的看法。有些人在移民前长期在东道国过着贫困的生活，还有些人被东道国驱逐前就被剥夺了财产。即使有的人想方设法带来一些资产，国家还是常常以为这些北非国家或伊拉克的犹太移民赤贫如洗。

本-古里安虽然全力支持犹太人移民，但也不可避免地带有这种精英主义的倾向，他写道：

> 流散地的犹太社团不复存在［意思是说，诸如保加利亚和伊拉克的犹太人全都移民到以色列，致使当地犹太社团消失］，这些移民来到以色列，并不构成一个民族，而是一群乌合之众，是一些缺乏语言、教育、根基、传统或民族梦想的人间渣滓。……将这些渣滓转变成一个文明、独立、有理想的民族（nation）……绝非易事，会遇到的困难和吸收移民时在经济上面临的挑战一样艰巨。[23]

为了让国家的文化尽可能先进，本-古里安甚至提议对东方犹太人和阿什肯纳兹犹太人的孩子分开教育，进不同的学校，他担心如果不这样做，以色列将成为"黎凡特"，"退化"成"像阿拉伯国家"一样落后。[24]

为了不让阿什肯纳兹犹太人的孩子"退化"成东方犹太人孩子那样，虽然没有成文规定，许多新成立的社区执行了隔离政策。新居民需要通过批准才能住进来，而刚移民来的许多东方犹太人无法通过批准，理由是他们"不适合这个社区"。[25]

以色列早期出现的这些社会问题，为后来政治生态的剧烈变化埋下了伏笔，连许多阿什肯纳兹犹太人也承认这不是以色列历史上光彩的部分。演艺界著名的阿什肯纳兹犹太人意识到，虽然国家在经济等方面存在诸多困难，但在对待新犹太移民的问题上实在是不尽如人意，和以前的承诺相距甚远。在以色列流行文化中，讨论这个问题最著名的作品是 1964 年上映的电影《萨拉赫·沙巴提》（*Sallah Shabati*），导演是讽刺作家以法莲·基翁（Efraim Kishon），他本人是匈牙利移民和大屠杀幸存者，曾被关在索比堡（Sobibor）集中营。有意思的是，这成为以色列第一部得到国际认可的影片，还获得奥斯卡最佳外语片奖提名。

萨拉赫·沙巴提（这个名字听上去是一个东方犹太人名字，同时也是一个文字游戏，在希伯来语中是"对不起我来了"［*selichah she-bati*］的意思）是故事中的主人公，他来到以色列后，很快被送到过渡营。面对艰难的生活条件和他无法理解的欧洲文化，萨拉赫·沙巴提试图理解他在以色列的新生活的意义。影片滑稽地表现了他的矛盾心态：既要谋生，又要恢复他在先前国家（应该来自也门，这个名字听上去是也门人的名字）所拥有的尊严。

这部影片因为深刻揭露了以色列社会存在的问题而取得成功。影片还暗示基布兹没有完全向移民敞开大门，这引发许多基布兹成员的不满，他们大概从影片中看到了自己的身影。更重要的是，《萨拉赫·沙巴提》提醒以色列人，把犹太人弄到以色列只是迈出了第

206

一步，对于这些将犹太国当作家园的人今后的生活，国家还有更多的义务和责任。

大量的移民给本-古里安从截然不同的民众中锻造出一个国家带来挑战。他决心让不同背景的犹太人不但服从国家的政治权威，还接受国家在道德和文化建设上的中心地位。在他看来，每个人都应该服从新成立的国家，没有任何事情比国家更重要。他说："国家不仅仅是一种实体、框架、政权、国际地位、主权或军队。如果国家没有成为人民内心、灵魂和意识的一部分，那么这个国家就不存在。国家是一种将所有公民连接在一起的精神意识和责任感。"[26]他试图在以色列实现"国家主义"（本-古里安为此创造了 *mamlachtiyut* 一词，这个希伯来语词汇很难在英文中找到完全对应的翻译，大概可以理解为"国家主义"［statism］或"国家意识"［state consciousness］）。

本-古里安决心建立以国家为核心的民族文化，在这种"国家主义"的框架下，他的才华和独裁倾向都得到充分体现。凭借坚定的信念和过人的智慧，他带领以色列人投入到国家体制和文化的建设中。几十年前他领导过的犹太工人总工会成为一个负责工人权利、教育、医疗甚至部分银行业务的强大组织。在许多工人看来，本-古里安政府主要通过犹太工人总工会来照顾他们，一位体力劳动者多年后指出："宗教人士认为上帝在保护他们，我知道一直在照顾我的是犹太工人总工会。"[27]

与此同时，新上任的总理不但认为建设国家是当务之急，还认为只有自己能胜任这一角色，许多他不认可的计划遭到搁置。比如，以色列的《独立宣言》规定议会最迟于1948年10月1日正式签署宪法。但本-古里安知道，一部宪法所创造的司法体制会让部分法律失效，会巩固比例代表制选举制度的地位，在这一选举制度下任何党派都难以获得多数选票，宪法还能通过多种方式限制总理的权力。[①] 长远看来，他赞成总理的角色将由标准的民主限制来管理，但眼下他需要得到不受限制的权力来完成历史赋予他的使命。[②] 所以他推迟了宪法的制定，以至于直到今天，以色列还没有一部宪法。

帕尔马赫是伊休夫最精锐的军事单位，本-古里安担心它和政治左翼势力的联系过于密切，为了打造一支没有政治属性、绝对服从于国家的职业化军队，他于1948年9月解散了帕尔马赫，这让许多人非常失望，他们感到本-古里安取缔了伊休夫最伟大的机构之一。

本-古里安实际上还禁止人们看电视，不允许成立政府电视台。曾担任过哈加纳高层领导的以色列国防军总参谋长伊加尔·雅丁建议通过电视来教育新移民，让电视成为凝聚人心的媒介，但本-古里安没有退让，他认为电视传播的低俗文化对整个社会没有好处。[③] 此外，政府还通过以色列广播局和军队电台这两个受政府控制的单位来实现对全国无线电广播的管控。

以色列的新闻报刊业非常活跃，但本-古里安也对其施压。他明确告诉新闻界，如果和政府合作就可以得到其他地方无法获得的消息，有的消息甚至来自总理本人。[28] 但媒体经常严厉批评本-古里安，这种批判政治精英的传统一直延续至今。作为回应，本-古里安也利用他的权力极力影响一些特定新闻的报道方式。

---

① 反对党领导人梅纳赫姆·贝京也对制定宪法持保留意见，他认为宪法将巩固本-古里安执政党的地位，对反对党不利。此外，贝京还担心本-古里安政府通过的宪法会让世俗力量和反宗教力量变得更强大，他认为这是一个错误的发展方向。

② 本-古里安和后来的总理都没有制定宪法，但以色列有一系列《基本法》，具有实际宪法的作用。但《独立宣言》中承诺的宪法从未得到签署。

③ 1960年在摩西·夏里特担任总理期间以色列才开始有电视行业。

209　　本-古里安推行"国家主义"政策的方式非常生硬。最能体现人们对于这一政策感受的，是一项虽然没有得到证实但让也门移民深信不疑的指控。许多人声称，1949—1952年，政府将许多也门移民在过渡营生下的孩子送给阿什肯纳兹犹太人家庭抚养。[29]政府先后成立了三个调查委员会调查这项指控，但没有发现明显的证据。迟至2001年，一个政府调查委员会还调查了800多起婴儿失踪案，其中750起案件中的婴儿被判定死亡，剩下的56起失踪案至今没有着落。[30]但许多以色列人（包括也门犹太人家庭）还是认为，政府把他们的孩子送到社会经济地位更高的家庭，"让孩子得到更好的成长环境"。不管真相如何，这项指控很能反映在国家成立早期以色列社会底层人士的切身感受。

　　本-古里安的"国家主义"政策显然走向了极端，以色列社会此后一直在努力解决该政策造成的许多后果。但本-古里安当时确实面临严峻的挑战。他缔造了犹太国，如今不得不建设这个国家，但在这些刚刚成为以色列公民的人们长期形成的认知中，政府是一个侵犯和欺骗个人的实体。那些来自中东的犹太人存在这样的认识不难理解，但即便是从欧洲来到巴勒斯坦或以色列的犹太人，对以前国家的政府也没有好感，委任统治时期伊休夫的犹太人对英国政府同样充满敌对情绪。本-古里安很清楚，在这些各不相同的人群基础上建立和谐、稳定、团结的民主社会是一项艰巨任务。他有时的确操之过急，但也展现出先见之明和过人的才华。考虑到以色列社会当时将要面临的严峻考验，恐怕正是本-古里安有时以高压方式执意打造出的这个以忠于国家和政府为核心价值的社会，才有可能让羽翼未丰的以色列幸存下来。

　　另一个让本-古里安感到非常棘手的人群是宗教人士。在政治犹²¹⁰太复国主义运动早期，建国还是一个遥远的梦想，欧洲极端正统派犹太人拒绝加入这一运动，反对建国。有的宗教领导人从神学理论出发，认为犹太复国主义运动是干预上帝的行为，虔诚的犹太人应该等待上帝来结束他们的流散生活，而不是主动回到巴勒斯坦。还有人对犹太复国主义中明显的世俗主义倾向深恶痛绝。这些犹太人称自己为哈瑞迪人，^① 并成立了自己的政党，专门反对与犹太复国主义相关的一切。他们驱逐持不同政见的异己者，有的家庭因此妻离子散。哈瑞迪领导人明令禁止人们回归巴勒斯坦，认为这是对犹太教的背叛。

　　但希特勒改变了这一切。大屠杀结束后，许多哈瑞迪社团被摧毁，有的完全消失了。几十万哈瑞迪犹太人被谋杀、毒死或烧死。虽然他们仍然反感伊休夫，认为其极端世俗的理念会误导人心，但哈瑞迪人不得不承认，犹太复国主义者对欧洲的判断是正确的。

　　他们对犹太复国主义运动的立场开始变化，从强烈反对变为既不反对也不支持的模糊态度。他们继续谴责犹太复国主义运动的世俗倾向，将马帕伊党比作希腊统治时期接受希腊文化的犹太人。他们还相信本-古里安要针对他们发动一场意识形态战争。如果不作出反击，国家将把下一代培养成缺少宗教传统（甚至反对宗教传统）的主流犹太复国主义者，这将威胁到他们的生活方式。

　　他们很不情愿地参与了以色列政治，签署了《独立宣言》。他们本想在建国后远离政治，但考虑到这样一来自己无法影响到以色列的政策和国家的属性，他们对政治的参与越来越多。²¹¹

---

①"哈瑞迪"一词出现在《以赛亚书》（66:5）中，意思是"在上帝面前颤抖的人"。

在对待哈瑞迪人方面，本-古里安没有长远计划，他深信这些人极端正统的生活方式只是欧洲犹太社团生活的残余，过不了多久就会自行消失。急于维持自己政治地位的本-古里安不愿意再发动一场政治战争，他同意继续维持他在 1947 年和宗教人士达成的协议：安息日将成为全国休息日，政府和军队的厨房必须符合犹太教规，包括结婚、离婚、改宗等涉及个人身份的事务由宗教法律管理，宗教人士能够保持教育上的独立性。

政治能让奇奇怪怪的人成为盟友。本-古里安很不信任政治左翼人士和共产主义者，也不愿意让梅纳赫姆·贝京的赫鲁特党（Herut）加入联合政府，这样他就没什么选择，不得不同第三大政党联合宗教阵线组阁，这个党其实又由两个犹太复国主义宗教政党和两个非犹太复国主义宗教政党组成。哈瑞迪人利用这一政治优势（即他们可以通过退出联合政府让议会提前举行选举），不但建立了独立的宗教学校体系（这些学校基本不讲授跟宗教无关的内容），还让自己的孩子免服兵役，这样他们到了参军年龄就可以继续在犹太经学院学习，不用接触在服兵役期间肯定会遇到的世俗犹太人。

本-古里安关于哈瑞迪人会消失的判断是错误的。他们的人数快速增长，很快成为以色列一股强大的经济和政治力量。政治上他们能同时对左翼和右翼政党施加强大的压力，但他们拒绝让自己的议员担任部长（偶尔有例外），这样一来当政府做出违反犹太教规的决定时他们不用承担责任。

212　　本-古里安最明显的错误正是同意免除哈瑞迪人的兵役。当时每年只有 400 人免除兵役；但到 2010 年，利用这一理由免除兵役的哈瑞迪人达到每年 6.25 万人，增长了 150 倍，而同一时期以色列人口仅增长了 12 倍。[31]

独立战争后，以色列的阿拉伯人口为 15.6 万人，占全国总人口的 20%。他们大多生活在内盖夫沙漠（主要是贝都因人）和加利利被称为"小三角"的地区（约以停火协议中约旦转给以色列的土地）。在奥斯曼帝国统治时期和英国统治时期，这些阿拉伯人就缺少有效的领导体制，加上 20 世纪 20 年代初到 40 年代末当地阿拉伯领导人的逃亡，留下来的阿拉伯人大多很贫困，教育程度较低，缺乏领导能力。巴勒斯坦阿拉伯人领导阶层的逃亡和以色列阿拉伯人几十年后陷入的困境有着直接联系。

以色列阿拉伯人对以色列是很大的挑战。《独立宣言》承诺所有以色列人"享有平等公民权利以及在各种临时和永久的国家机关中拥有相应代表权"，这种理想无疑得到了本-古里安的认可。但另一方面，以色列领导人知道，阿拉伯人是成为生活在黎巴嫩、叙利亚和约旦的难民，还是成为新成立国家的以色列公民，取决于他们当时是否选择逃亡，完全是历史偶然性决定的。由于这个原因，以色列阿拉伯人一直不用服兵役，直到 1954 年，政府决定征召阿拉伯人入伍。当媒体公布这一计划后，大约有 6 万阿拉伯人申请加入以色列国防军，[32]但国家最终没敢落实这一计划。以色列阿拉伯人真的会愿意同绿线以外的敌人作战吗？这些敌人中就有他们的家人。出于这一担忧，政府从未大规模向阿拉伯人征兵。当然，不同阶段的原因不尽相同。建国初期，大多数犹太人对阿拉伯人的忠诚抱有疑虑，但后来几乎没什么阿拉伯人愿意服役。

相比于征兵问题，以色列对以色列阿拉伯人忠诚度的怀疑所产生的影响要深远得多。很多以色列领导人认为，以色列阿拉伯人和生活在敌国的阿拉伯人一样仇视这个新生国家，这些人可靠吗？他

213

们会不会成为或已经成为威胁以色列的第五纵队？出于这些顾虑，本-古里安对以色列阿拉伯人实行军事管理。这是个讽刺的决定，因为以色列所采用的军事管理方法正是在当年英国针对伊休夫的《委任统治防御法》的基础上形成的。在军事管理下，以色列阿拉伯人由军事法庭审判，他们的行动受限（未经批准不得离开村庄），获得高等教育的机会也很少，很难在国家中心地区找到工作。他们的初等教育也受到影响，因为在军事管理下，谁能在阿拉伯学校教书由安全部门决定，老师的教学能力并非录用的决定因素。[33]除了参加共产党，以色列阿拉伯人基本没有参与犹太人的政党。[34]

随着以色列安全形势的改善，越来越多的人不再担心阿拉伯人成为内部的第五纵队，包括梅纳赫姆·贝京（本-古里安仍说他是法西斯主义者）在内的许多以色列领导人认为，以色列作为一个民主国家应当结束对以色列阿拉伯人的军事管理。迟至1966年，在相对温和的列维·艾希科尔担任总理期间，这一管理体制才被正式废除。①

军事管理是以色列面对威胁采用的权宜之计，但对以色列阿拉伯人产生了深远影响，改变了他们对国家的看法，进而影响到几十年后以色列的政治和政策。

至少让本-古里安感到惊讶的是，正当"流散地万民回归"的古

---

① 艾希科尔是一位被人们评价过低的总理。实际上，他改变了许多本-古里安的政策和规定。比如，本-古里安不允许在思想上影响了梅纳赫姆·贝京的修正派犹太复国主义者雅博廷斯基埋葬在以色列。1964年，在艾希科尔执政期间，雅博廷斯基夫妇的遗体被重新安葬在耶路撒冷赫茨尔山的国家公墓。（Shmuel Katz, *Lone Wolf：A Biography of Vladimir [Ze'ev] Jabotinsky* [Fort Lee, NJ：Barricade Books，1995]，p. 1790.）

老梦想奇迹般地成为现实时，① 有一个犹太社团却不为所动。几十万犹太人从难以生存的欧洲和阿拉伯国家来到以色列，但在美国的500多万犹太人中只有不到2000人移民以色列。

本-古里安具有强烈的理想主义情怀，对此深恶痛绝。建国多年后，他悻悻说道："几百年来，犹太人在祷告时都会问这个问题：我们何时才能拥有自己的国家？谁也没想过这个吓人的问题：我们有了国家后能否找到同胞？"[35]建国后，许多生活在危险地区和难以生存地区的犹太人来到以色列，但许多已经在流散地过上舒适生活的人并没有回来。

本-古里安将美国犹太人比作在居鲁士大帝统治时期可以回到以色列但却选择留在流散地的那些犹太人，但美国犹太人并不觉得他们处于流散状态。两千年来犹太人都没有生活在锡安，这已经成为犹太人生活的常态。本-古里安凭什么觉得他们有义务放弃安稳而繁荣的生活，去一个连生存都成问题的国家？

虽然许多美国犹太人是以色列的坚定支持者，但他们并不认为自己在过流散生活，有的知名美国犹太人甚至反对建立犹太国的观念。美国犹太教理事会（The American Council for Judaism）是当时一个全国性的犹太组织，其主要议程就是反对以色列建国；该组织不仅从事恶毒的反犹太复国主义宣传，甚至在分治决议悬而未决时帮阿拉伯发言者准备在联合国的发言稿。

然而，大多数犹太团体没有这么极端，即使它们对建国会对犹

---

①"流散地万民回归"是犹太民族有一天将重新聚集在先祖之地的理念，这是犹太人千年来的民族叙事的核心成分，也是他们对未来的判断。圣经在记叙犹太人流散之前就提到了"回归"的承诺："耶和华你的神必怜恤你，救回你这被掳的子民，耶和华你的神要回转过来，从分散你到万民中将你招聚回来。"（《申命记》30:3—4）

太教和美国犹太人的地位造成的影响态度暧昧。美国犹太委员会 (The American Jewish Committee) 或许是当时最重要、影响力最大的美国犹太社团组织，它不反对建立犹太国的观念，更没有采取行动加以反对，但它也不希望以色列成为犹太世界的中心。美国犹太委员会主席雅各·布劳斯坦曾对该组织成员说，美国犹太委员会支持 1947 年分治决议，主要是因为犹太国能够解决一个人口问题。他说：在分治决议的通过上，"我们配合，是因为我们相信［犹太国］是拯救几十万欧洲犹太幸存者最务实的解决办法"[36]。换言之，本-古里安认为以色列国意味着犹太民族的重生，而许多美国犹太教领导人要么反对建立犹太国的观念，要么认为这只是安置欧洲无家可归犹太人的办法。

阿尔伯特·爱因斯坦算是美国最忠于犹太事业的知名人物了，但即使是他也曾在第二次世界大战前的逾越节晚餐上对庆祝者说："基于我对犹太教本质的理解，我不太接受建立一个拥有边界、军队和世俗权力的犹太国的观念。"他感到历史已经改变了犹太人："我担心犹太教会受到来自内部的伤害，特别是发展狭隘犹太民族主义带来的伤害。我们不再是马卡比时代的犹太人了。"[37] 以色列的建国也没怎么改变他的观点，他告诉朋友："不管是出于经济、政治还是军事上的考虑，我从来不认为建国是个好观念。但现在已经没有退路，只能战斗下去。"[38] 这番话显然算不上是鼓舞人心的支持。

以色列建国后，雅各·布劳斯坦明确告诉本-古里安，美国犹太社团的领导层不会容忍以色列的越界行为。在一份重要的表明立场的文件中，他写道：

> 大多数美国犹太人，无论老少，也无论是不是犹太复国主义者，热爱他们生活的这个国家。美国在我们的父辈需要时迎

接了他们的到来。在美国的自由体制下，他们和他们的子孙获得了几个世纪来未曾有过的自由和安全感。和所有其他在这里登陆的受压迫群体一样，我们已经真正成了美国人。

我们强烈反对视美国犹太人为流散群体的观点。美国犹太人及我们子孙后代的未来和美国的未来紧密相连。我们没有其他选择，也不需要其他选择。[39]

布劳斯坦提醒以色列，美国不是流散地，让美国犹太人移民犹太国的请求是错误的，注定会失败。至于本-古里安（和许多以色列领导人）将以色列视为犹太世界唯一中心和全世界犹太人唯一代言人的观点，布劳斯坦也针锋相对：

犹太世界没有唯一的代言人，不管那位所谓的代言人想做什么。[40]

布劳斯坦的话是对犹太复国主义运动和许多犹太复国主义领导人所持观点的直接攻击。1897年第一届犹太复国主义者代表大会以来，犹太复国主义者认为自己代表着全世界犹太人的声音。纳粹分子灭绝了波兰犹太社团后，美国犹太人成为全世界规模最大、意义最重大的犹太社团，但恰恰是他们让以色列放弃这样的想法。在移民问题上，布劳斯坦的观点也非常明确：移民到以色列的犹太人大多是因为无处可去。绝大多数美国犹太人不为所动。

美国犹太人后来的言论虽然措辞有所不同，但观点至今没有太大变化。美国犹太人从来没有大规模移民以色列，选择移民的大多为正统派教徒，这些人只占美国犹太人的10%。剩下90%的美国犹太人几乎没有产生在统计数据上有意义的向以色列的移民。

20世纪60年代末（六日战争以后）和70年代初，美国犹太人对以色列的态度大有升温，支持以色列成为美国犹太认同的重要支柱。但随后，以色列在美国犹太认同中占据的核心地位又开始弱化。巴勒斯坦民族主义的兴起、巴以冲突的持续以及美国犹太人对以色列长期占领约旦河西岸的担忧不断侵蚀着他们对以色列的热情。建国初期让本-古里安焦头烂额的问题在几代人后再次出现。

218　　　虽然对美国犹太人很失望，但本-古里安继续推进吸收移民的工作，人类历史上从未出现过一个人口如此少的国家成功接收如此多移民的先例。当初建立的过渡营最终遭拆除，东方犹太人逐渐在以色列社会站稳脚跟，成为一股重要的文化和政治力量。对以色列阿拉伯人的军事管理也宣告结束。在这些来自世界各地、既贫穷又不识字的犹太乌合之众中，本-古里安建设起一个国家和一个社会。移民人数相对于原有居民是"任何一个移民国家闻所未闻的"，并且能从大多来自非民主国家的移民中锻造出一个民主国家，还有什么能比这些更令人惊叹呢？在第二次世界大战后成立的国家中，以色列是为数不多几个坚持至今的本质上民主的国家之一。[41]

随后几十年，在以色列生活仍将复杂而危险，但大多数以色列人——甚至包括不少世俗人士——仍然相信，尽管困难重重，但他们取得的成功太令人惊讶，看上去仿佛冥冥中自有帮助似的。人们也不会忘记，如果没有大卫·本-古里安这位才华横溢与高瞻远瞩的领导人，他们的国家就不会诞生。他不仅是以色列第一任总理，而且在许多方面可圈可点，是一位克服重重困难将赫茨尔的梦想变成现实的伟人。

第十章
以色列登上国际舞台

面对阿拉伯人的仇视，我们绝不能退缩，他们就生活在我们周围，他们的双手随时可能沾满我们的鲜血。我们不能转移目光，以防自己双手松弛。这是我们这代人的使命……主动武装自己，变得强大而不屈，以防对手将我们手中的剑击落，置我们于死地。

——1956年摩西·达扬在罗伊·罗特伯格葬礼上的悼词

委任统治时期发生过多起针对犹太人的袭击，但英国官员（只要他们愿意）总能找到并惩治袭击者。但在签订停战协定后的中东，袭击者常常从约旦或埃及越境发动袭击再退回那里，以色列想抓获他们就变得越来越难。委任统治时期，维持这一地区的治安是英国的责任，也符合英国的利益，但英国人离开后，以色列的阿拉伯邻国不愿像英国那样维持当地的治安。阿拉伯人潜入以色列境内无人照看的耕地种植（他们声称这是他们的土地），抢劫边境的村庄，发动经常造成人员死伤的暴力袭击，然后又穿越边境回到阿拉伯国家，这些国家的阿拉伯官员一般不会惩治这些肇事者。

到1953年，以色列建国已经有五年，独立战争也已过去四年，但以色列公民仍然经常遭到从约旦和埃及过来的巴勒斯坦人的袭击。

这些袭击手段残忍，次数增多，在独立战争后三年里，每年都有几千起越境和袭击事件发生。[1]

1953 年 10 月 13 日，32 岁的苏珊·卡尼亚斯（Susan Kanias）和她三个幼子正在耶胡德（Yehud）的家中熟睡，这座小镇位于罗德（Lod，以前叫利达）以北，靠近以色列版图最狭窄的部分。西临地中海，东靠停火线，中间只有 9 英里距离，耶胡德就正好夹在海岸线和边界线中间，离停火线不到 5 英里距离，因而和其他许多村庄一样很容易遇袭。趁着夜色，一伙巴勒斯坦越境者闯入她家，向屋内投掷了一枚手榴弹，苏珊和两个孩子当场死亡，一个孩子受伤。

类似的谋杀案件还有很多。1951—1956 年，几百名以色列人被潜入境内的"费达因"（fedayeen，阿拉伯语"自我牺牲者"之意）杀害，受伤者更多。[2] 但这次不同于以往，卡尼亚斯家遇袭后，以前不知如何应对这类袭击的以色列国防军此时已经做好了反击准备。有些以色列人属于"行动派"，就像 1923 年提出"铁墙"理论的雅博廷斯基一样，这些人一直认为要想让阿拉伯邻国严肃对待越境者，以色列只有回击，而且是强有力的回击。1953 年初，以色列国防军开始训练一支开展快速报复行动的精锐部队，这些强硬分子认为只有这样才能保持边境的安宁。他们成立了由阿里埃勒·沙龙指挥的101 部队，成员大多为经过精心挑选的志愿者，许多人在独立前曾在哈加纳精锐部队帕尔马赫服役。

221　　这支部队的训练非常严格，训练科目包括"越境侦察，和敌方巡逻人员与村庄站岗人员的战斗……急行军……搏击，柔道，各种武器的使用以及蓄意破坏的训练"[3]。为了让他们更好地完成未来的任务，指挥官还在训练中加入了实战内容。

苏珊·卡尼亚斯和她的孩子遇害的当晚，101 部队立即得到反击

的命令。战士们越过停火线，来到约旦河西岸边境一个名为凯比亚
（Qibya）的阿拉伯村庄：

> 以色列国防军的主力部队……准备了约 700 千克爆破炸药。
> 工兵在便携式手电筒的光线下安装炸弹，摧毁了 45 栋房屋，整
> 个过程中没有遇到约旦军队的阻挠。将近 3 小时的爆破行动从
> 12 点 30 分持续到凌晨 3 点 20 分。军队没有检查房屋内是否有
> 居民，有的居民躲在了地窖里和阁楼上。军队相信行动进行到
> 这一步，房屋内已经没有（活）人。在占领村庄和爆破阶段，
> 总共有 50—60 名居民死亡……两三天后，约旦人在搜索完废墟
> 后宣布这次行动造成 69（或 70）名平民死亡，其中大多为妇女
> 和儿童。[4]

组建 101 部队是以色列应对新挑战的方式，这种挑战在未来几
十年将一直存在。以色列周边分布的全是热衷于使用暴力手段的敌
对国，这些邻国不承认以色列的生存权，还宣誓未来也不会承认，
这意味着要想生存下来，以色列必须投入巨大财力和精力维持一支
比敌军更强大的军队。101 部队就在这种思想下应运而生。面临持续
的生存威胁，以色列国防军创造了一支战斗力空前的军队，从此拥
有了世界一流水平的特种部队。

这些报复行动蓄意使用了残暴手段，意在明确表明以色列不会
容忍针对以色列无辜公民的袭击，报复行动的地点选在以色列境外，
其间会杀害一些无辜的阿拉伯人。

一些志愿加入 101 部队的战士虽然身经百战，也无法接受这些
残忍的行动。一些人因为凯比亚行动而受到精神创伤，还有人拒绝
加入行动，其中包括曾经在独立战争期间执行过无数袭击任务的帕

222

尔马赫成员。一位战士回忆起这次行动时不断问自己："这些尖叫和哭泣的人是我们的敌人吗？这些农民（fellahin）能对我们犯什么罪？战争太残酷了，大家普遍情绪低落，没人说话，都很沉默，独自承受着一切。"[5]

　　一个世纪以来，以色列饱经战乱，[①] 许多以色列人在思考如何平衡生存与道德的关系，生存下去诚然重要，但他们也试图建立一个拥有道德标准的社会，这种深刻的反思已经成为以色列社会的传统。

　　反思的声音早在独立战争时就已出现。战争刚结束，S. 伊扎尔（这是笔名，真名是伊扎尔·斯米兰斯基）就出版了《赫贝赫泽》（Khirbet Khizeh），这部历史题材的小说想捕捉战争后期以色列军队对一个阿拉伯村庄所采取的行动在道德上的复杂性。小说情节进展缓慢，叙事者像是在迷雾中审视这个世界，又像是在梦境中。逐渐地，叙事者意识到被赶出家园的阿拉伯人所承受的苦难："我像被闪电击中一样，突然对一切有了不同的理解，更准确地说，一切都指向流散。这就是流散，流散就是这样，流散看上去就是这样。"[6]

　　伊扎尔绝不是在质疑以色列的合法性，也没有怀疑以色列人为独立战争作战的意义。和后来许多以色列男女作家一样，他提醒以色列人不要只关注自己的损失，也要看看作战另一方的损失。（以色列人当然明白，如果敌人也有这种反思，这一地区这些年来很可能就大不一样了。）

　　在小说末尾，一位叫摩西的战士对叙事者说："我们的移民将来

_____

　　① 许多人把 1929 年毁掉当地犹太社团的希伯伦暴乱当作巴以冲突的开端。90 年后，以色列仍然困在这场冲突中，敌人中既有巴勒斯坦人，也有其他穆斯林团体，不少团体（巴勒斯坦组织方面包括哈马斯和真主党，国家方面包括伊朗）宣称永远不会承认以色列的生存权。

到这个'沦为废墟的村庄'[这是阿拉伯语'Khirbet'的意思]，这个村庄的名字我过会再讲，他们会占下这块地，在上面耕种，把它建成美丽的地方。"小说的叙事者讽刺挖苦了 A. D. 戈登的"犹太人在土地上劳动"的梦想和本-古里安的"国家主义"理念：

> 太好了，我们将在这建房子，吸收移民。如何吸收？我们将在这开合作商店，建学校，可能还会修一座犹太会堂。这里还会有辩论各种事情的政党。人们在这耕地、播种和收获，取得伟大的成就。希伯来赫泽村（Hebrew Khizeh）万岁！到那时，谁还会记得曾经有一个被我们清理和占领的沦为废墟的赫泽村（Khirbet Khizeh）？我们来了，射了，烧了；我们将这里炸掉，将当地人驱逐和流放。[7]

伊扎尔提出的批评非常严厉，但同样重要的是，他的书没有遭到冷遇，作者也没有被以色列社会遗弃。相反，《赫贝赫泽》成为以色列的畅销书，1964 年还被收入以色列高中教材。[8] S. 伊扎尔多次被选为以色列议会的议员。自我批判仍将是以色列社会的一个标志性特征。

并非每个人都觉得 101 部队和凯比亚行动难以接受。有些战士认为这非常必要，虽说在道德层面上很复杂。被摩西·达扬称为"巴尔·科赫巴以来我们最伟大的战士"[9] 的梅厄·哈尔-齐昂是 101 部队极具神秘色彩的传奇人物，他曾说："我们的行动不包含对阿拉伯人的仇恨，也没有任何仇恨的因素。在我们受命做的每件事中，我们都能看到保卫［以色列的］生存的必要性。"[10] 在以色列国防军找到有效应对措施之前，几百名无辜的以色列人被杀害。哈尔-齐昂、阿里埃勒·沙龙和 101 其他成员代表着诺尔道和比亚利克主张培养的新犹太人，哈尔-齐昂等人大声宣称："不能再发生基希涅夫事件！"成立犹太国，就意味着犹太人不再仅仅因为自己是犹太人而死去。

凯比亚村行动让阿里埃勒·沙龙进入公众视野，他是一位英勇而杰出的军事指挥官，也是以色列一位很难做出简单评价的争议性人物。沙龙（这是他后来希伯来语化的姓氏）出生于1928年，在特拉维夫旁名为马拉尔（Malal）村的莫沙夫（合作农庄）长大。母亲维拉和父亲撒母耳·施恩内曼（Samuil Scheinerman）都是来自俄国的犹太复国主义者，还是很特立独行的人，把花生和红薯等农庄其他人眼中难以成活的作物种活了。大家叫他阿里克（Arik），他和妹妹都上过高中，这在集体主义农庄的人看来是不必要的奢侈品。

在阿里克小时候，父母就让他明白力量和军事实力的重要性。在他13岁的成人礼上，父亲送给他一把精雕细琢的匕首，这个礼物很特别，父亲想告诉他的道理很明显。[11]在伊休夫出生和长大的新犹太人应该说希伯来语，拥有强壮身体，决意用长老茧的双手掌握自己的命运。阿里克就是在这种环境中成长起来的。

袭击凯比亚村的行动也体现了这种世界观。沙龙创立了101部队，带队袭击了凯比亚村，对此他从不后悔。许多年后，他在回忆录中写道："我们得到的命令非常明确。凯比亚村将成为一个教训。我要给阿拉伯地方军造成尽可能多的伤亡。"[12]沙龙深信必要的报复行动有效而合法。

和自己深爱的这个国家一样，沙龙的一生中似乎没有连贯的政策，不时会做出一些自相矛盾的选择。但他认为自己的原则从未变过：以色列的生存取决于实力和智慧。生存意味着在不同时期要使用不同的政策。有时需要不惜一切代价消灭敌人，不管他们藏在哪里；有时又需要减少损失，放弃以色列先前控制的土地。这些事沙龙都做过，他还做过更多的事。几十年后，一个政府调查委员会谴责沙龙在1982年黎巴嫩战争中纵容黎巴嫩基督徒屠杀穆斯林。这过去多年之后，沙龙当选总理并于2005年一手策划和实施了加沙撤离计划。

凯比亚事件后，全世界都谴责以色列，美国犹太社团也不例外。[13]但本-古里安不为所动。当天晚上，他把沙龙叫来讨论这一事件。据沙龙回忆，本-古里安当时说："我不在意世界如何看待凯比亚事件，我在意的是这一地区如何看待它，后者关系到我们能否在此生存。"[14]以色列国防军最显赫的"行动派"摩西·达扬从全世界对凯比亚事件的强烈谴责中得出另一个结论："阿拉伯和其他民族都可以这样做，但犹太人或以色列这样做却得不到原谅。"[15]

达扬极力主张实施报复行动。1953年12月，就在凯比亚事件几个月后，达扬被任命为以色列国防军总参谋长，以色列政策的走向再清楚不过了。达扬是在以色列最早成立的基布兹中出生的第二个孩子，也是新犹太人的典型代表。1941年在帕尔马赫服役期间，他在协助英军入侵法属叙利亚的行动中失去了一只眼睛，从那以后一直戴着他标志性的眼罩。

成为以色列这支年轻军队的最高指挥官后，达扬着手改组以色列国防军的结构，调整国防军的战略。他让能力最强、教育程度最高的人从总部机关下到作战部队，要求指挥官必须拥有过硬的身体素质，在战场上身先士卒（这如今仍是以色列国防军的特点）。看到独立战争中以色列承受的巨大损失，并意识到以色列和邻国的冲突并未结束，他决心让敌方杀害以色列人的成本高到他们难以承受。他决心将以色列国防军打造成中东最令人生畏的军队。

和以色列一样，敌人也在调整策略。潜入以色列的阿拉伯袭击者从个人演变为拥有武装、经过训练的费达因分子，他们得到来自东道国政府的支持和保障，特别是埃及军队。

位于加沙边境旁的纳哈尔奥兹（Nachal Oz）基布兹经常成为攻击目标。1956 年 4 月 29 日，这个基布兹 21 岁的罗伊·罗特伯格（Roi Rotberg）正骑马在田野里巡逻，他经常看到加沙人来偷粮食，这一天他又在田野里看到一群阿拉伯人，便赶紧骑马过去驱赶他们，但没想到这是个圈套，他走近这些"农民"后，一群费达因分子突然出现，开枪将他打死，还把尸体带到加沙残忍地肢解。

巧合的是，就在几天前，达扬还见过罗伊·罗特伯格。他参加了葬礼，读了一份简短的悼词（只有 238 个词），后来达扬和许多以色列人在解释以色列和邻国之间旷日持久、成本高昂的战争不可避免时，常常会引用悼词中经典的语句。达扬在悼词中提醒听众，阿拉伯人的憎恨和暴行并不意外，他说："我们不要一味谴责这些凶手。我们为什么要抱怨他们仇视我们？80 年来，他们在加沙的难民营亲眼看到我们将他们先祖生活的土地和村庄建设成我们的家园。"[16]

以色列的存在让阿拉伯人感到愤怒，因此，达扬提醒听众和全国人民，以色列人应该时刻做好投入战争的准备。在演讲中，他通过大量引用圣经典故提醒听众，为这块土地战斗并非新鲜事，早在几千年前犹太人就是如此。达扬还说："面对成千上万阿拉伯人的仇视，我们绝不能退缩，他们就生活在我们周围，他们的双手随时可能沾满我们的鲜血。我们不能转移目光，以防自己双手松弛。这是我们这代人的使命。这是我们的选择——主动武装自己，变得强大而不屈，以防对手将我们手中的剑击落，置我们于死地。"[17]

这种观点不但是达扬的指导原则，也是他帮助建立的这个国家几十年来的指导原则。

正当以色列在为不可避免的长期冲突做准备时，埃及也在经历一场深刻的政治转变。1952 年，迦玛尔·阿卜杜尔·纳赛尔上校领导的"自由军官组织"（Free Officers Movement）发动军变，驱逐了当时统治埃及的法鲁克（Farouk）国王。纳赛尔决心肃清殖民主义在埃及的残余势力，他认为这窒息了阿拉伯世界，使之无法发挥真实的潜力。这位新埃及领导人决心建立一个全新的由他领导的阿拉伯世界。

以色列在纳赛尔的世界观和计划中有独特的作用。在某种意义上，纳赛尔视以色列和以色列人为该地区殖民主义的最新体现。但与此同时，以色列对埃及也有利用价值，这个敌人的破坏力能让整个阿拉伯世界联合起来。纳赛尔告诫人们："阿拉伯团结一致是成功复仇的前提。"[18]

独立战争失利以来，阿拉伯世界一直在等待机会复仇，希望在"第二轮打击"中消灭犹太国。约旦高级官员阿兹米·纳沙希比（Azmi Nashashibi）早在 1949 年 4 月就宣布："巴勒斯坦的战争迟早会再次爆发。"阿拉伯领导人对美国记者肯尼斯·比尔拜（Kenneth Bilby）说，就算这场冲突持续一百年，"复仇之日终将到来"[19]。纳赛尔联合阿拉伯人向犹太人报仇的号召得到广泛响应。1956 年，本-古里安警告以色列人战事已近，在 4 月的一次演讲中，他说以色列将经历比 1948 年更严峻的考验。

在尼罗河上修建阿斯旺大坝，是纳赛尔的阿拉伯复兴计划的重要内容。他希望通过修建大坝重振埃及，这项雄心万丈的工程需要大量资金，纳赛尔从美国和英国大举借贷。当时处于冷战时期，纳赛尔还巧妙利用了美国和苏联之间的矛盾，不但接受了西方的经济援助，还向苏联请求更多资助。他甚至承认了共产主义的中国，这在西方看来属于公然挑衅行为。

埃及还扩充军备，建立起比埃及历史上任何时候都要强大的军火库。1955 年 8 月，在苏联的安排下，捷克斯洛伐克同埃及完成了一笔军火大单。（这深具讽刺意味，因为独立战争中许多以色列战士使用的武器就来自捷克斯洛伐克。）埃及从捷克购买了包括坦克、轰炸机、战斗机在内价值 3.2 亿美元的武器，通过这笔交易，苏联在中东打造了一个军事大国，打破了地区均势。

为了惩罚埃及的军火交易，并对埃及承认中国作出回应，美国宣布不再资助阿斯旺大坝工程，英国随后作出同样决定。但这正是纳赛尔想要的结果。1956 年 7 月 26 日，纳赛尔在亚历山大大量聚集的民众前发表演讲，要美国人"在愤怒中窒息"[20]。随后摊出王牌，宣布将苏伊士运河收归国有（参见地图 6），运河收入将用于修建阿斯旺大坝。纳赛尔立刻成为阿拉伯世界的民族英雄。

这个消息让英国首相安东尼·艾登无比愤怒。运河 1869 年竣工后，已成为英国不可或缺的水路，纳赛尔对运河的控制冲击到英国和法国的利益。苏伊士运河公司的英法股东也因为资产被"盗走"而怒不可遏。如果纳赛尔的目的是打击控制埃及的殖民主义者的威风，那他完全成功了。

1956 年夏天，纳赛尔继续对抗西方，他夺取苏伊士运河控制权的政治野心演变成了军事野心。以色列密切关注着事态发展。纳赛尔的军购让埃及成为可怕的威胁，以色列的安全岌岌可危。法国也越发警觉。阿尔及利亚的独立运动正在蓬勃发展，法国担心在阿拉伯世界地位日益提高的埃及会支持阿尔及利亚的独立。先进的捷克武器如果落入阿尔及利亚"分裂分子"手中，对法国人来说将是灾难。

除了英法两国，埃及的强硬让以色列领导人也越来越担心。随着埃及军力的提升，很多人开始怀疑以色列能否生存下来。纳赛尔并没有掩饰他购买这些武器的原因：这些苏联的新式武器能够帮助他消灭犹太国。

以色列人对大屠杀记忆犹新，不敢轻视来自埃及的威胁。数十万以色列人志愿挖掘战壕。有的人将自己不多的积蓄和珍爱的珠宝捐给国家购买军火。① 许多学生甚至把午饭钱捐了出来。

但这时以色列的国际地位和 1948 年时已大不相同。建国后不到十年，法国和英国（不久以前还禁止犹太人移民巴勒斯坦，对犹太地下组织成员处以绞刑）都视以色列为潜在的军事合作伙伴。50 年代初为了巩固双边关系，法国和以色列举行了一系列会晤。1955 年 10 月 25 日，取代本-古里安成为以色列总理的摩西·夏里特访问巴黎（本-古里安几年之后再次成为总理），法国总统埃德加·富尔对夏里特说："我一直是以色列的朋友，但现在法国之所以要帮助以色列，不是出于友谊，而是出于政治上的现实主义考虑。"21

一年后的 1956 年 10 月，三国秘密达成《色佛尔协议》。根据这一协议，以色列将对纳赛尔部队发动大规模进攻，一天内打到苏伊

---

① 捐赠珠宝的概念在圣经叙事中也有出现，影响了许多以色列人。当以色列人修建会幕时，摩西让人们捐出自己的财产，圣经中写道："凡心里乐意献礼物的，连男带女，各将金器，就是胸前针、耳环、打印的戒指和手钏，带来献给耶和华。"（《出埃及记》35：22）

士运河，这时法国和英国会呼吁双方停止敌对行为，要求埃及向国际航运开放运河。英法还会要求以色列军队撤到运河以东几英里外，但根据协议，以色列可以不服从，英法的要求只是给国际社会看的。

以色列虽然要派出地面部队作战，但能从协议中得到不少好处。同法国建立合作关系表明这个小国不再孤军作战，从国际棋盘上一枚棋子成为一名棋手。根据协议，以色列能在英法军队的空中掩护下通过军事行动解除埃及的威胁，以色列还能获得这两个欧洲国家在国际上的支持。此外，法国还向以色列提供武器，这些武器在 10 月上旬被运送到以色列。

当时担任国防部总干事的西蒙·佩雷斯在同法国的军火协议谈判中发挥了重要作用，这些武器在海法港秘密交接时，他带上多年前写过《银盘》的拿单·奥尔特曼来到现场。这位诗人看到此景，深有感触，写下了《有一天这会被谈起》一诗。[22]"昨晚我梦到钢铁，许多钢铁，全新的钢铁。"他在诗中写到运送武器的码头搬运工，"这些人背着装满弹药的箱子，弹药箱和铁链碰撞，发出清亮之音"。在奥尔特曼看来，这些人不是普通的码头搬运工，"当他们的双脚踏上陆地的那一瞬间，他们成为犹太人的力量的象征"。

奥尔特曼的语调和以前完全不同，他描写的不再是"有待建成的国家"，而是"犹太人的力量"。

犹太人的军火来得非常及时。为了支持费达因分子，纳赛尔已经把埃及军队开进加沙地带。西蒙·佩雷斯回忆说："当时以色列人认为纳赛尔随时可能发动进攻。"[23]

1956 年 10 月 29 日，正当以色列紧张筹备后来称作西奈战役 (Sinai Campaign) 的战争时，国内又发生了一起悲剧。建国八年来，以色列阿拉伯人一直生活在军事统治下，犹太人对他们的戒备心很强。由于同埃及开战在即，以色列宣布和约旦交界的"小三角"地区所有阿拉伯村庄于下午 5 点钟进入戒严状态，其中包括卡西姆村（Kfar Kassem）。

232

这个消息在戒严开始前几分钟才公布，因此大多数阿拉伯劳工没有及时接到通知。大多数碰到以色列军队的阿拉伯工人被放行，但 50 多名来自卡西姆村的劳工在 5 点钟后收工回家时，遇到国防军的巡逻队，以色列士兵开枪射击，杀死了 47 人，其中包括不少妇女和儿童。这是建国以来针对阿拉伯人规模最大的屠杀。

几名以色列军官被捕，后来还被定罪，但不久后全部被释放。本-古里安称这一事件为"可怕的暴行"[24]，许多以色列官员多年后深刻忏悔了这一屠杀行为。2006 年 10 月，以色列教育部部长余莉·塔米尔（Yuli Tamir）要求全国学校纪念卡西姆村屠杀，反思是否应该听从明显违反道德标准的命令。2007 年 12 月，以色列总统西蒙·佩雷斯在穆斯林古尔邦节期间访问卡西姆村，请求这一罪行能够得到当地阿拉伯人的原谅。他在仪式上说："这里曾发生过可怖的事件，对此我们感到非常抱歉。"2014 年 10 月，以色列第十任总统鲁文·里夫林成为第一位参加每年一度的卡西姆村纪念仪式的以色列总统。

这一事件对以色列社会产生的深远影响还体现在法律上。审判期间，以色列法院第一次讨论到在什么情况下以色列安全人员可以不服从明显违法的命令，哪怕是顶头上司下的命令。本雅明·哈利维法官（他单独审理的这一案件）写道："所有明显违法的命令有个显著特征，这些命令上方都应该飘着一面黑色旗帜，上面警告：'禁止执行！'"哈利维裁决中"明显违法的命令"成为以色列人在讨论战争行为是否道德时经常会用到的表达。

233

10月29日下午5点（正当卡西姆村开始戒严的时候），以色列军队开进西奈。在迅速切断了西奈半岛埃及空军和主要陆军基地之间的所有通信联系后，以色列空降兵在阿里埃勒·沙龙的带领下悄悄空降在西奈半岛的米特拉（Mitla）山口，这是通往苏伊士运河道路的一处要塞。10月30日，空降兵部队穿过广阔的沙漠地区，轻松占领了三个埃及军事基地，来到离运河不到50千米的地方。

10月30日，英国政府向以色列和埃及发布之前秘密制定的最后通牒，要求双方撤出苏伊士运河，此举实际上是要求埃及在宣布运河收归国有后放弃对此地的控制权。根据计划，以军没有撤离，埃及也拒绝答应最后通牒中提出的要求。第二天，英国和法国的战机轰炸了埃及机场，但随后六天时间，在地面同埃及作战的只有以色列军队，英法军队没有出现。

最终，为了避免这次有所节制的军事冲突升级为地区战争，美国要求英国、法国和以色列撤军。苏联也提出了同样的要求。当时苏联刚镇压了匈牙利革命，在此过程中杀害了几千名匈牙利人，因此在道德层面缺少国际影响力。尽管如此，美苏利益的合流仍意味着，以色列、英国和法国不得不退让。

为了不让加沙地带再次成为进攻以色列的大本营，以军没有撤出西奈半岛。最后，美国同意以色列在得到安全保证后再撤出该地区。美国承诺以色列，只要以色列同意"彻底而快速地撤离"在这场军事行动中迅速占领的地区，美国不但将确保以色列获得蒂朗海峡（西奈半岛和阿拉伯半岛之间的狭窄通道，参见地图6）的"通航权"，还保证以色列未来在该地区拥有"捍卫自己权利的自由"。

没过多久，美国就不得不兑现这一承诺。

在英国方面，首相艾登试图销毁英国秘密策划这一行动的证据，但无济于事。以色列和法国都有秘密协定的副本，迫于巨大的政治压力，艾登引咎辞职。

这场战争于10月29日爆发，11月7日结束。以色列有231名战士在战争中死亡，另有900多名战士受伤。埃及的死亡人数在1500—3000人之间，大约有5000人受伤。

西奈战役持续时间虽短，但意义深远。通过这场战争，以色列不但恢复了蒂朗海峡的通航权，还从不久前怀疑它没能力生存下去的国家那里赢得了国际保证。对以色列公民而言，建国八年来，他们深受"越境者"之苦，这场战争让他们重新获得了安全感和自信心。迈克尔·奥伦称西奈战役为"以色列第二场独立战争"[25]。以色列国防军在不到100小时的时间里占领西奈半岛，不但向世界证明了这支军队的实力，还为以色列赢得了十年的平静。中东出现了一个新的军事强国。

西奈战役后，大卫·本-古里安越来越发现以色列和美国的关系发生了深刻变化，其复杂程度超出许多人的预料。他对以美关系的担忧不无理由。分治决议以前，美国国务院曾向正在讨论以色列边界划分的联合国建议，要联合国重新划分边界，将更多领土划给阿拉伯人。1953年，国务卿约翰·福斯特·杜勒斯曾提议"将一定数量的阿拉伯难民遣送回'当前以色列控制地区'"。一些以色列人认为，"当前以色列控制地区"这样的措辞说明杜勒斯不相信以色列能长期存在。埃及和捷克签订军火销售协议后，虽然以色列百般请求，但美国拒绝通过向以色列卖军火来恢复中东的均势（这也是以色列从法国买军火的原因）。"艾森豪威尔总统甚至对法国总理居伊·摩

235

勒说，向以色列卖军火没有意义，因为 170 万犹太人不可能打得过4000 万阿拉伯人。"[26]

西奈战役后，美国（和苏联）通过联合国谴责英法和以色列挑起战争。美国的谴责可能只是象征性惩罚，但以色列还是派外交部部长果尔达·梅厄到联合国为以色列辩解，机智过人的梅厄夫人挖苦说：

> 区别对待可以舒舒服服地决定。阿拉伯国家可以单方面享有"战争权"，以色列却要单方面履行维持和平的责任。但敌对行为从来不是单方面的。多年来，以色列饱受这种骇人听闻的另眼相待，最终不堪重负，只能想办法自救，摆脱四面受敌的威胁，这有什么值得大惊小怪的？[27]

果尔达·梅厄受本-古里安之托到联合国为以色列辩护时，早已因为为犹太国事业做出的贡献而声名显赫。果尔达·马波维奇（婚后从丈夫姓，改姓梅耶森）1898 年出生于基辅一个坚定的犹太复国主义者家庭，她不久随家人迁到平斯克，梅厄的姐姐（赫茨尔去世后，她整整两年只穿黑色衣服）经常邀请犹太复国主义者到家中聚会，年轻的果尔达喜欢坐在煤炉旁听他们谈话。1906 年，八岁的她随家人移居美国威斯康星州的密尔沃基（Milwaukee）。

在一次讨论基布兹运动和 A. D. 戈登思想的客厅会议中，梅厄遇到了她未来的丈夫莫里斯，他们决定移民巴勒斯坦，开始了他们吵吵闹闹、基本无爱的婚姻。

> 我想我是一次在城市里游行时，意识到移民巴勒斯坦不能再拖了……面对彼得留拉（Petlyura）的暴行，密尔沃基游行无

济于事，移民巴勒斯坦才是最有意义的回应。犹太人必须再次拥有自己的土地，我必须投入这项事业，不是通过演讲和筹款，而是到那里生活和工作。[28]

她和丈夫 1922 年离开美国。1956 年，她已经成为马帕伊党的高层领导，被大卫·本-古里安任命为外交部部长。和许多早于她移民的犹太复国主义领导人一样，抵达巴勒斯坦后，她做的第一件事就是取希伯来语姓氏，将梅耶森改为梅厄。

西奈战役结束后不久，当着外交部官员的面，她朗读了赫茨尔经典小说《新故土》中的一段话：

> 在当今世界各国，仍有一个问题悬而未决，只有犹太人能完全理解其深刻的悲剧性。这就是非洲人问题。让我回忆一下当年悲惨的奴隶贸易，因为他们是黑人，非洲人像家畜一样被拐走，沦为囚犯，最后被卖掉。他们的孩子在异国他乡长大，因为肤色原因成为歧视和欺负的对象。虽然很可能遭人讥笑，但我还是提议：我目睹了犹太同胞的自我救赎，我希望能帮助非洲人得到救赎。[29]

读完这段话，她对外交部人员说，他们现在的任务就是实现赫茨尔的想法。当时许多非洲国家宣布独立，梅厄认为非洲国家和以色列有许多相似的经历："和我们一样，他们也是经过多年斗争才获得自由；和我们一样，他们也将努力捍卫和建设自己的国家；和我们一样，没有人会将主权盛在银盘里送给他们。"[30]

梅厄希望以色列为非洲国家提供科技、农业技术上的支持，由于经历了相似的历史，以色列还能为非洲国家提供长期受压迫民族实现复兴的模式。她希望犹太人实现重生并建国的故事不但能激励

237

犹太人，还能鼓舞世界其他民族。

短期内以色列便和几个非洲国家建立了良好关系，利用自己擅长的农业技术、灌溉技术等科技帮助这些国家提高了农业产量。但从长远看，果尔达的想法过于天真。这些新成立的非洲国家很快联合成一个团体，成为以色列在联合国的最大敌人之一。以色列之前的示好并没有改变这一点。

在国内，以色列正在建设一支世界一流的军队。正如达扬在罗伊·罗特伯格葬礼上所说的，这场冲突不会马上结束，为了保证以色列的生存和以色列公民的安全，以色列开始发展各种威慑性军事能力。但与此同时，以色列还确立了一种自我反思和对军事行为进行司法监督的文化，军事命令明确受到道德的约束。

国际上，以色列成为国际政治和战争的参与者，以色列还致力于运用自己的技术帮助其他国家。

这个国家如今羽翼渐丰，也不那么脆弱了；以色列人在思考以色列生存问题的同时，还开始展望这个国家的未来。但他们很快将发现，在营造美好的未来前，他们先要直面犹太民族漫长历史上一段最痛苦的时期。

第十一章
以色列直面大屠杀

> 这是一部关于奥斯维辛星球的历史……这座星球上的居民没有名字，没有父母，也没有孩子……他们不在那出生，也不在那繁衍后代……根据这个世界的法则，他们没有死去，也算不上活着。
>
> ——耶西勒·德-努尔在艾希曼审判上的证词[1]

1960 年 5 月 23 日下午 4 点，议会召开全体会议，会场座无虚席。本-古里安总理将向全国宣布一个重大消息。全场人紧张地等待着总理发言。

本-古里安走到发言台上说道：

> 我在此通知全体议会成员，不久前纳粹政府主要战犯之一阿道夫·艾希曼被以色列安全部门发现。他和其他纳粹领导人一起制定并执行了灭绝 600 万欧洲犹太人的最终解决方案。阿道夫·艾希曼已经被以色列逮捕，近期将根据《纳粹分子及其同谋审判法》审判。[2]

宣布完这个消息，本-古里安走下发言台，离开会场。

全场鸦雀无声。每个人都在努力理解这则消息的重大意义。以色列能通过审判这个灭绝欧洲犹太人的策划者而索取哪怕一丁点正义吗？对于几百万被谋杀、虐待、毒死甚至活活烧死和掩埋的犹太人，对于100万被纳粹屠杀机器残忍杀害的儿童，这场审判能实现一点惩罚吗？对于那些死去的犹太复国主义者代表大会的代表，对于当时在场者以及他们的兄弟姐妹、父母配偶乃至组成以色列社会的数百万人，这次审判算是一种交代吗？

阿道夫·艾希曼是纳粹党卫军一名中校，是大屠杀的策划者之一，也是让最终解决方案在万湖会议上得以通过的关键人物。被捕时，他是在世的纳粹最高级别官员。第二次世界大战结束后，他大部分时间用假身份生活在阿根廷。摩萨德（以色列安全机构之一）发现他后将其逮捕，并秘密从阿根廷带回以色列。

这简直让人难以置信。就像63年前西奥多·赫茨尔在巴塞尔赢得了长达十分钟的掌声一样，议会全体会议现场也爆发出雷鸣般的掌声。

不难预料，世界大部分地区对这一事件不会报以掌声。世界各地的谴责潮涌而来。庇护纳粹分子而不害臊的阿根廷官员声称，以色列的行为属于"一个受全世界谴责的政权所采取的典型手段"[3]。联合国安理会通过138号决议，宣称以色列侵犯了阿根廷主权，并警告今后再有类似的行为将会破坏国际和平。美国、法国、英国和苏联也谴责了以色列。

阿根廷政府对这一事件表态后，阿根廷民众对当地犹太人发动了反犹主义袭击。《华盛顿邮报》和《纽约邮报》发表了批评以色列的文章，《基督科学箴言报》认为以色列"裁决以色列境外对犹太人犯下的罪，同纳粹分子声称德国出生的人及其后代不管身处哪里都忠诚于德国是一样的逻辑"[4]。《时代周刊》暗示本-古里安的行为属于"逆向种族主义"[5]。

受寻求正义的鼓动，以色列不顾国际上的反对声音，继续推进审判。本-古里安这样做，有教育民众的目的。在以色列社会成长起来的年轻人一直逃避对大屠杀的讨论，总理认为现在应该让全体民众正视这个问题，他说："以色列年轻人应该了解 1933 年到 1945 年欧洲犹太人的真实历史。"[6]

这起犯罪行为发生在另一个大陆，当时以色列还没有建国，犯罪行为中的谋杀者从第三方国家抓来，但以色列勇敢地受理了这一案件，对象征纳粹政权的阿道夫·艾希曼进行了审判。这一次，看押犯人的是犹太人，而不是纳粹分子；这一次，再也没有犹太人被关在铁丝网里，被告人是一位坐在防护玻璃笼里的纳粹分子；这一次，法官是犹太人，法庭位于犹太国的首都耶路撒冷。

艾希曼审判让以色列社会第一次公开讨论这场暴行中恐怖的细节与噩梦，许多以色列人是经历过欧洲炼狱的幸存者，每天背负着这些噩梦。当然，纳粹的屠杀行为以前也影响过以色列的政策。在本-古里安在议会宣布这则重磅消息将近十年前的 1951 年，以色列政府和德意志联邦共和国（西德）就开始讨论大屠杀赔款事宜。战后的联邦德国总理康拉德·阿登纳在 1951 年 9 月 27 日表示，德国已经"做好准备，与犹太人代表和以色列代表一同讨论赔款方案"[7]。

以色列将同德国政府对话的消息，让已经主动不参与政治的梅纳赫姆·贝京重新回到政治舞台。他当时已退出公众视野，至少短期内是如此。当本-古里安宣布将在议会提交关于接受赔款的议案，贝京长期以来的战友们立刻请他出马，他们相信贝京（当时仍然是

242

议员）是发声的不二人选，只有他才能解释同德国人达成任何协议都是荒谬的。他们还明白，赔款问题能让贝京有机会重新加入政治论战，这次他不是作为本-古里安不屑一顾的对手，而是代表全体犹太人反对本-古里安违背犹太人历史义务、有损犹太人尊严的行为。

贝京的父母兄弟都死于纳粹分子之手，他对本-古里安及以色列准备接受德国赔款的想法发起了无情的攻击。他愤怒地指出，任何一个有尊严的犹太人都不会考虑和德国人谈判。[8]

在随后的辩论中，贝京说："他们［政府］马上要和德国人签订协议，他们将承认德国是一个国家，而不是一群用獠牙撕咬、吞食我们民族的恶狼。"[9]

作为当时全国最出色的演说家，贝京广泛激起了以色列社会的情绪。全国主要报纸之一《晚报》（*Ma'ariv*）发表了一幅漫画，画中一名德国人拿着一袋沾满鲜血的钱袋交给一个以色列人。1951 年12 月《自由报》（*Herut*，即贝京所属政党的报纸）一篇文章的标题是《一个被焚的孩子能让我们拿到多少赔款？》

一贯奉行实用主义的本-古里安对此予以反驳。他认为犹太国只有实现经济繁荣才能获得国际认可，犹太人要赢得尊严有很多方法。本-古里安清楚，当时以色列经济处于崩溃边缘。政府不得不实行食品配给制，缺少建设国家的重型机械，犹太国急需住房安置几十万来到以色列的贫困移民。如果德国人的钱能让以色列国更稳定，这不失为索取正义的一种方式。

1952 年 1 月 7 日是议会就这一议案投票的日期，这场空前尖锐的全国性争论在这一天白热化。那是个寒冷的冬日，来自全国各地的以色列人聚集在耶路撒冷市中心的锡安广场，抗议几百英尺外议会对这一提案的讨论。贝京不到投票时间拒绝进入议会会场，他用从未有过的语气在人群前发表演讲，称本-古里安为"那个当下是总理的疯子"，这个"当下"包含了多种可能的内涵。

然后贝京开始威胁政府。"绝不能和德国谈判，否则我们不惜付出生命。我们死都不能违背这个原则。为了阻止这个提案，我们不惜付出任何代价。"他还提到，在"阿尔塔莱纳"号事件那天，他不准手下开火，但这一次他对支持者说："这场战争事关生死，今天我将下令：流血！"[10]

曾经在"阿尔塔莱纳"号事件中避免了一场内战爆发的人，突然威胁要挑起内战。

本-古里安既不信服贝京的言辞，也不担心他的威胁。在他看来，贝京不过是在煽动民意，这个波兰犹太人不适合站在议会发言台上，因为以色列已是一个由新犹太人而不是老欧洲犹太人组成的国家。抛开两人之间的个人恩怨不说，他们看待犹太世界的方式截然不同。贝京认为如果犹太国抛弃犹太民族记忆，抹杀犹太历史的神圣感，犹太国将失去灵魂和存在下去的意义。但本-古里安认为犹太国应当朝前看，承认欧洲那段可怖的历史，但要从这段历史中走出来。本-古里安在大屠杀爆发前就离开了欧洲，贝京所怀念的流散犹太人正是哈伊姆·纳赫曼·比亚利克在史诗《屠杀之城》中描写的孱弱而可怜的犹太人，而本-古里安认为以色列创造出了更优秀的犹太人。

议会辩论很激烈，会场外开始出现暴力活动。部分跟随贝京沿着本-耶胡达街①从锡安广场来到议会会场附近的支持者开始朝窗户

---

① 从街道名称也能看到以色列普遍存在的深刻历史感。许多街道以圣经时代、拉比时代和现代的犹太学者、作家、英雄、节日命名。以色列许多城市有以希伯来语之父命名的本-耶胡达街。

扔石头，突如其来的碎玻璃之声打断了议会的讨论，警察为驱散人群使用了催泪瓦斯，刺鼻的味道飘到了会场，会议被迫暂时中止。后来会议继续进行，和大多数人所预料的一样，1 月 9 日的投票以60 票支持、51 票反对通过了同德国谈判的提案。贝京承认自己失败了，但由于他在大会上和会场外发表煽动性言论，以色列议会禁止他在未来三个月参加议会活动。

和本-古里安判断的一样，德国赔款和其他来自国外的援助，让以色列经济得以恢复。政府用这些资金改善了住房条件，建立了一支舰队和一条国内航线，修建了公路和通信系统，建立了电力网络。德国赔款还被用于修建以色列的全国输水系统（National Water Carrier），这项工程帮助以色列将水资源输送到干旱地区，让那里变得适于居住。这在干旱的中东算是一个不小的挑战。作为一个小国，以色列人均花费在这项工程上的费用，不但是美国修建巴拿马运河的 6 倍（考虑了通货膨胀因素），还"远远高于胡佛水坝和金门大桥等美国标志性公共建设工程"的开支。[11] 在投入人力最多的阶段，以色列每 14 名具备劳动能力的人中就有 1 人参与这项工程，从事挖水渠、铺设管道、焊接等工作。[12] 这项工程的费用占到以色列国内生产总值的 5％，这对任何一个国家来说都是一笔巨大的开支，更何况在当时经济薄弱的以色列。如果没有德国赔款，这项工程不大可能完成。

20 世纪 50 年代中期，以色列成为全世界经济发展速度最快的国家，超过了德国和日本。[13] 除了经济，德国赔款还产生了一些没有预料到的结果。多年来，大屠杀幸存者和以色列社会都回避谈论 20 世纪 40 年代发生在欧洲的事情。对幸存者而言，这段回忆过于痛苦。对以色列社会而言，这个话题会让人们想起伊休夫当年没能帮助欧洲犹太人，同时想到以色列试图摆脱的那种作为受害者的欧洲犹太人的形象。

在接受德国赔款后，以色列人拒绝面对大屠杀话题的态度首次出现变化。大卫·本-古里安的政治对手梅纳赫姆·贝京扮演了捍卫以色列犹太人良知的角色。关于德国赔款的争论让贝京有机会成为以色列犹太灵魂和神圣的犹太记忆的代言人，无论它们多么令人痛苦。

这不但为本-古里安领导的马帕伊党下台埋下伏笔，也成为基布兹发展的转折点。在那之前，许多基布兹一律禁止任何私人财产。一切财产由基布兹成员共同拥有，包括成员的亲友送来的衣服和礼物。甚至连孩子也不由父母抚养，他们从出生起就住在基布兹的儿童之家。

德国赔款让基布兹的这条政策也发生改变。生活在基布兹的幸存者认为，自己能得到赔款，是因为经历过难以形容的苦难，他们忽然拒绝将这些钱交给集体，让那些没有经历大屠杀的人使用。他们坚持认为，有些财产不能共有。在某些基布兹，对这个问题的争论比议会会场上的争论还要激烈。

246

一些基布兹在这个问题上同个人达成妥协，成员可以保留部分赔款，剩下一部分则成为集体资金。基布兹这一机构还将在以色列存在很长时间，但基布兹绝对平均主义的时代已经结束。几十年后，基布兹开始私有化进程，取消公共财产制度，有人不无讽刺地发现，是德国赔款最早动摇了以色列这一标志性的社会主义机构。[14]

德国赔款让以色列第一次严肃对待大屠杀，几年后扣人心弦的鲁道夫·卡斯特纳审判进一步加深了人们对这个问题的思考。1955

年 6 月，一位名叫马尔基尔·格鲁恩瓦尔德的古怪的大屠杀幸存者出版了一本小册子，针对大战期间担任匈牙利犹太复国主义救援委员会负责人的卡斯特纳，控诉他在 1944 年和德国人做交易。通过后来被人们称为"物资换生命"的交易，卡斯特纳交给德国人多辆卡车，德国人则答应不把一列装着犹太人的火车开往奥斯维辛，大约1700 人因此获救，其中包括卡斯特纳的家人和其他花重金购买火车上位置的犹太富人。这项交易完全公开，人们知道得救的犹太人中还包括孤儿和哈西德人。除了拯救这些犹太人，卡斯特纳还安排许多犹太人去劳动营，而不是死亡营奥斯维辛。匈牙利犹太人大多把他看成那段黑暗时期一位伟大的英雄。

但其他人对他远远没有好感。他们说卡斯特纳当时只是为了救自己的家人。在纳粹统治下，他一直过得很好，但最奇怪的是，对于那些他没能拯救的犹太人，他没有告诉他们接下来的命运。他们说卡斯特纳可不是什么英雄，而是将成千上万犹太人致死的共谋。

战后，卡斯特纳移民到以色列，开始与本-古里安的马帕伊党合作，大部分时间生活在镁光灯之外。格鲁恩瓦尔德指控卡斯特纳是50 万匈牙利犹太人的"间接谋杀者"，其中 58 人是格鲁恩瓦尔德的家人。这时的卡斯特纳已是以色列工业与贸易部的高官。为了维护名誉，政府决定指控格鲁恩瓦尔德犯有诽谤罪。

虽然年事已高，没有资源，但格鲁恩瓦尔德不愿不战而败，他聘请了律师撒母耳·塔米尔（Shmuel Tamir）。这位律师来自贝京的赫鲁特党，他不但制定了高明的法庭策略，还表现出过人的辩护才能，成功改变了审判的走向。塔米尔辩护说格鲁恩瓦尔德是正确的，卡斯特纳犯有通敌罪。这样，卡斯特纳——连带着照顾他的政府——就不得不针对这一指控进行抗辩。

法庭最终宣判格鲁恩瓦尔德无罪，是卡斯特纳"向魔鬼出卖了自己的灵魂"。卡斯特纳因为被公开羞辱而避世隐居。虽然最高法院最终改判，但为时已晚。1957 年 3 月 4 日，卡斯特纳在特拉维夫家门口被泽夫·埃克斯坦暗杀。[15]① 和 1933 年阿罗佐罗夫谋杀案相似，卡斯特纳成为因同德国人达成交换协议而被杀的第二位知名犹太人。但不同于阿罗佐罗夫谋杀案，这次暗杀发生在独立后的以色列，是犹太国第一起犹太人出于政治原因谋杀犹太人的事件，但遗憾的是，这并非最后一次。

跟德国赔款一样，卡斯特纳审判也产生了意想不到的结果。在谴责卡斯特纳时，法官无意中强化了这种观点：能在大屠杀中幸存下来的犹太人，多少做过一些见不得人的事情。否则，为什么几百万犹太人都死了，唯独他们却活了下来？

讽刺的是，公众对大屠杀的关注反而让一些幸存者更不愿意谈论自身经历。他们只能独自承受心中的痛苦，这种封闭的心态让这个群体显得更"不合群"。101 部队的指挥官和后来的总理阿里埃勒·沙龙曾回忆自己早年的基布兹生活，其中这样描述幸存者的世界：

> 幸存者之间有自己的沟通方式，其他人永远无法理解他们到底在说什么。他们之间有时因为难言之隐不说话，有时又不惜为对方付出自己的生命。基布兹本应是充满信任的地方。谁

---

① 泽夫·埃克斯坦（Ze'ev Eckstein）曾是一名负责监视（仅仅是监视）极右翼分子的辛贝特（Shin Bet）特工，但在此过程中他接受了极右翼思想，成为他们的一员。因为谋杀卡斯特纳，他在监狱中服役 7 年，谋杀案过去将近 60 年后，埃克斯坦出版了自传《被毯》，他在其中写道："我今天不会这样做。我不会开枪。这一点毫无疑问。"（Elad Zeret, "Kastner's Killer: I Would Never Have Shot Him Today," *Ynetnews.com*［October 29, 2014］, http://www.ynetnews.com/articles/0,7340,L-4585767,00.html.）

能与这些人推心置腹？[16]

在公众看来，纳粹大屠杀对以色列的发展还产生了另一个重大影响。1955 年，大卫·本-古里安作出了一个影响深远的决定。他意识到阿以冲突无法在短期内解决，与此同时，由于历史的走向难以预测，他不愿仅依靠西方，他认为以色列应该成为拥有核武器的国家。

当时全世界只有美国、英国和苏联拥有核武器，而以色列连晶体管收音机都生产不出来。一个人口不到 200 万、缺少科技能力的小国想拥有核武器，本-古里安的顾问中有的觉得这是异想天开，有的认为这个想法很糟糕。但对总理而言，阿以冲突和由纳粹大屠杀带来的脆弱感是发展核武器的决定因素。以色列的存在就是要终结犹太人的脆弱感，无论为此要做什么。

后来在讨论核能力对以色列的重要性时，果尔达·梅厄没有提到纳粹大屠杀，而是谈到她童年时经历的集体迫害。她将以色列的核能力称为"秘密果酱"（*varenye*），东欧犹太人会将这些果酱藏起来，一旦发生集体迫害，他们就靠这些果酱为生，直到威胁解除。

1956 年，本-古里安派西蒙·佩雷斯来到巴黎，试图说服法国人帮助以色列发展核能力（当时法国正在发展核武器计划）。法国国内当时反阿拉伯情绪强烈（特别是在 1956 年苏伊士运河战争后），法国人对纳粹占领下的法国维希政府对犹太人的所作所为也感到愧疚，因此答应了以色列的请求。① 此外，当时法国在阿尔及利亚深陷泥

---

① 以色列获得核武器还有一段同美国犹太人有关的花边故事。萨尔曼·夏皮罗（Zalman Shapiro）是美国一位化学家、发明家和坚定的犹太复国主义者。他创建（接下页）

249

潭，殖民主义日薄西山，法国希望通过同以色列合作来维持在中东
的影响力。法国承诺向以色列派工程师和技术人员，提供用于分离
钚的设备和导弹技术。在法国帮助下，以色列将成为世界上为数不
多的拥有核武器的国家之一。当时以色列人还没有完全从大屠杀阴
影中走出来，但正如以色列富有洞见的记者和评论家阿里·沙维特
指出的，最早知道这一计划的少数几个人意识到，犹太人将在历史
上第一次具备灭绝其他民族的能力。[17]

　　1960 年，美国得知法国正在帮助以色列建立核反应堆。1961 年
初，致力于推进核不扩散的肯尼迪成为美国总统，他对以色列的核
计划深表担忧。后来，美国和以色列签订协议，以色列承诺从 1962
年起允许美国官员每年访问一次以色列核反应堆所在地迪莫纳
（Dimona）。但在很长时间内，美国人没有发现以色列发展核武器的
证据。美国人的疑心越来越重，以色列就把迪莫纳的设施藏得越来
越深。以色列人修建了用于迷惑美国人的控制室，还封住了迪莫纳
地下设施的入口，甚至在一些建筑旁撒上鸽子粪，制造这些建筑常
年无人使用的假象。

　　虽然以色列逃过了这些检查，但造假终非长久之计。1969
年，果尔达·梅厄和刚刚当选美国总统的理查德·尼克松达成协
议，以色列将继续开展核武器计划，但永远不会公开宣布拥有核

（接上页）了核材料与设备公司（NUMEC）。该公司 1965 年一份清单中有 200—600 磅铀不
　　翼而飞，有人便指控夏皮罗从事间谍活动，将这些核材料转移到了以色列。《参孙选择：以
　　色列核武库与美国外交政策》的作者认为夏皮罗没有过错，并引用了一位首席调查员的话：
　　"我没有看到任何证据能证明夏皮罗有罪。"夏皮罗从未被起诉，但关于美国犹太人参与了以
　　色列核计划的传言一直让他的生活不得安宁。很多美国犹太复国主义者认为，鉴于他为以色
　　列安全做出的贡献，他是一位被人们忽视的英雄。（Seymour Hersh, *The Samson Option*:
　　Israel's Nuclear Arsenal and America's Foreign Policy［New York: Random House, 1991］,
　　pp. 243, 250, 252, 255.）

武器。这样一来，以色列能获得安全感，不用担心再发生大屠杀那样针对犹太人的种族灭绝，与此同时又不会刺激阿拉伯世界发展核武器。

德国赔款、卡斯特纳审判、以色列发展用于自卫的核武器计划（虽然只有少数以色列精英知道）——正是在这种复杂的历史背景下，艾希曼被捕了。这让以色列人喜出望外，但国际社会却传来谴责之声。美国犹太人的心态非常矛盾，艾希曼被捕几乎打破了十年前本-古里安和布劳斯坦达成的脆弱协议。因为不想让以色列成为全世界犹太人的代言人，美国犹太委员会认为艾希曼的审判不应在以色列举行，有的成员还同果尔达·梅厄见面，表达他们对以色列即将举行审判的不满。更让以色列官员气愤的是，美国犹太委员会的领袖竟然说艾希曼犯下的是"反人类的滔天罪行，不仅仅是反犹太人的罪行"，如果在耶路撒冷审判艾希曼将有损这个事实。[18]

被这些观点惹怒的本-古里安在多个公开场合发表批评意见，针对美国犹太委员会的指责，本-古里安在 12 月的《纽约时报》上发文指出：

> 我听到包括犹太人在内的人们指出，以色列审判艾希曼虽然合法，但不合情理，因为艾希曼犯下的罪行过于严重，属于反人类和违背人类良知的罪行，而不是反犹太人的罪行。这种话只有具有自卑情结的犹太人和不认为犹太人属于人类的人才说得出口。[19]

本-古里安提到的"反人类的罪行"就是在含蓄地抨击美国犹太委

员会，指责后者谈起反人类罪能比谈起反犹太民族罪获得更大的宽慰。①

　　本-古里安的怒火不仅发向美国犹太委员会，还发向美国犹太 252
人，他指责他们不重视犹太人在大屠杀中经历的苦难，他说："美国
犹太人的犹太教正变得越来越没有意义，只有盲人才看不到美国犹
太教的消亡之日。"那些没有生活在以色列的犹太人"面临死亡之
吻，他们逐渐……坠入同化的深渊"[20]。本-古里安这些言论显然违背
了十年前和布劳斯坦达成协议的精神。他知道布劳斯坦会勃然大怒，
但他毫不介意。

　　经过最大努力，布劳斯坦才没有同以色列决裂，但一些无法挽
回的伤害已经产生。就像德国赔款戏剧性地改变了基布兹在创立之
初形成的精神特质一样，谁也没有想到，一名纳粹分子的被捕，居
然会再次伤及以色列犹太人和美国犹太人之间的关系。

　　1961 年 4 月 11 日，艾希曼审判在耶路撒冷举行。

　　这场审判勾起了人们对几个世纪来犹太历史的回忆。公诉人指
控艾希曼像法老和哈曼一样，是犹太人众多敌人中的一个。② 这场审
判的关键不在于通过几位幸存者的证词让人们了解他们身上发生了

---

　　① 本-古里安的话是以色列领导人对美国犹太人诸多批评中的一部分。在这里，他批评
他们强调美国的普遍性而不是以色列的特殊性。在其他的批评中，以色列领导人指出美国
犹太人其他方面的过失。迈克尔·奥伦结束了自己以色列驻美国大使的任期后，曾在回忆
录《盟友：我的美以分歧之旅》中写道："我要指责美国犹太人犯下了最自恋的一种罪：不
感恩。"（Michael Oren, *Ally: My Journey Across the American-Israeli Divide* [New York:
Random House，2015]，p. 267.）

　　② 这两人是圣经故事中试图消灭犹太人的典型恶人。法老下令将所有以色列人男婴扔
到尼罗河里。（《出埃及记》1:22）。哈曼出现在《以斯帖记》中，他曾对国王说："有一种
民……他们的律例与万民的律例不同……王若以为美，请下旨意灭绝他们。"（《以斯帖记》
3:8—9）

什么，而是将纳粹分子对整个犹太民族的罪行公之于众。出庭作证者当中，有的确实在第二次世界大战期间和艾希曼有过交集。但这场审判也听取了多位没见过艾希曼的幸存者的证词，他们在证人席上讲述这场战争的恐怖、自己痛苦的遭遇和纳粹分子对欧洲犹太人造成的巨大伤害。有些观察者反对这种安排，但总检察长吉迪恩·霍斯纳（Gideon Hausner）坚持这样做，他认为检察官员的最终职责是要为大屠杀"找到正确的历史位置"[21]。

通过这场审判，以色列年轻人接受了一场本-古里安认为他们所需要的教育。所有细节都在审判上得以呈现。证人们详细描述了他们目睹的男女老少被残忍杀害的场景。有位证人描述了她孩子是如何在她怀中被纳粹分子杀害的。另一位证人说几千名法国儿童被赶到潮湿肮脏的房间里，他们离开了父母，没有任何成年人监护。"许多孩子在半夜醒来会大声呼喊父母的名字。还有的孩子由于年龄太小，甚至连自己的名字都不知道。"[22]这些孩子后来"挣扎着、尖叫着"[23]被遣送到奥斯维辛，在那被谋杀和焚烧。

有位证人朗读了她丈夫寄给她和孩子的最后一封信："亲爱的妻子和孩子们……我即将出发，开始一段漫漫旅程……不管等待我的是怎样的命运，我都接受。我不想让你们悲伤，但我真的希望能再次和你们一起生活。但愿上帝能让我实现这个愿望。"[24]这位女士情绪失控，无法继续读下去，她把信递给在场的一位律师，让他来读，但这位律师也几乎没能读下去。

来自比尔克瑙（Birkenau）的犯人说，他的妻子和女儿都被"送到左边"，这意味着她们将进入毒气室。因为女儿当时穿着一件红色外套，他回忆说："远处的红点告诉我，妻女就在那里，但那个红点变得越来越小……"此后他再也没有见过她们。[25]

　　给人们留下最深印象的证词，大概来自耶西勒·德-努尔，这位第二次世界大战期间的奥斯维辛囚犯曾用笔名"卡-蔡特尼克135633"进行创作，① 这场审判后，许多以色列人才知道这位作家的真实身份。德-努尔的证词对奥斯维辛的世界做了使人入迷的描述，这里实际上是个不同的星球，他称之为"废墟的星球"。

　　但他的发言很快变得古怪而混乱，说着说着就晕倒了。[26] 看到警察跑到证人席抢救的画面，许多没有亲身经历过这一切的以色列人第一次强烈感受到大屠杀的恐怖。

　　就像1947年11月等待联合国分治决议的投票结果一样，审判期间所有以色列人守在收音机前，证人们讲述的恐怖经历听得他们目瞪口呆。可以说，正是这些证词给予几千名生活在以色列的大屠杀幸存者讨论这些经历的"许可"。这在以前难以想象。以色列重视的是能够自卫的"新犹太人"，手臂上烙有囚号、身心都不堪一击的幸存者恰恰是以色列人试图忘记和超越的。他们常常对比大屠杀幸存者与新犹太人，伊休夫所产生的那种强壮的新犹太人才能用军事力量赶走英国人，击退阿拉伯人。人们的用词很能反映出态度，"在大屠杀中被杀的人一般叫'消亡'，而在巴勒斯坦的战争中战死的犹太人叫'阵亡'"[27]。

　　以色列著名记者和政治家汤米·拉皮德（他的儿子亚伊尔·拉皮德也是一名受人尊重的记者，还是未来党［Yesh Atid］的创始人）是布达佩斯隔都的幸存者，他回忆起伊休夫资深成员责难幸存者的

254

255

---

　　① 德-努尔的本名和笔名都有特殊的含义。他在欧洲出生时名叫耶西勒·费纳（Yehiel Feiner），同许多来到以色列的欧洲人一样，他也改了姓氏，新的姓氏德-努尔（De-Nur）在阿拉米语中意为"出自烈火"。他的笔名"卡-蔡特尼克135633"（Ka-Tsetnik 135633）中的"卡-蔡特尼克"是德语"集中营里的人"（Konzentrationslager）的简写，"135633"是他的囚号。

场景。他说："他们问幸存者：'你们为什么不反抗？为什么像绵羊那样温顺？'他们是拿起武器自卫的上等犹太人，而我们是面对德国灭绝行动毫无抵抗的次等犹太佬（Yids）。"[28] 更糟糕的是，一些在伊休夫出生和长大的犹太人会不痛不痒地谈起纳粹分子对犹太人尸体所做的事情，比如纳粹分子用尸体做肥皂。拉皮德回忆说：

> 当时有个厨子……是奥斯维辛幸存者，手臂上文有蓝色的囚号。那里的长工叫他"肥皂"，因为人人都知道纳粹用尸体脂肪做肥皂的计划。每当他们说："肥皂，午餐吃什么？"他就苦笑一下，然后给他们的盘子盛食物。[29]

艾希曼的审判改变了这一情况。公诉人没有回避幸存者为什么不反抗这个问题。但有一个辛酸的时刻让这类问题显得苍白无力。证人贝斯基（Beisky）详述了在1.5万名犯人的注视下，一个小男孩怎样被举到椅子上接受绞刑。绞索套意外地断了，可怜的男孩痛苦地哭泣，开始求饶。党卫军士兵再次下达绞刑命令。审判现场的一位律师显得颇为无情，问这位证人，当时上万旁观的囚犯为什么没有反应。这位证人接着说：

> 我无法形容这种……交织着惊吓的恐怖……我们附近还有一个关押波兰人的集中营，关押了1000名波兰人……离营地100米的地方就是他们的家，但在我印象里，没有一个波兰人逃跑。波兰人还有自己的家，如果犹太人逃跑，能逃哪里去？我们身上穿着……染有黄色条纹的衣服，他们在我们头顶……还理掉四厘米宽的一长条头发。假设当时这1.5万人能在没有任何武装的情况下离开营地，他们能去哪？又能做什么？[30]

1943年，以色列尚未建国，纳粹暴行的消息开始传到伊休夫，出生在乌克兰的希伯来语作家哈伊姆·哈扎兹出版了短篇小说《演说》。① 小说的主人公名叫约德科（"约德科"［Yudke］在希伯来语中是"耶胡达"［Yehudah］的昵称，相当于英语中［含"背叛"之意的］"犹大"［Judah］），这位基布兹成员平常沉默寡言，但一天晚上他突然发表了一席成为经典的演讲：

> 我想说，我反对犹太历史……我们从来没有创造过自己的历史，非犹太人在帮我们创造历史……历史里都有些什么？压迫、诽谤、迫害和殉难。我绝不允许我们的孩子学习这样的犹太历史，为什么要告诉他们自己先辈经历的耻辱？我会对他们说："孩子们，自从我们离开自己的土地，流散到他乡，我们就成为一个没有历史的民族。下课，出去踢球吧。"[31]

虽然这一刻来得有些晚，但艾希曼的审判让以色列社会明白，约德科的观点是错误的。没有任何犹太人能脱离犹太历史而存在。新犹太人试图开始一段全新的犹太历史，但这场审判告诉以色列社会，只有拥抱历史，不管历史有时多么令人痛苦，犹太人的生活才能继续。

法庭最终对艾希曼判以死刑。（巧合的是，审判卡西姆村屠杀的法官本雅明·哈利维也是审判艾希曼的三位法官之一。）1962 年 5 月 31 日，被捕两年后，艾希曼被处以绞刑。为了不让他的墓地被人朝拜，他的骨灰火化后被洒在以色列领海之外。艾希曼不但是谋杀犯，是犹太民族具有心灵象征意义的敌人，还是犹太国历史上唯一一个

---

① 中译文见徐新主编：《现代希伯来小说选》，漓江出版社，1992 年，第 103—126 页。——校注

被民事法庭判处死刑并被执行的人。①

　　大屠杀长期以来一直是困扰伊休夫时期和建国早年历史的事件。这其中很大一部分原因在于，伊休夫的新犹太人试图创造出的犹太人形象迥异于欧洲那些痛苦无助、惨遭折磨的犹太人。现在，新犹太人已经成为现实。以色列人可以更丰满地讲述他们自己和他们民族的故事了。

　　对于这个年轻的国家而言，这是个痛苦的过程。但这让一代不熟悉大屠杀的以色列人更清楚地看到，犹太人拥有自己的国家是多么重要。

---

　　① 1948 年 6 月 30 日，以色列宣布建国六周后，独立战争还在进行中，一位名叫梅厄·塔比安斯基（Meir Tabiansky）的国防军军官被军事法庭错误地指控犯有间谍罪，判处死刑后当场执行。但枪毙他之后又改判他无罪。（Shabtai Teveth, *Ben Gurion's Spy： The Story of the Political Scandal That Shaped Modern Israel* [New York： Columbia University Press，1996], pp. 31—54.）

第十二章
改变国家命运的六日战争

我深爱的一切就在脚下……古老的以色列地，我青春的家园，之前被分裂的另一半祖国。

——以色列诗人哈伊姆·古里写于六日战争后

截至 1967 年，犹太国不但抵挡住建国之初敌国的猛烈进攻，吸收了 100 多万移民，[1] 还成为国际社会的重要一员，国家在政治、文化等领域迅速形成了特色。毫无疑问，未来还有很多挑战需要面对，但建国 19 年后，以色列的情况远远好于 1947 年 11 月联合国投票时人们对这个国家未来的想象。

然而，耶路撒冷此时还处于分裂状态。独立战争期间，年轻的以色列国防军没能守住东耶路撒冷和老城，让约旦人给占去。在将近 20 年内，由煤渣砖块和铁丝网组成的一道墙穿过犹太国首都的心脏地带。就算以色列政府准备接受它，对许多犹太人，尤其是对宗教人士（当然不局限于宗教人士）而言，这道墙就仿佛是一道拒绝愈合的伤口。

1967 年独立日快到时，耶路撒冷市长泰迪·科勒克要求创作出一批关于耶路撒冷的歌曲，能够在第二届以色列歌曲节由国家电台播出。此前，以色列很少有诗人和作曲家写关于耶路撒冷的歌曲。世纪之交以来创作的几首相关歌曲中，没有提到耶路撒冷的分裂状态，也没有提到犹太人无法靠近西墙，连老城都进不去。

科勒克向包括作曲家拿俄米·舍莫尔在内的五人发出邀请，请他们创作关于耶路撒冷的流行歌曲，但由于涉及的主题很复杂，这五人都谢绝了。但最后舍莫尔改变态度，写了首歌，名为《金色的耶路撒冷》。

歌词第一节写道："沉睡的树丛和石垣，为梦羁绊，这座孤零零的城市，心中横亘着一道墙。"² 接下来是大家耳熟能详的副歌部分：

> 耶路撒冷，黄金之城；
>
> 何等明亮，青铜之城；
>
> 我愿如琴，将你歌颂。³

这首歌曲最早由年轻女高音歌唱家舒丽·拿单（Shuli Natan）演唱，立刻流行开来，电台几乎不停地广播，这位本来无人知晓的歌唱家一夜成名。一位对以色列深具洞察力的评论家说："以色列人一直在压抑他们对另一半耶路撒冷的思念。现在，他们跟着舒丽·拿单一起歌唱，为首都的分裂哀伤。"⁴ 和以色列一样，耶路撒冷现在也有了属于自己的颂歌。

宗教团体对耶路撒冷的分裂尤为伤心绝望。犹太人无法访问耶路撒冷古老圣殿被毁后唯一留存的西墙。两千年来一直有犹太人在这祷告，虽然人数不多。独立战争中，以色列失去耶路撒冷老城，261 希伯伦和其他犹太教圣地也在敌军控制下，犹太国境内几乎没有任何一处传统犹太教圣地，这也颇具讽刺意味。

在拿俄米·舍莫尔歌曲播出前一天，兹维·耶胡达·库克拉比（他的父亲就是致力于促进不同犹太人之间交流的神秘主义者亚伯拉罕·以撒·库克拉比）向学生们讲述了19年前联合国投票那天他的个人经历。和大卫·本-古里安和梅纳赫姆·贝京一样，他也无法庆祝，但出于不同的原因：

> 全国人民涌上街头欢庆……但我没有出门加入庆祝的队伍，反而独坐家中，心情沉重。最初几小时，我无法平静，上帝在先知书中的话竟然没有实现，这简直是囍耗。先知书中说，"他们分取了我的土地！"……但我们的希伯伦在哪里？难道忘了吗？我们的示剑［纳布卢斯］在哪里？难道我们忘了吗？耶利哥（Jericho）在哪里？难道我们忘了吗？约旦河东岸的土地又在哪里？这每一寸神的土地都在哪里？我们有割让一厘米的权利吗？神不许！……那一刻，我的全身无法动弹，如同受伤、被切成碎片一般。我无法庆祝。"他们分取了我的土地！"他们分割了神的土地！……我不能出门跳舞庆祝，这就是19年前的情况。[5]

据在场者说，听到这席话，他的"学生陷入沉默。他们从未看过拉比如此悲伤，如此愤慨"[6]。他们在想，拉比到底想和他们说什么？

这一地区的局势已经日趋紧张。叙利亚宣布将从上游引走以色列国家输水工程35％的水源。以色列表示这无异于战争行为，但叙利亚继续推进引水工程。随后两国在边境爆发冲突，叙利亚朝以色列村庄开火，以色列则攻击了叙利亚人用在引水工程中的大型挖土设备。

1967 年春天，该地区外的国家还有意煽风点火。苏联通知埃及和叙利亚代表，以色列向北调集了 12 个旅的兵力，做好了进攻准备。艾希科尔指出苏联情报有误，甚至邀请苏联驻以色列大使楚卡钦（Dmitri Chucakhin）和他一起去北部亲眼看一看（楚卡钦拒绝了邀请）。美国也坚持认为苏联情报完全有误，但叙利亚人相信了苏联。通过将以色列准备发动战争的消息告诉叙利亚和埃及，苏联实际上在为一场战争点火。

几周后的 5 月 15 日，以色列举行了每年一度的独立日阅兵仪式。阅兵仪式每年在不同地方举行，1967 年计划在耶路撒冷举行。[①]阅兵总是为了展示大量军事装备，体现军事实力。但 1949 年约以停战协议限制了以色列能开进耶路撒冷的坦克数量，为了不违反协议，参加阅兵的以色列装甲部队数量明显少于往年。苏联的警告已经让埃及和叙利亚处于高度戒备状态，参加阅兵的坦克数量之少似乎进一步证实，以色列为了备战把坦克部署在了其他地方。

在阅兵过程中，一位以色列官员将以色列国防军情报部门的一张纸条递给国防军总参谋长伊扎克·拉宾，拉宾又将纸条递给总理艾希科尔。[②] 纸条上说，埃及装甲车已经进入西奈半岛。艾希科尔和拉宾选择保持克制，但就在那一天，情报部门不断传来新的消息，内容一条比一条紧急。这个本应举国欢庆的日子一下充满了凶兆。

---

① 由于成本过高，1968 年后以色列不再每年举行阅兵仪式。最后一次阅兵在 1973 年，当时是为了纪念建国 25 周年。

② 历史学家迈克尔·奥伦认为，拉宾和艾希科尔在阅兵前一天就得知埃及军队进入了西奈半岛。第二天参观阅兵期间，他们不断收到新的情况通报。（Michael Oren, *Six Days of War：June 1967 and the Making of the Modern Middle East* [Oxford：Oxford University Press，2002]，pp.61—63.）

以色列领导人不知该如何应对。一方面，他们知道纳赛尔一向喜欢炫耀军事实力，可能不是真的想打仗。但另一方面，他们也知道埃及和叙利亚几个月前已经签订共同防御条约。以色列本来希望通过外交手段或小规模军事行动来解决这一危机，但希望很快破灭，开罗的广播声称："我们的军队已经完全做好了战争准备。"[7]5 月 15 日，在阿拉伯国家纪念 1948 年战争失利的日子（和以色列阅兵在同一天），纳赛尔宣布："兄弟们，做好巴勒斯坦最后一战的准备是我们每个人的义务！"[8] 期待已久的灭亡以色列的"下一轮"战争似乎已迫在眉睫。

接下来的三周被以色列称为"哈姆塔纳"（*hamtanah*，希伯来语"等待"之意），这是以色列史上最紧张的一段时间。埃及在西奈半岛部署了 5 个师的兵力，每个师有 1.5 万人、100 辆坦克、150 辆装甲车和包括苏联大炮在内的大量武器装备。

有学者认为纳赛尔当时已下定决心开战，也有学者认为这是他为重建阿拉伯民族自尊心而摆出的姿态，只是后来事态失控了。不管埃及的真实目的是什么，在以色列人看来他就是要发动战争。5 月 16 日，纳赛尔采取进一步措施，引发了国际社会的密切关注。1957 年以来（1956 年西奈战役以后），联合国紧急部队在沿加沙和沙姆沙伊赫（Sharm al-Sheikh，这是位于西奈半岛最南端的一片地区）的国际边界线上建了几十个观察站，部署了几千人的部队，这支部队的任务是防止阿拉伯人潜入以色列，并保证埃及不会封锁蒂朗海峡（参见地图 6）。但现在，大量埃及军队已经涌入西奈半岛。

264

接下来，纳赛尔做出明显的交战行为，要求联合国秘书长吴丹（U Thant）将联合国部队撤出这一地区。以色列以为吴丹起码会做出形式上的反对。可吴丹立刻答应了纳赛尔的要求，甚至都没有通知联合国大会。5 月 19 日，联合国人员全部撤离。显然，联合国并不能保护以色列不受攻击。

以色列政治和军事领导人决定，如果埃及封锁蒂朗海峡（以色列最南端城市埃拉特［Eilat］通往红海的出海口，是以色列同东方的重要商业通道），[9] 以色列将视之为宣战行为（以色列可以名正言顺地开战）。两天后，埃及宣布封锁蒂朗海峡。短短 8 天时间内，埃及抹杀了以色列在 1956 年西奈战役中获得的所有外交成果。

这时外交战线最为关键。当时以色列在国际舞台上最重要的人物是阿巴·埃班。埃班 1915 年出生于开普敦，婴儿时就随家人迁居伦敦，后来进入剑桥大学学习古典学和东方语言。大学期间他积极参加犹太复国主义者青年联合会的活动，并成为该组织期刊的编辑。第二次世界大战爆发后，埃班和哈伊姆·魏茨曼一起在世界犹太复国主义者组织工作，后来还成为英军情报部门军官，在埃及和巴勒斯坦服役。

1947 年，埃班被任命为联合国巴勒斯坦问题特别委员会的联络官，他在此时把名字改为希伯来语化的"阿巴"。后来他同时担任以色列驻美国大使和以色列驻联合国代表。1959 年，他回到以色列后当选为议员。1966 年，他开始了为期 8 年的外交部部长生涯。

埃班才华横溢，能言善辩，是以色列不可多得的代言人。（多年后，美国总统林登·约翰逊对埃班说："我认为你是当今世界口才最好的演讲者。"）面对紧张的地区局势，他急忙来到法国。在 11 年前的西奈战役中，法国是以色列的主要盟友，并一直是以色列重要的军备供应国。但埃班出发时就担心这种关系已经发生变化。不久前，法国外交部总司长埃尔韦·阿尔方（Hervé Alphand）表示："法国对'以色列生存权'的承认和法国同阿拉伯国家的友谊之间并不矛盾。"[10] 以色列人都明白，阿尔方只不过嘴上说说"以色列生存权"，实际在意的却是与阿拉伯国家的"友谊"。

埃班同法国总统夏尔·戴高乐会谈，证实了他先前的担忧是正确的。夏尔·戴高乐坚持认为，应当由法国、英国、美国和苏联共同解决中东地区危机。但这个要求显然不现实，因为不存在让各方满意的解决方案。何况苏联在一旁煽风点火，不会致力于外交解决。戴高乐还警告以色列不要"首先开火"。埃班指出封锁蒂朗海峡构成交战理由，戴高乐认为这是无稽之谈。法国领导人根本不在乎埃及的封锁行为对以色列经济产生的影响。埃班提醒他，1956 年法国曾许下承诺，一旦遭到埃及封锁，法国将认可以色列的作战权。戴高乐若无其事地说：如今是 1967 年，而不是 1956 年。

对法国失望后，埃班前往伦敦，同工党首相哈罗德·威尔逊会面。在伦敦，他得到了一定支持。威尔逊告诉他，英国内阁已经讨论过这个问题，大家认为"一定不能让封锁政策得逞"[11]。

1957 年，为了让以色列离开西奈半岛，美国承诺，如果埃及再次封锁蒂朗海峡，美国承认以色列拥有自卫权。但离开伦敦来到美国后，埃班同林登·约翰逊的会谈让他失望。约翰逊同意埃及封锁蒂朗海峡属于"非法"行为，但他告诉埃班，美国正在制订"红海赛舟"（Red Sea Regatta）计划，准备让 40 个海洋大国派出国际船队穿越蒂朗海峡，维护国际海事权，确保蒂朗海峡自由通行。

埃班心神不宁地离开会场。以色列处在生死关头，而约翰逊显然忙于美国在越南的战争，不大可能落实"红海赛舟"计划。和戴高乐一样，约翰逊也警告以色列不要首先发动进攻。这位美国总统说："只要不一意孤行，以色列就不会孤立无援。"

这和1957年美国许下的承诺相距甚远。同法国一样，美国也违背了当初的诺言。

埃班在国际社会东奔西走，没有取得太多成果。以色列国内的气氛却越来越紧张。国家领导人面临一个关键选择：是按照美国的要求继续等待，还是先发制人、占据上风。列维·艾希科尔认为以色列应该等待，他说："首先发动战争在政治、外交乃至道德上都说不过去。我们必须保持克制，让军队再等一周、两周或更长时间……我们必须表现得足够成熟，才能经受住这场考验。"[12]

5月27日，内阁投票决定保持克制，继续等待。5月28日，艾希科尔发表广播演讲，试图让民众保持冷静。他说，以色列仍然希望在美国的帮助下通过外交手段解决危机。

但他的演讲彻底失败了。总理的英文稿撰写人耶胡达·阿夫纳回忆说：

> 演讲过程中不断出现他翻稿子的声音，伴着反反复复的"呃，呃"，似乎艾希科尔不知道自己念到哪了，又像是他不明白稿子上新加上去的"负责任的决策""共同目的"等词到底是什么意思。……他断断续续地演讲下去，不断出现"呃，呃"……收听他讲话的以色列人民本来就担惊受怕，他讲得越不流利，就显得他越没主见和惶恐，虽然他在演讲末尾向大家保证，一旦受到攻击，以色列知道如何保护自己。[13]

这次失败的广播讲话后来被称为"结巴演讲"。阿夫纳还说："突然，整个国家显得非常无助，就像没了领导人一样。以色列的敌人幸灾乐祸，而战壕中的以色列战士愤怒地摔掉收音机，流下失望的眼泪。"[14]《国土报》一位著名专栏作家写道："如果一个经历过大屠杀的民族还会信他的话，让自己再次涉险，那真是太不可思议了。"[15]

艾希科尔出现这种状况是有原因的。他本来计划在家里把讲话录下来，但他审稿太迟，等他改完后，演讲稿上满是删除符号、批注和箭头。后来演播室通知他已经来不及提前录音，总理只好拿着涂满修改、不好辨认的稿子到现场念。

但覆水难收，公众对他的信任已不复存在。有人呼吁他下台，还有人建议由本-古里安担任临时总理。《国土报》另一位专栏作家第二天写道：

> 如果我们相信艾希科尔在此紧要关头确有能力驾驭国家这艘巨轮，我们愿意追随他。但昨晚他发表广播讲话后，我们已不再相信。现在比较理智的做法是让本-古里安担任总理，摩西·达扬担任国防部部长，艾希科尔只需负责国内事务。[16]

军方对总理按兵不动的决定深感失望。时任步兵旅指挥官的阿里埃勒·沙龙将军正处在事业上升期，他认为等待下去是个战略错误：

> 今天我们亲手放下了我们最强大的武器，即敌人对我们的恐惧。我们本来有实力摧毁埃及军队，但如果在自由通行问题上退让，我们就打开了通往以色列毁灭的大门。无论如何，必须立即采取行动，否则未来将付出更高的代价。……以色列人民已经做好准备，去发动一场正义的战争，去战斗，去付出代价。现在的问题不仅关乎自由通行，还关乎以色列人民的

268

生存。[17]

5 月 19 日，约旦国王侯赛因飞到开罗会见纳赛尔。纳赛尔拿出埃及同叙利亚一年前签订的共同防御条约，侯赛因说："再给我一份同样的文件，把里面的叙利亚全部换成约旦，事情就成了。"[18]

以色列在建立和维护同约旦的关系上投入很大。独立战争期间，双方虽然在耶路撒冷及其周围发生冲突，但双边关系没有完全破裂。19 年来，虽然许多巴勒斯坦人从约旦潜入以色列发动袭击，但约以边境总体来说还算安宁。但现在，面对难以承受的压力，约旦国王认为自己别无选择，只能参战。约旦还和叙利亚签订共同防御条约，这意味着以色列可能要同时面对叙利亚、约旦和埃及在三条战线上的进攻。一天后，同 1948 年时一样，伊拉克部队来到埃及，急切准备加入战斗。

与此同时，美国几乎无所作为。美国没有组织船队突破蒂朗海峡的封锁，而以色列已经没有时间等下去了。美国和英国号召其他国家站在他们这边，但几乎没有国家响应。约翰逊宣布，他已经看不到任何解决危机的办法。美国此时深陷越南战争，白宫不愿在另一场军事冲突中投入宝贵的政治资本，径直拒绝了以色列在导弹、坦克和战斗机等武器装备上的请求。

从法国传来的消息更加糟糕。戴高乐曾告诉埃班，首先开火的国家将遭到武器禁运。但他后来改变了主意，战争还没爆发，他就禁止将武器卖给以色列。显然，他判断以色列无法打赢阿拉伯人，他准备利用这一机会恢复法国同伊斯兰世界的长期关系。

以色列国防军总参谋长拉宾因为压力太大而病倒。他几乎吃不下饭，每天抽约 70 根烟，喝大量咖啡——然后出现了精神崩溃的症状。民众此时已经非常紧张，如果得知最高军事指挥官在大战前精神崩溃，只会进一步陷入恐慌。所以拉宾对外宣称自己"尼古丁中毒"[19]。拉宾的医生更诚实，称之为"急性焦虑症"。约西·克莱因·哈勒维对以色列社会的观察一向深刻，他指出："以色列当时面临的不是普通战争，这场战争关系到以色列的生存和犹太人主权梦想的终结，巨大的责任压垮了拉宾。"[20]

拉宾只休息了一天，接受治疗后，又回到了军营。

以色列当时最主要的盟友是世界犹太人。一听到阿拉伯国家领导人的讲话，欧洲和美国犹太人都明白这次危机非同小可。大屠杀期间美国犹太人做得不够，他们不愿再犯同样的历史错误。他们开始为以色列捐钱，组织集会，对华盛顿施加政治压力。

在纽约举行的一次支持以色列的集会有 15 万人参加，成为美国犹太人组织的规模最大的集会。（美国以色列公共事务委员会［American Israel Public Affairs Committee］这时已经存在，但十年后才真正具有影响力，成为美国犹太人在国会山最重要的游说集团。）[21] 犹太求助联合会（United Jewish Appeal）的"紧急募捐"筹集了 3.07 亿美元。正当全世界犹太人担心以色列能否抵抗住阿拉伯国家进攻时，美国犹太人行动了起来，美国犹太人和以色列之间的关系进入一个新的发展阶段。全美许多犹太人捐出了大量财产，为了保证以色列的生存，俄亥俄州比奇伍德（Beachwood）的一对夫妇将他们装修房子的资金全部捐给以色列。[22]

但阿拉伯世界也觉醒了。5 月 26 日，纳赛尔宣布："我们最基本的目标就是消灭以色列。"[23] 艾哈迈德·舒凯里（Ahmed Shukeiri）在 1957—1962 年曾担任沙特阿拉伯驻联合国代表，后来成为巴勒斯坦解放组织主席。在战争爆发前，他宣称："这场战争后，没一个犹太人能活下来。"[24]开罗、巴格达、大马士革也举行了游行示威活动，许多民众聚集在大街上高喊"让犹太人去死""把犹太人赶进大海"等口号。[25]

赫茨尔和比亚利克时代的欧洲来到了中东。就在 21 年前，奥斯维辛的焚尸炉每天焚烧几千名犹太人；就在 5 年前，艾希曼审判让以色列人再次感受到大屠杀的恐怖。而此刻，阿拉伯世界也开始故意使用与大屠杀有关的意象。在埃及报纸的一幅漫画中，一只手持刀捅进一颗大卫星的心脏，底下的签名为"尼罗河石油和肥皂公司"——显然在影射纳粹分子用犹太人的尸体做肥皂。

以色列做好了最坏的打算。拉比们在全国各地划出准备用作集体公墓的土地。拉马特甘的体育场被征用为可以埋葬 4 万人的墓地。酒店全部停业，准备用作急救站。学校改建成防空洞，每天举行防空演习。人们还制订计划，准备将以色列儿童送到欧洲避难，这不禁让人想到1938—1940 年将许多犹太儿童送到相对安全处（大多数送到了英国）的"儿童转移"（Kindertransport）计划。以色列情报机构向艾希科尔汇报，说西奈半岛发现了埃及的毒气设备，但以色列防毒面具库存严重不足。艾希科尔用意第绪语（他年轻时在欧洲说的语言）小声说道："即将血流成河。"甚至出现了黑色幽默——以色列人开玩笑，说以色列唯一的国际机场打出一条横幅，上面写着："最后离开者，请关灯。"[26]

到 6 月 1 日，约翰逊帮助以色列打开海上通道的"红海赛舟"计划显然没有得到国际社会的响应，搁浅了。美国国务卿迪安·腊斯克（Dean Rusk）被问道，美国是否会约束以色列，不让它首先开火。腊斯克回答："我不认为我们有职责约束任何人。"[27]以色列有了可以进攻的第一个信号。[28]

在国内，艾希科尔明白民心不稳，而政府这时最重要的是要能显示出团结一致。他建立了以色列历史上第一个"团结政府"（unity government），让反对党领导人进入内阁，包括长期被本-古里安在政治上边缘化的梅纳赫姆·贝京。团结政府大大提高了贝京在以色列政坛的地位。

应众人要求，摩西·达扬被任命为国防部部长，达扬当时并非艾希科尔领导的工党的成员，而是本-古里安领导的拉菲党（Rafi）成员。以色列民众从未见过团结政府，精神紧张的他们为达扬的上任拍手称快。

让贝京的同事感到意外的是，贝京居然建议本-古里安在危机期间担任总理一职。虽然本-古里安没有答应，但他改变了对贝京的看法，两人的关系得以改善。他后来说："如果我以前就像现在这样了解贝京，历史的面貌会不同。"[29]

1967 年 6 月 1 日周四，团结政府召开第一次会议，会议决定以色列政治领导人第二天和总参谋部、国防委员会成员在特拉维夫以色列国防军的地下作战中心会面。在周五的会议上，以色列政府决定首先发动战争。6 月 3 日周六，包括沙龙、拉宾、叶沙雅胡·加维什（Yeshayahu Gavish）在内的几位将军向政府提交了作战计划，达扬说第二天的内阁会议将授权军队行动。

周日，在持续 7 小时的会议上，达扬向内阁提交了作战计划。当时的形势已非常严峻：埃及在西奈半岛至少有 10 万兵力和 900 辆坦克；在北部，叙利亚有 7.5 万兵力和 400 辆坦克；约旦有 3.2 万兵力和 300 辆坦克。总共算下来，以色列要面对 20.7 万敌军和 1600 辆坦克。如果动员全部预备役部队，以色列的军力能达到 26.4 万人，

272

但只有 800 辆坦克。以色列的飞机数量更不容乐观，阿拉伯国家共有 700 架飞机，以色列只有 300 架。

达扬认为，只要立刻发动进攻，以色列就能够赢得战争。他请求内阁批准第一轮军事行动，另外又要求由他和艾希科尔单独决定行动时间。内阁最终以 12 票赞成、5 票反对通过了对埃及先发制人的进攻计划。由达扬和拉宾决定行动时间。

特拉维夫以南 12 英里处，是地中海沿岸小城雷霍沃特，附近泰勒诺夫（Tel Nof）空军基地驻扎着第 55 空降旅。6 月 5 日早上 7 点 10 分，空降旅的士兵惊奇地发现几十架飞机从这起飞，向南超低空飞行。90 分钟后，它们又飞了回来。除了这里的士兵，几乎没人能看到这一幕。

7 点 30 分，200 架以色列喷气式战斗机飞往埃及，准备袭击。以色列知道，这个时间点埃及飞行员正在吃早饭，飞机无人看管。这次行动极其冒险，几乎全部以色列飞机加入了攻击编队，国内只留 12 架飞机保卫领空安全。为了躲避埃及雷达，执行空袭任务的飞机飞得极低，有时离地面只有 15 米，极险。一位空降兵后来回忆说，飞机飞得特别低，他感觉一伸手就能摸到一架。

为了不暴露位置，所有飞行员不得使用无线电通话，不管遇到什么情况，都不能使用无线电求救。如果遇到无法独自解决的危险情况，只能让飞机在大海上坠毁。

约旦雷达发现了以色列飞机，但由于埃及在没有通知约旦的情况下更换了频率代码，约旦无法向埃及发出警告。这是个致命的错误。长达 3 个小时的多轮进攻（以色列飞机飞回基地加油和装弹后继续飞往埃及）后，以色列摧毁了几百架埃及飞机，三分之一的埃及飞行员被炸死，13 个基地无法正常使用，23 个雷达站和防空设施被摧毁。埃及空军基本上全军覆没。

以色列损失了 17 架飞机，牺牲了 5 名飞行员。其中一架飞机受损后飞到以色列核反应堆所在地迪莫纳的上空。由于飞行员无法通过无线电联系地面，以色列自己发射了"霍克"防空导弹将之击落。

上午 10 点 35 分，第一架飞机起飞 3 个小时后，伊扎克·拉宾收到一份简报："埃及空军已不复存在。"[30] 在接下来的战争中，以色列将承受不少损失，但在得到这个消息的那一刻，以色列国防军的领导们已经明白，在战火全面爆发前，以色列已基本赢得这场战争。

以色列人联络上约旦国王侯赛因，请求他不要加入冲突。虽然当时约旦已经向以色列开火，但以色列人承诺只要约旦不再开火，以色列将继续接受两国 1949 年签订的停战协议。然而，侯赛因可能真的相信埃及在这场冲突中像纳赛尔断言的那样乐观，同时也担心不参战会引发民众的愤怒，他命令约旦军队越过了停火线，空军也进入待命状态。

274

上午 11 点 50 分，约旦、叙利亚和伊拉克空军对以色列发起进攻，但在接下来的两小时内，以色列空军不但击落和赶走了全部敌机，还炸毁了约旦和叙利亚的空军基地。6 月 5 日这天，以色列共摧毁了 400 多架阿拉伯飞机，赢得战争的制空权。

在地面，以色列军队切断了加沙地带和埃及之间的联系。第二天，以色列不费一兵一卒就占领了沙姆沙伊赫，解除了埃及对蒂朗海峡的封锁。

6 月 5 日，在前往自己宣誓就职典礼的路上，梅纳赫姆·贝京听到来自约旦的炮火声。他没有感觉到危险，而是看到了机会。当内阁成员在一个摆满旧家具和清洁工具的地下室开会时（此前有炮弹落在议会大楼前的草地上，于是内阁将开会地点改到这），贝京建议以色列充分利用侯赛因加入冲突的机会收复耶路撒冷老城。艾希科尔担心这场战斗的代价会很高，贝京则像往常一样将冲突放在犹太历史的背景下审视。他慷慨激昂地说："同志们，约旦军队不堪一击，而我们的军队就在老城城门下。我们的士兵几乎能看到西墙。我们怎么能不让他们进去？这是历史给我们的绝佳机会，如果不抓住，后人不会原谅我们。"[31]

几个小时后，以色列国防军指挥部命令两个营的兵力"冲过将东西耶路撒冷隔开的障碍，穿越雷区和战壕，到达斯科普斯山"。这些战士接下来的任务就是占领老城，"抹去 1948 年的耻辱"[32]。第二天，空降兵乘坐大巴进入耶路撒冷。虽然他们可以听到城市另一边的轰炸声，但 1948 年以来由以色列控制并成为首都的西耶路撒冷静如止水。这份平静让他们既感动，又有点窘迫。战士们唱起三周前风靡全国的拿俄米·舍莫尔创作的歌曲，划破了平静："耶路撒冷，黄金之城；何等明亮，青铜之城；我愿如琴，将你歌颂。"这些"琴"不知道他们即将投入一场恶战。

以色列出师不利。由于情报有误，以色列首先进攻老城外一个约旦军队的据点，这个地方现在叫弹药山。以色列相信以军人数是约旦守军的三倍，但约旦部署在那的军力远远多于以色列的判断。战斗从 6 月 6 日凌晨 2 点 30 分持续到早上 6 点 30 分。迈克尔·奥伦在描述战斗结果时写道："以色列的尖兵分队全军覆没。三辆谢尔曼坦克中一辆被击毁。约旦军队躲在战壕里，其他两辆谢尔曼坦克无法将炮管调到这么低的角度射击。为了避免误伤自己，以军无法请求炮兵火力支援。空降兵的背包太宽，不能在敌方战壕里自由穿行，只能在没有掩护的情况下前进。"[33] 这是阿以冲突中最血腥的战斗之一，在 4 小时的战斗中，以色列损失了 35 名战士，约旦有 71 名战士丧生。

尽管如此，第二天早上 4 点 30 分，以色列士兵经过一夜鏖战，还是进入老城外的无人区，几小时后控制了老城城墙外所有阿拉伯区。以色列士兵蹲下来，等待内阁的决定和命令。上午 9 点 15 分，时任第 55 空降旅指挥官的莫塔·古尔（后来成为以色列国防军总参谋长）终于得到命令："立即进入并占领老城。"

> 莫塔坐在地上，端详着城墙围绕的老城。那个早晨晴朗、凉快，阳光照上他的背。圣殿山上金色和银色的穹顶在他眼前闪光。他闭上眼睛，似乎在祈祷。他即将步入这块犹太人的圣地，仿佛与大卫王走在一起，他曾经征服耶路撒冷，将它作为自己的首都；与犹大·马卡比走在一起，在圣殿遭到希腊人的亵渎后，他来此清洁了圣殿；与巴尔·科赫巴走在一起，他和罗马人奋力一搏，最后输掉了争夺耶路撒冷的战争。在随后许多个世纪里，犹太人被迫离开这里，只留下无法抹去的回忆。现在，这片圣地又从梦想中走了出来，在触手可及处熠熠生辉。[34]

276

古尔命令他的空降部队从狮门进入老城。一小时后，他们已经冲进老城城门，来到圣殿山。莫塔·古尔拿起无线电发报机，发出了一句后来在以色列广为传颂的话："圣殿山已经在我们手上。"

仅在三周前，兹维·耶胡达·库克拉比还悲痛地喊："我的耶路撒冷在哪里？"这把当时在场的学生震住了。现在，他随着刚刚占领老城的空降兵从圣殿山走到西墙前。在场的还有国防军大拉比什洛莫·戈伦（后来成为以色列的大拉比）。戈伦手里拿着羊角号和《托拉》，被抬到另一人的肩上。但他情绪太激动了，没能吹响传统的羊角号。一位吹过小号的士兵让戈伦把羊角号递给他，由他吹响了羊角号。上一次在这里吹响羊角号的，还是不顾英国禁令的伊尔贡成员，他们一吹完就得逃跑，现在已经没有逃跑的必要。几千年后，犹太人终于再次控制了西墙和圣殿山。

到 6 月 7 日，战争爆发不到两天，埃及和约旦军队已被击溃。纳赛尔下令全军撤退。尽管如此，他还是拒绝在停火协议上签字，因为他想在停火协议中加入一条类似 1956 年那样的条款，要求以色列撤离西奈半岛。但借用戴高乐的话，如今是 1967 年而不是 1956 年，以色列不会答应。纳赛尔明白已经完全没有希望收复失去的领土后，才于 6 月 8 日午夜接受了停火协议。

正当南部和中部作战正酣之际，国防军领导人已经在激烈讨论如何在北部采取行动了。达扬和艾希科尔反对占领叙利亚的戈兰高地，认为叙利亚军队没有越境意图，将战火燃烧到北部，可能成为苏联干预这场战争的借口。

但其他人不同意。6 月 8 日，以色列北部战线指挥官大卫·埃拉扎尔找到艾希科尔，试图说服他占领戈兰高地。他提醒总理，多年来，以色列北部的居民经常遭到叙利亚军队炮击，长期担心叙利亚人潜入境内。每当遭到叙利亚军队炮击，以色列人只能躲进防空洞，出来后发现房子被炸毁，公共建筑被损坏，农田燃起熊熊烈火。他们长期生活在恐惧当中，担心自己，担心孩子，每天都不知道未来

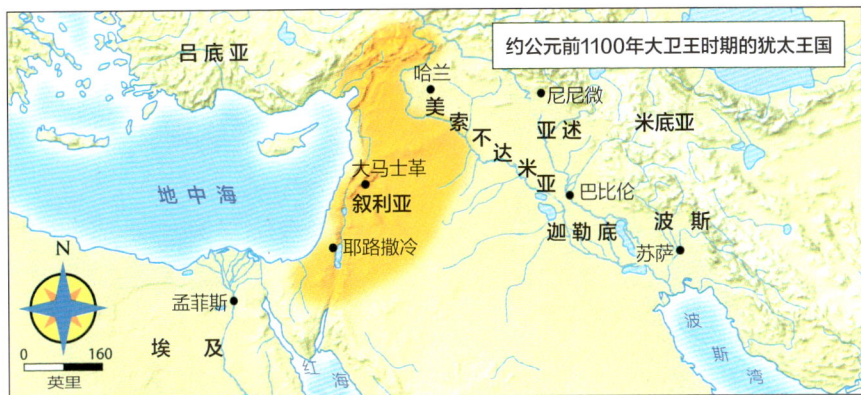

地图 1　约公元前 1100 年大卫王时期的犹太王国

大卫王是古代以色列人的第二位国王，他将犹太人零散的支派扩展为一个王国。在犹太复国主义者看来，在中东建立犹太国能够实现犹太民族回到先祖之地的梦想。19 世纪末形成的犹太复国主义运动只是将几千年来一直存在的梦想转变为一个政治运动。参见第 2 章。

地图 2　1914 年奥斯曼帝国统治下巴勒斯坦的犹太城镇和村庄分布

19 世纪末，政治犹太复国主义运动兴起后，犹太人开始大量移民巴勒斯坦。当时控制这一地区的奥斯曼帝国试图限制犹太人移民，但在接下来的一个世纪，犹太人还是建立了许多社团。这些社团有的发展成基布兹（犹太复国主义和社会主义结合的产物），有的按照欧洲模式建立起现代城市如特拉维夫等。参见第 4 章。

地图 3　英国委任统治时期的巴勒斯坦

　　第一次世界大战奥斯曼帝国战败后，巴勒斯坦成为英国委任统治地。1917年发表的《贝尔福宣言》中，英国声称支持"犹太人在巴勒斯坦建立一个民族家园"，但没有明确划定"民族家园"的范围。1937年巴勒斯坦皇家委员会暗示"民族家园"包括约旦河两岸。1948年宣布建国的以色列只包含英国巴勒斯坦委任统治地的部分领土。参见第5章。

地图 4　1937 年皮尔委员会方案

1936 年英国委派皮尔委员会到巴勒斯坦解决犹太人和阿拉伯人之间持续升级的冲突。1937 年该委员会提交的报告第一次提出分治（"两国方案"的最早版本），巴勒斯坦犹太社团伊休夫勉强接受了这一提议，但阿拉伯领导人拒绝接受。参见第 6 章。

地图内标注（地图 4）

黎巴嫩
泰尔
阿卡
海法
拿撒勒
叙利亚
加利利湖
地中海
约旦河
纳布卢斯
特拉维夫
雅法
耶路撒冷
伯利恒
加沙
希伯伦
拉法
贝尔谢巴
死海
外约旦
埃及
N
0　20
英里

1937年皮尔委员会方案
阿拉伯国
犹太国

地图 5　1947 年联合国分治决议

1947 年，联合国巴勒斯坦问题特别委员会建议将巴勒斯坦划分为犹太国和阿拉伯国。1947 年 11 月 29 日，联合国大会通过了 181 号分治决议。虽然划分给犹太人的领土只占委任统治地的 12%，但犹太人接受了这一决议，而阿拉伯领导人再次拒绝并在第二天发起战争，这场战争后来被称为独立战争。参见第 7 章。

地图内标注（地图 5）

黎巴嫩
泰尔
阿卡
海法
拿撒勒
叙利亚
加利利湖
地中海
约旦河
纳布卢斯
特拉维夫
雅法
耶路撒冷
伯利恒
加沙
希伯伦
拉法
贝尔谢巴
死海
外约旦
埃及
N
0　20
英里

1947年联合国分治决议
阿拉伯国
犹太国
国际控制区

地图 6　1967 年六日战争后的以色列

　　1967 年 6 月，面对埃及总统迦玛尔·阿卜杜尔·纳赛尔的战争威胁，以色列空军先发制人，在战争爆发前摧毁了埃及几乎所有的空军力量。在六天的闪电战中，以色列将领土扩大了三倍多，占领了 42000 平方英里的土地，包括埃及的加沙地带和西奈半岛、约旦的约旦河西岸和叙利亚的戈兰高地。多年后，1967 年战前边界将成为和平谈判的基础和巴勒斯坦最终建国后同以色列的参考边界。参见第 12 章。

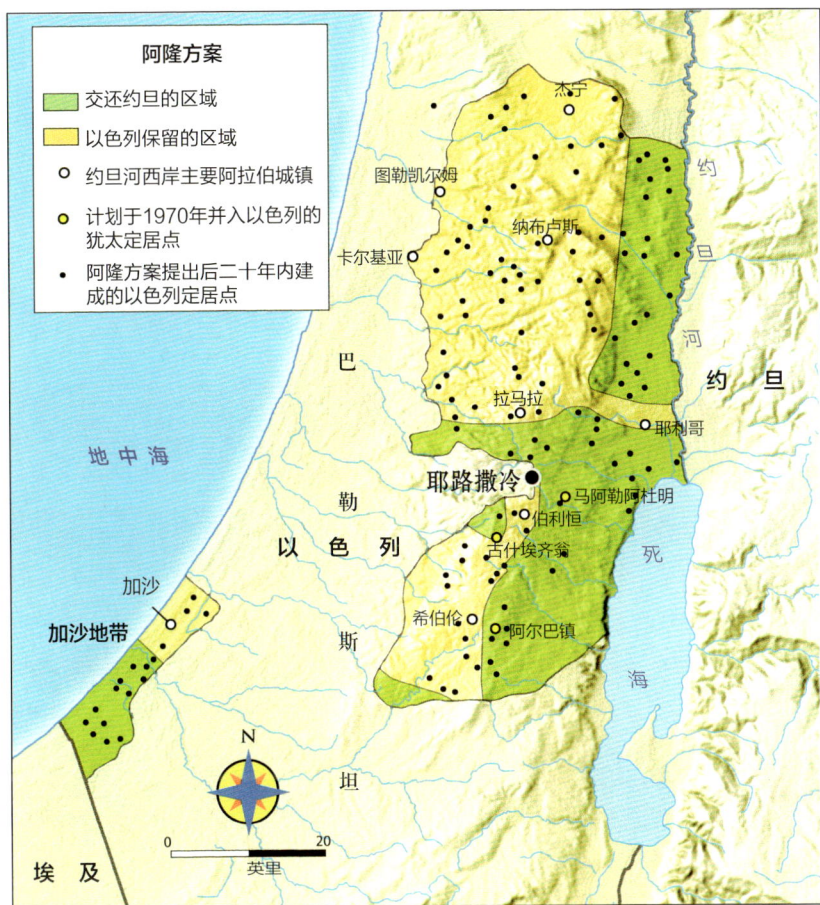

阿隆方案

- 交还约旦的区域
- 以色列保留的区域
- ○ 约旦河西岸主要阿拉伯城镇
- ◉ 计划于1970年并入以色列的犹太定居点
- • 阿隆方案提出后二十年内建成的以色列定居点

杰宁

图勒凯尔姆

纳布卢斯

卡尔基亚

约 旦 河

约 旦

巴 勒

地中海

拉马拉

耶利哥

以 色 列

耶路撒冷

马阿勒阿杜明
伯利恒

古什埃齐翁

死 海

希伯伦

阿尔巴镇

加沙

加沙地带

斯

坦

N

0   20
英里

埃 及

地图7 阿隆方案

　　1970年，伊加尔·阿隆就1967年占领的土地提出了一个方案，建议以色列长期占领约旦河谷一批定居点，这些领土能够起到战争预警作用，提早发现来自东面的进攻。约旦河西岸其他领土归还巴勒斯坦人或约旦。虽然该方案没有成为以色列正式文件，约旦也明确表示拒绝接受，但很多以色列定居点在约旦河谷得以建成。在"阿隆方案"之后，几十年来出台了多个划分约旦河西岸的提议。参见第13章。

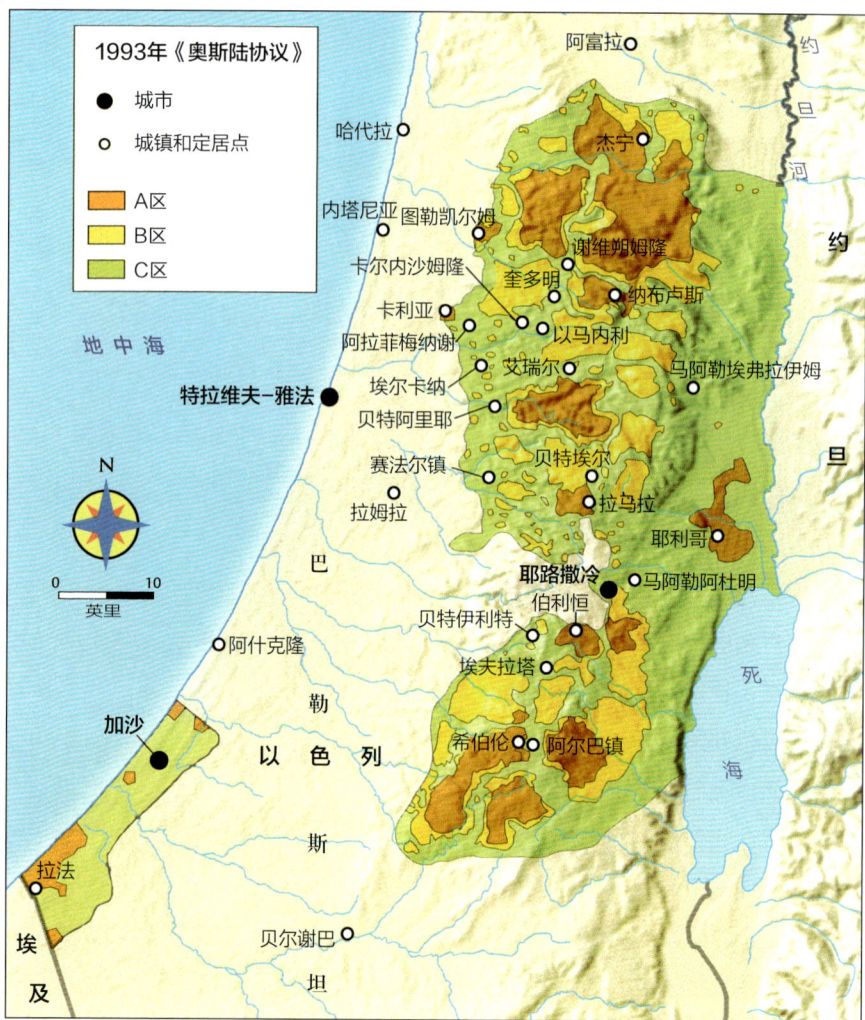

地图 8　1993 年《奥斯陆协议》

　　《奥斯陆协议》的最终目标是实现巴勒斯坦建国。协议规定巴勒斯坦民族权力机构将分阶段获得巴勒斯坦领土的管控权。A 区在协议制定后就交由巴勒斯坦民族权力机构，B 区由巴以双方共管，C 区由以色列单独控制。但几年后，随着伊扎克·拉宾总理的遇刺和巴勒斯坦暴力运动的兴起，《奥斯陆协议》最终失败。参见第 16 章。

注：本书地图皆源自原书插图。

会怎样。现在有机会一劳永逸地解除威胁，让以色列北部的生活重归安宁。

　　部长级国防委员会召开紧急会议，听取了埃拉扎尔的申述，以及拉宾关于占领北部山区的作战计划。达扬听后还是无动于衷，他仍然担心北部军事行动可能让苏联介入战争。那天早些时候，以色列弄错船只所属国，在埃及海岸轰炸了美国海军的"自由"号，34名美国船员遇难，171人受伤，船只受到重创。当时正值美以关系的灾难性时刻，美国人对以色列愤怒至极。如果在这种情况下让苏联加入战争，自然是轻率的。

　　会后，拉宾打电话给埃拉扎尔，告诉了他委员会的讨论结果。埃拉扎尔感到失望，认为政府依旧不对生活在边境地区的居民负责。他后来抱怨说："在给我们造成这么多麻烦，又是炮轰又是骚扰后，现在还让这些自负的混账东西留在山顶上继续对我们作威作福？如果以色列国不能保护我们，我们至少有知情权，他们可以直接告诉我们，我们这些人不属于这个国家，没资格得到军队的保护。他们应该让我们逃离家园，结束这段噩梦！"[35]

　　凌晨两点钟，军事指挥官已经筋疲力尽，便散了会，上床休息。但早上6点，达扬醒来后突然改变了主意。他打电话给中央司令部，从那得知虽然以色列军队还没有向北发动进攻，但驻扎在戈兰高地的叙利亚军队已经溃不成军。6点45分，达扬直接打电话给埃拉扎尔，命令他立即对戈兰高地发动进攻。[36]拉宾得知这一消息后，赶紧打电话给埃拉扎尔，提醒他中央司令部对戈兰高地的判断完全错了。他说："叙利亚军队根本没有崩溃。你得做好准备，他们会拼尽全力，顽强抵抗。"[37]

　　拉宾判断得没错，这场战斗很激烈，以色列损失惨重：115名士

278

兵阵亡，306 人受伤。但叙利亚伤亡更严重，6 月 9 日晚上，以色列已经占据上风，叙利亚的防线在崩溃。①

279　　随后以色列国防军开往距离叙利亚首都大马士革以西 40 英里处的库奈特拉（Kuneitra），攻占下这座城市后，叙利亚同意签订停火协议。6 月 10 日下午 6 点 30 分，六日战争基本结束。

　　这场战争非常短暂，只持续了 132 小时。以色列获得了压倒性胜利，埃及死亡人数在 1 万—1.5 万之间，5000 多人失踪，几千人受伤。约旦损失了 700 名士兵，6000 人失踪或受伤。在北部战线，450 名叙利亚人死亡，将近 2000 人失踪或受伤。埃及军队只剩 15％的军事硬件完好无损。以色列损失了 679 名士兵（后来有的以色列数据将死亡人数定为约 800 人），2567 人受伤。②

　　这场战争大幅改变了以色列的领土。战争期间，以色列一共占领了 4.2 万平方英里的土地，领土较战前翻了 3 倍多（参见地图 6）。38 以色列占领了加沙地带、西奈半岛、约旦河西岸（包括东耶路撒冷）和戈兰高地，俨然成了另一个国家。已经对犹太人无法去这

---

　　① 艾利·科恩（Eli Cohen）是以色列具有传奇色彩的间谍，如果没有他，以色列攻打戈兰高地的损失会更大。科恩 1924 年出生在埃及的亚历山大，1947 年加入埃及军队。以色列建国后，当时在大学学习的科恩经常被穆斯林兄弟会骚扰。和其他犹太家庭一样，他家也移民到以色列。由于能说一口流利的阿拉伯语，科恩当上间谍。1961—1965 年担任叙利亚国防部部长顾问，为以色列提供大量关于叙利亚的关键情报。他的身份泄露后被判处死刑，1965 年 5 月在大马士革一个公共广场被处以绞刑。以色列在六日战争中能迅速占领戈兰高地，离不开科恩提供的情报。

　　② 和 1948 年一样，以色列的胜利给流散地的犹太人带来了灾难。在埃及、也门、黎巴嫩、突尼斯和摩洛哥，愤怒的暴徒袭击犹太人，烧毁犹太会堂。发生在利比亚首都的黎波里（Tripoli）的集体迫害导致 18 名犹太人死亡，25 名犹太人受伤。埃及 4000 名犹太人中有 800 人被捕。大约 7000 名犹太人被阿拉伯国家驱逐，他们除了身上穿的衣服几乎再没什么财产。（Michael Oren, *Six Days of War*, p. 307.）

些地方习以为常的哈伊姆·古里在六日战争后说："我感觉已经死去，又醒来，复活了。"分裂的国家终于统一了。"我深爱的一切就在脚下，这片无主之地像梦境般呈现。古老的以色列地，我青春的家园，之前被分裂的另一半祖国。"³⁹

　　独立战争期间，有大约 70 万阿拉伯人离开以色列来到附近国家（这些国家大多拒绝他们成为公民，让他们成为永久性难民）。六日战争再一次改变了他们的生活，他们发现自己不再生活在约旦统治下，而是回到以色列控制下。在 1967 年，大约 125 万巴勒斯坦人生活在约旦河西岸和加沙地带，他们的命运成为国际社会密切关注的问题。

　　和 1948 年战争后一样，修正主义历史学家（"新历史学家"学派）对六日战争的解读也和主流叙事不同。有的声称，1948 年本-古里安不占领约旦河西岸的决策，一直让好战的帕尔马赫成员深感不满，正是这些人挑起了六日战争。比如，以色列犹太裔政治专栏作家哈伊姆·哈内格比写道："必须记住，在 1967 年，军队的指挥官们仍是当年的帕尔马赫成员，他们热切希望利用六日战争来实现 1948 年未实现的事情：接管巴勒斯坦人剩下的领土，通过征服的力量，建立真正的大以色列。"⁴⁰他们中还有人认为，是经济失败导致战争爆发，政府希望通过战争转移人们对高失业率的关注。"1964 年以来，不断升级的冲突是'不必要的'，因为阿以冲突并不是这场战争的根源。这些年来，以色列一直在放弃它的社会原则，为了消除由此产生的影响，采用武力是……某种战略选择。"⁴¹

　　这些年来已日益清楚的是，这类观点听起来雄辩滔滔，但并不符合历史。战争发生 30 年后，那一时期的文件已被以色列国家档案馆解密（阿拉伯国家的档案仍在封存，其解密遥遥无期）。通过阅读这些文件，我们能够相对客观地还原当年的外交史，正如迈克尔·奥伦在其权威之作《六日战争》中所写："以色列不顾一切试图避免战争，直到战争前夜，还在尝试各种可能避免战争的途径。"[42]

枪声停息、威胁解除后，以色列沉浸在欢天喜地的氛围中。犹太国不但生存下来，还变得比以前更加强大。这一次，以色列被法国人背叛、被美国人拒绝、被苏联人威胁，但孤军作战的以色列在战争中大获全胜。过去那群将英国人赶出巴勒斯坦的地下武装组织已经成为一支高度职业化的军队。以色列成为中东地区最强大的国家，犹太人不用生活在危险中，可以肆无忌惮欺负犹太人的时代已经过去，敌人一拿起武器犹太人就害怕地退缩的日子已经一去不复返，犹太人再也不用担心下一场大屠杀就在眼前。早期犹太复国主义者曾梦想犹太人在先祖之地享有主权，这一天终于到来。

为此感到兴奋的不仅是以色列人。在苏联犹太人看来，以色列犹太人的形象和他们从小认识的犹太人形象完全不同，他们突然为自己是犹太人而骄傲。[43]此后，苏联犹太人移民以色列的愿望越来越强烈。美国犹太人也很兴奋，六日战争后的一年，1.6万美国犹太人移民以色列，超过建国以来美国犹太人移民以色列的总数。[44]

就在空降兵为占领耶路撒冷老城而欢庆时，拿俄米·舍莫尔正在西奈半岛，准备为那里的战士演出。这时，她从广播里听到耶路撒冷的战士正在唱她的歌《金色的耶路撒冷》，她在歌词中把耶路撒冷描述成一座"孤零零的城市，心中横亘着一道墙"，她意识到六日战争后，这句歌词已经不合时宜。于是她将一位战士的背当作桌子，迅速写下新的歌词：

我们重新回到水井旁

回到这里的市集和广场

耶路撒冷老城的圣殿山

又传来羊角号的声响

天空中仿佛闪耀着千百个太阳

连石缝里也沐浴着金光

我们［这一次］路过耶利哥

去观赏死海的波浪[45]①

犹太复国主义者长久以来梦想安全、自信、自豪和国际赞赏，这个梦终于实现。

但并不持久。

---

① 以色列人六日战争前也能去死海，但需要先向南到贝尔谢巴（Beersheba），再从阿拉德（Arad）穿越沙漠来到死海，从耶路撒冷开车出发需要好几个小时。现在，从东耶路撒冷经过耶利哥前往死海，开车只需要大约半个小时。

第十三章
占领成为重负

> 耶路撒冷属于我，但让我感到陌生……
>
> 生活在那的也是陌生人……
>
> 他们一直生活在那，我才是陌生人。
>
> ——阿摩司·奥兹写于六日战争后

拿俄米·舍莫尔在歌词中写道："我们重新回到水井旁，回到这里的市集和广场，〔回到〕耶路撒冷老城的圣殿山。"确如歌中所唱，犹太人重新回到这里。东、西耶路撒冷间的那道墙已不复存在，圣殿山下的西墙又回到犹太人的怀抱。自大约两千年前罗马人毁灭圣殿以来，第一次有大量犹太人来到西墙前。

他们用手触摸墙上的石块，徜徉于古老的集市，终于能够亲眼看见这个千年来魂牵梦萦、但过去 19 年来无法靠近的地方。"推着婴儿车的女人，包着头巾的老妇，戴着檐帽的基布兹成员，裹着祈祷巾戴着哈西德毛帽、黑色大檐帽或针织基帕帽的正统派教徒来到这里……陌生人之间会相互一笑，似乎在说：我们站到了故事的最后。"[1]

但故事并没有结束。欢庆之余，人们也感觉怪怪的，占领似乎

不像欢庆者想象的那样简单。但不管怎样，在这场许多人认为这个 284
年轻国家将灭亡的战争中，以色列克服了各种难以逾越的困难。以
色列人回到了圣经时代的土地，回到了多个世纪来犹太人只能在宗
教经典中读到的地方。

但拿俄米·舍莫尔在歌词中提到的市集并非无人居住。阿摩
司·奥兹（他父亲在 1947 年 11 月那个夜晚曾对他说犹太历史将永
远改变）感到，历史的浪潮正再次发生改变，在西奈半岛服兵役的
他，一休假就来到耶路撒冷。走在大街上，他发出这样的感慨：

> 耶路撒冷属于我，但让我感到陌生……这座城市有人居住。
> 生活在那的也是陌生人：我听不懂他们的语言，他们一直生活
> 在那，我才是陌生人……他们的眼神恨我。他们希望我死。我
> 是受诅咒的陌生人……我拿着冲锋枪走在街上，俨然成了儿时
> 噩梦中的人物：一个身在异乡的异客。2

战后，他很快在工党《达瓦尔报》的专栏中写道：“占领即使不
可避免，也是腐化堕落的。”在后来几十年里，他同以色列小说家大
卫·格罗斯曼等人一起对这个观点进行深入阐释。①

从摄于六日战争前的西墙黑白照中能看到，西墙前是一条拥挤 285
的小巷，连几百个人都容纳不下。政府料到六日战争后会有几千犹

---

① 虽然以色列有许多公众人物和普通民众反对占领，但也有以色列人认为这在法律上
不算“占领”。2012 年，以色列前最高法院法官埃德蒙·莱维（Edmund Levy）主持的一份
报告认为，由于约旦河西岸之前不存在主权实体，尤其考虑到约旦放弃了对这片领土的所
有权，以色列拥有获得这些领土的主权的法律基础。（Amb. Alan Baker, "The Legal Basis of
Israel's Rights in the Disputed Territories," http://jcpa.org/ten-basic-points-summarizing-
israels-rightsin-judea-and-samaria/. ）

太国公民涌到犹太教最神圣的这个地方来欢庆。小巷旁有个脏乱的棚户区，叫穆格拉比（Mughrabi）区。1948 年，135 户无家可归的难民搬到这儿长住。6 月 10 日晚上，得到高层批准后，军队要求穆格拉比区的阿拉伯人立即离开，他们计划在此建立一个能够容纳大量人口的广场。很快，军队的推土机开始清除这些房屋，疏通通往西墙的道路。负责清空穆格拉比区的指挥官后来回忆说："要求在此居住的人离开，是我下达过的最艰难的命令……当你［在战场上］下令'开火'，只需要本能，不用多想。但在这儿，你不得不下达的命令会伤及无辜。"[3]

一些学者认为，穆格拉比区[①]的行动很能体现以色列当时草率而仓促的决策，其中有些决策随后几十年塑造了以色列的发展。6 月 10 日拆除该区前，以色列没有展开如何对待占领区大量城镇和社区的全国性讨论。但以色列人很快明白，六日战争后，以色列人对占领的土地和人口作出的决策，将给以色列带来严峻挑战，这些挑战同六日战争试图解除的威胁一样事关生死。

战后的变化让全体以色列人无比兴奋。在宗教人士看来，以色列能如此戏剧性地逃过一劫，并取得决定性胜利，一定得到了上帝的帮助。有人认为这场战争说明弥赛亚的时代已经到来。上帝一定是听到了兹维·耶胡达·库克拉比痛苦的呼喊。这股宗教热情将助燃一场运动，它很快就会永久改变以色列。

286

[①] 穆格拉比区一直是犹太人和阿拉伯人之间争议的焦点。早在 1929 年，两个民族间就犹太人访问西墙的问题出现激烈争执，穆夫提哈吉·阿明·侯赛尼呼吁限制犹太人前往西墙。作为回应，伊休夫阿什肯纳兹大拉比亚伯拉罕·以撒·库克号召犹太人清除穆格拉比区。当时并没有人采取行动，但他的建议在 1967 年成为现实。（Hillel Cohen, *Year Zero of the Arab-Israeli Conflict, 1929* ［Waltham, MA: Brandeis University Press, 2015］, p. xvii.）

世俗犹太人同样心潮澎湃。和以前一样，以色列诗人用诗歌表达了全国人民的激动心情。拿单·奥尔特曼一向善于用脍炙人口的诗歌记录关键的历史时刻。他已经成为犹太民族的声音。

但从 1967 年到 1970 年去世，奥尔特曼备受争议，因为他以笔作为武器，为战后以色列的鹰派代言。鹰派认为占领约旦河西岸后，以色列就收复了圣经时代的以色列地。奥尔特曼说："以色列不能做出任何让步，尤其不能放弃这个'民族的摇篮'。这场胜利最大的意义，是它消除了以色列国和以色列地之间的区别。……此后，以色列国就是以色列地。"[4]

众所周知，奥尔特曼是世俗犹太人。[5] 虽然保留六日战争期间以色列占领的土地后来成为宗教团体的主张，但不要忘记，从 19 世纪末起，世俗犹太复国主义者就在巴勒斯坦购买土地，建设家园。早期移民大多是来自俄国具有社会主义理想的年轻人，在海外资助者的帮助下，他们从愿意出售土地的阿拉伯人手上买地。1947 年，阿拉伯人对伊休夫发动进攻，这场战争一直持续到 1949 年，在此期间以色列占领了更多的土地。独立战争后，在 20 世纪 50 年代开发这些土地，自然成了犹太复国主义运动迈出的下一步。

世俗犹太复国主义者对这些新土地怀有如此热情，尚有另一层原因。一段时间以来，典型的劳工犹太复国主义运动后续乏力。在六日战争前的六年中，全国只成立了十个新的莫沙夫或基布兹。建设集体主义农庄的，大多是欧洲具有社会主义理想的犹太人，但在第二次世界大战中，他们大多死于希特勒的毒气室，这类移民数量大幅减少。世俗犹太复国主义运动急需注入新的激情。

世俗犹太复国主义激情的减弱带来了真空，从而为宗教人士成为犹太复国主义运动新的领导者、成为以色列建国后第三个十年的领袖创造了机会。犹太复国主义以前具有明显的世俗特点，还试图培养新犹太人，故而遭到犹太宗教人士的攻击。但六日战争后，一些宗教领导人试图领导这场重新获得活力的运动。这其中最具代表性的人物是兹维·耶胡达·库克拉比。战争前，库克拉比表达了他对以色列地被分裂的悲痛之情；战争后，他突然摇身一变，像一位活在当代的圣经先知那样历数起犹太复国主义运动的荣耀：

> 这位拉比站在铺着一面以色列国旗的诵经台后发表讲话。诵经台上既有宗教经典，也有代表世俗力量的以色列国旗，兹维·耶胡达似乎想通过这种摆放方式告诉人们：这面国旗和我身后包裹《托拉》柜子的丝绒布一样神圣。……拉比用铿锵有力的声音和盛气凌人的语气警告全世界不要干预上帝的计划，也不要夺走以色列解放的这片土地。他还说，以色列民主选举出的政府也无权从占领土地上撤离。[6]

库克拉比认为自己有权提醒政府有权做什么和无权做什么，他这种自信为未来将要发生的事发出危险信号。但大多数以色列人完全没注意到。

当然，并非每位宗教人士都持这种观点。正统派犹太教徒耶沙亚胡·雷博维茨教授就是一个例子。作为以色列最重要的公共知识分子之一，雷博维茨认为 1967 年 6 月胜利后，主要宗教义务是拯救以色列的灵魂，要做到这一点，以色列需要从占领土地上撤出，这样以色列人就不会强行统治异族人。

战争结束三年后，他给以色列十二年级的学生写了封信，信中总结了他从 1967 年停火以来反复强调的观点：

> 我主张立即从居住有 125 万阿拉伯人的占领土地撤离，这

与和平没有任何关系。我总是说"离开"，而不是说"归还"，因为我不知道应该归还给谁。归还给侯赛因？法塔赫？纳赛尔？还是当地居民？我们离开后，阿拉伯人会对这片土地做什么跟我们没有任何关系，我们没有义务也没有权利管这些事。我们应该在犹太国修建防御工事，保卫这个国家。如果我们不能有尊严地离开——即在理解犹太民族和国家的真正需求后主动离开，那么美国人和苏联人会逼迫我们狼狈地撤离。要明白，我对"占领土地"问题一点都不感兴趣。我感兴趣的是生活在那的 125 万阿拉伯人，我并非关心他们，而是关心犹太民族和犹太国。目前已经有 30 万阿拉伯人生活在以色列境内，如果以色列还要管理占领土地上的阿拉伯人，以色列无法成为犹太人的国家，犹太民族将岌岌可危，我们在国家中建立起来的社会体系也将遭到破坏。[7]

雷博维茨石破天惊的观点遭到许多宗教人士的反对。其中就有参与解放老城和圣殿山行动的空降兵哈南·波拉特。他走到西墙，目睹那些被严重风化的神圣石头，喃喃说道："我们在续写圣经新的篇章。"[8]

犹太复国主义运动长期以来就是属于年轻人的革命。哈伊姆·纳赫曼·比亚利克 1892 年发表《鸟颂》时才 19 岁。指挥哈雷尔旅的伊扎克·拉宾虽然只有 26 岁，但在争夺耶路撒冷的战斗中立下汗马功劳。同样，怀着满腔热血和十足的干劲，年仅 24 岁的哈南·波拉特等人也发起了一场改变以色列的运动。

哈南·波拉特 1943 年出生于耶路撒冷附近犹地亚山上的埃齐翁村，这里当时是一个成立不久的宗教基布兹。波拉特很早就体验过流亡的滋味。1948 年 5 月 13 日，就在以色列宣布建国的前一天，埃齐翁村成为独立战争中最早被阿拉伯人攻陷的基布兹之一，村里所有成年男性被聚集起来，然后被扫射或用手榴弹炸死。波拉特和他的朋友们能活下来，是因为基布兹的妇女和儿童已提前撤离，在耶路撒冷避难，只有成年男性留下来保卫家园。

这一带的基布兹被攻陷后，许多犹太人遇害，其中包括波拉特好朋友们的父亲，他自小就与这些人朝夕相处。当波拉特说他要拯救"父辈之地"时，他并未使用隐喻。

其他人也想拯救"父辈之地"。六日战争结束几周后，负有盛名的圣经老师约埃尔·宾-努恩带领学生，来到多年以来只能从书本上读到的地方：

> 手持袖珍本圣经，戴着基布兹无檐帽，约埃尔带领学生走在圣经之地，寻找圣经中写到的水井、遗迹和地形，并根据这些地点寻找古战场。他们找到亚伯拉罕从希伯伦走到耶路撒冷的路，还找到 1948 年帕尔马赫成员赶去支援埃齐翁村的路，两条路并存在这片土地上，就仿佛这两件事没有隔着两千年的流散一样。[9]

学生们能够亲自踏在圣经描述的山间小路上，这让宾-努恩能够赋予圣经一种新的生命力。在宾-努恩的教导下，满怀宗教热情的波拉特有了新的目标：他希望人们能够重新定居在他父辈们遇害的地方，如果这些基布兹当年没有被攻陷，这片土地如今就已经是以色列的一部分了。

1967 年 9 月 25 日，六日战争刚结束三个月，哈南·波拉特见到总理，希望政府同意以色列人重新在埃齐翁村定居。他多次提起自己和总理之间的对话，它表明以色列的政治领导人完全误解了这股重新燃起的宗教热情：

> "孩子（kinderlach），你想要什么？"艾希科尔问道，他用了意第绪语中对小孩的昵称。"我想去那儿。"哈南回答说。"孩子，如果想去，你就去啊。"哈南说："还有十天就是犹太新年，我们都很想去我们父母祷告的地方祷告。"总理说："喔，孩子，既然想祷告，就祷告吧。"[10]

我们无法从这段叙述中判断艾希科尔的态度，他是反对、支持还是怀疑。"艾希科尔的评论有不同的解读，有的人说他强烈支持，也有的人说他坚决反对，但不管怎样，激进分子没有太在意他的态度。"[11]但可以确定的是，不管艾希科尔如何看待波拉特，他都严重低估了波拉特的决心。

返回古什埃齐翁，不仅是为了在一块特定的土地上生活，也不仅是为了改变以色列的地理和政治环境。波拉特和他的朋友们是为了返回自己的家园，返回他们出生的地方，返回他们父母耕种土地、修建房屋和建立社区的地方。为了守卫这里，他们的父亲献出了生命，他们的长辈因此被屠杀。如果将犹太复国主义概括为一项犹太人返回先祖之地的事业，那么对于波拉特和他的朋友们来说，他们必须返回父辈居住的地方。1948年5月，埃齐翁村和周边犹太村庄沦陷时，哈伊姆·古里写道："我们将重生，像以前一样再次站起来。"19年后，那些死者的儿女们决定实现古里对全国人民的承诺。

艾希科尔象征性的认可正是波拉特需要的。不到两天时间，波拉特和他的朋友们（人们称他们为"埃齐翁村的孩子"）坐着破旧的卡车和大巴陆续回到基布兹的旧址。

291

抵达后，他们从车上卸下床垫，摆在临时搭建的铝结构棚屋里，这就是他们的家。他们将兹维·耶胡达·库克的头像挂在男宿舍里，在约旦河西岸的第一个定居点度过了第一夜。

以色列人普遍认为埃齐翁村是在耶路撒冷保卫战中被攻陷的，这在以色列集体记忆中占据着重要位置。重新有人在此定居，令各行各业的犹太人深受鼓舞。在特拉维夫，"一位即将退休的牙科医生决定卖掉自己办公室的设备，将这笔收入捐给埃齐翁村。"[12]特拉维夫大学的校长评论说："埃齐翁村的先驱在为我们指引前进的方向。"[13]一位学生说如果能加入这里的基布兹，他宁愿放弃上大学的机会；一对夫妇申请到这里的基布兹度蜜月。

随后，定居者运动声势逐渐壮大，无法回头。

> 截至 1973 年底，仅仅经过 6 年发展，以色列人在约旦河西岸（主要在约旦河谷）建立了 17 个定居点，1977 年 5 月达到 36 个。1973 年，加沙地带和西奈半岛西北角（靠近拉法 ［Rafa］口岸）建有 7 个定居点，1977 年达到 16 个。在西奈半岛内陆，1973 年有 3 个定居点，1977 年达到 7 个。[14]

1974 年，决心在 1967 年占领土地上建立定居点的以色列人成立了第一个属于他们的政治实体"信仰者集团"，它后来成为宗教犹太复国主义运动的核心力量。信仰者集团不但是兹维·耶胡达·库克拉比意识形态的体现，还是对早期犹太复国主义者思想的复兴。几年后，阿里埃勒·沙龙回忆说，有人问他："信仰者集团的成员都是些什么人？"他回答说："他们和 20 世纪 40 年代的我们差不多，只是比我们更认真。"[15]信仰者集团将对以色列社会产生不可磨灭的影响，截至 2012 年，大约有 34.1 万以色列人生活在定居点。

　　一些以色列人想保留约旦河西岸是出于宗教和意识形态原因，但还有些人是出于安全考虑而非神学考虑。1970 年，帕尔马赫创始人之一、时任以色列副总理和移民吸收部部长的伊加尔·阿隆提议归还部分 1967 年占领土地，保留剩下的土地。"阿隆方案"（参见地图 7）建议以色列长期占领约旦河谷、东耶路撒冷、古什埃齐翁和希伯伦郊区新建立的犹太居住区基亚特阿巴（Kiryat Arba）。以色列将在这些地区建立民事定居点，这些定居点除了提供住房，还能起到战争预警作用，提早发现来自东面的进攻。以色列没有计划控制的土地将交还给约旦（该方案之一），这些区域之间由高速公路连接。阿隆还提议将西奈半岛大部分地区归还埃及，但保留戈兰高地大部分地区。这一方案在以色列国内引起争议（虽然得到广泛讨论，但当时的以色列政府从未就此正式投票），但它遭到约旦国王侯赛因的拒绝，因而没有实际意义。

　　几十年后，大多数以色列人将明白，约旦河西岸最终无法逃避分而治之的命运（由于国际压力等原因），不可能被以色列长期单独占领，但这个问题已经变得远比"阿隆方案"提出时复杂。截至 2015 年，已有几十万以色列人生活在约旦河西岸，巴以双方在谈判中提出的要求也变得越来越强硬和无法调和，这场冲突从政治问题演变为宗教问题，双方的宗教人士都认为这是上帝赐予他们的土地。"阿隆方案"提出得太早，当时如果能够采纳，中东历史就会大不相同了。

293

　　如何处理占领土地成为犹太复国主义最具争议的问题。犹太复国主义运动早期，赫茨尔寻求建国，而阿哈德·哈姆认为国家是一个错误，犹太人只需要在巴勒斯坦建立一个文化中心。后来，本-古里安和雅博廷斯基就如何抵抗奥斯曼帝国与英国产生分歧。多年后，本-古里安和梅纳赫姆·贝京在德国赔款问题上出现争执——他们两人更深层次的矛盾在于犹太民族记忆在以色列政策和政治议程中应当扮演什么角色。现在，以色列右翼和左翼人士针锋相对，定居者和那些主张以色列应该放弃占领土地的人剑拔弩张。和先前的争论一样，这不是犹太复国主义运动的支持者和反对者之间的冲突。两个阵营的人都深爱着犹太国，都在为这个国家的繁荣而努力奋斗，但对于如何才能更好地保护这个国家的灵魂，他们提出了不同的行动方针。

信仰者集团认为约旦河西岸是一片处女地，年轻的犹太人都应当来到这片圣经中描述的民族诞生之地生活。但其他以色列人看得很清楚，这里生活着约 125 万以色列统治下的阿拉伯人。阿隆认为这块土地能够让以色列变得更安全，雷博维茨则认为这是改变以色列属性的毒瘤。突然，以色列边境问题不再是一个安全和外交问题；它成了一个宗教问题，因而变得越来越复杂。以色列社会出现比以往任何时候都严重的对立，这一分歧直到今天也没有消除。

梅厄·阿里埃勒是一位性格内向、满头卷发、有艺术天赋的空降兵，和哈南·波拉特一样，他也参加过解放耶路撒冷老城的战斗。波拉特看到西墙时充满惊奇，梅厄的感受却截然不同。"他心想：'我随时可能被这种想法击中：我终于来到这儿，两千年的渴望得以实现'，但梅厄·阿里埃勒没有一点兴奋的感觉，更没有觉得自己在续写圣经新的篇章。他问自己：'我这是怎么了？我还是犹太人吗？'"[16]极具音乐才华的他提笔改写了拿俄米·舍莫尔的歌，写下了《钢铁的耶路撒冷》。[17]

舍莫尔在歌词开头写道："山林的气息美酒般清爽，钟声和松柏的芳香在风尘中弥荡。"阿里埃勒的《钢铁的耶路撒冷》则以"在你的黑暗中"开始："在你的黑暗中，耶路撒冷……我们来此开拓你的疆土，驱赶敌人。"[18]

拿俄米·舍莫尔看到了犹太人返回民族诞生的先祖之地，梅厄·阿里埃勒则看到了战乱带来的痛苦。虽然歌词末尾也提到"金色的耶路撒冷"，但情感完全变了。这里不仅是金色的耶路撒冷，也是"铅一般的耶路撒冷，梦一般的耶路撒冷"。歌词最后是一句祈祷：

> 在你的城墙中，
> 愿和平永驻。

战争结束后，阿里埃勒用低成本录制了这首歌，不知怎的为以色列电台注意到，忽然之间就被反复广播。这首情绪悲伤、对拿俄米·舍莫尔略带嘲讽的歌曲大受欢迎，并非偶然。以色列即将掀起关于这场战争的大讨论。战争中占领的土地应当如何处置？雷博维茨和波拉特提出了针锋相对的观点，拿俄米·舍莫尔和梅厄·阿里埃勒也给出了完全不同的答案。借用约西·克莱因·哈勒维的话，阿里埃勒后来成为以色列的鲍勃·迪伦，唱出了他那一代以色列人的幻灭感。又过了十年，这种幻灭催生出"现在就和平"运动（the Peace Now movement）。以色列社会的音乐家和诗人总能充当新兴运动的预言者，这又是一个例子。

连一些以色列国防军的高官也明白，这场胜利虽然伟大，但也暴露出一个软肋。伊扎克·拉宾后来说："我们本来可以控制更大的区域。如果我们想占领开罗，埃及军队无能为力，阿曼也是一样，6月11日我们还可以不费吹灰之力占领大马士革。但占领更多土地并不是我们打这场仗的目的，我们占领的土地已经成为一个重负。"[19]

"重负"一词用得准。许多以色列人意识到，控制这些新占土地和统治125万阿拉伯人非常棘手。1948年阻止将军们占领约旦河西岸的本-古里安这时虽已退休，但他仍然表示，以色列应该保留耶路撒冷和戈兰高地，但其他地方要统统放弃。在这方面，他和耶沙亚胡·雷博维茨观点一致：这事关以色列的灵魂。

以色列的士兵也改变了强硬姿态，一些身经百战的老兵开始分享让他们内心深感不安的所见所闻。《士兵谈话》一书搜集了对参战基布兹成员的采访，其中披露了士兵们从未袒露过的心声。有的人谈到自己杀人时的痛苦和对战争的反感。还有人说，当看到和自己孩子年龄一般大的阿拉伯儿童举起双手投降，深感羞愧。

这本采访集的出版人本来认为此书反响有限，没想到卖出了10万册，对以色列市场来说这不啻是天文数字。这本书的成功和梅厄·阿里埃勒《钢铁的耶路撒冷》的流行有着同样的原因。一些以色列人已预感到巴勒斯坦民族运动即将兴起，而以色列人自己为此推波助澜。

六日战争不但让以色列人内部出现分裂，还让战败的巴勒斯坦阿拉伯人变得空前团结。以色列的胜利让纳赛尔的泛阿拉伯主义运动受到重创。现在大家清楚地看到，纳赛尔和其他阿拉伯国家领导人口口声声支持巴勒斯坦人（1948年战争逃离家园的人及其后代），但并没有什么实际行动。六日战争让纳赛尔蒙受奇耻大辱，巴勒斯坦人也是一样，他们在战争中没有任何主动权，只是大国博弈中被牺牲掉的无关紧要的棋子。许多人在 1948 年背井离乡，来到约旦河西岸和加沙地带；六日战争后，他们发现当年赶走他们的以色列人再次成为统治者。

这一变化对巴勒斯坦人的冲击非常大。1949 年停火线这时已失效，19 年后他们可以再次来到 1948 年以前他们生活的地方，这让他们的心情非常复杂，当时一位历史学家写道：

> 西耶路撒冷的卡塔蒙（Qatamon）和巴卡（Baqa）区的大房子在 1948 年前属于阿拉伯富人，他们在 1948 年弃房逃离后，这些大房子被犹太移民瓜分。[六日战争后] 这里到处有挂着约旦车牌的汽车在马路上慢慢开，东耶路撒冷和其他地方的阿拉伯人专程来看自己以前的房子。……美国总领事埃文·威尔逊 [在电报中] 写道："我们在新城住宅的客厅有架摆了 19 年的大钢琴，它的主人 1948 年匆忙离开，交给以前住这的人保管，主人现在回来索要了。"[20]

有的巴勒斯坦人认为以色列人动机邪恶。格桑·卡纳法尼是当时巴勒斯坦的著名作家（和激进组织解放巴勒斯坦人民阵线 [Popular Front for the Liberation of Palestine] 的领导人），在《回到海法》（他发表的众多短篇小说之一）中，他描述了巴勒斯坦人从约旦河西岸来到海法查看他们在 1948 年以前住处的经历，当开车穿越以色列时，男主角对妻子说：

> 他们刚完成占领，就允许人们自由通过边境，一分钟也没浪费，这种事情在战争史上从未有过。你知道 1948 年 4 月发生的事有多么糟糕，现在他们为什么要这样做？仅仅是为了我们吗？不是！这也是战争的一部分，他们在对我们说："自己去看

吧，看看我们比你们强多少，看看这些地方发展得多好。安心成为我们的奴隶吧，你们应该赞美我们。"[21]

以色列的控制也给他们带来了其他福利。一些约旦河西岸的巴勒斯坦人在以色列找到工作，生活水平大幅提高。逐渐，在以色列统治下，他们还获得了更多教育机会。但对巴勒斯坦人而言，最刻骨铭心的变化还在于统治者从约旦穆斯林变为以色列犹太人，生活水平再提高也无法改变被占领的事实，结束被占领状态迟早将成为他们最主要的民族目标。

298　　20 世纪 50 年代末，亚西尔·阿拉法特成立了巴勒斯坦民族解放运动，简称为法塔赫。阿拉法特 1929 年 8 月出生于开罗。他的父亲来自加沙，母亲从小在耶路撒冷长大。母亲去世后，父亲把他送到耶路撒冷老城，让他和母亲的家人一起生活。他后来又回到开罗学土木工程（学习之余还跟随穆斯林兄弟会参加了 1948 年战争）。西奈战役后，所有费达因分子被驱逐出境，阿拉法特此时来到科威特，和这里的巴勒斯坦难民一起生活。1959 年，他成立了法塔赫。

1968 年，法塔赫加入巴勒斯坦解放组织（英文简写为 PLO，巴勒斯坦解放组织于 1964 年成立，当时以色列还未占领约旦河西岸），并很快成为该组织的核心力量。阿拉法特的掌权不仅影响到以色列，巴勒斯坦解放组织从事跨国极端活动，全世界都深受其害。

在以色列还存在为了让两个民族和睦相处而放弃部分土地的声音，巴勒斯坦解放组织则不愿做出任何退让。它对犹太复国主义的态度，在其宪章中表达得非常清楚：

犹太复国主义运动从一开始就是一场殖民主义运动，其目标具有攻击性和扩张性，其组织结构具有种族主义和隔离主义特征，其手段和目标具有法西斯主义特点。以色列是这个破坏性运动的先锋，是殖民主义的中流砥柱，是中东地区乃至整个国际社会长期紧张和动乱的根源。[22]

1967 年，巴勒斯坦人（以及同阿拉伯联盟和埃及关系密切的巴勒斯坦解放组织）蒙受了奇耻大辱，阿拉法特领导的法塔赫影响力陡增，吸引了几百万巴勒斯坦人。随着法塔赫成为巴勒斯坦解放组织当中最具影响的力量，阿拉法特不但成为该组织主席，还成为一位国际人物。可以说，他已经被当作巴勒斯坦人的政治领导人。

同犹太复国主义一样，除了政治上的努力，巴勒斯坦人在文学上也发出了自己的声音。其中最著名的是马哈茂德·达尔维什的诗歌。达尔维什出生于西加利利地区，独立战争期间他们家离开了世代生活的巴尔沃（al-Birwa）村。他在诗歌中运用了几个世纪以来形成的阿拉伯诗歌韵律，表达了巴勒斯坦人强烈的思乡之情。1964 年（这一年巴勒斯坦解放组织成立），达尔维什创作了《身份证》一诗。[23]他开篇向读者宣称："写下来！／我是阿拉伯人！"接着表达了巴勒斯坦人在内心深处对以色列人的指控："你们窃取了我祖先的果园，／和我开垦的土地。"巴勒斯坦人的绝望来自哪里？"你们什么都没给我们留下，／除了这些岩石。"然后是警告：

> 如果我饥饿，
> 掠夺者的肉将会成为我的食物，
> 当心我的饥饿，
> 当心我的愤怒！

达尔维什与其他巴勒斯坦作家和诗人一起发出了巴勒斯坦人寻

求独立和自由的心声。他在诗中提到的愤怒非常真实，将很快成为以色列持续繁荣的最大威胁。

1967 年 9 月 1 日，六日战争结束三个月后，阿拉伯联盟在苏丹首都喀土穆（Khartoum）召开的首脑会议上发表了一份声明，其中提到：

> 阿拉伯国家首脑一致同意在国际和外交领域联合起来，消除侵略行为造成的后果，确保以色列从 6 月 5 日以来占领的阿拉伯土地上撤出。这一过程必须在阿拉伯国家共同遵守的框架下进行，即对以色列不和解、不谈判、不承认，坚决维护巴勒斯坦人在自己国家的权利。[24]

对以色列实行不和解、不谈判、不承认的"三不原则"成为阿拉伯世界一个响亮的口号。

以色列在 1967 年 6 月的六日战争中取得了军事胜利，但犹太国同周边阿拉伯国家之间的冲突并没有结束。不仅如此，这场胜利还激起了新的冲突——同巴勒斯坦人的冲突。双方都用意识形态上的热情回应这一深刻变化。以色列方面出现了致力于定居点运动的信仰者集团，巴勒斯坦方面则被激发出追求民族主义事业的斗志和灭亡犹太国的决心。

正是由于 1967 年这场胜利，犹太国有了一个新的敌人，这个敌人的力量将不断壮大，对犹太国的未来影响深远。

第十四章
赎罪日战争：“构想”心态破裂

你承诺有和平……你承诺会遵守承诺。

——以色列歌曲《73 年冬天》

1973 年春天，结束了在华盛顿的以色列驻美国大使五年的任期后，伊扎克·拉宾回到以色列，他发现这个国家已经变了。"回家后我发现以色列变得自信，甚至有点沾沾自喜，这与一个远离战争可能性的国家是相称的。"[1]

六日战争前几周，以色列出现了前所未有的自我怀疑，到处弥漫着绝望情绪。但战后几年又进入了一段非常自信的时期。以色列似乎迈出毁灭的阴影，早期以色列人紧张不安的流散心态如今仿佛只是犹太历史的残留。

后来，以色列人将这种新的民族心态称为"*conceptzia*"，即"构想"，这种心态在军队高层和情报系统表现得尤为明显。普通民众和高层领导都深信国防军拥有绝对的军事优势。在六天的闪电战中，埃及军队遭到犹太国的快速毁灭，恢复军力还需要多年。同样，他们觉得叙利亚也会吸取教训，不会贸然进攻以色列北部边境。他们宣称，多亏了国防军，以色列无懈可击。

以色列人的生活也发生了很大改变。在建国早年，军事领导人谈及自己的成就时态度谦逊，民众也普遍认为"这是他们对国家应尽的责任"。但现在，国防军的将军得到全国人民的敬仰，被奉为英雄，有的将军利用战后获得的影响力开始从政，动摇了本-古里安坚持的军政分离政策。从 1948 年到六日战争，担任总理的大卫·本-古里安、摩西·夏里特和列维·艾希科尔三位政治家没有任何军队背景。但后来，以色列不少总理曾是将军或战功显赫的战士。

本-古里安、A.D. 戈登和果尔达·梅厄等犹太复国主义运动领导人的作风艰苦朴素，这在新任领导人身上逐渐消失。以色列早期领导人从不追求物质享受，即使身居高位也住在布置简单的小公寓。这一传统没能坚持下来。新的以色列领导人开始住得好——非常之好。

伊扎克·拉宾说得没错，以色列变得和以前不同了。

正是在这种新的心态下，1973 年春天的独立日，以色列举行了历史上规模最大的阅兵仪式。这也将是最后一次。

尽管有炫耀军力的行为和战无不胜的心态，但当时的以色列并不安宁。在西奈半岛，以色列和埃及军队仍在"眼对眼"[2]——双方能清楚看见彼此，中间仅隔着一条窄窄的运河。以色列开始修建巴-列夫防线（以国防军总参谋长哈伊姆·巴-列夫［Chaim Bar-Lev］将军的名字命名）。没人真的认为这条防线能阻挡埃及军队大规模入侵，但支持者认为一旦埃及发动进攻，这条防线能提供早期预警，为增援部队的到来争取时间。

从一开始，就有以色列军官对巴-列夫防线提出异议。时任南方司令部指挥官的阿里埃勒·沙龙认为，修建巴-列夫防线是危险之举，它会给以色列人营造一种错误的安全感。他后来用一向自信的口吻说道："我一早就坚信自己的判断是正确的，他们［其他将军和前任总参谋长］是错的。巴-列夫防线注定会给我们带来灾难，四年后果然如此。"[3] 但当时军队高层有这种担忧的人并不多，防线得以继续修建。一些人觉得，巴-列夫防线就是以色列南方边境坚不可摧的象征。

当以色列修建防御工事时，埃及总统纳赛尔的姿态越来越咄咄逼人。为了表明有决心收复六日战争失去的西奈半岛，纳赛尔多次向西奈半岛发动有限的炮击和小规模入侵。这些行动没有奏效，纳赛尔于是在 1969 年 3 月 8 日发起新一轮攻势，后来被称为"消耗战"。

1969 年 3 月至 1970 年 8 月的消耗战一般在以色列武装冲突史上被略过不提。停火最终达成后，两国边界没有任何改变，但双方损失都很大。学者们对于具体死伤人数尚存在争议，以色列一位军事历史学家给出的以色列死亡人数为 921 人，其中 694 人为战士，剩下为平民。战争期间以色列还损失了 20 多架飞机和一艘驱逐舰。

和以往所有战争一样，阿拉伯方面的伤亡更惨重。本尼·莫里斯认为，埃及军人和平民的死亡人数达到 1 万人。在战斗最激烈的阶段，埃及平均每天有 300 名战士阵亡。[4] 此外，埃及还损失了大约 100 架飞机和几艘海军舰艇。最能体现埃及损失惨重的，是埃及总参谋长也在阵亡名单之列。

1970 年 4 月，埃及总统纳赛尔邀请世界犹太复国主义者议会（World Zionist Congress，这是 1897 年赫茨尔在巴塞尔召开第一届犹太复国主义者代表大会以来负责组织大会的常设机构）主席纳胡姆·古德曼去埃及，讨论终止冲突的方案。总理果尔达·梅厄认为这是圈套，给古德曼施压，希望他不去。[5] 一些以色列人公开对果尔达提出抗议，怀疑以色列没有为终止暴力做出应有努力。1970 年 4 月 28 日，58 名高中生联名给梅厄写信表达异议，此举在很多人看来是不可原谅的违反集体主义精神的行为。他们在信中写道："我们和很多人都想知道，如果政府的政策总是错过和平的机会，我们如何打赢这场没有尽头也没有意义的战争？"[6] 反对果尔达·梅厄的骚乱开始出现。

谁也没想到，一封简单的来信（至今仍叫作"十二年级学生的信"）能在全国范围产生如此大的影响。这封信表明，以色列的集体主义精神（本-古里安"国家主义"的重要组成部分）开始解体。同样重要的是，以色列的和平运动随之兴起，以色列民众通过这一运动质疑政府外交政策的诚意和动机。

几个月后，埃及总统纳赛尔因为心脏病突然去世。离开人世前，迦玛尔·阿卜杜尔·纳赛尔知道他一生最重要的事业已经失败，他没有像自己承诺的那样将以色列人赶入大海，他领导的泛阿拉伯主义运动也失去势头。可以说，他的死亡象征着埃及领导的泛阿拉伯主义运动的终结。

就在泛阿拉伯主义消亡之际，巴勒斯坦民族主义正在觉醒。以色列独立和巴勒斯坦"大灾难"以来，阿拉伯国家一直声称巴勒斯坦事业是泛阿拉伯主义运动的重点，但他们没有取得任何成果。巴勒斯坦人中的活动家已经意识到，阿拉伯国家对巴勒斯坦问题的努力仅仅停留在口头上。他们明白，要想在这项事业上取得进展，收复 1967 年被占土地，只能依靠自己。

亚西尔·阿拉法特成为这项事业的领导者。他不但将巴勒斯坦民族独立的愿望变成全世界关注的焦点，还开创了巴勒斯坦在全世界开展暴力活动的先河。后来，阿拉法特的暴力袭击不仅针对以色列平民，欧洲和世界其他地方的人也成为他的攻击目标。

巴勒斯坦人的暴力袭击最早出现在 20 世纪 60 年代中期。1965年初，法塔赫枪手开始潜入以色列境内，发动更具杀伤力的袭击。1965 年 5 月，袭击规模不断升级，以色列一辆农场卡车、一辆化学品运输车和一个基布兹的居民遭到枪击，多人受伤。1967 年 6 月至1971 年 3 月，类似袭击接连不断，造成以色列大量人员死伤。

从一开始，阿拉法特就明确表示，回到 1967 年边界是远远不够的，巴勒斯坦人心中有更宏伟的目标。阿拉法特说："我们不关心1967 年 6 月发生了什么，对消除六月那场战争的后果也不在意。巴勒斯坦革命要解决的基本问题，是赶走犹太复国主义者政权，解放我们的土地。"

巴勒斯坦人的暴力革命还扩展到海外。他们劫持了多架航班。1970 年 2 月 21 日，瑞士航空公司一架飞机被他们劫持，机上 47 名乘客和机组人员遇害，其中包括 17 名以色列公民。就在同一天，巴勒斯坦人袭击了慕尼黑一座敬老院，7 位犹太老人被杀。

虽然阿拉法特因为袭击活动遭到国际社会痛斥，但他达到了目的，巴勒斯坦民族主义运动得到了国际关注和同情，最终让以色列在外交上陷入被动。

具有讽刺意味的是，首先打击阿拉法特的竟然是阿拉伯国家。1948 年独立战争和后来的六日战争中，有几十万巴勒斯坦人逃到约旦。1970 年，约旦成为阿拉法特领导的巴勒斯坦解放组织最重要的

306

大本营。随着实力的壮大，巴勒斯坦解放组织开始干预约旦哈希姆家族的统治，在短短 3 个月内，巴解组织武装分子两次试图刺杀侯赛因国王。为了推翻哈希姆王朝，巴解组织还在约旦领土上发动攻击，其中包括把 3 架班机劫持到约旦，再在电视直播时炸毁飞机。

统治地位岌岌可危的侯赛因国王发动了名为"黑九月"的血腥镇压活动。这场战争始于 1970 年 9 月，终于 1971 年 7 月，实际上是巴勒斯坦解放组织和约旦军队之间的内战。在这 10 个月中，大约 2000 名巴解组织战士被杀，几千名非战斗人员死亡。约旦陷入混乱，叙利亚准备以拯救巴勒斯坦人为名入侵约旦。为了保护约旦，以色列在戈兰高地集结大量坦克，大马士革随时可能陷落，叙利亚不得不放弃这次行动。

侯赛因保住了自己的王国，但他无意中造成了另一个中东国家的毁灭。被约旦赶出境外后，巴解组织领导人和几千名战士逃亡到黎巴嫩南部。黎巴嫩穆斯林和基督徒长期生活在微妙而紧张的政治框架中，到 1975 年，黎巴嫩出现平民骚乱，内战随后全面爆发。这个曾经有"中东巴黎"美誉的国家终将化为一片废墟，主要由于阿拉法特的所作所为，黎巴嫩作为一个正常运转国家的日子已经不多了。

307　　随着冷战加剧，美国和苏联都把中东（特别是埃及）看成扩大自身影响的关键地区。纳赛尔去世后，副总统安瓦尔·萨达特成为继任者。苏联把埃及和萨达特置于其翼下，但萨达特非常反感苏联对埃及内政的干涉，驱逐了国内的苏联顾问。

以色列和美国都认为萨达特犯下了战略性错误，失去了一个重要盟友。但这位埃及领导人远比他们想象的聪明，他知道苏联担心埃及对以色列发动战争，苏联是埃及的支持者，如果埃及再次失败，将严重影响苏联形象。不管对萨达特多不满意，苏联人都不能坐视他失败。

为了“惩罚”埃及，苏联加大了对叙利亚的援助，提供了大量坦克、飞机和地对空导弹。一夜之间，叙利亚成为全世界人均武器拥有量最多的阿拉伯国家。这对以色列而言是个坏消息，因为在叙利亚执政的复兴社会党致力于“消除犹太复国主义者侵略行动的一切踪迹”[7]。苏联人也知道不能放弃埃及。尽管对萨达特不满，他们还是向埃及提供了战斗机、坦克、反坦克导弹、地对空导弹和能够威胁以色列主要城市的“飞毛腿”导弹。

这正是萨达特想要的结果。突然之间，中东的均势被打破，远远超出许多以色列人愿意承认的程度。大多数以色列人没有意识到地区形势正在迅速变化，而“构想”心态成为他们最大的累赘。

萨达特决心恢复埃及人的民族尊严。1973 年 3 月，萨达特和叙利亚总统哈菲兹·阿萨德达成协议，共同进攻以色列。协议中没有太多细节，因为两个国家对这场战争期望不同。叙利亚仍然希望摧毁以色列，但萨达特只希望鼓舞埃及人民的士气，在一定程度上洗清 1967 年战败的耻辱。对他而言，如果埃及军队能够占领苏伊士运河东岸的阵地，冲破具有象征意义的巴-列夫防线，这场战争就算胜利了。为了限制以色列空军的作用，埃及军队计划在苏伊士运河西岸部署苏联提供的地对空导弹，渡过运河的部队只停留在地对空导弹 12 千米的保护范围以内。

在备战的同时，萨达特或许也在寻求政治解决方案。1971 年初，萨达特向以色列提议，如果以色列军队撤到距离苏伊士运河 40 千米以外，双方可以达成临时协议。果尔达·梅厄当时对以色列的安全形势非常自信，也不相信萨达特真想实现和平，所以断然拒绝了提议。[8]

1972年底，不为大多数以色列人所知的是，萨达特任命资深外交官哈菲兹·伊斯梅尔为国家安全顾问，并安排伊斯梅尔和美国总统理查德·尼克松的国家安全顾问亨利·基辛格举行秘密会谈。埃及表示，只要以色列同意归还1967年占领的埃及领土，埃及愿意停止冲突，并同以色列实现关系正常化。

1973年，基辛格和伊斯梅尔会晤了两次，[9] 但埃及的建议没有产生实质性结果，原因不得而知。有学者认为，伊斯梅尔"乐意……和以色列达成和解，只要归还土地，两国就能建立正常外交关系"[10]。还有的学者提出假设：萨达特已决心通过战争重振埃及士气，伊斯梅尔的活动或许只是用来转移人们注意力的。[11] 不管真实原因如何，这个提议没有受到重视。

以色列方也有人抛出各种提议。以色列国防部部长摩西·达扬试图寻求经济解决方案，他自信地认为，如果以色列军队撤出苏伊士运河东岸，埃及允许以色列使用苏伊士运河，双方就可以避免战争。[12] 以色列政府和埃及政府对达扬的提议都没什么兴趣，这一计划最终被搁置。以色列人似乎并不担心战争，认定埃及不敢开战。

1973年春天和夏天，埃及军队沿着以色列南部边界开展军事演习，由于抱着"构想"心态，以色列最高指挥部认为这是常规演习，但事实并非如此。埃及早已做好了越过运河的准备，举行军事演习，是为了让以色列国防军放松对南部边界的警惕。随后以色列情报部门搜集到埃及将发动进攻的证据，但最高指挥部没有正确解读这些信息。当时以色列人似乎都沉浸在以色列战无不胜的错觉中，国防军对埃及武装力量不屑一顾，以至于有的领导人要么把埃及会发动进攻当作无稽之谈，要么相信以色列强大的情报体系会为他们提供足够的预警时间，这样即使埃军发动进攻，也会被击退。

5月，埃及军队进入高级戒备状态后，以色列国防军总参谋长大卫·埃拉扎尔（"达多"）动员了部分国防军预备役人员，财政开支巨大。不久，埃及取消戒备，很多人认为达多反应过度。这样，国防军的将军们下一次再碰到这种情况，就不会轻易早早动员预备役人员了。

9月底，侯赛因国王秘密访问耶路撒冷，他告诉梅厄总理，埃及和叙利亚即将发动进攻。[13]会后，梅厄非常紧张，但高级指挥官们消除了她的疑虑。以色列仍然没有采取任何行动。

10月初，以色列情报系统收到摩萨德高级特工阿什拉夫·马尔万的情报，马尔万是埃及总统纳赛尔的女婿，也是以色列间谍。他警告以色列人，埃及正在计划进攻，很可能以军事演习作为幌子。但遗憾的是，这份情报根本没有被送到总理办公室。[14]

10月1日，以色列南方司令部的本雅明·西曼·托夫中尉向上级领导大卫·格达里亚（David Gedaliah）中校提交了报告，说埃及军队在运河西岸的部署表明他们不是在演习，而是准备发动进攻。两天后他再次提交报告，强调埃及发动大规模战争的可能性非常大。格达里亚既没有和别人提起这些报告，也没有将其写进提交给总司令部的南方司令部情报汇总中。西曼·托夫写的报告没有引起任何人注意。

10月4日和5日，苏联顾问携家眷离开埃及和叙利亚，但以色列对这样重要的迹象依旧视而不见。在这期间，从对埃及和叙利亚的航拍图中，发现了比以往更多的坦克、步兵单位和地对空导弹，但以色列还是按兵不动。10 月 5 日中午 12 点 30 分，位于特拉维夫的摩萨德总部收到一份紧急电报，马尔万在电报中再次警告战争即将爆发，他要求直接和摩萨德负责人兹维·扎米尔（Zvi Zamir）将军通话。接通电话后，他告诉扎米尔，战争将在第二天的赎罪日（10 月 6 日）爆发，这是犹太人一年中最神圣的一天。但马尔万说战争将在日落时分爆发，这一点并不正确。

周五，即赎罪日前夜，以色列内阁举行紧急会议。在会上，以色列军事情报局局长艾利·泽拉（Eli Zeira）将军对政府表示，他掌握了确凿证据，埃及军队将在第二天下午 6 点发起进攻。总参谋长埃拉扎尔立刻要求政府批准空军发动和 1967 年 6 月类似的空袭行动。果尔达·梅厄没有同意。亨利·基辛格曾要求以色列不要首先开火，否则后果严重，当时担任以色列驻美国大使的伊扎克·拉宾已经答应过这一要求。梅厄和达扬都不愿失去美国的同情与援助，拒绝先发制人。为了不让以色列显得像侵略者，他们还拒绝了军方提出的全军动员请求，只同意小部分动员。他们倒是同意，一旦第二天爆发战争，只有果尔达·梅厄有权动员预备役部队。

311

赎罪日时的以色列往往异常安静。法律规定，这一天所有商店都得停业，路上几乎没有车，孩子们有时会到空旷的高速公路上骑自行车。虽然是个宗教节日，但大多数世俗犹太人也会过赎罪日，平常不守教规的人这一天也会禁食 25 小时，平常不去犹太会堂的犹太人这天也会去那待一段时间。这天是安静的，无比宁静，人们在这种静谧中各自反思人生。

1973 年 10 月 6 日下午两点，防空警报声划破了全国的宁静。对耶路撒冷人来说，这是六日战争结束后第一次听到防空警报。以色列人急忙打开收音机，一开始什么都听不到，因为大多数电台在赎罪日停止播音。但那些没有关掉收音机的人们很快听到了最不想听到的消息："这不是虚假警报，警报再次响起后，所有人必须进入防空洞！"播完这则新闻，收音机传出贝多芬的《月光奏鸣曲》，这首曲子因让人想到葬礼音乐而著名。

一小时后，下午三点半左右，广播中发布了另一则消息："埃及和叙利亚已经发动进攻，局部动员令已下达。"防空警报一次次响起，在全国，赎罪日的平静似乎已成为遥远的记忆，成千上万以色列人惊恐地跑向防空洞。下午四点，道路上的汽车多了起来，车上标志显示，这些车将士兵送往前线。广播通知所有无关车辆不要上路。加油站重新开始运营，节日停运的公共交通系统恢复运转，医院中所有非紧急病人出院回家，为战争伤员腾出床位。听到最后这则广播后，公众明白，不管发生了什么，事态已经非常严重。

一些家庭的父子、兄弟被同时召到部队。很快，广播播音员播报了一条大家最担心的消息："埃及人渡过苏伊士运河，已经到达东岸。"下午五点，民众得知"叙利亚飞机正在加利利上空同以色列战机展开激烈的空战"。根据指示，民众为窗户、镜子和相框镜面贴上胶布，防止遭到轰炸时飞溅的玻璃造成二次伤害。

不久后，以色列人终于听到总理的声音。她对全国人民说，就在内阁讨论如何应对阿拉伯国家可能发动进攻时，埃及和叙利亚从地面和空中突然开火。实际情况远比梅厄所说的严重。总理没有告诉民众，战争爆发后 15 分钟内，240 架埃及战斗机飞越运河，为地面部队提供掩护；战争爆发后 1 分钟内，2000 名埃及士兵向以方发射了 1 万枚炮弹。密集的炮火持续了 53 分钟。[15] 运河东岸的以色列守

312

军只有 436 人，其中很多是没有任何战争经验的新移民。总理也没有告诉民众，1400 辆叙利亚坦克正从戈兰高地冲向加利利地区，以色列只有 57 辆坦克抵抗叙利亚 600 辆坦克组成的先头部队。只要通过这条防线，叙利亚军队就可以长驱直入，开向以色列腹地。

当天晚上，摩西·达扬再次用行动证明，即使战争爆发后，很多人还抱着"构想"心态。他预测以色列的死亡人数只会有"几十人"，不会是几百人。至于戈兰高地，他说："我认为这天对我们而言并不糟糕。"晚上 8 点，广播播报了戈兰高地所有妇女和儿童撤离的消息，这和 1948 年 5 月古什埃齐翁被约旦人攻陷前的情况一模一样。

午夜时，以色列动员了 20 万预备役人员，很多人直接到战场报到。抵达营区时，他们发现留给他们的，尽是受损或无法使用的装备和维护不佳的坦克。阿里埃勒·沙龙的传记作者说："这不是一支准备打仗的部队，而是一支松懈、堕落和过于自信的部队。"[16]这些装备不良的预备役战士将面对 30 万叙利亚军队和 85 万埃及军队。同 1948 年和 1967 年一样，伊拉克再次参战，派出了 1.4 万名士兵。黎巴嫩每天向以色列开火。以色列国防军和对手的军力对比达到 1∶6。

1973 年，刚刚诞生 25 年的犹太国第三次面临生死战。在战争第一阶段，以色列一直处于守势，以色列人对战争的结果茫然无知，而这一切似乎没有尽头。

这场战争持续了 16 天，头 5 天对以色列而言犹如噩梦；战争中以色列一半的损失就发生在这几天。除了极少几次反击，国防军一直在抵抗，以色列的战士们很迷茫。阿里埃勒·沙龙在 10 月 7 日视察一个基地后指出："突然发生的一切他们从未经历过。这些战士从小在胜利中长大……这一代人从来没尝过失败的滋味。现在他们非常震惊……怎么可能是〔埃及军队〕在向前开进，而我们被打败了？"[17]

形势非常危急。在战争头两天，以色列损失了10％的飞机，国防军前线某装甲师损失了半数以上的坦克。象征以色列坚不可摧的巴-列夫防线也被冲破。

到10月8日，以色列部署在西奈半岛的290辆坦克中有180辆被击毁，达扬这时意识到自己先前满不在乎的过度自信是多么荒谬，在随后举行的记者招待会上，他语调绝望，让听众很震惊。梅厄得知达扬要去谈可能发生的"第三圣殿毁灭"，就禁止达扬接受那次电视采访。[18]

果尔达·梅厄向尼克松总统寻求帮助，甚至暗示他以色列有亡国的危险。虽然以色列情况危急，但尼克松没有马上采取行动。① 在电视讲话中，梅厄总理向约旦呼吁，不要犯1967年那样付出沉重代价的错误。当时以色列和约旦之间颇多合作，她相信就算约旦参战，也不会表现得很积极。至于美国援助，她能做的只有等待。

10月10日是战争爆发的第五天，总理在电视上向全体民众发表讲话。她谴责了苏联，正是在苏联的支持下，埃及和叙利亚才让以

① 多年后人们发现，尼克松对犹太人非常反感。他的得力助手亨利·基辛格对自己犹太人身份的复杂态度是出了名的。耶胡达·阿夫纳大使后来写道，犹太人身份让基辛格"神经衰弱"。在2010年公布的尼克松录音带中，可以听到基辛格对总统说："就算苏联人把犹太人关进毒气室也不关美国的事。"（Yehuda Avner, *The Prime Ministers: An Intimate Narrative of Israeli Leadership* [Jerusalem: Toby Press, 2010], p. 269; Gil Troy, "Happy Birthday, Mr. Kissinger," May 23, 2013, *Tablet*, http://www.tabletmag.com/jewish-news-and-politics/132819/happy-birthday-mr-kissinger#xCoSwz6BrWoHxhzI.99.）

314

色列蒙受如此沉重的损失。"叙利亚和埃及军人手里的武器全都来自苏联。"[19]

尼克松也意识到，以色列在打的不仅是一场地区性战争，也是一场两个超级大国的代理人之间的战争，区域外大国将在这场战争中发挥关键作用。总统指示他的国家安全顾问，除了激光制导炸弹以外，要确保以色列能够得到所有它需要的武器装备，只要以色列能用以色列航空公司的飞机运送这些武器装备。[20]有些报告认为，尼克松这样做，不仅是因为美国越来越希望以色列继续存在，还因为他通过一些报告得知，以色列为了自保，已把罩在核武器上的罩子拿掉了。[21]

10月8日在西奈半岛展开的一次反击中，以色列国防军遭到重创，总参谋部明白，要想避免灾难出现，以色列必须立刻改变战争走向。国防军领导人制定了"先北后南"的策略：首先扭转北部叙利亚军队势如破竹的攻势，南部军队暂时维持守势。这一策略起作用了。两天后（10月10日），以军将叙利亚军队赶出了四天前哈菲兹·阿萨德总统下令突破的边境线。10月11日，以色列炮兵火力已经覆盖到大马士革郊区。随后，以色列空军轰炸了位于大马士革的叙利亚国防部大楼。[22]达扬这时已不像几天前那样悲观，他说："叙利亚人必须明白，大马士革通向以色列的路同时也是以色列通向大马士革的路。"[23]

以色列在北部反客为主，这让超级大国紧张起来。苏联警告以色列离大马士革距离太近。10月11日，苏联驻美国大使阿纳托利·多勃雷宁（Anatoly Dobrynin）告诉基辛格，为了保护叙利亚，苏联空军已进入戒备状态，苏联军舰正在开往叙利亚沿海城市的路上。

两天后（10月13日），理查德·尼克松命令美国飞机帮助以色列空运军事物资。

北部威胁解除后，以色列开始集中兵力对付南部的埃及军队。10月14日，埃及军队犯下严重的战术错误，在发动新攻势时，他们的地面部队离开了地对空导弹的保护区，暴露在以色列空军的打击范围内。在接下来的战斗中，埃及损失了250辆坦克，以色列只损失了20辆坦克。南部战局开始扭转。

以色列乘胜追击。10月15日，在阿里埃勒·沙龙将军指挥下，以色列军队试图渡过苏伊士运河。这场战斗尽管非常惨烈（仅在这一场战斗中以色列就阵亡了300人，将近六日战争死亡人数的一半），但第一支部队渡过了运河。接下来一周内，国防军主力部队也通过运河，占领了运河西岸地区。10月19日，苏联和美国分别对埃及和以色列施压，呼吁双方停火。但以色列北部和南部的战斗仍在继续。

10月22日，联合国安理会通过338号决议，要求双方在下午6点52分停火。6点50分，以色列广播宣布以色列将接受停火条件。

但战斗仍在持续。10月24日凌晨两点，埃及第三军团被以色列国防军包围，随时可能全军覆没，埃及和叙利亚这才同意停火。下午1点，停火协议正式生效，战争基本结束。

在这场战争的最后阶段，以色列国防军表现英勇。在空战中，以色列空军击落了277架阿拉伯国家战斗机，自己只损失了6架飞机（46∶1）。阿拉伯国家一共损失了432架飞机，以色列损失了102架。阿拉伯国家的人员伤亡惨重，共有8258人死亡，19540人受伤。一些以色列人认为，阿拉伯国家的实际伤亡是这一数字的两倍，死

316

亡人数应该达到 1.5 万人（其中 1.1 万为埃及人），受伤人数达到 3.5 万人（其中 2.5 万为埃及人）。[24]

以色列失去了 2656 名战士，7250 人受伤。这一数据虽然远低于阿拉伯人，却是 1967 年死伤人数的三倍多。这场战争持续的时间比 1967 年战争长，但以色列处境并没有发生变化。战争爆发前，以色列人犯下许多严重错误，战争带来的巨大伤亡让以色列人难以接受。许多以色列人对土地、和平和战争抱有的设想破灭。尽管以色列人有理由再次对前线战士充满信心，但对领导阶层就不那么有信心了。和平变得越来越无望，很多人不再相信有什么"最后的战争"。正如伊加尔·雅丁在战后所说："这是以色列第一场父亲孩子并肩作战的战争，我们从未想过会有这种事。作为父亲，我们当年打仗，就是为了孩子将来不用上战场。"[25]

以色列人对盟国的信任也受到影响。特别是在政治右翼人士中，很多人永远不会原谅基辛格推迟运送以色列当时急需的武器装备的做法。法国支持阿拉伯国家并向他们提供武器，几乎无人感到意外。阿拉伯国家实施石油禁运后，许多欧洲国家抛弃以色列，倒向阿拉伯国家，但以色列人没想到英国通过对该地区实施武器禁运也这样干。后来英国为了培训埃及直升机飞行员而自破禁运。以色列提出抗议后，英国给出的答复是，英国已经将培训地点从中东前线改为英国本土，以色列见好就收吧。此外，第三世界国家也纷纷和以色列断交，其中不少国家得到过以色列的资金和技术支持。

石油再次成为国际政治中一个重要因素。战争进行到 10 月 17 日时，为了惩罚美国等国对以色列的支持，阿拉伯国家开始实施石油禁运，此举严重冲击了美国和其他西方国家的经济，以色列再次成为国际阴谋的靶心。石油输出国组织（由沙特阿拉伯主导）的地位显著上升，在后来几十年一直影响着美国的外交政策。

以色列人的"构想"心态终于被深深的忧虑取代。他们对国家 318
领导人缺乏信心，也明白以色列国防军并非坚不可摧。已经习惯扮
演胜利者角色的以色列，逐渐痛苦地接受这场战争带来的惨重损失。
媒体公布了以色列战俘的镜头，这种画面让以色列人不习惯，也令
他们恐惧。画面上还有被炸毁的以色列坦克和死去的国防军战士。
贝特哈西塔（Beit Hashita）基布兹有 11 名年轻成员战死。电视上播
出了送葬场景，11 辆军用吉普车组成一支送葬车队，每辆车上摆着
一具用以色列国旗覆盖的棺材，这种画面让许多观众受不了。

这种痛苦也是许多基布兹成员无法承受的。基布兹悄然发生了
变化，建国那一代人对世俗主义的坚持、对宗教的彻底排斥开始解
体。虽然当时体现得还不明显，但世俗、自信和不在乎宗教传统的
新犹太人形象将要在以色列退潮，人们转而开始在前辈看不起的领
域中寻找生活的意义。

1967 年创作《金色的耶路撒冷》的拿俄米·舍莫尔再次用作品
证明了她惊人的预见。1973 年战争前，她将披头士的《顺其自然》
（Let It Be）改编为希伯来语歌曲。战争过后，她修改了这首歌的歌
词和旋律，虽然副歌部分仍保留了《顺其自然》的旋律。这首歌将
以色列人的悲伤表达得淋漓尽致，引起全国轰动，至今流行。[26]她写
道："地平线上仍有一片白帆，但处在密布的乌云下。"这首歌既有
披头士的风格，也带有 1973 年以色列的特色，她写道：

> 我们所有的渴望，顺其自然吧，
> 请让一切顺其自然，顺其自然，
> 我们所有的渴望，顺其自然吧。

全国人民的悲痛之情没有随着时间的流逝而消散。1995 年独立
日上，以色列人第一次听到并将成为以色列经典歌曲的《73 年冬
天》。这首歌开头写道："我们是 73 年冬天的孩子。"这些孩子唱道，
他们的父母"在战争结束的拂晓时分梦到我们"。这些孩子明白，生
出他们是一种绝望的行为，也是父母最后的希望："当你们用爱的力
量怀上我们，在 73 年冬天，／ 你们要让被战争掳走的一切填充你们
的身体。"27

而父母则早早许下承诺，"你们承诺要不惜一切代价，为我们把
我们的敌人转化为爱人"。但整整一代人之后，这个承诺未能兑现。
歌曲的副歌部分直击心灵，直到今天，仍让唱的人深有感触：

> 你承诺有和平，
>
> 你承诺家园里有春天和花朵，
>
> 你承诺会遵守承诺，
>
> 你承诺有和平鸽。

1995 年这首歌出现时，赎罪日战争已经结束 20 多年，但和平鸽
没有飞来。仍在持续的战争让这个国家的内心千疮百孔。赎罪日也
因为这场战争而不再是以前那个宗教意义上的赎罪日了。每年在这
个用于反省和忏悔的宗教节日上，人们都会想起当年以色列人的无
能、悲伤、损失和幻灭。

可以说，赎罪日战争将以色列灵魂的一部分击得粉碎，再也无
法复原。

此外，这场战争政治影响深远。早在 1973 年 11 月 13 日，梅纳
赫姆·贝京就在议会上批评果尔达·梅厄和政府在战争中无能。几

十年来，贝京身处以色列政治边缘，他现在得到越来越多以色列人的认可。但对独霸政坛的工党打击更大的，是调查战争爆发原因的阿格拉纳特委员会。该委员会 1973 年 11 月 21 日成立，1974 年 4 月 1 日发表的调查报告认为，以色列军队高层犯下了许多错误，但基本没有追究政府的责任。总参谋长大卫·埃拉扎尔、情报部门负责人艾利·泽拉将军和南方司令部司令撒母耳·葛农（Shmuel Gonen）三位军方高级将领引咎辞职。葛农辞职后立即离开以色列，余生在非洲度过，61 岁时死于心脏病突发。战争结束不到三年，大卫·埃拉扎尔于 1976 年 4 月也死于心脏病，年仅 51 岁。

虽然阿格拉纳特委员会对果尔达·梅厄和摩西·达扬手下留情，但这反而让这些政治领导人的处境变得更糟。他们似乎得到了免受追责的“特许”，这让公众感到愤怒和恶心，许多人强烈要求这些人辞职。

民众发起的和平抗议活动也出现了。最著名的是莫蒂·阿什肯纳泽独自一人来到耶路撒冷的总理府前抗议，横幅上写着：“奶奶〔果尔达·梅厄总理的绰号〕，你的国防部部长很失败，你 3000 名孙儿孙女因此丧生。”[28] 这场战争前，对一名民选高官这样说话是难以想象的，但民众现在顾不了了。在推迟到 1973 年 12 月的选举中，工党仍然获胜。但 1974 年 4 月，果尔达·梅厄辞职，接替她的是伊扎克·拉宾。拉宾的票数少于梅厄第一任期获得的票数，而民众仍气得发抖，他所领导的这个政党即将失去在以色列政坛的统治地位。

拉宾的上台标志着新时代的到来。他是第一位出生在 20 世纪的以色列总理，第一位出生在以色列地的总理，第一位只接受过以色列教育的总理，也是第一位有过军旅生涯的总理。以色列人已经做好准备，迎接这类新领导人。[29]

美国犹太人察觉到这种变化，其中一些人认为，1967年以来，以色列过度自信和好斗，如今能有所收敛让他们舒了口气。几位美国犹太领导人评论道："和一个不那么以色列的以色列打交道，让我们感到愉快。"[30] 在美国，雅各·布劳斯坦和大卫·本-古里安的观点长期以来各有拥趸，布劳斯坦的观点此时重新占据上风。

1973年12月，以色列人还没有完全从几个月前战争的悲痛中走出来，又一个噩耗传来：大卫·本-古里安去世。本-古里安已经和病魔斗争了很长时间，人们并非完全没有心理准备，但鉴于以色列人刚刚经历的创伤，国父般的人物这时去世，仍然是痛苦的打击。

本-古里安有专制倾向，从政时间可能也有点过长。他出生于欧洲，年少就出于理想主义情怀来到巴勒斯坦，在果园摘过橘子，建立了工会，成为伊休夫政治领袖。在英国统治的混乱年代，本-古里安审时度势，巧妙地让伊休夫得以壮大。他缔造了许多建国前的机构，最终成功建国。他拥有超强的把握历史时机的能力，知道何时应该耐心等待，何时应该迅速出击。他在准备不足的情况下就宣布建国，因为他明白这样的历史机会不会再有。

他虽然不是军人，但在独立战争中展现出过人的勇气和卓越的谋略，让这个刚刚崭露头角的国家渡过危机。如果说是赫茨尔赋予政治犹太复国主义运动以生命，那么大卫·本-古里安就是以色列国生命的赋予者。以色列第五任总统伊扎克·纳冯（Yitzhak Navon）坚信，本-古里安是两千年前"第二圣殿毁灭以来最伟大的犹太人"[31]。但现在，他已与世长辞。

一场让以色列人心力交瘁的战争刚刚结束，他们又在电视上看到大卫·本-古里安的葬礼。一位以色列作家说："他们像是在观看自己的葬礼。”[32]

这场战争以灾难开始，它粉碎了以色列人的“构想”心态。但 322
以色列在赎罪日战争中也有可圈可点之处。叙利亚坦克突破以色列
北部防线后，民众虽然惊恐万分，但没有逃亡。军方在战争爆发前
和战争早期犯了许多错误，但面对巨大压力，军队重整旗鼓，调整
战略，最后再一次展现了以色列强大的军事实力。很大程度上由于
军队高层的错误，成百上千的战士献出了生命，但活下来的战士一
直坚守前线，既没有逃跑，也没有投降。虽然没有听到达扬对总理
说的“第三圣殿”（重生的犹太共和国）摇摇欲坠的言论，但他们能
感觉到他们快要失去一切。以色列不会在他们的注视下倒塌。

和以往一样，以色列的民主制度也发挥了作用。在民众的监督
下，军队高层领导和国家领导人都为自己的过错付出了代价。

以色列军队在战争后期取得了压倒性优势。以军包围了埃及第
三军团，可以将之歼灭。在北部，以色列装甲部队停在可以攻入大
马士革的地方。在遇到突袭、开局不利的情况下，以色列实现了惊
天逆转。实际上，赎罪日战争成为以色列最后一次同敌军正规部队
的较量。[33]虽然战争爆发前和战争初期的表现不尽如人意，但以色列
国防军让阿拉伯邻国明白，同以色列正面交锋是自取灭亡，没有
胜算。

尽管如此，以色列并没有“获胜”，像以前人们习惯看到的那
样。几年后，什洛莫·加齐特（1974—1979 年任以色列军事情报局
局长）在一次电视采访中承认，赎罪日战争中没有胜利者。[34]他相信，
军事上的僵局让双方比任何时候都更希望达成和平协定。

323　　阿拉伯人和以色列的斗争远远没有结束。在战场上失利后，以色列的敌人在其他领域向以色列发起进攻。巴勒斯坦人多年来试图在外交上孤立以色列。如今，欧洲国家害怕阿拉伯再次实施石油禁运，屈服于阿拉伯人和巴勒斯坦人的压力，这让他们对以色列的外交斗争变得格外有效。1974 年 11 月，亚西尔·阿拉法特被邀请到联合国发表讲话，在后来被称为《橄榄枝和手枪》的演讲中，他没有谈到和以色列实现和平，而是谈到"犹太人入侵巴勒斯坦"。他的演讲既有威胁使用暴力的意味，也影射了和平："今天，我来到这里，一手拿着橄榄枝，一手拿着自由战士的枪，不要让橄榄枝从我手中滑落。我再说一遍，不要让橄榄枝从我手中滑落。"话毕，满场掌声。

为了回应掌声，阿拉法特双手紧扣，举过头顶，露出他腰带上的手枪皮套。阿拉法特显然有意把枪套带到联合国大会全体会议的现场，以此含蓄地威胁要继续使用武力，但这丝毫没有影响观众们鼓掌。阿拉法特向以色列的生存权宣战，但联合国报之以全场欢呼和站立鼓掌。仅一年后，联合国大会批准巴勒斯坦解放组织成为联合国观察员。

联合国对以色列的外交攻势不断取得进展。1975 年 11 月，联合国大会以 72 票赞成、35 票反对（和 32 票弃权）通过了 3379 号决议，确认"犹太复国主义是种族主义和种族歧视的一种形式"。美国对该决议投了反对票。美国驻联合国代表丹尼尔·帕特里克·莫伊尼汉对这一提案提出强烈谴责："联合国将要把反犹主义变成国际法。"莫伊尼汉还发表了他那段著名的言论："［美国］……不承认，不遵守，也永远不会默许这个臭名昭著的决议……一大股邪恶的力量被释放进这个世界。"[35]

连莫伊尼汉也想不到，将犹太国非法化的国际势力将迅速蔓延   324
开来。虽然不用面对敌人的正规部队，但从某种意义上说，以色列
变得更不安全。在许多方面，犹太国即将受到国际社会的排斥，变
得比以往任何时候都脆弱。

第十五章
革命中的革命：以色列右翼政治力量的崛起和复仇

> 我们不再是任何人眼中胆小怕事的犹太人。……那个时代已结束。……如果不愿自我牺牲，奥斯维辛将再次出现。如果自卫必须付出代价，那我们就付！

> ——总理梅纳赫姆·贝京[1]

20 世纪 70 年代，和政治、文化和公共生活领域的情况一样，活跃在以色列乐坛的大多是阿什肯纳兹人，即祖籍欧洲的白种犹太人，在几次阿利亚移民运动和建国以前，他们就确立了在巴勒斯坦的主导地位。拿俄米·舍莫尔的父母来自维尔纽斯（Vilna）。60 年代以色列无可争议的摇滚天王阿里克·艾因施坦 1939 年出生于伊休夫，他的父母也来自欧洲。1973 年第一届欧洲歌唱大赛（Eurovision competition）中代表以色列参赛的是著名歌手伊兰尼特，她的父母移民自波兰。1974 年代表以色列在欧洲歌唱大赛上演唱《我将生命献给她》（*Natati Lah Chayai*）的，是当时风靡全国的蜂巢乐队（*Kaveret*），这个欢快搞笑的乐队也由五名白人（阿什肯纳兹人）男歌手组成，这首歌曲至今脍炙人口。

以色列广播很少播放东方犹太人创作和表演的音乐，唱片公司

也不感兴趣。业内人士认为，东方犹太人充满中东情调的音乐听上 326
去古怪而陌生，更像阿拉伯人的音乐。比亚利克和奥尔特曼等人希
望犹太国能培养新犹太人，但东方犹太人的形象、口音以及他们表
达犹太身份的方式和新犹太人的形象相去甚远。东方犹太人在社会
各领域都居边缘地位，乐坛只是这个普遍现象的反映罢了。

　　磁带的发明和迅速普及才大大改变了乐坛格局。70 年代初，被
录音室拒之门外的东方犹太人音乐家开始用磁带传播自己的作品，
这最早发生在特拉维夫，后来又出现在别处。这种音乐具有北非和
中东风格，有点离经叛道，很快得名"磁带音乐"（*muzikat ha-
kasetot*），① 并很快改变了以色列乐坛的面貌。东方犹太人的音乐钻
进了以色列人的生活。佐哈尔·阿尔戈夫（Zohar Argov，他的父母
不是来自欧洲，而是来自也门）等音乐家通过"磁带音乐"革命一
举成名，² 变为家喻户晓的明星。

　　70 年代兴起的东方犹太人革命，不仅影响了音乐行业，以色列
政治生态也因此将发生翻天覆地的变化。历史上东方犹太人长期作
为少数群体生活在阿拉伯人统治下，他们在东道国施压或驱赶下来
到以色列。大多数人的财产被东道国政府剥夺，沦为以色列社会中 327
的穷人。接收这些移民时，以色列经济低迷，能够用于改善东方犹
太人生活条件的资源极为有限。

　　犹太国吸收了所有的东方犹太人移民，赋予他们公民身份，为
他们提供教育和基本住房。但政府把他们大多安置在偏远的过渡营。

---

　　① 几乎在同一时期和同一地区，阿亚图拉·鲁霍拉·霍梅尼（Ayatollah Ruhollah
Khomeini）开始用录音带传播他具有颠覆性的反西方（和反伊朗君主）的布道，为 1979 年
伊朗革命做准备。

就像当年把一贯具有军事训练传统的基布兹设立在边境地区可以保卫国家一样，政府在远离国家中心的边缘地区设立过渡营也有国家利益的考虑：可以防止以色列对这些地区的拥有在未来出现争议。

不难理解，在东方犹太人看来，被安置在远离国家中心地带的过渡营，意味着他们在以色列社会处于边缘地位，如果不采取行动，永远翻不了身。早期移民比较服从政府安排，但他们的孩子深感国家不公，对国家的不满成为东方犹太人身份的重要特征，驱使他们在 70 年代初建立自己的组织。1971 年，一个名为"黑豹党"（根据美国同名团体得名）的团体和总理果尔达·梅厄会面，表达了自己的失望。会后，梅厄给出的唯一评论是"他们不是好人"[3]。马帕伊党的领导层遥不可及，革命的时机已经成熟。阿格拉纳特委员会和随后果尔达·梅厄的辞职进一步强化了东方犹太人的这种感觉。

梅厄的继任者伊扎克·拉宾的执政时间也不长。1977 年，以色列媒体揭露拉宾的妻子利亚拥有一个（在拉宾担任以色列驻美国大使期间办理的）海外银行账户，上面存款虽然不多，但这属于以色列法律明令禁止的行为。以色列民众为此气愤、恼怒和沮丧，在国家经济如此困难的情况下，工党领导人一再表现出的无能、腐败和遥不可及让他们忍无可忍。和梅厄一样，拉宾也辞职了。

以色列为变化做好了准备。

梅纳赫姆·贝京从 1949 年第一次大选以来，一直被边缘化在反对党（除了六日战争开始时短暂加入过团结政府）。截至 1977 年，他 29 年的政治生涯并无多大建树。作为泽夫·雅博廷斯基的追随者，贝京主要在建国前夕和建国后的十年建立起自己（或好或坏）的名声。

成为伊尔贡领导人后，他宣布对英国发动起义。他策划了大卫王酒店爆炸，这是促使英国人离开巴勒斯坦的关键原因。在"阿尔塔莱纳"号事件中，贝京在避免全面内战爆发中也起了关键作用。虽然他输掉了围绕德国赔款问题展开的政治斗争，但这让他在许多以色列人心目中成为以色列灵魂——犹太性的守护者。

大卫·本-古里安不断把法西斯主义者的标签贴在贝京身上，这甚至影响到美国犹太人对贝京的看法。1948 年他出访美国前，包括阿尔伯特·爱因斯坦和汉娜·阿伦特在内的知名美国犹太人给《纽约时报》写联名信，信中也称他为法西斯主义者，说贝京"宣扬的是极端民族主义、宗教神秘主义和种族优越论的大杂烩"[4]。

到 1977 年，贝京仍没有完全摆脱这类指责，但很多以色列人已经意识到，他并不像对手描述的那样简单。正是他极力呼吁结束对以色列阿拉伯人的军事统治。[5]1965 年以色列议会再次调查"阿尔塔莱纳"号事件时，有人提出本-古里安试图谋杀贝京，[6]而调查结果显示贝京在事件中并没有什么过错。

在担任反对党领导人的这些年里，贝京同东方犹太人建立起关系。他多次提醒这些人，他领导的伊尔贡当中就有很多战士来自突尼斯、也门、叙利亚、阿根廷、南非、伊拉克、波斯和其他非欧洲犹太社团：

> 伊尔贡各个部门都有来自不同犹太社团和不同阶级的成员。……我们这里堪称犹太国小熔炉。我们从不问出身，只看重忠诚和能力。东方犹太社团的成员在伊尔贡就像在家里一般快乐。没人对他们摆出居高临下的愚蠢姿态，这也有助于他们摆脱任何无端的自卑感。[7]

他注意到，与在议会中不同，东方犹太人在伊尔贡身居高位。

有人可能会推想，贝京西装革履、"一本正经"的波兰犹太绅士形象在东方犹太人看来欧洲特征明显，他们会像反感工党一样反感他。但讽刺的是，贝京的波兰背景给以色列北非移民留下了好印象。20 世纪 50 年代初，贝京访问过渡营时（访问期间他称呼生活在那的东方犹太人为"我的兄弟姐妹们"），过渡营的居民注意到他的着装非常正式，他的黑色西装和其他伊休夫领导人的着装格格不入，他们认为这表明贝京尊重他们；相形之下，本-古里安来访时经常穿着 T 恤和短裤，分明看不起他们。贝京将东方犹太人心中的怒火化为政治资本。早在 1959 年，他就在听众大多为东方犹太人的一次演讲中说，本-古里安将以色列分裂为一个"阿什肯纳兹主义和非阿什肯纳兹主义"判然有别的国家。[8]

赎罪日战争、梅厄和拉宾分别因阿格拉纳特委员会与经济丑闻辞职以及东方犹太人长期对政府的不满这几个因素合在一起，就促成了贝京的"完美风暴"。在 1977 年 5 月的选举日，以色列有史以来首次举行投票后的民意调查，其结果震惊了全国，贝京领导的利库德集团赢得 43 个席位，工党联盟（本-古里安的经过改组的马帕伊党）只获得 32 个席位（比上届选举少了三分之一席位）。梅纳赫姆·贝京成为历史上第一个在连续八次选举失利后在第九次获胜的总理。[9]

以色列新闻主播哈伊姆·雅文（Chaim Yavin）称利库德集团这一胜利为"大逆转"（Mahapach）。（在希伯来语中，该词词根和"革命"［mahapeicha］一词相同）。许多以色列人（特别是东方犹太人选民）兴奋地走上街头，高呼贝京的名字。以色列出现了一位新的加冕王子。这不但是贝京的胜利，东方犹太人也认为这是他们的胜利。他们感到自己终于在规划国家的发展中起到了核心作用。

阿什肯纳兹精英则目瞪口呆。这些以色列人从小在本-古里安的统治下长大，对他充满崇敬，无法想象由其他政党来领导这个国家。一位敏锐的评论家分析道："他们无法理解，这个政党建立起国家，接收了数百万东方犹太人移民，怎么可能会有人反对它？工党在大选中的失利让他们非常吃惊。"[10]

选举日当天，结果出来后，记者们争先恐后将话筒伸到贝京面前，迫不及待地想知道他会说什么。尽管并不严格遵守教规，但贝京总是随身带着基帕帽，他这时戴上帽子，诵读了祈祷文"你赐予我们生命"，犹太人在取得成就和好运时就会诵读这段祈祷文。以色列人在政府高官身上从未见过此景。1948 年本-古里安宣布以色列建国时，根本没戴过基帕帽。另一位记者在欢庆的人群中问贝京，他会是拥有什么风格的总理，面对这个怪问题，贝京思考片刻后回答："一个好犹太人应当有的风格。"[11]

对贝京这句话，以色列人虽然有不同的理解，但人们已经开始重新思考什么是"好犹太人"。同一年，广受观众喜爱的喜剧演员和著名导演乌里·佐哈尔第一次在他主持的电视游戏节目中戴基帕帽。[12]以色列正在发生一个深刻的变化：宗教正重新进入以色列人的政治生活和文化生活。

331

在马帕伊党执政将近 30 年后，政权顺利地从马帕伊党转到利库德集团手中，没起任何争端，贝京成为政府的领导者。这体现了以色列人对民主制度的坚定持守，令人印象深刻。

贝京政府首先处理的，不是东方犹太人问题，而是和平问题。

多年来，亨利·基辛格在以色列和埃及间展开"穿梭外交"，让双方同意了两个撤军协议，即赎罪日战争结束后撤回各自驻扎在边境的军队。但这些举措虽然结束了上一场冲突，却无法保证下一场冲突就不会发生。

以色列大选后几个月，在一系列秘密沟通（有的是通过罗马尼亚总统尼古拉·齐奥塞斯库）失败后，1977 年 11 月 9 日，埃及总统安瓦尔·萨达特在埃及议会脱稿讲话时宣布：以色列"将对我对你们说的话感到诧异：为了让埃及战士不再受伤，什么困难我都在所不辞，我愿意去世界尽头，甚至愿意去他们家，去以色列议会，同他们辩论"[13]。

贝京几乎在第一时间回应了萨达特的精心策划，他在针对埃及人的广播讲话中邀请萨达特访问耶路撒冷。仅 8 天后，让许多以色列人难以置信的是，萨达特的飞机降落在了特拉维夫。贝京亲自站在飞机的舷梯下迎接萨达特，见面后两人在为萨达特一行准备的红地毯上相互拥抱。以色列国旗和埃及国旗一起在微风中飘扬。接下来几分钟，萨达特终于见到了之前耳熟能详的以色列领导集体。这位曾经对以色列发动战争的人正站在以色列的国土上，受到热烈欢迎。萨达特被引见给摩西·达扬和伊扎克·拉宾，这两人带领以色列人在 1967 年获得大胜，又被引见给果尔达·梅厄，她在 1973 年击败他。

拉宾后来回忆说，萨达特当场给他留下深刻印象："他在这里见的人都是他以前的生死对手，在短短几秒钟内，他总能够对每个人说出最正确的话。"[14]以色列公民通过电视密切关注他的来访，他们也对萨达特印象深刻。"以色列民众欣喜若狂。如果说萨达特想让他们相信他的和平意图，那他来以色列这个惊人姿态就已经赢得了他们。"[15]

第二天，萨达特成为第一个在以色列议会发表讲话的阿拉伯领导人。他提出了实现和平的五个条件：以色列完全撤回 1967 年边界，巴勒斯坦人实现独立，保障本地区所有国家和平相处及边界安全，承诺未来不使用武力，结束中东的敌对状态。

萨达特要求过高，谈判过程艰难而激烈，进展缓慢。吉米·卡特总统领导下的美国也加入谈判，成为埃以双方的调解者。贝京和萨达特还算相互尊重（他们的关系经历过起起落落），但贝京和卡特的关系极糟。卡特将贝京和萨达特邀请到戴维营，认为那里的田园风光有助于推动谈判进程，但谈判还是差点崩溃。贝京和萨达特一度针锋相对，几乎没有眼神交流。卡特称贝京为"精神变态"[16]，但贝京认为美国要求以色列做出的让步过大，而卡特对这些让步有意麻木不仁。贝京打算离开戴维营。

最终，各方还是缩小了分歧。贝京放弃了西奈半岛，但保留了对约旦河西岸的控制。他没有答应萨达特让他将约旦河西岸交给巴勒斯坦人的要求，声称不想在和一个敌人签订和平协议的同时为另一个敌人创造国家。这位埃及总统收回了西奈半岛，成为和以色列实现和平的第一位阿拉伯国家首脑，但也出卖了巴勒斯坦人。

1978 年 9 月 28 日下午 3 点左右，经过激烈辩论，以色列议会以 84 票赞成、19 票反对和 17 票弃权的结果通过了《戴维营和平协议》。贝京当年被英国列为头号恐怖分子，如今却让以色列和它最强大的敌人实现了和平。根据协议，以色列同意撤出六日战争占领的西奈半岛，虽然这场战争并非以色列人挑起，并让以色列失去了数千人的生命。萨达特曾有意同以色列谈判，但被梅厄的左倾政府拒绝了；对于还记得此事的人来说，此举是惊人的。

333

为了实现和平，以色列不惜放弃土地，这样的事以后还会发生。

以色列人注意到，做出放弃土地决定的竟然是右翼总理，而且还是以色列历史上第一位右翼总理。之所以会如此，部分原因在于议会政治。如果左翼势力试图放弃土地，右翼势力必然站出来反对。但如果是右翼势力提出这一建议，（一向更倾向于为和平达成妥协的）左翼势力却不得不支持。不无讽刺的是，右翼势力看来才是未来实现和平的关键。当然，埃以和平协议的签署也离不开贝京的个人因素，他比先前许多总理更果断，一看到机会极少犹豫。

不久，诺贝尔奖委员会决定授予贝京和萨达特诺贝尔和平奖。然而，由于推动和以色列实现和平，萨达特成为阿拉伯世界的众矢之的。（埃及被逐出阿拉伯国家联盟，位于开罗的该组织总部被关闭。在其他阿拉伯国家学习的埃及留学生也被驱逐出境。）萨达特担心自己的人身安全，没有参加 1978 年 12 月 10 日举行的诺贝尔奖颁奖仪式（当时谈判还没有完全结束，他也不愿让人看到他和贝京在一起），而是派他的女婿到现场领奖。

334　　以色列政党间的嫌隙仍旧。果尔达·梅厄和本-古里安一样，本能地对贝京心存厌恶。一向机智过人的她评论道，贝京不应该拿诺贝尔奖，而应该拿奥斯卡奖。[17]贝京在奥斯陆领奖时，梅厄去世。

虽然没有参加诺贝尔奖颁奖仪式，但萨达特的谨慎还是没能让他逃过一劫。1980 年，以色列通过了《耶路撒冷法》，宣布整个耶路撒冷是以色列不可分割的首都。外界认为以色列这是要吞并东耶路撒冷。中东阿拉伯民众对萨达特变得更为不满。1951 年，约旦国王阿卜杜拉一世也因为被怀疑考虑和以色列开展和平谈判而被阿拉伯人谋杀。历史总有惊人的巧合。1981 年 10 月 6 日，在开罗参加纪念"十月战争"（埃及人称赎罪日战争为十月战争）埃军渡过苏伊士运河的阅兵仪式上，安瓦尔·萨达特被自己军队的士兵枪杀。[18]

以色列境内也有反对和怨恨。1978 年《戴维营和平协议》签订时，生活在西奈半岛的犹太居民就向议会抗议，反对以色列从该地区撤出。规模最大的抗议活动发生在加沙边境由世俗人士建立的小城亚米特（Yamit）。1982 年 4 月，萨达特遇刺不久，这座小城的撤离工作就开始了。虽然大多数居民愿意接受赔款，平静离开，但有的人拒绝抛弃家园。[19]他们爬到屋顶上，以色列国防军战士不得不使用高压水枪，才把他们赶下来。有一伙极端分子将自己关进亚米特的一座地堡，声称如果军队驱赶，他们就炸掉地堡自杀。贝京没有对这些人妥协。最终，政府彻底拆除了这个定居点，包括定居者在那修建的温室和果园。这些被改造出来的沃土瞬间又成为荒漠。

虽然撤离过程中没有任何人员伤亡，但以色列公民和以色列战士扭打在一起的场面还是给这个国家蒙上了阴影。25 年后，当以色列 2005 年撤出加沙时，这样的场景将再度上演。但这两次撤离行动其实也展现了以色列的民主制度，也体现了军方和定居者的克制。在两次行动前，都有人悲观地预测将出现暴力冲突。然而，尽管很多人因为离开家园而伤心欲绝，但没有人在这两次行动中受重伤。

同时，以色列人凭直觉能感到，如果有一天以色列从约旦河西岸撤出，更加暴力的场面将会出现。

虽然利库德集团不是宗教政党，但该党许多领导人和选民与信仰者集团有着天然的亲近感，后者是积极开拓定居点建设的宗教—民族主义组织。许多以色列人越来越对早期拓荒者的革命热情冷嘲热讽，信仰者集团的成员却认为自己在继承早期拓荒者的传统，继续在犹太先祖之地建设，以色列通过一场本无意发起的自卫战争占领了这里。

很多年前，贝京就认可定居点运动。1974年，信仰者集团成员申请建立埃隆莫雷赫（Elon Moreh），这是早期定居点之一。和许多其他定居点（包括希伯伦的定居点）的最初阶段一样，申请虽然遭到政府拒绝，但这里的定居者仍继续开发。最终，在多次要求无效后，左翼政府默认了已经建成的定居点。

新占领土地上的定居点问题或许是当时最易造成不和的政治问题。工党政府对此不明确表态，主要是想回避。定居者则利用政府的模糊态度在土地上创造既成事实。相形之下，贝京决心让定居点运动继续发展，在原则上给予政策支持，而不仅仅是作为政治权宜之策。1977年5月，大选结束两天后，贝京和阿里埃勒·沙龙来到埃隆莫雷赫定居点的临时营地，贝京表示："很快就会出现更多的埃隆莫雷赫。"[20]

跟随在身后的记者问刚刚当选的总理，他如此支持定居点运动，是不是意味着未来以色列会吞并约旦河西岸，贝京大声斥责：

> 我们不用"吞并"这个词。你可以吞并其他国家的土地，但不能吞并自己的土地。再说，什么叫"约旦河西岸"？从今往后，全世界要习惯这片土地在圣经时期的名字："犹地亚和撒玛利亚"……用这些词对你们来说就这么难吗？[21]

贝京的上台给以色列带来了新的理念。他担任总理期间，定居点的数量翻了一倍。由于定居点的数量后来在以色列右翼政府执政时期继续增长，也由于以色列右翼始终不遗余力地维护定居点运动的合法性，国际社会后来把定居点当作以色列政治右翼的发明，但这一观点并不正确。贝京上台时已经有 75 个定居点，都建于果尔达·梅厄和伊扎克·拉宾政府执政时期。不管土地是买来的，还是以色列从无意寻求的冲突中占领的，在这片土地上定居，既不是左翼政党的政策，也不是右翼政党的政策。从一开始这就是犹太复国主义精神的核心支柱。

犹太人就是这样在建设自己的国家。很多以色列人找不到理由放弃这种意识形态，既然它一开始就成全了这个国家。让政治右翼显得不同的，是它在表述这种主张时理直气壮，毫无愧悔。

虽然以色列同埃及实现了和平（哪怕只能算"冷"和平），但新的威胁不断涌现。伊拉克的萨达姆·侯赛因扬言要"用血流成河淹死"犹太国。[22] 为了达到这个目的，伊拉克在法国人的积极帮助下开始建立核反应堆。法国曾帮助以色列在迪莫纳建立核反应堆，现在他们又在帮助一个试图消灭以色列的国家。刚刚上任的贝京表示，绝不能让一心灭亡犹太国的侯赛因获得核武器。

1978 年 8 月，贝京召开了第一次讨论伊拉克核设施应对方案的秘密内阁会议，这种会议一共召开了 10 多次。军事行动的风险很大，外交领域也不容乐观。以色列人明白，一旦发动进攻，美国为了顾及自己在中东阿拉伯国家的利益，必然谴责以色列，让以色列在外交上陷入孤立，因为美国国务院一直迟至 1980 年都在反复声称："没有明确证据显示伊拉克试图获得核爆炸物。"[23] 军事上摧毁伊拉克核设施的行动非常危险，飞行员需要穿越敌对国，长途飞行1200 英里，为了不被雷达发现，全程只能超低空飞行（事实上，有几名飞行员在这次任务的训练中牺牲）。

但贝京认为这次行动无疑意义重大。犹太人民流散了两千年才

337

得以重建民族家园，决不能再次遭受灭顶之灾。

1981 年 6 月 7 日，8 架以色列战斗机向东朝伊拉克方向飞去，一路未被发现，到达目标点后投下炸弹；位于奥斯拉克（Osirak）的伊拉克核反应堆被彻底摧毁，而所有飞机安全返回以色列。这次袭击虽然是以色列军事史上的光辉时刻，但马上遭到国际社会强烈而持久的谴责。不出所料，法国人怒不可遏，但以色列政府还受到美国国内的密集批评。袭击行动两天后，《纽约时报》发表社论，谴责这次袭击是"不可原谅和目光短浅的入侵行为"[24]。文章还影射贝京早年策划的行动，声称这位以色列总理"采用了他最弱小的敌人的惯用伎俩：恐怖主义。他用自己强烈的受害者心态为入侵找借口"[25]。《洛杉矶时报》的约瑟夫·克拉夫特将这次行动和阿拉法特的"恐怖主义"等同起来，认为"美国人应该勇敢地指出，巴勒斯坦领导人亚西尔·阿拉法特和梅纳赫姆·贝京看起来都倾向于使用恐怖主义手段"[26]。

美国起初也谴责了以色列的行动，得到美国的赞成票后，联合国安理会一致通过 487 号决议，裁定该袭击"严重违反《联合国宪章》和国际行为准则"[27]。但 10 年后，1991 年在伊拉克执行"沙漠风暴行动"（Operation Desert Storm）的美国已经改变了当初的立场。美国国防部部长迪克·切尼（Dick Cheney）寄给以色列人一张显示奥斯拉克核反应堆残骸的卫星照片，并在上面写道：

> 向大卫·伊夫里（David Ivri）将军致以感谢和感激，他 1981 年出色地终止了伊拉克的核计划，这让我们完成"沙漠风暴行动"容易多了。
>
> 美国国防部部长 迪克·切尼[28]

　　袭击伊拉克没有影响到以色列同埃及的和平协定。阿拉伯国家的军队也没有做出任何反应。核反应堆已成废墟，埃以继续保持和平状态。每个人心里都明白，美国总统罗纳德·里根其实没有他表现的那样愤怒。这次袭击获得了不折不扣的成功。

　　以色列开始有了一种名为"贝京学说"的政策，它不能容忍敌方发展或拥有任何大规模的杀伤性武器，这项政策在贝京退出政治舞台后仍长期存在。[29]

　　以色列用行动证明，对于承认其生存权的国家，以色列可以与之和平相处，而对于试图摧毁它的国家，以色列定会报复。但这时犹太国面临的新挑战，并不来自正规军，而是来自激进组织，特别是来自巴勒斯坦解放组织的威胁。

　　自 1970 年 9 月约旦国王侯赛因将亚西尔·阿拉法特和巴解组织逐出约旦后，巴解组织开始把黎巴嫩（位于以色列北部）当作发动对以行动的大本营（参见地图 6）。黎巴嫩曾是中东繁荣的国家，但这时深陷内战，许多派别加入战争，其中包括根基牢固的基督教马龙派、黎巴嫩穆斯林、叙利亚人和德鲁兹人。黎巴嫩内部矛盾尖锐，国家的解体和混乱使之成为巴解组织对以色列发动暴力袭击的绝佳场所。

　　"激进主义"对以色列来说并不新鲜。巴解组织起初采用最能吸引注意力的袭击方式，许多袭击成为以色列历史上的标志性事件，其中最臭名昭著的是 1972 年 9 月对慕尼黑奥运会发动的袭击。激进分子来自"黑九月"组织，他们冲进奥运村以色列代表团驻地，劫持了以色列运动员。德国的特种部队没能成功解救人质，经过交火，

11 名以色列人遇害。① 这一事件对以色列人冲击极大，大屠杀已经
过去 30 年，全世界通过电视直播再次目睹犹太人惨遭杀害，而且地
点还是德国。

1976 年夏天，慕尼黑袭击 4 年后，巴勒斯坦和德国激进分子将
法国航空公司一架飞机劫持到乌干达恩德培（Entebbe），100 多名人
质大多数为犹太人，其中大多为以色列人。这次解救人质行动堪称
经典，成为以色列人的传奇故事。7 月 4 日，以色列特种部队飞到恩
德培，成功解救了人质（有 3 人在交火中丧生）。这支特种部队的指
挥官约拿单·内塔尼亚胡（日后以色列总理本雅明·内塔尼亚胡的
哥哥）是唯一一名阵亡的突击队员，由于拯救行动大胆而成功，英
勇就义的他立刻成为以色列人的英雄。

以色列国内也出现骚乱。这些年来，以色列阿拉伯人开始有组
织地向政府要求更高的社会福利和经济待遇。1976 年 3 月，以色列
政府宣布计划，打算没收一大片土地划分给包括卡米埃勒（Carmiel，
位于海法和加利利湖中间的一座以色列小城）在内的三座城市，这
块地中有阿拉伯人的地。在以色列阿拉伯人看来，政府不断剥夺他

① 2015 年，在慕尼黑事件过去 40 多年后，《纽约时报》等新闻媒体公布了几十年前得
到的资料。资料显示，这些运动员在遇害前惨遭殴打和折磨，一名人质当着同伴的面遭枪
击，流血致死，而同伴们都被绑住，无法救他。至少一名人质被阉割，而且很可能是在活
着的时候遭此酷刑。1903 年的基希涅夫集体迫害中，俄国人不但杀害犹太人，还割下女性
的乳房。这种杀害和折磨犹太人的行为在四分之三个世纪后再次发生。（"Horrifying Details
of Murder of Athletes in Munich Revealed：'They Were Tortured in Front of Their
Friends，'" http：//www. ynet. co. il/articles/0，7340，L-4733681，00. html ［Hebrew］; see
also Sam Borden，"Long-Hidden Details Reveal Cruelty of 1972 Munich Attackers，" *New
York Times* ［December 2，2015］，http：//www. nytimes. com/2015/12/02/sports/long-
hidden-details-reveal-cruelty-of-1972-munich-attackers. html. ）

们长期拥有的土地，更突显了他们只是二等公民。3 月 30 日，成千上万的以色列阿拉伯人上街抗议。土地计划是引发抗议的导火索，但从抗议的规模就能看出，抗议活动也是以色列阿拉伯人长期以来不满情绪的爆发。抗议活动变得越来越暴力，阿拉伯人在街道上点燃轮胎，封堵道路，并向军队投掷石头（有人说还有燃烧弹）。对于接下来发生的骚乱，人们说法不一，但有 6 名没有拿武器的以色列阿拉伯人被以色列武装击毙。很多以色列阿拉伯人认为这是 1956 年卡西姆村屠杀事件的重演，并改变了以色列阿拉伯人的自我认知。他们注意到，以色列的犹太人经常组织抗议政府的活动，但从来不会遭到军人和警察的枪击。这一天被称为"1976 年土地日"，成为以色列阿拉伯人历史中能够勾起痛苦回忆的标志性事件。

以色列阿拉伯人在抗议示威中很少携带武器，但以色列境外的巴勒斯坦极端分子的手段极为残暴。阿拉法特改变了策略，他以黎巴嫩南部为基地，不断向以色列平民发射火箭弹，目的是要让他们的生活苦不堪言。越境袭击和向以色列北部发射火箭弹变得越来越频繁，躲进防空洞几乎成为以色列人生活的常态，这让北部以色列人有一种被敌人包围的强烈感觉。截至 1982 年，超过 1.5 万名巴勒斯坦游击队员在黎巴嫩南部活动，从这里向北一直延伸到贝鲁特，此区域逐渐被称为"法塔赫的土地"[30]。

1978 年 3 月 11 日，贝京刚当选总理不久，一个由 11 人组成的激进分子团伙从海路潜入以色列境内，在沿海公路上劫持了一辆开往特拉维夫的公交车，杀害了 38 名以色列人，71 人受伤。《时代周刊》称这是"以色列有史以来遭受的最严重的恐怖袭击"[31]。作为回击，以色列发起"利塔尼行动"（Operation Litani），迫使巴解组织匆匆撤退到贝鲁特，但并没有动摇巴解组织在黎巴嫩的根基。这次事

341

件早早释放出一个信号：以色列很难用军事手段战胜激进组织。

针对以色列北部的威胁仍在继续，火箭弹也没有间断。每当火箭弹从黎巴嫩方向飞来，北部城镇的居民就跑向防空洞。以色列儿童在地下室度过了很多个夜晚，满是惊恐。海边公路的袭击让以色列第一次出兵黎巴嫩，巴勒斯坦激进组织在伦敦针对犹太人的另一次袭击，加速了以色列第二次出兵黎巴嫩。

342　　　1982 年 6 月 3 日，巴勒斯坦激进分子在伦敦朝以色列驻英国大使什洛莫·阿尔戈夫开枪。① 以色列和巴解组织之间积怨已深，对什洛莫·阿尔戈夫的袭击成为压倒骆驼的最后一根稻草。贝京和雅博廷斯基一样，非常看重"哈达尔"（hadar）观念（把尊严看作犹太人生活之核心的观念），想到以色列儿童夜复一夜只能躲在防空洞担惊受怕，就令他愤愤不平、无法忍受。这让人联想到欧洲犹太人曾经的生活，也违背了犹太人建国的初衷。就像比亚利克早在《屠杀之城》中表达过类似的困惑一样，贝京也问道，为什么犹太人甘愿受袭而不去自卫：

> 我们不再是任何人眼中胆小怕事的犹太人，不会再等待美国人或联合国来救我们。那个时代已结束。我们必须勇敢地保卫自己。如果不愿自我牺牲，奥斯维辛将再次出现。如果自卫必须付出代价，那我们就付！没错，战争意味着流血，意味着有人将失去亲人，有人将成为孤儿，这想起来确实很糟糕。此刻，我们在加利利地区的同胞正在流血，我们必须行动起来去保护他们。怎能对别无选择的事情心存疑虑？[32]

---

　　① 虽然击中头部，但阿尔戈夫没有死亡。他昏迷了 3 个月，醒来后回到以色列。由于双目永久性失明，他一直住在康复医院。住院 21 年后，2003 阿尔戈夫去世，享年 73 岁。

　　贝京的计划非常冒险。他和许多以色列人希望，如果基督徒能控制黎巴嫩，就不会再有射向以色列的火箭弹。此外，贝京还希望，如果以色列能帮助黎巴嫩长枪党（1936 年由黎巴嫩基督徒创立的准军事组织）领导人巴希尔·杰马耶勒对付他的宿敌黎巴嫩穆斯林，作为回报，以色列也许能够和黎巴嫩签订和平协定。这个计划的关键在于杰马耶勒能否最终获胜，但这不是以色列能控制的。

　　1982 年 6 月 6 日，以色列发动"加利利和平行动"。行动初期，以色列赶走了位于黎巴嫩南部的巴解组织战士。但行动很快偏离了原计划，阿里埃勒·沙龙带领部队远远越过了内阁规定的 40 千米纵深处，这也是贝京向里根总统承诺的入侵范围。不久，以色列国防军包围了贝鲁特，以色列入侵他国已经成为不争的事实。以色列的伤亡人数也很多，200 多名战士阵亡，超过 1000 人受伤。许多以色列人认为这是第一场由以色列主动发起的战争，而非被动应战。

　　黎巴嫩正在成为以色列的越南。

　　以色列的国际形象也受到损害。阿拉法特尽管蒙受损失，却拒绝离开贝鲁特，他定期出现在西方电视上，一同展示的还有巴勒斯坦伤残儿童和被轰炸后冒起浓烟的巴勒斯坦人房屋。以色列入侵贝鲁特被媒体大肆宣传，在无数国际观众眼中，阿拉法特忽然成了英雄，成了巴勒斯坦人民的拯救者。

　　但在军事上，面对以色列的强大火力，阿拉法特领导的巴勒斯坦解放组织毫无还手之力。巴勒斯坦解放组织的重要机构设在贝鲁特西南部的巴勒斯坦难民营内，以色列军队无情地轰炸了这里，并取得成功。1982 年 8 月 12 日，阿拉法特终于妥协。继 1971 年被逐出约旦后，巴勒斯坦解放组织又被迫离开黎巴嫩。8 月 21—30 日，大约 9000 名巴解组织战士（和 6000 名叙利亚战士）被护送出贝鲁特。阿拉法特则在部分战士的陪伴下，乘船前往突尼斯。

黎巴嫩军事行动从一开始就偏离计划，行动结果同样出人意料。1982 年 9 月 14 日，阿拉法特刚刚离开贝鲁特不到一个月，一名叙利亚特工对黎巴嫩长枪党总部实施了爆炸袭击，27 人遇害，其中包括巴希尔·杰马耶勒。以色列失去了同黎巴嫩实现和平的希望，黎巴嫩基督徒也失去了他们敬仰的领导人。以色列政府的战略部署完全被打乱。

黎巴嫩的事态变得一发不可收拾。杰马耶勒之死引起的混乱，让阿里埃勒·沙龙看到机会，沙龙主张以色列趁机占领贝鲁特西南边缘人口密集的巴勒斯坦难民营，他认为那些没有离开黎巴嫩的巴解组织战士仍把那里用作基地。

344　　沙龙告诉内阁，他计划清除萨布拉（Sabra）难民营的巴勒斯坦游击队员。他没有提到第二个难民营沙提拉（Shatila）的名字。他强调说，基督教长枪党"会留下来用'他们的方法'行动"[33]。他保证以色列人不会参战。

9 月 16 日夜晚，以色列国防军几个师的兵力封锁了萨布拉和沙提拉难民营的周边地区。在国防军的掩护下，试图为杰马耶勒报仇的基督徒长枪党武装进入难民营，遭到巴解组织穆斯林武装的顽强抵抗，但基督徒武装很快占据压倒性优势。他们长期对穆斯林怀有敌意，杰马耶勒之死更是让他们怒不可遏，基督徒武装开始对平民开枪，在三天时间里屠杀了大量巴勒斯坦穆斯林。战斗结束后，"一批批二三十岁的年轻男性被要求靠墙站，手脚被绑，然后像黑帮处决一样在密集的机枪扫射中倒下"[34]。大约有 700—800 名男女老幼死于这场屠杀。

1982 年 9 月 26 日，无数人走上特拉维夫街头，向政府抗议军队这一行为，要求对这场屠杀展开司法调查，呼吁"杀人犯沙龙"和"杀人犯贝京"辞职。国家陷入一场深刻的危机，贝京成立了卡汉（Kahan）调查委员会，调查以色列是否要为屠杀负责。

这次屠杀事件深刻改变了美国年轻犹太人对以色列的看法。他们1967年以来对以色列无条件的支持不复存在。美国一位重要的犹太社会运动家说："这是耻辱的时刻。……我想我们失去了很多年轻人的支持。……一个国家无法通过这样的行为来激励年轻犹太人热爱以色列，除非他是狂热分子。"[35] 以色列和美国年轻犹太人的关系日后还将出现更严重的裂痕。

经过四个月审议，调查委员会宣布了结果，虽然以色列对萨布拉和沙提拉的屠杀不负直接责任，但阿里埃勒·沙龙对此事件负有"个人责任"：

> 国防部部长不顾屠杀风险的行为无法得到合理解释。……他深入参与了这场战争，和长枪党的接触也时常由他负责照管。当他决定国防军不参与行动，而让长枪党单独进入难民营时，如果他不知道这个决定将产生后来确实产生了的灾难，那唯一可能的解释是他完全不考虑将会发生什么。[36]

内阁接受了卡汉调查委员会的建议，沙龙怨愤地辞掉国防部部长职务，但仍然留在政府中担任"不管部长"，不负责任何具体部门的工作。此时的沙龙在政治上蒙受羞辱，遭到不少人痛恨。谁也想不到20年后，这个好勇斗狠的人将成为以色列总理，并策划了以色列历史上意义最重大的一次领土撤离行动。

以色列在黎巴嫩靠近黎以边境地区维持着一定数量的军队，直

到 2000 年，埃胡德·巴拉克总理才把军队撤回以色列。当军队离开
黎巴嫩时，许多以色列人认为在将近 20 年里，以色列在黎巴嫩没什
么收获，还伤了几百名战士。长期驻扎黎巴嫩令许多以色列人一直
对国家满腹牢骚，萨布拉和沙提拉难民营更是让他们良心不安。马
蒂·弗里德曼是以色列国防军战士，在以色列撤军前夕曾驻扎在黎
巴嫩，后来成为国际知名的记者和作家，他在文章中生动而准确地
捕捉到以色列当时的状态：

346

> 1982 年来到黎巴嫩的以色列步履轻盈，对未来充满各种美
> 好的想象，虽然许多计划并不明智，还执行得很差。……我们
> 以为自己无所不能，入侵［黎巴嫩］是为了彻底改变我们周边
> 的环境。……一切都出于这个想法：命运是可以改变的，我们
> 的命运将由我们来塑造。但我们很多人逐渐明白……我们错
> 了……中东从来不按照我们的意愿变化和发展，未来也不会。[37]

以色列电影也捕捉到这个国家出现的各种矛盾心态。1986 年的
《来自西顿的两根手指》（*Two Fingers from Sidon*）记录了以色列撤
军前驻扎在黎巴嫩的士兵的日常生活，展现了国防军在黎巴嫩所处
的危险，并涉及复杂的伦理道德问题。2007 年上映的影片《波弗特》
（*Beaufort*）取名自黎巴嫩山区一个以色列前哨，这部电影自我批判
的力度更大，描述了撤军前驻扎在黎巴嫩的一群士兵的生活，在表
现士兵心中的恐惧和撤军前他们要面对的道德难题的同时，又传达
出一种挥之不去的战争结束遥遥无期和战争彻底无用的感觉。

但最能体现以色列对黎巴嫩战争持续反思的电影，还得数 2008
年上映的以色列影片《和巴什尔共舞》（*Waltz with Bashir*）。这部电
影讲述了导演阿里·福尔曼自己的故事。1982 年，年仅 19 岁的福尔

曼是一名步兵。2006 年，他的一位战友跟他说自己经常做那场战争的噩梦，但福尔曼却什么也想不起来。和其他战友见面后，福尔曼终于回忆起，他曾参加行动向难民营发射照明弹，黎巴嫩长枪党正是借着这些照明弹在难民营实施屠杀。[38]他这才明白，由于感到此举和亲手屠杀一样有罪，他将这方面的记忆封锁起来了。

这是以色列一向存在的自我反省和自我批判精神的继续。上文提到的小说《赫贝赫泽》对一些以色列士兵在独立战争中的行为提出了质疑，这本书不但畅销全国，还入选一些高中的课本。同样，《和巴什尔共舞》也被上万以色列人观看。以色列社会一直在思考以色列在这场战争中以及在萨布拉和沙提拉难民营中扮演的角色，这成为一个不断被人们讨论和分析的话题。在一场他们无法结束的冲突中，以色列人是否在走向歧途？每当他们思考这个问题时，黎巴嫩战争都不可回避。

这部电影在黎巴嫩遭禁。[39]

贝京的身体此时已经不佳，这场战争令他意志消沉，而妻子的去世更是让他感到无比孤独。卡汉调查委员会的报告提交几个月后，贝京便辞掉总理职务，回到家中。从辞职到 1992 年去世的 10 年里，除了悼念亡妻和看医生，他几乎足不出户。英国委任统治时期担任莱希领导人的伊扎克·沙米尔取代这位前伊尔贡领导人，成为以色列新任总理。

贝京改变了以色列的政治生态，还将新的宗教感情变成以色列人热议的话题。他自己并不刻意遵守教规，但他从不掩饰对犹太传统的热爱和尊重。曾担任部长的丹·梅里多尔（Dan Meridor）说："他像犹太人那样说话。"[40]几十年后，以色列社会将以贝京都难以想象的方式开始"像犹太人那样说话"。

然而，黎巴嫩战争是梅纳赫姆·贝京政治遗产中一个不可回避的问题。贝京入侵黎巴嫩的理由很充分，但这场战争让以色列陷入泥潭。最终，黎巴嫩无法正常运行。暴力活动（以色列深度参与了这些暴力活动）所产生的权力真空逐渐将这个国家变成真主党的基地，对以色列构成更严峻的武装威胁。这些威胁当初可以避免吗？我们不得而知。是贝京自己做出关键决策，还是阿里埃勒·沙龙误导了他？这仍然是一个有激烈争论的问题，连贝京政府当时的成员也莫衷一是。

贝京执政时期，以色列的发展并不顺，但这是一个重要时期。以色列同最强大的敌人埃及实现了和平；以色列用实际行动表明，它无法容忍敌对国拥有大规模杀伤性武器；以色列还向世界证明，为了保护公民正常生活的权利，不让儿童睡在防空洞，国家不惜使用武力发动战争，哪怕这种战争最终会招致以色列人的反对。

在社会领域，利库德集团带领以色列进入一段更强调自由资本主义的时期，但这一政策也出了岔子。以色列的通货膨胀率一度高达 450%。[41] 受经济衰退影响最大的还是东方犹太人，[42] 但是，贝京执政时期的以色列承认了以前没有公正对待部分移民，这样，以色列人在他任期结束后变得更团结了。

这一时期最重要之处，大概还是工党几十年来在以色列一党执政的霸权地位被打破。长期被边缘化的右翼政党结束了工党对国家政治和政策的垄断。普通以色列人如今有了在规划国家未来方面的更多选择。很多时候，以色列选民投谁的票，主要取决于他们是否感到受支持或者被孤立。在接下来几十年，随着国际社会逐渐抛弃这个国家，许多以色列人通过强硬的方式寻求安全感。以色列人有安全感时，会更关注社会问题，也更愿意为和平做出牺牲；而当他们感觉受到威胁时，就会本能地给那些他们认为能保护他们的人投票。这个简单的事实将在未来改变中东的命运。

第十六章
效法犹太复国主义者：巴勒斯坦民族主义兴起

我们将像没有恐怖袭击一样继续和平进程，并像没有和平进程一样打击恐怖主义。

——总理伊扎克·拉宾

贝京当选总理结束了工党几十年的统治。不同于以前的总理，贝京非常重视犹太传统。但最能体现宗教重新进入公共领域的，还是阿里耶·德里在政治上的迅速崛起。

德里一家是摩洛哥移民，1967 年六日战争以色列获胜后，阿拉伯国家再次像独立战争之后那样转而对付境内的犹太人，德里一家于是移民以色列。初到以色列，德里一家非常贫穷，但他们持守传统犹太人的生活方式。德里相信，以色列主流社会没有给包括他家人在内的移民公平的机会，才华过人的德里便开始从政。他的擢升速度惊人。1985 年，年仅 26 岁时已成为内务部部长身边的顾问，29 岁时成为以色列内务部部长。以色列一位著名记者评论他是"新时代以色列最振奋人心和最有前途的人物"[1]。虽然 90 年代的一连串丑闻导致他下台，但当他（暂时）离开公众视野时，以色列政治已留下了他深深的烙印。

1984 年，正当阿里耶·德里青云直上时，俄巴底亚·约瑟拉比卸任了以色列塞法迪大拉比一职。① 约瑟拉比是犹太教律法方面的天才，就各种律法疑难问题做出过许多精辟的裁决。他还是一位民粹主义者，擅长对非正统派犹太人、阿拉伯人和任何时候他所不认可的人冷言相讥。利用他在东方犹太人内部的强大影响力，俄巴底亚拉比（Rav Ovadia，追随者们都这样称呼他）建立了沙斯党。② 这个名字来自“塞法迪守卫者”（*Shomrei Sefarad*）的希伯来语首字母缩写，意思是“守卫《托拉》的塞法迪人”。但它也是个双关语，在希伯来语中还可以理解为“塞法迪人的守卫者”。

事实上，东方犹太人正是这样看沙斯党的，即沙斯党是他们的守卫者。沙斯党正统派宗教特色毫不含糊，强调对传统的坚持，也致力于解决东方犹太人在社会福利和教育上的需求。即使宗教上不太虔诚的东方犹太人也拥护这个政党。东方犹太人不用再支持具有明显世俗倾向的利库德集团，他们如今有了代表自己利益的沙斯党，这个党看起来宗教特色鲜明，政治上也成功。

阿里耶·德里是沙斯党的公共代言人，深具个人魅力和政治敏锐性，沙斯党支持率和影响力因此迅速上升。1984 年，刚成立的沙斯党在议会中只获得 4 个席位。1999 年，就在德里被判处贪污罪（最终因此入狱）这一年，沙斯党获得了 13％的票数，一举夺下议会

351

---

① 尽管犹太人按照族性（ethnicity）可以划分为三大类：阿什肯纳兹人、塞法迪人和米兹腊希人［本书又译作“东方犹太人”］，但宗教传统（religious traditions）一般只被划分为阿什纳兹人的和塞法迪人的。这两个群体各有一个大拉比。塞法迪人和米兹腊希人虽然有区别，但经常可以混用。

② 俄巴底亚直到去世时还拥有强大的政治影响力和众多拥护者。2013 年他去世时，大约 80 万人（以色列当时人口也只有 800 万，其中约 600 万是犹太人）“参加”了他的葬礼。这么多人当然没法进入公墓，但街道和高速公路上挤满了朝他下葬处方向行进的人群，人们以此象征性地参加他的葬礼。

中的 17 个席位。

沙斯党的崛起让人们开始对犹太复国主义历史有了新的解读，对它未来的发展也有了新的设想。德里在解释自己理念和传统犹太复国主义理念的区别时，毫不掩饰地挖苦后者：

> 现在，世俗的以色列人害怕沙斯党会改变这个国家的世俗特征。他们口口声声称自己是犹太复国主义者，但他们根本不是。他们从事的是异端运动。他们认为我们的父母是落后的原始人，试图改变他们的信仰。他们把我们的父母安置在条件恶劣的偏远城镇和村庄，让他们的孩子接受毫无用处的教育。现在，我们站了出来，要维护这些生活在偏远地区人民的利益。这就是为什么他们会害怕我们。这就是为什么他们要迫害我们。这种迫害既是种族上的，又是宗教上的。但他们越羞辱我们，我们越壮大。我们将改变以色列国的特征。[2]

沙斯党没有放弃这一承诺。

当宗教在以色列公共领域变得越来越重要时，类似情况也出现在中东其他地区，特别是在以色列的邻国。

20 世纪 80 年代中期，阿拉伯世界还没有完全从泛阿拉伯主义这一世俗梦想的失败中走出来。这一时期最能吸引追随者的阿拉伯领导人呼吁人们将信仰寄托在伊斯兰革命上，只有通过这一事业才能恢复阿拉伯世界昔日的荣光。几十年来，通过强权政治统治阿拉伯国家的世俗政权被严重削弱（特别是埃及的萨达特政权），寻求新道路的时机已经成熟。1979 年，伊朗通过革命让阿亚图拉们掌权，这对中东地区产生了深远影响，伊斯兰主义迅速填补了中东的权力真空。①

20 世纪 70 年代和 80 年代，穆斯林兄弟会成为中东最具影响力的伊斯兰组织。在阿拉伯世界许多地方，穆斯林兄弟会建立起有效的体系，向民众提供世俗政府没能提供的重要社会服务。[3] 在提供福利的同时，这些社会服务组织还有效地传播了高度传统主义的宗教思想，这很快反映在阿拉伯国家的大街小巷中，越来越多的女性开始戴传统穆斯林头巾希贾布（hijab），越来越多的男性开始留象征宗教虔诚的胡子。六日战争结束 20 年后，伊斯兰教再次展现出强大的吸引力，以色列人放眼所及，到处可见新成立的伊斯兰教机构。

经济陷入困境也是约旦河西岸和加沙地带穆斯林转变宗教态度的原因。在许多方面，以色列人的统治改善了巴勒斯坦的经济状况。六日战争后的 1967 年到 20 世纪 80 年代初，加沙地带居民的人均年收入从 80 美元上升到 1700 美元。同一时期，约旦河西岸的国内生产总值翻了 3 倍。巴勒斯坦被占土地上的汽车数量翻了 10 倍。1967 年，加沙地带只有 18％ 的家庭能得到电力供应，但 1981 年加沙地带并入以色列电网后，这一比例上升到 89％。

但以色列的统治没有让加沙地带所有居民脱贫。加沙人口密集，拥挤不堪，街道上到处流着未经处理的污水，许多家庭没有自来水。20 世纪 80 年代中期的经济萧条令生活更加艰难，在人满为患、脏乱不堪的巴勒斯坦难民营，情况尤其严重。

包括泛阿拉伯主义在内的各种运动，让巴勒斯坦难民一次次失

353

---

① 1979 年发生了两件震动中东的大事：埃以和平协定和伊朗革命。前者代表务实的外交政策，后者代表宗教纯粹主义和政教合一的趋势。哪种趋势将在中东拥有更大的影响力，这是最近几十年来的问题。

望而归。这时出现的伊斯兰运动，群众基础深厚，组织者同情巴勒斯坦人的疾苦，向他们描绘了美好的未来，得到巴勒斯坦人的深切认同。穆斯林兄弟会的影响力和权力迅速发展，拥有了越来越多宗教上虔诚的追随者。

不无讽刺的是，以色列开明的政策也助长了穆斯林基要主义在加沙地带和约旦河西岸的传播。六日战争以前，巴勒斯坦被占领土没有大学，为了发展当地温和的政治势力，以色列鼓励发展高等教育，七所大学在约旦河西岸和加沙地带得以建成。但这一政策适得其反，这些大学成为极端伊斯兰运动的温床。一开始，以色列错误地认为这些都是纯宗教运动，不包含任何政治目的。这一误判后来让以色列付出了高昂的代价。

1988 年，哈马斯成立。对该组织的追随者而言，他们的核心宗教义务就是将历史上的巴勒斯坦全境从"犹太复国主义者的占领"下解放出来，他们认为"从河流（约旦河）到大海（地中海）"的土地属于穆斯林的"瓦克夫"（*waqf*）。① 他们宣誓对以色列发动"吉哈德"（jihad，圣战）。

哈马斯成立时所制定的宪章在内容和语调上公然反犹，其用语和《锡安长老会纪要》等纳粹德国宣传材料如出一辙。熟悉 20 世纪历史的人都不会对《哈马斯宪章》中的语言和要旨感到陌生：

> 今天的目标是巴勒斯坦，明天的就可能是另一个国家或多个国家。犹太复国主义者的阴谋深不可测，在吞并巴勒斯坦后，

---

① "瓦克夫"（*waqf*），伊斯兰教法术语，意为"保留""留置"。特指"保留"安拉对人世间一切财富的所有权；或"留置"部分土地、产业，奉献于弘扬"主道"的事业。——校注

354

他们会继续向从尼罗河到幼发拉底河之间的地区扩张。当他们将占领土地彻底消化后，会继续扩张。《锡安长老会纪要》中介绍了他们的阴谋，他们现在的所作所为完全印证了书中的话。[4]

哈马斯认为，犹太人"为了统治全世界，建立了联合国和安理会"[5]。犹太人应该为几乎所有国际战争负责，包括法国革命、俄国革命以及两次世界大战。哈马斯对以色列的态度更值得注意，《哈马斯宪章》在绪论部分承诺，"以色列会继续壮大和发展，直到伊斯兰教将其消灭，就像它消灭了它那些先行者那样"。

纳赛尔已经去世。以色列的军事优势足以有效应对来自叙利亚的任何威胁。泛阿拉伯主义已成为历史。但以色列要再次面对决心消灭它的另一个敌人。

1987 年 12 月 9 日，在加沙地带一起交通事故中，一名以色列司机驾驶的卡车压死了四名阿拉伯工人。约旦河西岸和加沙的阿拉伯人长期压抑的怨愤一触即发，他们走上街头使用暴力手段。和以色列军队对峙的阿拉伯青年从一开始的数百人发展到数千人，他们不断朝军队与平民投掷石块和燃烧弹。接下来是总罢工，就算店主不愿意停业，在暴徒的恐吓下也只好关门。这场突如其来的抵抗运动被称为"因提法达"（intifada）。在阿拉伯语中，"因提法达"是"抖落"的意思，就像狗甩掉身上的水一样，巴勒斯坦人用这个词来比喻他们试图甩掉以色列人的统治。这场运动让以色列在军事上面临一个新的挑战。

这场抵抗运动很早以前就有爆发的征兆。20 世纪 80 年代中期，以色列就开始应对巴勒斯坦人的大规模暴力活动，这和以前巴勒斯坦解放组织对犹太人发动的有针对性的袭击完全不同。刚开始，巴

355

勒斯坦人在冲突中扔掷石块、用刀捅人、燃烧轮胎。这些行为没有引起以色列安全部门足够的重视。1987 年 12 月的事件爆发后，以色列领导人发现这是先前从未碰到过的难题，不知如何应对。巴勒斯坦哲学教授和公共知识分子萨利·努赛贝赫（Sari Nusseibeh）将这次起义比喻为火山爆发，他说："火山爆发不以人的意志为转移。"一旦时机成熟，火山中的岩浆就会以惊人的方式喷发。[6]

以色列士兵从未在战场上和拿着石头的青少年交手，这并非以色列国防军精锐部队可以轻易识别和清除的敌人。以色列年轻男女们面对的是一群愤怒而绝望的平民，大多数情况下，这些人的武器仅仅是石头和燃烧弹。以色列的科技优势在这个新战场上几乎没有用武之地。以色列国防军士兵的作战地点突然变成人口稠密的平民区，作战工具主要是橡皮子弹、催泪瓦斯和警棍，偶尔也会使用更具杀伤力的武器。有的国防军官员说，拉宾命令军队"打断他们的手和腿"[7]。但这种方法也不起作用，愤恨和绝望太深了。

几十年来，以色列的占领和六日战争的失利让巴勒斯坦人心生怨恨，因提法达正是怨恨的剧烈爆发。在以色列人和巴勒斯坦人的正面交锋中，双方都承受了巨大的损失。占领土地上的学校大多被征用为起义活动的指挥中心，学生们常年无法正常上课。一位希伯来大学犯罪学教授记录道："1987—1988 学年，约旦河西岸的小学生 201 个上学日中有 175 日因为学校强制关门而取消。"[8] 除了学校被强制关门，包括宵禁、封路和搜查等行动也严重影响了巴勒斯坦人的正常生活，进一步激化了巴勒斯坦人的愤怒情绪，暴力活动不断升级。

约旦发生的变化让这一地区变得更加复杂。在六日战争中，由于侯赛因加入埃及和叙利亚对以色列的战争，约旦失去了约旦河西岸，但约旦王室一直没有放弃对约旦河西岸的主权要求。约旦议会中仍有西岸来的巴勒斯坦代表；数千名约旦公务员仍在约旦河西岸工作，部分工资由安曼发放。

然而，侯赛因的约旦王国由占人口少数的哈希姆家族统治，占人口多数的巴勒斯坦人是明显的二等公民，成为"心怀不满的大多数"[9]。国王最不愿意看到约旦河西岸的暴力活动越过约旦河，蔓延到约旦的中心地带，威胁到他的政权。由于因提法达，1988 年 7 月，约旦宣布放弃对约旦河西岸的主权要求。[10]

只要想到约旦有一天会重新收回约旦河西岸，巴勒斯坦人就会多处下注，不敢公开支持巴勒斯坦解放组织，因为后者仍然是约旦的宿敌。但是，约旦退出角逐后，巴勒斯坦解放组织便无可争议地成为最能代表约旦河西岸巴勒斯坦人利益的组织。以色列当初从未计划要占领约旦河西岸，如今以色列却由于没有负责任的一方接管这块土地而无法终止对这里的占领，这在很大程度上使以色列的政治困境变得更加错综复杂。

因提法达（后来被称为第一次因提法达）让以色列社会接受了一次从未经历过的挑战，十八九岁的士兵们是听着国防军的英勇事迹长大的，这支军队打败了邪恶的敌人，捍卫了以色列的荣誉。但他们自己的军旅生涯却没那么风光，他们感觉更像是在维持治安，管理敌方的平民。一位以色列记者用"射击和哭泣"（yorim v'bochim）[11]来表达这代人的幻灭。一位预备役军官悲伤地说道："18 岁的年轻人问我在占领土地上服役是不是很恐怖。我告诉他们，最让我害怕的是我自己，我害怕自己成为恶人，害怕自己陷入艰难的选择。这片丛林有着独特的法则。"[12]

357

因提法达的目的达到了。现在，以色列人不但思考长期占领对巴勒斯坦人产生的影响，还开始担心充当占领者角色对他们自己、对他们的孩子以及对他们的人性产生的影响。许多人开始明白以色列正统派哲学家耶沙亚胡·雷博维茨早在1967年发出的警告："以色列必须'将自己从统治另一个民族的诅咒中解放出来'"，如果它不想"给整个犹太民族带来灾难的话"[13]。

因提法达还沉重打击了以色列右翼政治势力。约西·克莱因·哈勒维指出，当看到巴勒斯坦人的愤怒，许多以色列人开始明白，只要以色列还控制加沙、约旦河西岸以及生活在那儿的几百万巴勒斯坦人，实现和平就是天方夜谭。六日战争后，以色列普遍存在"开化式"占领的思想，这一思想最早可以追溯到赫茨尔的《新故土》，它认为犹太人的到来能给这一地区带来进步，因此理应受到阿拉伯人的欢迎；随着约旦河西岸的愤怒在燃烧，这种思想也着火了。巴勒斯坦人用写在墙上的标语告诉以色列人，巴勒斯坦民族主义不可小觑。在随后几十年，越来越多的以色列人意识到，以色列迟早将从约旦河西岸大部分地区撤出。

这一时期，欧洲也发生了剧变。1989年底，柏林墙倒塌。1991年，苏联解体。美国成为全世界唯一的超级大国。以色列成立以来，以色列和阿拉伯邻国就夹在两个超级大国的博弈中间。美苏关系对1956年、1967年和1973年的阿以战争影响深远。在以色列建国问题上，美国在联合国投了赞成票。虽然美以关系随后经历过艰难时期，但在苏联解体前，美国被认为是以色列的保护国，而苏联是阿拉伯国家的支持者。随着苏联解体，阿拉伯人急需寻找新的靠山。欧洲国家此后将逐渐在阿以冲突中扮演越来越重要的角色。

　　苏联解体还深刻改变了以色列国内的人口构成。犹太国将要接受建国以来最大一批移民的涌入。苏联犹太人并非一夜之间来到以色列，美国犹太人从中做了大量工作。斯大林上台后，苏联犹太人受到政府的强压。政府试图扼杀犹太传统教育和犹太复国主义运动，几乎所有能体现犹太身份的事物都沦为打击对象。在 70 年间，斯大林和后来的苏联领导人弱化了苏联犹太人的犹太性，降低了他们对犹太教的熟悉程度，但即便如此，苏联犹太人仍然希望回归以色列，和同胞一起生活。1967 年，苏联犹太人看到以色列犹太人打破了千年来的受害者形象，给何为犹太人树立起新的典范，他们的回归愿望变得更加强烈。

　　苏联的大门是关闭的，解放苏联犹太人成为美国犹太人和以色列政府的重要任务。包括"学生为苏联犹太人斗争"（Student Struggle for Soviet Jewry）在内的组织机构和包括 1974 年美国贸易法《杰克逊-瓦尼克修正案》（用于惩罚限制移民的共产主义国家）在内的政治努力都发挥了积极作用。除此之外，游行示威活动也对苏联政府施加了压力，不少无畏的美国犹太人还申请并得到了苏联签证，他们给苏联犹太人送去书籍、音乐和其他教育与宗教材料，以此鼓舞他们的士气，加强他们的教育。

　　慢慢地，苏联的大门开启了。1970 年，只有 992 人从苏联移民以色列；1980 年，这一数字达到 7570；1990 年，达到 185227。这次移民潮直到 2000 年才结束，总共有 100 万苏联犹太人来到犹太国，大大改变了以色列的面貌。

　　和许多先前的移民一样，刚刚抵达以色列时，苏联移民也没什么钱，急需政府帮助。以色列的就业市场竞争激烈，许多在苏联拥有高度专业技能的移民，在以色列不得不干体力活。由于人多，分布又相对集中，他们发行有自己的报纸和杂志。这导致其他以色列人对苏联犹太人不满，指责他们不愿意融入以色列社会。

这批移民和东方犹太移民差别很大。虽然他们也经过一段时间才融入以色列社会，但他们在许多方面属于西方移民，不少是接受过高等教育的大学毕业生，其中有工程师和医生，还有人擅长艺术，尤其是音乐。苏联犹太人很快融入以色列的科学界和艺术界，不但为这些领域输送了大量人才，还扩大了以色列社会在教育和文化服务上的需求。

苏联移民的公共代表人物是拿单·夏兰斯基。他曾经是前苏联犹太人中一名"被禁移民者"（refusenik）。因为申请移民以色列，他被强加一项莫须有的罪名——为美国国防情报局充当间谍，为此在狱中服刑了9年。在美国总统里根的施压下，米哈伊尔·戈尔巴乔夫最终释放了拿单·夏兰斯基。移民以色列后，他成为蜚声国际的人权活动家，是犹太人勇气的象征。1996年，他成立了专门维护俄罗斯移民利益的政党，名为以色列阿利亚党（*Yisrael Ba-Aliyah*，"阿利亚"在希伯来语中既有移民之意，也有上升之意，所以这个名称可同时理解为"移民以色列"或"以色列崛起"），这让他在议会中占据显要地位。后来，随着俄罗斯移民对建立自己政党需求的下降，他退出了政党政治，但仍然是以色列一位重要的政治家，是仍然健在的犹太民族最伟大的英雄之一。

试图去犹太国寻求庇护、梦想在这开始新生活的，不只是苏联犹太人。内战和饥荒的肆虐让埃塞俄比亚人民不聊生，世界犹太人尤其关心埃塞俄比亚犹太社团的命运。35年前，以色列国防军通过"魔毯行动"将也门犹太人安全运送到以色列，现在，视全世界犹太人安危为己任的以色列政府开始考虑营救埃塞俄比亚犹太人。

早在 1984 年，以色列就派社会活动家和摩萨德特工到苏丹，将数千名埃塞俄比亚犹太人秘密带到以色列，但埃塞俄比亚还有很多犹太人。1991 年，埃塞俄比亚形势进一步恶化，当地犹太人的处境变得更加危险。

1991 年 5 月，以色列发动了大胆的"所罗门行动"，将经过改装的 C-130 运输机（"大力神"运输机）降落在内战中的埃塞俄比亚狭窄的跑道上。为了尽可能装载更多的人，飞机座椅被拆除，最多时一架飞机上挤了 1100 人。这些移民极度贫穷，一些衣物和简单的炊具就是全部家当。有些人身体已经非常虚弱，飞机降落在以色列后，在停机坪等待的救护车将其中 140 人直接送到医院治疗。短短 36 小时内，35 架以色列空军 C-130 运输机和以色列航空公司波音 747 客机将 14325 名埃塞俄比亚犹太人运送到以色列。

埃塞俄比亚犹太人虽然也是犹太人后裔（他们的起源问题仍存在争议），但他们和那些不顾生命危险开飞机去营救他们的阿什肯纳兹犹太人之间几乎没有共同点。上千年来，埃塞俄比亚犹太人和生活在巴比伦、巴勒斯坦、欧洲和北非的犹太人没有任何来往。他们秉持了一种古老的犹太生活方式，这和以色列人自认为"纯正的"犹太教截然不同。任何犹太发展或犹太传统如果其历史不足两千年，这些新移民就基本上一无所知。他们不知道《塔木德》，这是他们流散出以色列地之后才出现的。普珥节和光明节进入犹太历是在他们与其他犹太人隔绝后产生的。他们对大屠杀或犹太人过去两千年以来经历的其他事件一无所知，因为这些都发生在他们流散到非洲以后。他们说的语言不是希伯来语，而是阿姆哈拉语（Amharic）。可以说，刚刚到来时，以色列对他们而言是一个完全陌生的现代国家，

361

现代文明也是一个全新的概念。他们从来没有见过电、自来水和现代科技（由于气温较低，有人试图在飞机上生火），这些对他们都是挑战。

这次移民行动和以色列以往任何一次都不同。悲哀的是，许多埃塞俄比亚人沦为以色列下层阶级，以色列还出现过针对他们的种族歧视事件。他们的孩子要经过几十年努力，才在以色列社会、经济、教育和军事领域有所建树。但与此同时，以色列确实拯救了上万人的埃塞俄比亚犹太社团，将他们带到了以色列。当白种人驾着载有黑人移民的飞机降落在机场，以色列向全世界证明，犹太国拯救犹太人的使命超越了种族和肤色。

毫无疑问，以色列存在种族歧视，偶尔还会出现严重的种族主义的案例。但总体而言，埃塞俄比亚犹太人遇到的主要障碍是文化差异，这也是全世界移民面对的挑战。他们的犹太教与以色列的宗教文化差别太大。虽然他们的外貌、语言和行为方式与已经生活在这儿的犹太人不同，虽说他们要融入以色列社会确实艰难，但以色列人深信接收埃塞俄比亚犹太人是绝对正确的。他们也属于犹太民族，而拯救这个民族正是以色列存在的全部意义。

让人感到讽刺和悲哀的是，不管是埃塞俄比亚移民还是俄罗斯移民，以色列的拉比总署对他们是否真正是犹太人却不确定。就俄罗斯移民而言，他们中许多人根据犹太律法（halakhah）确实不能算犹太人。苏联犹太社团和非犹太人通婚现象很普遍。有数据显示，依据《回归法》（不同于传统犹太律法，《回归法》采用的是纳粹德国定义犹太人的方法，即祖父母当中有一人为犹太人就算是犹太人），来到以色列的苏联犹太人中，只有25%属于严格意义上的犹太人。虽然没有明确说新移民不是犹太人，但拉比总署在这些人改宗加入犹太教的问题上设置重重障碍，这遭到包括正统派拉比在内的许多人的批评。[14]

埃塞俄比亚人的情况更糟糕。塞法迪大拉比最早裁定这些埃塞俄比亚人（他称他们为法拉沙人［Falashas］，这是对这个群体另一个常见的称呼①）属于犹太人。1973 年，早在大批埃塞俄比亚移民抵达以色列前，俄巴底亚·约瑟拉比就在具有历史意义的裁决中说：

> 我因此得出结论，法拉沙人是向南迁到埃塞俄比亚的以色列支派的后裔，毫无疑问，先前提到的圣人们已经证明他们［法拉沙人］属于这一支派……基于以上可靠的证人和证据……和我个人的意见，我判定法拉沙人为犹太人。[15]

363

相形之下，阿什肯纳兹大拉比什洛莫·戈伦（一位非常博学的学者，做出过很多具有开创意义的宗教裁决）在这个问题上的观点很保守。1981 年前，他在文章中甚至从未暗示过他认为这些移民属于犹太人。[16]

1990 年 8 月，伊拉克的萨达姆·侯赛因入侵科威特。美国和以西方国家为主组成的多国部队与侯赛因开战。为了报复美国，1991年 1 月，侯赛因向以色列发射了多枚导弹。以色列领导人从来不愿意在以色列人民遭到袭击时无所作为，但这一次以色列无能为力，美国总统乔治·H. W. 布什坚称他不能容忍以色列卷入这场战争（美国没有向以色列空军提供确保以色列军用飞机不会被友军火力击

———————

① Falashas 是阿姆哈拉语，意思是"外地人"，埃塞俄比亚黑犹太人自称为"以色列之家"（Beta Israel）。——校注

中的暗号代码）。当时以色列总统伊扎克·沙米尔建国前是莱希的领导人，他在使用武力保护犹太人上从不犹豫，但面对美国施加的政治压力，他只能按兵不动。

以色列人带着大量食物和防毒面具（因为担心侯赛因像入侵伊朗时那样使用化学武器）躲进防空洞，他们在密不透风的房间里等待这场战争结束。除了防毒面具，许多婴儿床也装上了防毒设备。人们对侯赛因充满恐惧。虽然能够理解政府采取的实用主义政策（为了保证以色列拥有足够的自卫能力，美国向以色列提供了爱国者导弹），但他们也感到惊愕，没想到在基希涅夫事件将近一个世纪后，犹太人再次躲了起来，犹太男人无法保护自己的妻子和孩子。

比亚利克在他最著名的一首诗歌《论杀戮》中，[1] 表达了目睹犹太人被杀戮后他对上帝的愤怒。在这首诗最脍炙人口的一句中，比亚利克高呼："如果还有什么正义，就让它出现吧！"他无法忍受犹太人长期作为受害者的状态。一个世纪已经过去，特拉维夫遭到导弹袭击后，国防军却按兵不动，一位以色列政治评论家写道："如果还有什么国防军，就让它立即出现吧！"几乎无人不知这句话的来历。

早在赎罪日战争时，什洛莫·加齐特（20 世纪 70 年代末以色列军事情报局局长）就指出，埃以之间的战争已经陷入僵局，谁也无法成为赢家。80 年代以来，以色列同巴勒斯坦人之间的战争更是如此，没有任何一方能取得决定性胜利或突破性进展。越来越多的以

----

① 高秋福译：《百年心声：现代希伯来诗选》，人民文学出版社，1998 年，第 10—12 页。——校注

色列人意识到双方必须谈判。

最早同埃及实现和平的是利库德集团领导下的右翼政府，最早同意和巴勒斯坦人间接对话的也是他们。1991 年 10 月，伊扎克·沙米尔担任总理期间，以色列官员和来自叙利亚、黎巴嫩、约旦的代表团在西班牙会面，史称马德里和平会议。由于当时以色列法律仍将巴勒斯坦解放组织定义为恐怖组织，以色列拒绝和该组织直接对话。作为妥协，以色列同意让约旦河西岸和约旦的不属于巴勒斯坦解放组织的巴勒斯坦代表加入约旦代表团。有史以来，以色列人第一次和巴勒斯坦人坐在同一张谈判桌上。

马德里和平会议的目的，并不是达成某种协议，而是启动双边谈判。就此而论，会议成功了，巴以双方开始展开对话，同巴勒斯坦实现和平列入以色列的议事日程。在 1992 年的大选中，以色列人将选票投给了最有可能帮助他们实现和平的总理伊扎克·拉宾。拉宾参加过独立战争和 1967 年战争中许多关键的行动，以色列人相信他能理解他们的安全需要。虽然曾因为丑闻而辞职，但以色列人现在希望他能回来，如果他帮助以色列达成同巴勒斯坦的和平协议，以色列人的生活就能回归正常。

在就职演讲上，拉宾认为犹太人的处境已经起了变化，现在以色列人可以为实现和平而做出一定牺牲：

> 我们不再是一个"独居的民族"，"全世界都和我们作对"的时代已经过去。我们必须摆脱近半个世纪以来禁锢着我们的孤立感。……我们深信可以实现和平，必须实现和平，和平一定会来。诗人萨乌尔·切尔尼霍夫斯基（Shaul Tchernikovsky）曾写道："我相信未来。哪怕遥远，各民族间和平相处、相互祝福的一天终将到来。"我愿相信，这一天离我们不再遥远。[17]

1993 年初，以色列废除了禁止以色列人和巴勒斯坦解放组织谈判的法律。第二天，以色列和巴勒斯坦代表开始在挪威奥斯陆秘密谈判。双方就《奥斯陆第一阶段协议》的基本框架达成协议，这成为后来《奥斯陆协议》的一部分。

该协议制定了一项最多长达五年的安排，这期间巴以双方将就永久解决方案进行谈判。协议为成立巴勒斯坦民族权力机构做准备，该机构将负责管理巴勒斯坦控制的地区。以色列军队将从加沙和约旦河西岸地区部分撤出。

1993 年 8 月，西蒙·佩雷斯访问奥斯陆，秘密签署了这份协议。根据协议中"相互承认"的条款，巴勒斯坦解放组织承认了以色列的生存权，宣布放弃对犹太国使用武力。以色列则承认巴勒斯坦解放组织是巴勒斯坦人民的合法代表，允许亚西尔·阿拉法特和他的数十万名战士从国外回到约旦河西岸和加沙。

1995 年 9 月，双方又签署了《奥斯陆第二阶段协议》，将约旦河西岸分为 A、B、C 三个区域（参见地图 8），分别由巴勒斯坦单独控制、巴以双方共管和以色列单独控制。第一阶段和第二阶段协议都没有承诺保证巴勒斯坦人建国，但协议框架最终打算要达到这个目的。1993 年，阿拉法特、拉宾和美国总统克林顿共同出现在白宫前的大草坪上，随着拉宾和阿拉法特相互握手，中东似乎即将进入一个新时代。

持强硬立场的穆斯林认为《奥斯陆协议》离经叛道。以色列没有权利生活在阿拉伯土地上，坚决抵制和以色列达成任何协议。因此，《奥斯陆协议》不但没有迎来和平，还再度引发巴勒斯坦人针对以色列人的更尖锐的暴力活动，而且这次远比因提法达时期的暴力活动更加致命。为了挫败协议，哈马斯和其他激进组织针对以色列平民发动多起自杀性爆炸事件，造成特拉维夫和包括耶路撒冷等位于绿线（1949 年停火线）内城市大量人员伤亡。1994—1996 年，死于武装袭击的以色列人数超过了建国以来所有武装袭击造成的伤亡人数。[18]但阿拉法特很少在公开场合谴责巴勒斯坦激进分子，即便将他们逮捕，也会等国际社会视线转移后释放。许多以色列人认为，1974 年在联合国大会上腰配枪套发表"橄榄枝"演讲的阿拉法特只是在欺骗世人。和平谈判进入如此关键的阶段，阿拉法特理应用阿拉伯语让巴勒斯坦人停止暴力行动，但他不愿意这样做。

接下来，一起犹太人恐怖袭击活动让这一地区的局势变得更紧张。1994 年 2 月 25 日，从美国移民以色列的犹太教徒巴鲁克·戈登斯坦携带武器走进希伯伦的先祖墓地①，朝正在祷告的穆斯林开枪扫射，29 名巴勒斯坦朝拜者当场死亡，最后他自己也被愤怒的群众杀死。

希伯伦再次成了火药桶。1929 年，正是在希伯伦的暴乱中，阿拉伯人不但杀害多名犹太人，还摧毁了那里的犹太社团，揭开了中东地区巴以武装冲突的序幕。1967 年六日战争后，一群犹太青年移居到希伯伦，在绿线外建立了第一批定居点中的一个。现在，地区局势紧张，《奥斯陆协议》前途未卜，希伯伦又发生了屠杀，而且是在先祖墓地。只不过这一次凶手是犹太人，而正在祷告的穆斯林是受害者。

---

① 先祖墓地（Cave of the Patriarchs）对犹太人和穆斯林而言都是圣地。犹太传统认为这里是亚伯拉罕和撒拉的埋葬处。和犹太人一样，穆斯林也在这里举行宗教仪式，为此于公元 6 世纪在此修建了一座清真寺。

戈登斯坦的攻击让以色列人毛骨悚然，犹太宗教领导人纷纷谴责他。但伤害已经造成了。阿拉伯暴力袭击持续升级，整个地区陷入混乱。有消息人士说，由于这些激进主义活动，连拉宾私下里也在考虑放弃《奥斯陆协议》。多年后，在 2008 年，国防部前部长摩西·亚阿龙 （Moshe Ya'alon，昵称为"博吉"［Bogie］）透露，拉宾曾对他说，作为总理他"打算'纠正'《奥斯陆协议》，因为阿拉法特已不值得信任"[19]。2010 年，在接受以色列一家知名报纸的采访时，拉宾的女儿达莉娅·拉宾说道："许多和父亲关系很近的人告诉我，就在遇刺前夜，他还在考虑终止奥斯陆进程，因为当时恐袭非常猖獗，他意识到阿拉法特没有信守诺言。"[20]

无论他个人怎么看，也无论他私下里多担忧，拉宾在公众场合没有灰心丧气。本-古里安决心要让伊休夫像没有战争一样反对白皮书，并像没有白皮书一样参战。拉宾将这句话改了改，宣称："我们将像没有恐怖袭击一样继续和平进程，并像没有和平进程一样打击恐怖主义。"[21]虽然对阿拉法特耍两面派感到愤怒，但以色列继续落实《奥斯陆协议》中规定的义务。1994 年 5 月，协议的细节敲定 9 天后，以色列国防军撤出了耶利哥和加沙地带绝大部分地区。接着，以色列国防军开始从约旦河西岸和加沙的大城市与领土撤离。

和平进程在别处取得了进展。1994 年，约旦和以色列为了结束双方交战状态开始谈判。侯赛因已经宣布放弃约旦河西岸的主权（他不想要这里，这只会让本来人数就少的哈希姆统治阶级在约旦人口中所占比例进一步下降），解决不了的争议在两国之间已不复存在。时任外交部部长西蒙·佩雷斯前往约旦和侯赛因国王会面，他说道："飞到这只花了 15 分钟……但这 15 分钟飞越了 46 年的仇恨与战争。"[22]

1994 年 10 月，以色列和约旦签订和平协议。两国此前已经就边界划定、水资源分配权等问题达成一致，如今双方完全互相承认了。至此，以色列已和两个邻国实现了和平。1951 年 7 月，侯赛因祖父阿卜杜拉一世国王因为考虑和以色列人实现和平而被巴勒斯坦人谋杀，侯赛因当时还年轻，而且就在谋杀现场目睹了这一幕；这项成就对他而言不仅具有政治和经济意义，也有深刻的个人意义。

369

与阿拉法特达成的"协议"不但没有带来和平，反而造成更多"恐怖"袭击，越来越多的以色列人对此深感惊恐，认为以色列犯下了致命的错误。有些以色列人从神学角度看问题：以色列地是上帝赐予犹太人的土地，任何协议如果要他们放弃哪怕一小块地，那它就是离经叛道。以色列犹太人的极右翼政治和宗教势力对拉宾的态度越来越恶劣。在他们组织的集会上，拉宾的照片被涂抹成犹太人的宿敌希特勒。少数极端的拉比说拉宾是"罗德夫"（rodef，"取人命的人"）和"伯盖德"（boged，"叛徒"），根据犹太律法，这两个罪名是死罪。日后当上总理的本雅明·内塔尼亚胡（昵称为"毕比"[Bibi]）曾在耶路撒冷市中心集会上发表演讲，被人拍到他当时就站在一个写着"处死拉宾"的标语的上方（他很可能没注意到）。

很多以色列人担心煽动再不控制会导致灾难。62 年前，哈伊姆·阿罗佐罗夫在特拉维夫海边被刺杀，看到拉宾危险的处境，哈伊姆·阿罗佐罗夫的儿子为以色列一家报纸的专栏撰文，请求全国人民保持冷静。他认为他的父亲就因为当时的煽动而被谋杀，而现在以色列的情况和他父亲死前如出一辙。他写道："右翼领导人必须停止煽动，必须告诉追随者，再煽动下去会有什么后果，否则，这些领导人要承担所有的后果，就像当年谋杀阿罗佐罗夫时一样。"[23]

拉宾虽然私下里已经对《奥斯陆协议》疑虑丛丛，但他在公开场合继续支持。为了向以色列和全世界表达以色列将执行和阿拉法特签订的协议，1995 年 11 月 4 日，他和西蒙·佩雷斯呼吁民众前往特拉维夫，举行一次大规模和平集会。许多以色列人响应号召，据统计，那天到场人数为 15 万，实际参加人数可能更高。[24]拉宾在演讲中对成千上万仍然相信有可能和平的民众说道：

> 我从军 27 年，因为没有和平机会，战斗了很长时间。但我相信，和平机会现在来了，而且机会很大。为了在场的各位，以及没有在场的其他民众，我们必须抓住这个机会。我始终相信，大多数人想要和平，并为了和平愿意承担风险。你们能前来参加这次活动，已经证明我们是一个渴望和平、反对暴力的民族，我相信那些没到现场的人也是一样。

> 暴力侵蚀着以色列民主的根基。暴力必须受到谴责，必须受到孤立。暴力不是以色列的出路。民主国家可以有不同观点，但最终决定必须通过民主选举做出，1992 年的选举让我们有权做今天在做的事，继续这项事业。[25]

演讲结束后，拉宾和集会人群一道唱起已成为和平阵营主题曲的《和平之歌》（*Shir La-Shalom*），这首歌副歌部分的歌声响彻整个特拉维夫广场：

> 不要只说这天终将到来，
> 而要去实现它。
> 这个梦想并非遥不可及，
> 在城市的所有广场上，
> 让我们呼唤和平！[26]

就在拉宾前往登车地点准备离开时，25 岁的巴伊兰大学信教的法律系学生伊格尔·阿米尔绕过保镖，对总理连开三枪。拉宾被紧急送往医院。以色列全国人民屏息凝视，焦虑地等待抢救结果。

不久，拉宾的同事艾坦·哈伯（Etan Haber）走出伊车洛夫（Ichilov）医院，拉宾刚刚在此动了手术。他向惊恐万分的民众读了一段简短的声明，许多以色列人至今都能将它背下来：

> 以色列政府以震惊和悲痛的心情宣布，总理兼国防部长伊扎克·拉宾，今晚在特拉维夫被一名凶手刺杀身亡。愿他安息。

这个年轻的国家多灾多难，从未经历过和平，一下又要面对这个它根本无法想象的恐惧。深深的羞耻如同乌云笼罩在以色列上空，久久不散。数千民众自发返回广场，来到刚才集会之处，再次唱起当晚早些时候唱的那首歌，而以色列已不是刚才那个以色列了。几千人在街道上哭泣。语言无法表达此时此刻的绝望，三五成群的年轻以色列人在全国街道边点上无数根蜡烛。起初不知所措的人们逐渐意识到这是个巨大的悲剧，每个以色列人都是悲剧中的一员，和平之梦已灭，国将不国。人们抱在一起，唯有哭泣。

他们坐在那，盯着摇曳的烛光，边唱边哭。他们希望从朋友的拥抱中找到些许安慰，希望这个伤痕累累的国家有一天还能通过某种方式康复。他们祷告，因为仍然希望有一点回旋的余地。与此同时，他们哀悼，因为害怕到手的东西会沦为泡影——这个小国的发展超乎所有人意料，复国的愿景使之最终建国，而他们的祖父祖母历经艰辛在一无所有的情况下重获犹太新生，但这一切都可能随拉宾的遇刺而与他们渐行渐远。

第十七章
和平进程陷入僵局

我是个失败者，这都是拜你所赐。

——比尔·克林顿致亚西尔·阿拉法特

拉宾下葬前，100万人走过棺材，向遗体告别。80个国家派代表参加了葬礼，约旦国王侯赛因在对这些政要发表演讲时说："我从没想过这一刻，没想到我会失去一位如此重要的兄弟、同事和朋友。"他说拉宾是"一位真正的男子汉和军人"。"虽然他来自敌对方，但我们相互尊重。我结识他，因为我和他都意识到，我们应该跨越分歧的鸿沟，开展真诚的对话，增进相互间认识，为我们各自的后代留下一笔他们应得的遗产。"[1]

侯赛因国王离开演讲台时，人们看到他在颤抖。多年前，他的祖父因为追求和平而被谋杀，拉宾的去世是历史的重演，勾起了他痛苦的回忆。人们不禁要问，总有人不惜一切代价阻碍和平的实现，中东是否会在暗无天日的战乱中一直沉沦下去？

埃及总统胡斯尼·穆巴拉克来到以色列参加葬礼。美国总统比尔·克林顿也怀着悲痛的心情来到现场，他甚至下令让整个美国降半旗哀悼拉宾。[2]发表完悼词后，克林顿朝着拉宾遗体的方向，边向这位倒下的战士和追求和平者鞠躬致敬，边轻声用希伯来语和英语说："再见了，朋友。"这一幕永远铭刻在以色列人的记忆中。

西蒙·佩雷斯长期以来是拉宾工党领导人位置的激烈竞争者。拉宾死后，佩雷斯成为代总理。第二天，他拒绝坐在拉宾位于总理办公室的座位上。他深知，以色列社会出现巨大裂痕，谁也无法真正取代拉宾的位置。但年轻时就在本-古里安等开国元勋身边工作的佩雷斯也明白，此时此刻，需要有人站出来领导国家，让以色列社会走出阴霾。然而，以色列社会真的可以走出这片阴霾吗？谁心里都没底。

西蒙·佩雷斯什么都见过。1923 年出生于波兰的维什涅瓦（Wiszniew，现在属于白俄罗斯），他早年的名字是西蒙·佩尔斯基（Szymon Perski）。1934 年，他随家人移民巴勒斯坦，1947 年加入哈加纳，负责人事管理和武器采购，这项工作他一直做到独立战争早期。建国后，除了担任议员，佩雷斯先后在多个重要岗位工作，包括外交部长、国防部部长和财政部部长。1984—1986 年，他担任过总理。拉宾去世后，身为代总理的佩雷斯决心完成拉宾的和平事业，继续推进《奥斯陆协议》的落实。1995 年 11 月和 12 月，以色列国防军从希伯伦以外的约旦河西岸地区各大城市撤出，为巴勒斯坦民族权力机构的选举创造条件。在这次选举中，阿拉法特当选为主席，他领导的法塔赫赢得巴勒斯坦委员会多数席位。巴勒斯坦人似乎朝建国方向迈进了一大步。

但在此期间，巴勒斯坦人的袭击活动仍在继续，袭击的次数和造成的伤亡甚至比以前有过之而无不及。[3]《奥斯陆协议》失败的事实已经越来越难以掩盖。佩雷斯说："我们没有得到感谢，我们得到的是炸弹。"4 佩雷斯宣布以色列提前 6 个月举行大选，右翼人士刺杀拉宾让以色列人厌恶，佩雷斯认为自己可以毫无悬念地当选国家最高领导人。的确，民意调查也显示，他的支持率远远高于利库德党的本雅明·内塔尼亚胡。

巴勒斯坦激进分子改变了选举的结果。短短 9 天内，在特拉维夫和亚实基伦（Ashkelon）这两座以色列中心城市的两起暴力袭击中，将近 60 名以色列人丧命。取代拉宾担任总理仅 7 个月后，佩雷斯就被愤怒而惊恐的以色列人用选票赶下台。

安全始终是以色列选民最关心的问题。每当暴力袭击加剧，他们就会将选票投给右翼政党；1996 年的选举也不例外，本雅明·内塔尼亚胡取代佩雷斯成为以色列总理。上台后，内塔尼亚胡履行了以色列政府之前的承诺（根据 1995 年的巴以和平协定，也称为《奥斯陆第二阶段协议》），重新部署在希伯伦的军队，希伯伦已是以色列控制的约旦河西岸最后一座城市。在美国施压下，1998 年内塔尼亚胡又签订了《怀伊河备忘录》（Wye River Memorandum），旨在恢复实施已陷入僵局的《奥斯陆第二阶段协议》。

但从一开始，内塔尼亚胡就认为《奥斯陆协议》是以色列做出的一个错误决定。在三年执政期间，他殚精竭虑，避免《奥斯陆协议》可能给以色列带来的危险。但在下一轮选举中，以色列人想要一个中间人物，于是又向左摇摆，选出埃胡德·巴拉克担任以色列总理。

巴拉克是战功卓越的军人，他在竞选时提出了三点承诺。首先，他承诺将以色列军队撤出黎巴嫩南部，政府先前一直不知如何从这场战争中脱身；其次，他承诺让以色列和叙利亚实现和平；最后，虽然人们越来越怀疑《奥斯陆协议》，但巴拉克仍然承诺同巴勒斯坦人实现和平。

有些以色列领导人认为，最明智的办法是将巴拉克前两个承诺结合起来：如果可以同叙利亚签订和平协议，那么以色列就可以通过与叙利亚协调而撤出黎巴嫩。但实际上，叙利亚乐意看到以色列武装继续留在黎巴嫩，这样他们能通过真主党这个代理人来打击以色列军队。[5] 叙利亚外交部部长甚至声称，如果以色列不经叙利亚同意就撤军，将被叙利亚视为"战争行为"。以色列一位著名记者就此评论道："这种心理扭曲即使按照当地标准也是令人难忘的。"[6]

这样，巴拉克要想将以色列带出黎巴嫩，除了单方面撤军，别无选择。2000 年 5 月 24 日，他这样做了。当时服役于黎巴嫩的国防军战士大多出生于 1982 年前后，以色列就在这一年最早入侵黎巴嫩。

这并非以色列最后一次面对阿拉伯暴力活动选择单方面撤离。后来的事实证明，每当以色列做出这样的选择，都会被阿拉伯极端分子利用。截至 2000 年，真主党用行动证明，他们能对全世界最专业的一支军队实施致命的暴力行为：1985 年（黎巴嫩战争主要作战阶段结束后）到 1997 年之间，200 多名以色列战士阵亡，750 多人受伤。以军撤出后，真主党在黎巴嫩南部的地位得以巩固。在以军越过边境回到以色列的前夜，真主党副总书记将当晚形容为"巴勒斯坦人胜利的曙光"，"他们也可以通过抵抗和殉难来获得解放"，他承诺"在黎巴嫩取得的胜利可以复制到巴勒斯坦"。[7]

从黎巴嫩撤军的诺言实现后，巴拉克将注意力转向巴勒斯坦问题。5 月撤军结束不久，2000 年夏天，埃胡德·巴拉克、亚西尔·阿拉法特和比尔·克林顿在戴维营开始谈判。22 年前正是在这里，

376

贝京与萨达特在卡特的协调下达成埃以和平协议。

以色列人和巴勒斯坦人多年来最棘手的问题（巴勒斯坦难民回归、耶路撒冷归属和巴勒斯坦国边界划分）都被拿到谈判桌上。巴拉克决心同巴勒斯坦人达成一份全面协议。为了实现巴勒斯坦建国，巴拉克向阿拉法特提供约旦河西岸 92％的土地和耶路撒冷部分地区。但让以色列谈判团队惊讶的是，阿拉法特及其团队竟然拒绝考虑这一方案。起初，《奥斯陆协议》的签订引发巴勒斯坦暴力袭击的升级；现在，以色列提出了一个他们认为阿拉法特会觉得慷慨的解决方案，就算阿拉法特仍不满意，这个方案也可以作为继续谈判的基础，但阿拉法特断然拒绝了。巴勒斯坦的毫不妥协让克林顿也困惑不解。

戴维营和谈宣告失败，参会者不欢而散。回到以色列的巴拉克政治处境非常不利，右翼人士因为他在戴维营的让步过大而愤怒，左翼人士则对他的空手而归失望。回到巴勒斯坦的阿拉法特却受到英雄般的欢迎。巴勒斯坦人认为他经受住了犹太复国主义者的威逼利诱，向世界表明如果不能满足巴勒斯坦人对耶路撒冷、边界和难民回归方面的全部要求，他们不会做出任何妥协。阿拉法特希望他的人民看到他的意志是坚定的，他一直忠于人民的理想。

美国外交家和作家丹尼斯·罗斯参与了几十年来的中东和谈，曾担任比尔·克林顿的中东特使。他后来写道："巴拉克和克林顿都准备为达成协议而做需要做的事，两人迎接了挑战，谁都没有回避复杂而危险的历史和宗教问题。能这样说阿拉法特吗？很遗憾，不能。"[8]

以色列的分析人士和历史学家，甚至包括那些长期和左翼政治势力关系密切的历史学家，都清楚阿拉法特的用意。[9]只要谈判继续拖延下去，国际社会便认为这位曾经的战士在追求和平。一旦签订和平协议，国际社会就会期待他治理这个新成立的国家，他不得不对这个国家负责。随着时间的推移，越来越多的人发现阿拉法特根本不愿意迈出这一步。

地区局势日趋紧张。以色列从黎巴嫩撤军刚过去六个月，戴维营和谈刚结束两个多月，反对党领导人阿里埃勒·沙龙决定去圣殿山看看。作为一名以色列公民，他完全有权参观圣殿山，但有些人认为这是挑衅之举。其他人宣称沙龙此举是为了告诉巴勒斯坦人，以色列将继续保持对东耶路撒冷和老城的主权。也许还有人在想，沙龙知道阿拉法特必然会做出激烈的反应，他要在政府做出进一步妥协前，让以色列人看穿阿拉法特的行为方式。

不管到底出于什么动机，沙龙"事先显然得知，以色列情报机构告诉以色列公共安全部部长什洛莫·本-阿米，沙龙访问圣殿山不会引起联合暴力。约旦河西岸安全预防部门负责人巴勒斯坦人贾布里勒·拉米（Jibril Rajoub）的话也间接确认了情报机构的判断。拉米告诉本-阿米，沙龙可以访问圣地，但基于安全考虑不要进入清真寺"[10]。

沙龙没有进入清真寺，2000年9月28日，在数百名以色列警察的保护下，他登上了圣殿山。第二天，两万名巴勒斯坦人来到圣殿山示威，以色列军队在与巴勒斯坦人对峙中使用了小型轻武器，让暴乱进一步升级。在当天的冲突中，7名巴勒斯坦暴徒被击毙，300名巴勒斯坦人和70名以色列警察受伤。巴勒斯坦民族权力机构领导人在电视讲话中发表了强烈的反以言论，在广播讲话中号召人们发动"吉哈德"（这个穆斯林宗教用语专指针对非穆斯林的宗教战争）。

几天内，在阿拉法特及其安全部队的纵容和煽动下，冲突迅速

378

蔓延到全国。以色列安全部门认为阿拉法特为发动起义蓄谋已久，沙龙登上圣殿山只不过为他提供了借口。

这场冲突持续了四年之久，后来称为"第二次因提法达"。冲突之初发生的一些事件颇有象征意义。9 月 30 日，一支法国电视拍摄团队在加沙拍下了令人恐惧的一幕：12 岁的穆罕默德·杜拉（Mohammad al-Dura）虽然有父亲的奋力保护，还是被残忍杀害。以色列坚持认为国防军没有杀害这名男孩（后来证明这的确不是国防军所为），但这一事件让巴勒斯坦民众无比愤怒。此事发生后不到两周，有两名以色列预备役战士驾车前往驻地报到，但在路口拐错弯，误入了巴勒斯坦城市拉马拉。他们很快被当地民众包围，然后被残忍杀害。一名激进分子站在窗前，向欢呼的巴勒斯坦群众举起沾满鲜血的双手，这张照片在全世界广为流传。看到此景，以色列人再次感到巴勒斯坦人的目的不是建国，而是杀害犹太人。①

这次因提法达远远不像第一次因提法达那样属于大规模群众起义，但巴勒斯坦民族权力机构的安全部队使用了武器和自杀性爆炸手段，因而比第一次因提法达更具杀伤力。[11] 冲突还蔓延到以色列阿拉伯人那里，特别是在阿拉伯人密集的加利利地区。有的以色列阿拉伯人攻击了犹太人的财产、汽车、定居点和各种机构。以色列的犹太人也展开了反击，在阿拉伯人和犹太人混居的城市，许多清真寺、阿拉伯人商店和居民区遭到袭击。[12] 2000 年 10 月，在一次示威活动中，以色列警察和阿拉伯暴徒发生冲突，现场一度失控，阿拉伯人开始投掷石块和火焰炸弹，用弹弓射击钢珠，有的人还用真枪射

---

① 这名抵抗组织成员名叫阿兹·萨尔哈（Aziz Salha），后来被以色列政府逮捕，因谋杀罪被判处终身监禁。但 2011 年，作为交换囚犯计划的一部分，在吉拉德·沙利特（Gilad Shalit）被哈马斯释放后，他也被以色列释放。

击。以色列警察也使用了实弹，10 月的短短几天内，13 名以色列阿拉伯人被以色列安全部队击毙。[13]这一冲突后来称为"2000 年十月事件"。负责调查此事的奥尔（Or）调查委员会发现，以色列警察对暴力冲突准备不足，有时反应过激。

2000 年十月事件和 1956 年卡西姆村事件不同。在十月事件中，阿拉伯人使用了武力。但在以色列阿拉伯人看来，这两个事件有联系。与 1956 年卡西姆村事件和 1976 年土地日事件一样，十月事件再次证明他们永远是二等公民，不如犹太人受重视。哈瑞迪人在抗议政府时也会在马路上点燃轮胎并使用轻微的暴力，但以色列安全部队从来不会朝他们开枪。

380

沙龙去圣殿山和 2000 年十月事件中阿拉伯人的死亡进一步加剧了暴力活动。到处有人投掷燃烧弹，焚烧公交车。阿拉伯纵火者还在森林里放火，这是极具象征意义的攻击方式。犹太移民潮兴起以来，植树造林一直是犹太复国主义运动的重要工程。在过去一个世纪，犹太国民基金在这里种植了 2.5 亿棵树。[14]树木不但能够改良土壤，还象征着犹太复国主义运动将以色列地变为沃土的决心。但纵火者恰恰要毁掉这种进步。

随着暴力的延续，克林顿总统为了挽救和平进程，做出了最后努力。2000 年 12 月底，他提出了名为"克林顿参数"的方案。根据他的建议，新成立的巴勒斯坦国将包括约旦河西岸 94%—96% 的土地（虽然方案中没有提到加沙，但克林顿在 2001 年 1 月指出巴勒斯坦国的领土包括加沙地带）。分布在犹太人口占优势地区的定居点可以并入以色列，这样，以色列就能并入大约 80% 的定居者。克林顿建议根据阿拉伯人和犹太人的比例将东耶路撒冷划分为巴勒斯坦区和犹太区。为了减少以色列在安全上的顾虑，克林顿提议在约旦河谷地临时驻扎国际部队和以色列部队，并在此建立长期存在的"预警站"。巴勒斯坦难民只能返回巴勒斯坦，不能进入以色列本土。

严格来说，以色列人和巴勒斯坦人都同意了克林顿的方案。但克林顿后来在自传《我的生活》中写道："阿拉法特说他有保留地接受这个方案。但与以色列不同，阿拉法特的保留意见不在方案之内，至少在难民和西墙的问题上是如此。但他答应过在我离任前实现和平，所以我认为他接受方案时的态度是认真的。"[15]

就在克林顿即将离任前，阿拉法特打来电话表示感谢，他说克林顿是位伟人。克林顿总统回答说："主席先生，我不是伟人。我是个失败者，这都是拜你所赐。"[16] 在总统任上的最后一天，克林顿还提醒乔治·布什和科林·鲍威尔，不要相信阿拉法特将对他们说的任何一个字。他告诉他们，相信阿拉法特是"他担任总统期间犯下的最大错误"[17]。克林顿让阿拉法特和拉宾实现了那次著名的握手，但离开白宫时，他没能解决巴以冲突。

和平进程危在旦夕，针对以色列人的袭击没有减弱，以色列的气氛令人绝望。以色列人已经无法继续忍受埃胡德·巴拉克总理。戴维营和谈失败后，阿拉法特毫不妥协，但巴拉克继续让步。失去议会的支持后，巴拉克不得不宣布在 2001 年 2 月提前举行大选。2000 年十月事件让以色列阿拉伯人抵制选举，这进一步削弱了左翼政党的力量。果然，巴拉克输掉选举，取代他的是右翼政党利库德集团领导人阿里埃勒·沙龙。不同于巴拉克，沙龙认为和巴勒斯坦人没完没了的谈判是毫无意义的政治作秀，他对此毫无兴趣。他认为阿拉法特根本不想达成协议，以色列必须明白这一点。

和平进程彻底失败。意识到这点，让许多以色列人非常痛苦，就像 1973 年赎罪日战争后他们从"构想"心态中醒来那样痛苦。以色列《独立宣言》中宣称以色列"向所有邻邦及其人民伸出手，致力于和平与睦邻友好"，许多以色列人从小就相信战争双方有一天会放下武器，让中东进入一个全新的时代。正是怀着这种想法，以色列先后同埃及和约旦实现了和平。但巴勒斯坦人似乎一心只想看到以色列从世界版图上消失。长期以来认为让步是实现和平唯一途径的左翼政治势力已经疲惫不堪，他们伤心地发现，自己的想法过于天真，被对手玩弄于股掌之上。他们想起扫罗王的首领押尼珥（Abner）提出的那个问题："刀剑岂可永远杀人？"[18] 在深切的失望和担忧中，他们发现对此没法给出否定回答。

382

2001 年，100 多名以色列人死于自杀性炸弹袭击，几十人死于其他袭击方式。巴勒斯坦人越来越无所顾忌。为了造成更大伤亡，他们开始攻击人口更密集的地点。2001 年夏天，一名自杀性爆炸袭击者在特拉维夫海滩的舞厅将自己引爆，21 名以色列人丧生，其中大部分是来自俄国移民家庭的 10 多岁的女孩。100 多人在这次袭击中受伤。两个月后，耶路撒冷市中心最繁华地带一家比萨饼店遭到自杀性爆炸袭击，造成 130 人受伤，15 人死亡，其中半数死者为儿童。

大多数暴力袭击者来自约旦河西岸。更让以色列人难以接受的是，巴勒斯坦警察和法塔赫的坦齐姆（tanzim）部队参与了多起枪击事件；法塔赫人员还实施了自杀性爆炸袭击，这是前所未有的。这些事件加重了以色列民众对阿拉法特、法塔赫和巴勒斯坦民族权力机构的敌意，很多人开始认为，以色列在巴勒斯坦根本没有实现和平的伙伴。

2002 年逾越节前夜，大约 250 名宾客聚集在海滨城市内塔尼亚的公园酒店，共同享用传统的逾越节晚餐。一名化装成妇女模样的巴勒斯坦激进分子混过酒店安保人员的检查，随后引爆了一个大当量炸弹，巨大的爆炸造成 28 人死亡，约 140 人受伤，包括 20 人重伤，其中两人因为伤势过重死亡。有几对夫妇在爆炸中死去，有一人已经 90 岁高龄。一对父女也在爆炸中一起遇难。

这场袭击让沙龙下定决心进行反击。不久，以色列发动了"防御之盾行动"，这是六日战争以来在约旦河西岸发动的规模最大的军事行动，旨在摧毁位于巴勒斯坦主要城市的激进组织基地。实际上，在这次行动后，以色列重新控制了 1995 年根据《奥斯陆协议》交还给巴勒斯坦人的城市。

以色列并未就此止步。为了制止暴力袭击进一步伤害以色列公民，2002 年 9 月，政府决定修建隔离墙，将以色列和巴勒斯坦领土隔离开。隔离墙耗时 5 年建成，长达 480 英里（虽然一直没有完全竣工）。北部隔离墙修建完成后，从约旦河西岸那块地区潜入以色列被彻底阻止。隔离墙的效果毋庸置疑，但给巴勒斯坦人的生活带来诸多不便，以色列为此遭到国际社会的谴责，但以色列领导人不为所动，继续推进隔离墙的建设。截至 2004 年 12 月，自杀性爆炸事件已下降了 84%。

2000 年 9 月至 2004 年 9 月，巴以冲突导致以色列 1000 多人死亡，2000 多人受伤。巴勒斯坦人的死亡人数达到 2700 人。同样蒙受损失的还有以色列和平阵营。几十年来，以色列左翼人士提倡"土地换和平"原则，他们坚信，只要以色列交还 1967 年占领的大部分土地，巴勒斯坦人就会和以色列人实现和平。但巴拉克向阿拉法特让步带来的结果却是另一次因提法达，这证明左翼人士的想法天真而危险。很多以色列人认为，就算阿拉法特对巴拉克的方案不满意，也可以在这个方案的基础上继续谈判下去，但他没有这样做，而是发起新一轮暴力活动，这证明他是一个坚定的激进分子，永远不会转变为一名政治家。在这一过程中，以色列左翼阵营成为最大的牺牲品。

384

本尼·莫里斯多年来是政治左翼的代表人物，他精准总结了以色列人的处境和立场。他称阿拉法特是个"积习难改的骗子"，还得出这个悲观结论：以色列和巴勒斯坦可能永远无法和平共处。以色列公众都对本尼·莫里斯观点的转变困惑不解，他解释说：

> 我没有做大脑移植手术，这是没有任何根据的谣言，至少我现在不打算做这个手术。然而，我对当下的中东危机及其主要参与者的看法，在过去两年发生了剧变。我的感觉有点像那些在匈牙利的西方游客，俄国坦克在 1956 年粗暴地开入布达佩斯，他们在那一刻忽然惊醒了。[19]

许多人和莫里斯一样悲观，包括美国总统乔治·W. 布什。布什后来说："阿拉法特欺骗了我。我不会再相信他。实际上，我没打算再和他说话。2002 年春天我已经得出结论：只要阿拉法特还执政，就不可能实现和平。"[20]

在 1923 年出版的《铁墙》中，泽夫·雅博廷斯基提出，除非阿拉伯人明白以色列人绝不会妥协，否则他们永远不会停止冲突。历史以悲惨的方式证明了雅博廷斯基观点的正确性。约西·克莱因·哈勒维后来认为，2000—2004 年，以色列人大多转变为政治中立派，他们一方面同意左翼的观点，认为巴勒斯坦建国对以色列至关重要，只有这样以色列才可以不用再管理几百万巴勒斯坦人。但同时他们也同意右翼的观点，认为巴勒斯坦建国会让以色列的处境变得更加危险。[21] 以色列人已不知如何是好。

2004 年 11 月 11 日，75 岁的亚西尔·阿拉法特生病没多久就去世了。接替他的是马哈茂德·阿巴斯（又称为阿布·马赞）。2003 年 3 月，阿拉法特任命阿巴斯为总理（巴勒斯坦以前没有总理这一职位）。但由于阿拉法特不让他参与任何实质性事务，他无奈之下选择辞职。但现在他取代了阿拉法特的位置。

阿巴斯 1935 年出生于采法特，1948 年战争时逃离家乡，先后在开罗和莫斯科接受教育。他在莫斯科写的博士论文的题目是《另一边：纳粹主义和犹太复国主义的秘密关系》，文中提出，犹太复国主义者严重夸大了死于纳粹分子之手的犹太人数量，600 万犹太人被杀是个"异想天开的谎言"[22] 阿巴斯是 1959 年法塔赫的创始成员，还是 1993 年《奥斯陆协议》的巴勒斯坦谈判团队成员。[23]

以色列右翼人士不断拿阿巴斯当年的博士论文说事，但其他以色列人认为阿巴斯的当选带来了新希望。这位主张谈判、反对暴力的巴勒斯坦领导人能否开启中东新的篇章？

和巴勒斯坦一样，以色列国内也出现新变化。2003 年在赫兹利亚（Herzliya）的一次会议上，以色列总理阿里埃勒·沙龙宣布，他决定从加沙单方面撤出国防军，并清除这一区域所有犹太定居点。2004 年 4 月 14 日，沙龙给乔治·布什总统的一封信中写道："我的结论是，当前的巴勒斯坦根本不存在能同我们进行和平谈判、寻求和解方案的对象。这种僵局不利于实现美国和以色列共同的目标，为了减少以色列人和巴勒斯坦人之间的冲突，我决定启动逐步撤军进程。"[24]

34 年来，加沙一直有犹太定居点。截至 2004 年，有 8800 名犹太人生活在加沙，周边则生活着 100 万巴勒斯坦人。犹太人控制区占加沙地带面积的五分之一。但以色列保护这几千人的成本变得越来越高，多年来有几万以色列军人在加沙服役。尽管如此，在过去 5 年中仍有 124 名以色列人在加沙被害。沙龙认为，既然不能通过谈判撤离加沙，以色列只能单方面撤离。

沙龙被普遍视为典型的鹰派，现在却决定以色列应当撤离加沙，这出乎很多人意料。他所在的右翼政党利库德集团的成员也深感失望。时任财政部部长的本雅明·内塔尼亚胡和沙龙公开辩论，他认为离开加沙会让以色列更加危险。哈马斯立即用行动支持了内塔尼亚胡的观点，开始从加沙向以色列境内发射火箭弹。仅 2004 年，哈马斯就发射了 882 枚迫击炮弹和 276 枚卡桑（Kassam）火箭。

和面对暴力仍然达成《奥斯陆协议》的拉宾一样，沙龙也没有让火箭弹改变自己的计划。为了表达自己反对这一政策，内塔尼亚胡于 8 月 17 日辞掉财政部部长职务。加沙的定居者更是认为，沙龙的决策是对选民的背叛。竞选时沙龙曾表示不会从加沙撤离，但现在出尔反尔。"犹太人不能驱逐犹太人"成为定居者的口号。他们写请愿书，组织示威和抗议活动，甚至用绝食抗议。政府一方面安抚，承诺给每个家庭发放赔偿金；另一方面施压，声称那些拒绝撤离的民众将被送到监狱。

为了顺利撤走加沙的定居者，推平他们的房屋和其他设施，参与行动的 1.4 万名警察和国防军战士就如何应对定居者的过激行为接受了特别训练。2005 年 8 月的撤离过程总体而言比较顺利，虽然定居者向士兵扔石头和油漆瓶，但没有人使用武器。还有的定居者为了不被士兵带走，用路障将自己的房屋围住。

387 从 19 世纪末最早的阿利亚开始，犹太人就在这儿购买土地，建设家园。作为最富激情的一群犹太复国主义者，定居者们不相信犹太国会将他们驱赶出家园。在加沙一个叫尼夫德卡里姆（Neve Dekalim）定居点的犹太会堂，一位 21 岁以色列人告诉记者："这座建筑是我们生活的象征。我不相信国防军会闯进这里把我们带走。"她判断错了。

撤离行动过程中，没有人严重受伤，也没有人死亡。士兵们挨家挨户地通知出发时间到了。加沙夏天炎热，士兵们还给撤离的定居者发放饮用水。有的战士和民众拥抱在一起痛哭，还有的士兵和定居者一起祷告。

单边撤离行动让许多人想起历史上另一事件。梅纳赫姆·贝京常说，他政治生涯中最值得骄傲的，就是在 1948 年 6 月"阿尔塔莱纳"号事件中避免了内战爆发。在加沙，以色列社会再次展现出成熟的一面，军队对这次行动周密部署，被迫离开家园的犹太人也表现得非常克制和体面。

阿里埃勒·沙龙在竞选时承诺以色列不会从加沙撤离，当他决定撤离时也没有举行公投，整个过程让以色列人感到非常不符合民主原则，但没有人用极端暴力的方式表达对政府的不满，法制得以维护。对许多以色列人来说，这是悲痛的一天，但对这个年轻的民主国家而言，这也是值得骄傲的一天。

加沙行动顺利完成后，沙龙下个目标是让以色列从约旦河西岸撤离。为了减少政治阻力，2005 年他离开利库德集团，组建了自己的前进党（*Kadima Yisrael*，"前进，以色列！"之意），党员多为劳工党和利库德集团中持中间立场的成员。但撤出加沙四个月后，沙

龙突发中风，陷入昏迷。这位人称"推土机"的勇士倒下了。① 388

沙龙的接任者是耶路撒冷前市长埃胡德·奥尔默特，他上任总理职位后，宣布要将大部分约旦河西岸的巴勒斯坦土地归还给巴勒斯坦民族权力机构。不同于以往的诸位总理，奥尔默特认为，可以在巴以双方解决谈判中的棘手问题之前建立巴勒斯坦国。他说："如果巴勒斯坦人能放弃激进主义路线，停止针对以色列公民的战争，那么可以在双方达成最终协议之前就基于临时边界实现民族独立，建立巴勒斯坦国。剩下的问题两国可通过谈判逐步解决。"25

就在奥尔默特发表这一声明当天，巴勒斯坦民族权力机构举行选举，宣誓灭亡以色列的哈马斯以微弱的优势获胜，26但由于巴勒斯坦选举制度的原因和法塔赫内部出现严重分裂，哈马斯获得议会大多数席位，选票上微弱的优势最终转化为压倒性的政治胜利。

大选获胜后，哈马斯官员重申他们不承认以色列，也不会同以色列谈判。正当以色列提议让巴勒斯坦提前建国时，巴勒斯坦人将一个决心灭亡以色列、拒绝停止冲突的政府选上台。和平进程的希望之光最后熄灭。2009 年，埃胡德·奥尔默特因贪污罪指控而辞职，他的和平计划和他的政治生涯一起宣告结束。②

和平谈判再次以失败告终，这后来成为一个固定模式，但冲突 389

---

① 沙龙昏迷了将近 9 年，一直没有苏醒。他于 2014 年 1 月 11 日去世。

② 2016 年 2 月，经过漫长的司法过程，奥尔默特成为以色列第一位进监狱的总理。2007 年 7 月，以色列总统摩西·卡察夫也因强奸下属而辞职，2011 年 12 月定罪后入狱。和卡察夫住同一个牢房的，是以色列劳工与社会福利部前部长什洛莫·贝尼兹里（Shlomo Benizri），他因诈骗罪入狱。以色列总共有几十位前部长、议员和政府官员犯有诈骗等罪名，这严重侵蚀了本-古里安建国时在《独立宣言》中提到的社会理想。虽然以色列的司法系统能将国家最高级别的官员绳之以法，但没能阻止以色列社会中的腐败现象。

仍在继续。以色列国防军再次需要适应新的战争形式。第一次因提法达爆发后，一直和正规部队作战的以色列国防军发现自己的对手成了巴勒斯坦民众，对手使用的武器大多数时候并非枪炮，而是石块。但第二次因提法达爆发后，国防军再次需要学习如何对付激进组织，但这些组织的行为方式不同于几十年来和他们交手的激进组织，而是和正规部队越来越像。

北部需要应对的激进组织是真主党，西南部是哈马斯。这两个激进组织都试图消灭以色列，攻击以色列平民，不断向边境附近的人口密集区域发射火箭弹。有时，这些袭击和以色列的报复行动导致冲突升级，引发激烈交战行为。

2006 年 6 月 25 日，利用在以色列和加沙边境修建的地道，哈马斯在边境地区将正在执行任务的下士吉拉德·沙利特绑架。① 哈马斯绑架人质所表现出的大胆和军事能力让以色列人大为震惊。2006 年 7 月 12 日，真主党战士向正在边境巡逻的两辆以色列军队车辆发射了两枚反坦克导弹，3 名以色列士兵当场死亡。更糟糕的是，真主党在这次行动中又绑架了两名士兵，在试图营救人质的过程中，又有 5 名以色列士兵阵亡。

真主党要求用被俘士兵交还囚犯（当时以色列不知道这两名士兵已经死亡），但遭到以色列拒绝。为了削弱真主党的实力，以色列国防军攻击了真主党的军事目标和黎巴嫩的民用设施，包括贝鲁特的拉菲克·哈里里（Rafic Hariri）国际机场。但在几周的激烈交火中，真主党顽强抵抗，虽然其军事实力明显逊于国防军，但在初期

---

① 沙利特被劫持了 5 年，2011 年 10 月 18 日获释，作为交换，以色列释放了约 1000 名巴勒斯坦囚犯，其中包括许多袭击过以色列人的激进分子。

抵挡住了国防军的进攻。这次激烈冲突后来称为第二次黎巴嫩战争。它体现了非对称战争这种较新的作战样式，在这种战争中，有关平民死伤的舆论有效限制了实力占优的民主国家。在第二次黎巴嫩战争中，超过 1000 名黎巴嫩人和 165 名以色列人死亡，以色列对黎巴嫩造成了大面积的破坏。在大约一个月时间里，双方展开猛烈对攻，随着地面部队的推进，以色列最终占据上风，但在联合国的施压和调停下，以色列被迫接受停火。

哈马斯虽然在议会中赢得胜利，但法塔赫并没有交出权力。2007 年 6 月，哈马斯发动武装政变，炸毁了位于汗尤尼斯（Khan Yunis）市的法塔赫指挥部，赶走了建筑中的法塔赫成员，夺取了加沙控制权，这让阿巴斯颜面扫地，深受打击。

从那以后，每隔一两年，哈马斯就会连续几周或几个月向以色列城市发射数百上千枚火箭弹，让以色列南部民众无法正常生活。以色列人希望政府能保护他们，因此，每当出现这种情况，以色列都会报复，有时军事冲突会发展为全面战争。大多数情况下，以色列空军会对哈马斯进行惩罚性打击，但有两次以色列决定派出地面部队。由于哈马斯想阻止以色列国防军深入加沙，并试图对以色列人造成尽可能大的伤亡，恶战接踵而至。每一轮战争都会有数百名巴勒斯坦激进分子、以色列军人和平民死亡——但巴勒斯坦方的伤亡远高于以色列方。然而，双方都无法取得实质性成果。一次又一次，双方都会接受停火，等待下一轮冲突的到来。

很多以色列人意识到，这些短暂的战争有个共同点，即以色列无法在这些战争中取得决定性胜利。不管是同黎巴嫩的真主党还是同加沙的哈马斯，战争虽然惨烈，但双方都没有获得任何战略成果。

真主党和哈马斯无法让以色列投降、撤军，无法改变以色列的政策；以色列也无法摧毁这些激进组织的网络，更无法确保他们不会再次对以色列发动袭击。事实上，以色列人发现，自从1973年以来，以色列就没有在真正意义上赢过一场战争。的确，在2002年"防御之盾行动"中，国防军表现出色，短时间内就结束了战斗，但几十年来，以色列再没有像1967年那样大获全胜，他们的敌人比以前更加顽强和凶残。

在这些冲突中，随着以色列的伤亡人数不断上升，以色列人还发现了以色列社会的另一个变化。20世纪60年代，基布兹是培养军官的摇篮，基布兹成员在战争中承受了和他们所占人口比例不相符的伤亡，但现在，支持犹太复国主义的宗教社团（national religious community）取代了基布兹的角色。截至2010年，这类宗教社团虽然不到以色列人口的10%，但他们在作战部队中的比例却达到25%—30%。同样，军官培训课程的毕业生中，这类宗教社团的人员也越来越多，所占比例从1990年的2.5%上升到2008年的26%。[27]如今，以色列的军队领导人和以色列最有爱国热情的那部分人中，有很多来自这个独特的社会群体。

392　　虽然深陷于同巴勒斯坦人的冲突中，但以色列在另一个领域却呈现出欣欣向荣的气象。20世纪50年代，以色列政府资金短缺，无力为来自北非和其他地区几十万移民提供足够的住房和食品。20世纪末21世纪初，以色列已成为一个科技强国。

建国60年来，以色列的经济总量翻了50倍。[28]2008年，以色列国内生产总值年增长率为3.1%，领先世界大多数国家。[29]以色列的工程师、研发中心和初创公司的密度居世界第一。[30]同年，以色列在纳斯达克上市的公司数量排名世界第二（仅次于美国），超过整个欧洲大陆在纳斯达克上市公司的总和。[31]以色列人均风险投资额是"美国的 2.5 倍，欧洲的 30 倍，中国的 80 倍，印度的 350 倍"[32]。

如此惊人的成就得益于多方面因素。俄罗斯犹太移民功不可没。俄罗斯移民中，数万人拥有高学历，他们迫切希望通过自己的努力改善初到以色列时艰苦的生活条件。以色列一位著名政策专家指出："移民不怕一切重来，他们天生是冒险者，每个移民国家都是创业的国度。"[33]以色列从一开始就致力于接收来自世界各地的犹太人，现在，这个政策开始给国家带来红利。俄罗斯移民融入了教育、军队、社会和经济等领域，给这个年轻的国家注入了巨大活力。

以色列能成为"创业的国度"还有其他原因。20 世纪 80 年代中期，美国和以色列联合研制"狮"式战斗机的项目因美国国会施压而终止，[34]大约 1500 名以色列高级工程师突然失业。他们中很多人走上了创业之路，促成以色列成为科技强国。科技产业给以色列社会带来大量财富，以色列成为全球投资人和发明家最青睐的国家之一。[35]

然而，在国际社会看来，以色列并不是"创业的国度"，而是应当被排斥的国家。激进主义没能帮助巴勒斯坦人达到目的，他们开始实施新的策略：让以色列在国际社会非法化。这对以色列而言并不新鲜。早在 1975 年，联合国就通过一项决议，声称犹太复国主义是种族主义。现在，许多其他组织也加入到谴责犹太复国主义运动的行列，认为犹太复国主义思想和以色列都诞生于罪恶之中，没有生存的权利。

联合国及其分支组织成为这场战争的主战场。20 世纪 70 年代以来，联合国成为一个明显具有反以色列倾向的平台。本-古里安称联合国是一出"荒诞派戏剧"[36]。阿巴·埃班先后担任以色列驻联合国代表和驻美国大使，说话一向简练而雄辩，他这样评论联合国："如果阿尔及利亚提交一份决议声称地球是平的，而且是以色列把地球压平的，这个决议将以 164 票赞成、13 票反对和 26 票弃权得以通过。"[37]

到 2000 年时，联合国连这点面子工程也基本顾不上了。虽然 1991 年 12 月联合国撤销了关于犹太复国主义是种族主义的决议，但这种观念仍然存在。2001 年和 2009 年，在南非德班举行的联合国反对种族主义会议就裁定：犹太复国主义属于殖民主义，以色列是一个种族隔离国家，以色列诞生于罪恶的"种族清洗"[38]。会议上还发放了《锡安长老会纪要》和希特勒的《我的奋斗》。[39]

2003—2012 年，联合国提交了 314 个关于以色列的提案，40% 获得通过。关于以色列的提案数量是其他国家的 6 倍，排在以色列后面的国家是苏丹。[40]2013 年底，以色列外交部副部长齐夫·埃尔金 (Ze'ev Elkin) 指出，联合国人权理事会（UNHRC）103 个关于单个国家的决议中，有 43 个（占 42%）决议谴责以色列。[41]仅在 2013 年 3 月的会议中，联合国人权理事会就通过了 6 个批评以色列的决议，关于世界其他所有国家的决议总共只有 4 个。[42]联合国人权理事会紧急会议中大多数议题也与以色列有关。[43]但在这期间，联合国人权理事会没有就达尔富尔冲突或巴基斯坦、沙特阿拉伯、苏丹和津巴布韦侵犯人权行为通过任何决议。[44]

有些观察者明白事理，敢为以色列说话。当联合国强烈谴责以色列 2014 年对哈马斯发动的战争并要求以色列对平民的死亡负责时，英国退役上校和前英国驻阿富汗部队指挥官理查德·肯普做出回应。他在《纽约时报》一篇社论中提醒读者，到底谁应当为没完没了的冲突负责。联合国谴责"以色列'长期占领约旦河西岸和加沙地带'，并封锁加沙"[45]，但联合国明白事情并非如此。肯普提醒读者，10年前以色列从加沙撤离，但哈马斯利用这一机会将冲突升级。肯普写道："去年夏天的冲突因为哈马斯针对以色列平民的火箭袭击事件而急剧升级，这是哈马斯挑衅行为的延续。"

有人指责以色列违反了国际人道主义法律，肯普把以色列国防军的行为与其他国家的军队做了对比：

> 他们应当听一听美国参谋长联席会议主席马丁·邓普西（Martin E. Dempsey）将军的观点。去年11月，邓普西指出，以色列国防军为了减少平民伤亡，采取了很多值得称道的措施。最近，美国、德国、西班牙和澳大利亚等7个国家11名高级军官组成的加沙冲突调查团也这样认为。我有幸成为调查团成员之一，在我们提交给戴维斯法官的报告中写道："据我们所知，没有任何军队像以色列国防军一样在去年夏天的行动中采取大量措施保护平民。"[46]

美国驻联合国代表萨曼莎·鲍尔甚至也对联合国提出强烈抗议。萨曼莎·鲍尔平常算不上是热心支持以色列的政治家，但她也承认联合国的做法有失公正：

> 我们已经看到，许多成员国利用安理会、联合国大会甚至神秘的联合国委员会对以色列政策进行批判，这些批判已经超出合法范围，旨在将以色列国非法化。在全世界范围内，联合国人权理事会长期讨论的国家……不是使用毒气杀害本国人民的叙利亚，而是以色列。这种偏见所针对的，不仅仅是以色列

这个国家，还包括这个国家所代表的观念。[47]

犹太复国主义一直以来既是一种观念，也是具体的以色列建国运动。鲍尔的话准确地描述了犹太复国主义作为一种观念所遭到的攻击。1917 年，英国发表《贝尔福宣言》支持建立犹太国的观念。1947 年 11 月，在联合国分治决议的投票上，国际社会做出了同样的选择。但 70 年后，国际社会大多数成员改变了立场，人们所反对的并不是犹太国的行为，而是犹太人应当拥有自己国家的观念。

联合国撤销反犹决议，并没有改变人们对以色列和犹太复国主义的偏见。显然，如果现在联合国再就以色列建国问题举行投票，这一提议几乎不可能像 1947 年 11 月时那样获得通过。

联合国并非唯一的战场。许多看似公正的人权组织也专门针对以色列，对以色列采用明显的双重标准。"人权观察"（Human Rights Watch）组织就是一个典型的例子。为了维护那些人权遭到侵犯的人，1978 年罗伯特·伯恩斯坦创立了这一组织。2009 年，罗伯特·伯恩斯坦在《纽约时报》上撰文谴责这个由他一手创立的组织：

> 以色列经常遭到哈马斯和真主党的袭击，这些组织打击以色列平民，并把自己的平民用作人体盾牌。人权观察组织对这场冲突的立场不够公正。……人权观察组织的领导知道，哈马斯和真主党专门挑选人口密集地区发动战争，故意将居民区变为战场。他们也知道，越来越多先进的武器正流入加沙地带和黎巴嫩，用于发动新一轮袭击。他们还知道，是武装冲突剥夺了巴勒斯坦人追求和平与美好生活的可能。但作为长期以来的受害者，以色列却遭到人权观察组织严厉的批评。[48]

这种双重标准并不少见。众多组织、媒体和欧洲政府形成一股谴责犹太国的强大力量，表现出"明显的双重标准，专门针对以色列，否认犹太国的生存权和犹太民族的自决权，并将以色列妖魔化"。这股力量在不断壮大。[49]

很多情况下，为了掩盖对犹太国这一观念的否认，这些组织宣称自己致力于结束以色列对其他民族土地的占领。2005 年，正当以色列从加沙撤出时，"抵制、撤资和制裁"（BDS）运动诞生。该运动呼吁抵制以色列，除非以色列结束 1967 年以来对巴勒斯坦土地的占领，赋予巴勒斯坦阿拉伯人平等的公民权，让 1948 年逃离以色列的巴勒斯坦难民及其后代（现在已经有几百万人）回归家园。以色列不可能接收所有这些巴勒斯坦人（这将让犹太人成为以色列的少数民族），还能继续保持国家的犹太性与民主性。因此它的真正目的是灭亡以色列。

这是非常高明的策略。通过使用对美国犹太人而言极具说服力的人权理论，"抵制、撤资和制裁"运动和其他组织让许多年轻的美国犹太人对犹太国产生怀疑，令他们觉得以色列在某个重要方面背叛了犹太教的价值观，而这些价值观很久以来确保了犹太教是世上一种进步力量。

但更有经验的观察家理解这背后的运作。2004 年 6 月（当时"抵制、撤资和制裁"运动尚未诞生），联合国在纽约举行了一次以反犹主义为主题的研讨会。在会上，一位著名的人权活动家和学者发表了自己的观点："当今，反犹主义像病毒一样寄生在联合国当中。反犹主义者在联合国谴责以色列，将以色列妖魔化，将犹太国的敌人神圣化，否认犹太人的受害者身份，指责以色列所做的自卫和反击，还拒绝指认攻击者。"[50]欧洲的反犹主义也在抬头，针对犹太人的暴力事件越来越多。许多欧洲犹太人对这种局势并不陌生，2015 年西欧移民以

397

色列的人数再创历史新高，[51] 许多犹太人再次选择了逃离。

对以色列政府而言，更迫在眉睫的心头之患是核武器技术的扩散，尤其是那些试图灭亡以色列的政府发展核武器。2007 年，以色列的"贝京学说"再次受到考验，以色列得到了叙利亚在幼发拉底河旁建造核反应堆的确凿证据。同美国总统乔治·W. 布什协调后，以色列总理埃胡德·奥尔默特下令对叙利亚核设施实施秘密军事打击，以色列空军摧毁了这些设施，没有给叙利亚任何反击的机会。[52]

398

在伊朗，"贝京学说"受到的考验更严峻。2006 年 4 月，伊朗宣布已提炼出浓缩铀，这是制造出核武器的关键一步。同年，伊朗总统马哈茂德·艾哈迈德-内贾德坚决表示要"把以色列从地图上抹去"[53]。他的想法成为伊朗的长期政策。2012 年，伊朗武装部队总参谋长哈桑·费罗扎巴迪（Hassan Firouzabadi）声称："伊朗将坚决贯彻彻底灭亡以色列的政策。"[54] 而伊朗距以色列的距离比伊拉克更远。为了避免遭到以色列空袭，伊朗将核设施修建在地下很深的地方，以色列轰炸机和其他武器对此无能为力。

以色列总理本雅明·内塔尼亚胡继续贯彻"贝京学说"，他声称，如果国际社会不能阻止伊朗获得核武器，以色列将单独发起行动。但美国总统巴拉克·奥巴马不愿使用武力解决伊朗核问题，也不同意以色列单独发起行动，更没有向以色列提供完成这次行动的武器，而是让伊朗在核武器研发的道路上越走越远，让 600 万生活在以色列的犹太人承受着被伊朗核武器灭绝的风险。① 2015 年 3 月，

---

① 600 万是一个能够勾起以色列犹太人痛苦回忆的数字。这正是在上一场种族清洗中犹太人的死亡人数，现在，生活在以色列的 600 万犹太人再次成为他国的目标。

世界主要大国和组织（包括美国、英国、法国、俄罗斯、中国、德国和欧盟）代表及伊朗代表在瑞士洛桑就框架协议举行谈判，该协议试图通过部分解除几十年来对伊朗严厉的经济制裁，以换取伊朗放弃发展核武器。2015 年 7 月 14 日，谈判各方最终签署了一份名为《全面联合行动计划》（Joint Comprehensive Plan of Action）的框架协议。

这份协议没有要求伊朗拆除大量已经建成的核设施，而且协议所强加的限制只有 10 年有效期。反对这一协议的立法者注意到，该协议建立在信任伊朗的基础上，因此是鲁莽的。多年来跟以色列有隔阂的共和党成员亨利·基辛格也在同前国务卿乔治·舒尔兹（George Shultz）共同撰写的文章中表示，西方世界犯了一个可怕的战略错误，放弃了道德上的责任：

> 相对于伊朗，战争的威胁对西方的限制力更大。伊朗认为自己同意谈判本身就是一种妥协，西方则认为必须达成协议。每当谈判陷入僵局，西方就会提出新的方案。在这个过程中，伊朗不断推进核计划。根据官方判断，伊朗人只需 2—3 个月时间，就能制造出核武器……历史不会帮助我们，历史只帮助那些尝试帮助自己的人。[55]

各行各业的以色列人都认为此乃不祥之兆。美国表面上是以色列最重要的盟友，但两国在这一关键政策上出现严重分歧。让以色列人难以理解的是，美国似乎在为一个决心通过获得核武器来灭亡以色列的国家扫清前进障碍。有的人认为，这代表美以关系出现了重大转向，以色列陷入了几十年来不曾有过的孤立无援之境。当时担任以色列驻华盛顿大使的迈克尔·奥伦写道："最让我难以接受的是，我们最亲密的盟友同我们最大的敌人就我们的生死问题谈判时，我们的盟友甚至都没通知我们一声。"[56]

可以说，即使那些不相信伊朗会用核武器攻击以色列的以色列人也明白，伊朗一旦具备这种能力，中东地区的游戏规则将被改变。约西·克莱因·哈勒维最善于捕捉以色列人的心态，他指出，以色列在伊朗核问题上的最终决策将决定建国是否真的能够改变犹太人的命运。

他说："如果甘心承受来自核武器的威胁，犹太国将失去为犹太历史代言的权利。"[57]

第十八章
犹太国的犹太复兴

那股沁香仍在拨动我的心弦……打开通向代代传承的古老诗篇的大门。

——以色列音乐家拉米·克莱恩斯坦的歌曲《小礼物》[1]

2013年初，第十九届议会选举结束。根据惯例，新当选的议员要当着全体议会成员的面发表演讲。在这届选举中，新成立的未来党（全名为"拥有未来"[Yesh Atid]党）异军突起，该党领导人是英俊而睿智的亚伊尔·拉皮德。他从政前是以色列广受欢迎的电视记者和作家；他父亲是大屠杀幸存者，也是一位强烈反对宗教的议员。亚伊尔·拉皮德带领未来党进入内阁，并提交了一份具有折中主义特色的议员名单，名单中许多人没有担任过民选官员，其中有男有女，有哈瑞迪人，有支持犹太复国主义的宗教人士，也有世俗人士，有同性恋，也有异性恋，有阿什肯纳兹犹太人，也有东方犹太人和埃塞俄比亚犹太人，有新移民，也有土生土长的以色列人。[2]①

① 拉皮德的名单中还包括30年来以色列议会第一位美国议员。这涉及以色列政治中一个有趣而奇怪的现象，以色列的俄罗斯移民和北非移民都积极参与政治（如来自俄罗斯的拿单·夏兰斯基和阿维格多·利伯曼，来自北非的阿里耶·德里），但数千美国犹太移民基本不参政——除了果尔达·梅厄这位显著的例外。（http://www.jpost.com/Israel-News/Politics-And-Diplomacy/Dov-Lipman-to-head-WZO-department-437000.）

402　　拉皮德制定这份名单，部分考虑是想打破以色列社会不同人群之间的隔阂。露丝·卡尔德龙是未来党的议员之一。

　　轮到卡尔德龙发言时，她拿起一册《塔木德》走上演讲台，说道："尊敬的议长和议会成员，我手中这本书改变了我的生活，正是它让我有机会作为一名新议员在以色列议会发言。"[3]

　　接下来，卡尔德龙介绍了自己的家庭背景，她的个人成长史和大多数其他议员似乎大同小异：

> 祖父并没有传给我一套《塔木德》。我出生和成长于特拉维夫一个古雅的犹太社区。我的父亲摩西·卡尔德龙生在保加利亚，年轻时移民到这片土地。经历过早期的战乱后，他去耶路撒冷希伯来大学学习农业，独立战争爆发后立即参军，参加了保卫古什埃齐翁的行动。……我的母亲生在德国，她是犹太人、左撇子、红发，集这三种［当时的］不幸于一身，十几岁时就移民来这儿了，在英国对耶路撒冷的围攻中，她认识了我的父亲。

　　她的故事刚听起来似乎是一个典型的犹太复国主义者的家庭史，但其实不是。她接着用细节告诉大家，这种故事到她这代人就结束了。

> 我在一个具有强烈犹太色彩和复国主义色彩的家庭中长大，
403 我的家庭融合了世俗、传统和宗教元素，结合了阿什肯纳兹和塞法迪犹太文化，我们既支持［修正派的］贝塔尔，也支持［社会主义的］青年卫士，在六七十年代这些都是以色列社会的主流文化。和其他同龄人一样，我接受的是"从塔纳赫到帕尔

马赫"的公共教育，① 我对《密释纳》《塔木德》及卡巴拉和哈西德教义一点不熟悉。10 多岁时，我已经感到自己缺了些什么。拿俄米·舍莫尔歌颂了获得解放的、新的以色列身份，这固然美好，但少了点什么。我需要深度；我词汇贫乏，不足以表达我的想法；过去、史诗、英雄、地点、戏剧和故事——这些统统缺乏。

建国那一代教育家创造出新希伯来人［即新犹太人］，他们实现了梦想，成为一个个勇敢、务实、肤色黝黑的战士。但在我看来，这里面有一种空虚，我真切感受到了空虚。一直以来，我不知如何填补这种空虚，直到我读到《塔木德》。我被书中的语言、幽默、深邃的思维、论辩的风格，以及它的务实、人性和成熟所折服，我终于找到了一生的挚爱。

卡尔德龙演讲开头的自我介绍绝非为了满足他人的好奇心。她在说，犹太复国主义运动的确获得了成功，但过于成功。犹太复国主义创造出新犹太人，但这些人无人指引，成为"历史的孤儿"[4]。犹太复国主义"治愈"了犹太人，但也把他们过度治愈了。犹太复国主义急于创造出在哥萨克人袭击基希涅夫时不会躲在酒桶后的新犹太人，但也割裂了犹太人和犹太传统之间的联系，一两代人后，年轻的以色列人对自己民族的传统几乎一无所知。著名以色列作家和翻译家希勒尔·哈尔金（Hillel Halkin）称他们为"说希伯来语的异族人"。现在，年轻以色列人渴望获得生活的意义，迫切想追寻民

404

---

① "塔纳赫"（Tanach）在希伯来语中意为"圣经"。"从塔纳赫到帕尔马赫"是一个押韵的术语，在以色列指早期犹太复国主义者的一种决心，即他们决心忽视从圣经时期到伊休夫兴起（和哈加纳的突击部队"帕尔马赫"成立）之间形成的所有犹太传统。

族的根源，试图重新同那些被犹太复国主义剥夺的文化建立联系。

卡尔德龙指出这不只是她的个人愿望。很多人和她一样，希望同传统文化建立联系，为了满足这方面需求，许多机构应运而生。她和其他人在特拉维夫和耶路撒冷创立"希伯来文化之家"，为不同性别的宗教和世俗人士一起学习犹太宗教经典提供一个平台。

世俗以色列人开始学习这些伟大的著作，再次拥抱犹太传统，而这种传统正是本-古里安、奥尔特曼和比亚利克劝以色列人远离的（不无讽刺的是，这三人都熟悉并时常引用犹太经典文本）。宗教人士和世俗人士坐到一块学习，宗教人士发现并不能把世俗人士简单视为"叛教者"，他们对宗教经典也有独到的见解，而这在传统宗教场合听不到，能让年轻宗教人士也觉得受益匪浅。

虽然这还没有成为全国性现象，但越来越多以色列人开始怀疑，犹太国是否会像拿单·奥尔特曼在《银盘》中所暗示的那样，能取代代表了几千年犹太传统的西奈山。事实上，他们感到，如果失去了西奈山，失去了蕴含在经典犹太著述中独特的犹太精神，犹太国家和主权将变得毫无意义。

最初的犹太复国主义革命已经褪色。在许多早期犹太复国主义思想家看来，犹太复国主义运动是治愈犹太人的运动，能够拯救被宗教囚禁的犹太人，让他们摆脱犹太经学院书架上的故纸堆。有一段时间，完全没有信仰宗教让犹太复国主义者最感到自豪。亚伊尔·拉皮德的父亲汤米·拉皮德曾同一个极端正统派教徒一起上电视节目。在节目中，拉皮德说自己不信上帝存在，他回忆说："在这期节目上，某个极端正统派的政客愤怒地向我吼：'如果你不信上帝，那谁来认定你是犹太人？'我吼回去：'希特勒。'演播厅顿时鸦雀无声。"[5]

拉皮德的回答或许比一般人尖锐，但早期犹太复国主义的确很排斥传统犹太教。所以，卡尔德龙手持《塔木德》走上演讲台对全体议员发表的演讲才会产生如此大的影响。她是犹太复国主义运动培养出来的新犹太人，却渴望重新获得老犹太人的部分身份。

犹太复国主义的正宗意识形态开始出现裂缝。裂缝不仅在人数不多但逐渐壮大的以色列年轻知识精英的身上可以看到，在以色列摇滚乐坛上也能看到。以色列"摇滚乐之父"阿里克·艾因施坦从小在极其世俗的特拉维夫长大，他的生活方式和世界上大多数摇滚艺人没有多大区别。喜剧演员和电影导演乌里·佐哈尔是艾因施坦的好友，两人同为以色列世俗文艺界的代表人物。1977年，佐哈尔告别娱乐圈，住进极端正统派社团，成了一名犹太教拉比。

此时，艾因施坦同妻子阿隆娜的婚姻也走到尽头。阿隆娜来自典型的犹太复国主义家庭，父亲是以色列空军最早一批飞行员，光这一点就足以让她成为以色列世俗社会中的贵族。她的祖父母是伊斯雷尔·肖哈特和曼娅·肖哈特。祖母曾参加沙皇俄国的革命运动，在第二次阿利亚中同丈夫来到巴勒斯坦。这种经历也构成标准的犹太复国主义叙事。

同艾因施坦离婚后，阿隆娜也转向宗教，成为极端正统派教徒。后来，阿里克和阿隆娜的两个女儿嫁给了乌里·佐哈尔最大的两个儿子，这四人都是极端正统派教徒。这个故事听起来八卦，但阿里克·艾因施坦作为以色列一代摇滚乐天王，本来非常世俗，他身边这么多家人从世俗精英转变为极端正统派宗教人士，很能反映出以色列社会生活中的变化。

　　类似于阿里克·艾因施坦这样的家庭还有很多。回归宗教成为许多以色列音乐家的标志特征。艾提（以斯帖）·安克丽 1990 年发行第一张专辑《我能从你眼中看到它》，一举成名，这张唱片在以色列创造了双白金销量，她被评为当年以色列最佳女歌手。2001 年，她开始慢慢遵守犹太教教规。在 2009 年发行的专辑中，她用音乐演绎了中世纪犹太诗人和哲学家犹大·哈列维拉比的诗歌。

　　作为第一个"以色列音乐世家"，巴奈（Banai）家族最能体现以色列人向宗教靠近的趋势。该家族第一代艺术家约西·巴奈和加夫里·巴奈都是坚定的世俗主义者，第二代艺术家埃胡德·巴奈和尤瓦尔·巴奈（表兄弟）在各自乐队中将东西方元素融入以色列文化，表明以色列人试图在外来文化中追求精神满足。20 世纪 90 年代，同样是表兄弟的埃胡德和伊维塔则明显将犹太教元素带入音乐。这个家族几代艺术家的精神探索之旅代表了以色列人的心路历程。

　　网络上和书店里也能发现这种变化。YNet 是以色列最主要的新闻网站（由世俗的日报《最新消息》[*Yediot Achronot*] 创办），该网站频繁更新的页面经常刊登犹太教方面的文章。2005 年，以色列教授马尔卡·沙凯德出版了《我会永远将你吟唱：现代希伯来语诗歌中的圣经》一书。这本以色列现代诗歌选集展现了和圣经的对话，篇幅超过 1000 页。[6] 内容虽然是以色列人几十年来创作的诗歌，但由于追溯了以色列人与圣经的持续对话，反映出圣经在以色列文化生活中无处不在，故而迎合了有这方面需要的市场，大受欢迎。

407　　米卡·古德曼是以色列备受欢迎的老师和年轻公共知识分子，他最早出版的三本书分别探讨迈蒙尼德的《迷途指津》、犹大·哈列维拉比中世纪经典著作《库萨里》、圣经中的《申命记》。这些主题似乎不会引起大众关注。但没想到，三本书全部进入畅销书排行榜。

以色列人购买、阅读和思考这类书，但这些主题其祖父母辈不会在交谈中涉及。

在电影业，主流电影开始用一种仍然批判却不失同情的眼光审视传统犹太世界，长期以来，世俗的以色列对这种世界不是视而不见就是冷嘲热讽。1999年上映的《卡多什》（Kadosh，希伯来语中"神圣"之意），关注了世俗世界在看待极端正统派教徒的生活时所抱有的狭隘和不屑，影片对此既有批判，又有几分理解。2012年上映的《填补空白》（Fill the Void）聚焦圣经中的利未婚习俗对一个极端正统派家庭的影响。女主角是一位年轻女孩，她姐姐在分娩中死去，于是她不得不嫁给姐夫。① 2014年的《离婚证明》（Get）探讨了犹太男性在离婚时可以对妻子施加的权力，以色列政府将婚姻交给犹太宗教法庭负责，所以会产生这种权力。这类题材的电影迅速增多，但知名度最高的，可能还是2011年上映的《脚注》，这部电影审视了一对父子之间的复杂关系。两人都是《塔木德》教授，父亲只对乏人问津的《塔木德》文本的高深字句感兴趣，儿子则因为寻找《塔木德》文本的当代意义而吸引了大批学生，这让父亲难以接受，他认为儿子的方法在学术上不够严肃。这两代人之间的冲突既真实反映了以色列学术界的现状，又清楚表明露丝·卡尔德龙这代年轻人之所以向往《塔木德》，并不是要从事科学的学术研究，而是希望借助犹太文本开启寻找生活意义的旅程。

这种变化甚至在以色列最重要的主流知识分子身上也有鲜明体现。2003年，露丝·加维森教授（以色列著名法哲学家，后来被提

① 根据圣经中利未婚的规定，死后无子嗣的男子的兄弟要娶他兄弟的寡妇为妻，这位寡妇必须嫁给已故丈夫的兄弟，以延续已故丈夫家里的香火；这对新夫妇婚后产下的长子算作已故兄弟的长子。这一制度旨在保证死者拥有子嗣。参见《申命记》（25:5—6）。

名为以色列最高法院法官）和雅科夫·米丹拉比（著名的埃齐翁山犹太经学院的领导人之一）发表了《加维森和米丹公约》，这份"协议"由以色列世俗人士和宗教人士共同拟就，内容是如何让以色列既能在公共空间表现出明显的犹太性，又能尊重个人权利。公约涉及以色列人日常生活的方方面面，包括犹太人身份、婚姻、安息日、西墙和国防军等。他们在一些方面取得了突破性进展，比如双方一致同意，所有想结婚的人需要在民事部门登记，但任何宗教仪式将是非强制性的；安息日是以色列的公共休息日，但餐厅、娱乐场所与部分杂货店、加油站和药店可以正常营业，此外，安息日还应该有替代性的公共交通。

加维森长期以来是活跃的以色列左翼人士（她曾是以色列民权协会的领导人，还积极组织各种学术活动），是一位不守犹太教规的女性，但连她也认为如果缺少犹太核心内容，这个国家无法长久生存。她的努力体现了以色列出现的两个趋势：一是世俗人士和宗教人士试图消除隔阂、寻求共同点的趋势，二是以色列人试图从犹太传统文化中寻求生活意义的趋势。她认为，如果以色列不是民主国家，就会失去存在的合法性；而如果这个国家不具有明显的犹太性，就将失去存在的理由。她坚持认为，以色列政府在政策上面临的挑战，"不仅仅是确保国家的生存，还得确保这个国家能包容犹太认同的有效遗产……唯其如此，以色列人才会对犹太历史和犹太文本感兴趣。只有拥有这样的遗产，生活在以色列的公众才会继续支持这个既有民主性又有犹太性的国家"[7]。

宗教人士和世俗人士为打破隔阂而携手努力的例子还有很多。许多年轻的犹太教徒急切地与年轻的世俗人士接触，而除了接触，世俗人士还想从宗教人士那里学习宗教经典，这是"从塔纳赫到帕尔马赫"的世俗教育未能提供的内容。全国各地开始出现一种为期一年的课程，对象是高中毕业后尚未服役的学生。不少教育机构有意让参军前的世俗人士和宗教人士一起学习。每年有几千人报名参加这些课程，远远超过教育机构的接收能力。

当然，以色列社会仍然复杂而异质。大约 100 万前苏联的犹太人在移民以色列时深深怀疑宗教，至今仍是如此。他们的孩子有不少人根据犹太律法不能算是犹太人（因为母亲不是犹太人），但这些人在服役时利用军队提供的机会皈依了犹太教。

俄罗斯犹太人和东方犹太人同样在政治上倾向于右翼立场，但俄罗斯犹太人不像东方犹太人那样本能地坚持宗教传统。特拉维夫仍然是高度世俗的城市，和以色列大部分地方截然不同，以至于它有时被称为"特拉维夫国"。在这片土地上存在着多个以色列，宗教在每一个以色列中扮演着不同的角色。即便存在地区差异，人们还是可以在全国范围内感受到一些变化：以色列社会越来越接受被犹太复国主义先驱抛弃的犹太传统；与前几代人不同，新一代以色列人开始注重自己的精神需求。

建国后不到五十年，建国元勋们摈弃的宗教传统正在重新返回以色列生活的核心。以色列——尤其是建国之初形成的意识形态——正在发生巨变。这之前到底发生了什么？

第一个变化是东方犹太人在社会、文化领域取得了卓越的成就。410 东方犹太人对待犹太教的方式向来不像阿什肯纳兹犹太人那样观念僵硬，现在世俗犹太人开始受东方犹太人世界观的影响。东方犹太人比阿什肯纳兹犹太人更"佩服"拉比，但不会像阿什肯纳兹犹太人那样"顺从"拉比。以色列一位著名哲学家指出，对东方犹太人而言，犹太人和犹太传统的关系与其说体现为"顺服"（obedience，这是阿什肯纳兹犹太人传统所强调的核心），不如说更多地体现为"忠诚"（loyalty）。[8] 东方犹太人认为，即使不严格遵守全套犹太教律法，也可以成为非常虔诚的犹太教徒。这种对待宗教的方式，就有可能让阿什肯纳兹犹太人亲近犹太传统，对犹太传统心生尊敬和忠诚，而不是害怕成为"宗教人士"，许多从小在世俗世界成长起来的以色列人仍然很反感"宗教人士"这个标签。

在很大程度上，以色列人已经厌倦了历史的重负，不愿将自己的生活放在宏大的历史背景下审视。早在 1943 年，哈伊姆·哈扎兹就在短篇小说《演说》中表达了他对犹太历史的否定。几十年后，这种观点在以色列变得越来越普遍。但另一方面，以色列人从来没有忘却历史，也没有抛弃自己的民族记忆。考古学深受全国人民喜爱，包括伊加尔·雅丁在内的考古学家成为人们心中的英雄。看看以色列街道的名称，就能发现民族记忆对以色列人而言有多么神圣。在以色列，找不到百老汇大街或九十六号大街，所有街道的名字都和这些有关：圣经、《塔木德》中的人名，犹太历史上的名人，圣经时代的地名或花名（这种花一定只存在于以色列地），犹太复国主义组织的名字，犹太历史和以色列历史上的重要日子等。

但是，经过两三代人之后，现在的以色列人不再像前辈那样希望在历史大潮中扮演重要角色，这种激情在他们身上逐渐淡去。取代拿单·奥尔特曼（他于 1970 年去世；1934 年哈伊姆·纳赫曼·比亚利克去世后，拿单·奥尔特曼成为他的接班人）成为以色列头号诗人的耶胡达·阿米亥，经常说自己希望摆脱历史和民族叙事的负担。在他最著名的诗歌《游客》中，主人公拿着两个沉重的篮子，碰到一群跟着导游的游客。导游指着他对游客说："在那人脑袋的右边，有座罗马时期的拱门。看，就在他脑袋的右边。"

但这个人，这个活生生的人难道就没有古老的石头重要？主人公（也就是阿米亥）说道："若要实现救赎，导游应该对他们说：'你们看到那个罗马时期的拱门了吗？那并不重要，重要的是拱门附近，左下方一点，坐着个男人，他刚为家人买了水果和蔬菜。'"[9]

以色列人在寻找新的救赎方式，这种救赎并不来自战场上的勇气，也不来自强烈的意识形态热情，而是来自简单的、人性的生活。很多以色列人正在从几千年来塑造犹太民族的宗教经典和文化传统中寻找救赎。

以色列人重新开始探索生活意义的另一个原因，在于他们已经意识到短期内根本看不到和平的希望。赎罪日战争后，以色列人从"构想"心态中走了出来。以色列著名歌手叶霍拉姆·加翁（Yehoram Gaon）在一首歌的副歌部分唱道："我向你保证，我的小姑娘，这将是最后一场战争。"然而，2000 年底，随着第二次因提法达的爆发，没有以色列人再相信存在"最后一场战争"。这场冲突就算不会永存，也会持续很长时间。赫茨尔在《新故土》中描绘了犹太人和阿拉伯人在犹太国友好相处的美好画面，觉得繁荣的犹太国受所有人欢迎，现在看来这实在太幼稚了。当以色列人在追求长久和平的事业上不再有任何激情，他们自然会把注意力投向别处。

虽然有些以色列人越来越对自身的宗教根源感兴趣，但就在这时，以色列社会中许多人也开始担心犹太国的其他宗教现象。拉比总署成立和发展于奥斯曼帝国与英国委任统治时期，如今人们对这一机构越来越不满。随着哈瑞迪人日益迈向以色列政治的核心，他们能够确保在拉比总署担任大拉比的人要么来自极端正统教派，要

412

么立场与极端正统教派非常接近。进入 21 世纪后，有的大拉比因滥用资金而遭起诉，有的大拉比甚至不支持犹太复国主义事业。他们反对现代性，拒绝接受改变，排斥和嘲讽一切非正统形式的犹太教。由于大多数生活在海外的犹太人不是正统派教徒，这些以色列大拉比还疏远了大量流散地犹太人。2016 年，一位正统派的拉比撰文指出，拉比总署的处境堪忧，文章引用的最新民意调查显示，71％的以色列人对拉比总署不满，65％的人主张干脆废除这一机构。[10]

哈瑞迪世界虽然内部存在差异，但总体而言，他们让犹太人生存下去的策略与犹太复国主义运动各个派别存在根本矛盾。如果说犹太复国主义运动以消除流散犹太人的无所作为、让犹太人自己掌握历史为己任，哈瑞迪世界则认为犹太生活只有在流散地才能达到最纯粹的状态。犹太复国主义者试图创造新犹太人，哈瑞迪人则欣赏"老"犹太人，视之为最"正宗"的犹太人，他们希望恢复宗教生活的中心地位，哪怕这意味着逼迫那些没有宗教信仰的以色列人就范。犹太复国主义认为犹太人强大起来就可以平等地与非犹太世界交往，哈瑞迪世界则对外邦人世界充满怀疑和恐惧，只愿独善其身，同那个外在世界接触得越少越好。

1963 年，本-古里安已经意识到免除哈瑞迪学生服兵役是个错误的决定。他在给当时总理艾希科尔的信中写道："我免除了犹太宗教学生的兵役。当时他们人少，但现在人数越来越多。如果这些人不受控制，将影响到国家的权威。"[11]

413 本-古里安并没有完全认识到他犯下的这个错误有多么严重，受到威胁的绝不仅是国家的权威。2014 年，哈瑞迪人占到以色列人口总数的 15％，这一比例还在上升。平均每个哈瑞迪女性会生 6.2 个孩子，而其他犹太人只生 2.4 个孩子。[12]大多数哈瑞迪男孩在 14 岁时就不再接受世俗教育，他们难以适应就业市场，对政府的依赖性越来越强。2010 年，时任以色列央行行长、广受爱戴的斯坦利·费希尔（Stanley Fischer）提出警告，如果不做出重大的政策改变，以色列的哈瑞迪人口将让这个国家的经济繁荣"无法持续"[13]。

有意思的是，虽然以色列人深切担心哈瑞迪人对民主制度（许多哈瑞迪人偏爱神权统治或者非犹太人统治）、世俗民权和经济造成负面影响，但他们也被哈瑞迪虔诚的宗教生活所吸引。这一点也在流行文化中得以体现。一部关于哈瑞迪人的电视剧风靡全国，每播出一集都会在社交网络上引发热议。这部电视剧名为《谢迪塞尔》（*Shtisel*），讲述了同名的哈瑞迪家庭的故事。几十年来，世俗犹太人对哈瑞迪人的生活没有兴趣，甚至感到厌恶。《谢迪塞尔》用关爱和理解的视角描绘了哈瑞迪人的生活方式，以色列普通大众虽然对此还是抗拒，但觉得它也有迷人之处。一位编剧指出："这是第一部展现哈瑞迪人如何爱他们的生活方式、他们的子孙的电视作品。"[14]许多特拉维夫人在看过这部电视剧后，开始在日常生活中炫耀从中学到的几句意第绪语。

哈瑞迪人和其他以色列人之间的紧张关系仍未结束，但妨碍他们沟通的壁垒正在破裂。以色列人在许多不久之前还不可想象的地方寻求生活的意义。

不管哈瑞迪人可能会给以色列民主制度和经济持续发展带来什么挑战，犹太国还有更为极端的宗教组织。《奥斯陆协议》签订后几十年，一群民族主义极端分子来到约旦河西岸（即以色列人常说的"犹地亚和撒玛利亚"，这是圣经时期的称呼）建立定居点。这些所谓的"山顶青年"受到信仰者集团世界观的影响，但他们认为即使是信仰者集团中的核心人员也非常无所作为，对国家和政府太过敬重。他们的目的不仅是要确保犹太人对"整个以色列地"的主权，还希望建立一个以犹太律法为法律的君主国。在他们看来，犹太复国主义运动太年轻，根本不能成为犹太民族宏伟叙事的一部分。该组织一位成员对采访者说："我不认为自己所从事的是犹太复国主义运动。"他要寻找"更接近民族根源的东西"[15]。哪怕是泽夫·雅博廷斯基等人强硬的论调也不能让这些年轻人满意。他们在寻找更激烈的理论武装自己。这就是耶沙亚胡·雷博维茨所预言的如果以色列不撤出约旦河西岸将会发生的可怕事情。

他们在伊扎克·金斯博格拉比那里找到了他们所需要的理论。伊扎克·金斯博格拉比在《蒙福的男人》（*Barukh Ha-Gever*）一书中为巴鲁克·戈登斯坦的行为辩解：1994 年，正是戈登斯坦的袭击导致希伯伦 29 名巴勒斯坦人死亡，125 人受伤。这本书的书名是个双关语，既可以理解为"蒙福的男人"也可以理解为"巴鲁克是个男人"，这也成为后犹太复国主义时代倾向于使用暴力的"山顶青年"的口号。

金斯博格的两位崇拜者在 2009 年合著了《国王的律法》（*Torat Ha-Melekh*）一书，书中最臭名昭著（和最恶心）的观点是杀害巴勒斯坦儿童是合法的，"因为他们长大后会伤害我们"[16]。该书还认为圣经中"不可杀人"的诫命说的是不可杀犹太人。这本书的语调和内容让一些犹太团体感到震惊，他们向以色列最高法院递交了诉状，要求禁止发行此书，并指控两名作者犯有煽动罪。[17]但以色列一直保护言论自由和宗教自由，最高法院认为这本书虽然具有煽动性，但并没有明确召唤人们采取某种行动，因此无法禁。后来几届政府就像无法控制哈瑞迪人权力变大一样，也无法遏制这种影响虽小但极丑陋的现象。没有一个杰出的犹太复国主义思想家曾预料到，重新赋予犹太人力量的复国主义思想会孕育出如此丑恶、危险和具有种族偏见的蘖枝。这股力量不管有多弱小，以色列都得直面。

尽管这些发展令人担忧，但总体而言，犹太教在犹太国的发展是正派的、生机勃勃的、呈现复兴之势的。第一届犹太复国主义者代表大会过去 120 年、以色列建国将近 70 年后，阿哈德·哈姆的梦想基本实现。以色列在犹太文化上再次展现出强大的活力、创造力和探索力。1897 年，阿哈德·哈姆做梦也想不到将来会出现一个人口 800 万、其中四分之三为犹太人的国家。在犹太复国主义早期，谁也想不到将有一个独立主权的世俗国家，其中开设了数千所库克拉比所梦想的犹太经学院；在这个国家的书店里摆满了书，而那些书大多用埃利泽·本-耶胡达复活的希伯来语写成。

赫茨尔的理想是让犹太人建国，阿哈德·哈姆的愿景是让以色列成为伟大的精神中心。两人都没有想到，他们的理想竟然交融在了一起。如果以色列不是一个民族－国家（nation-state），它无法成为它正在成为的犹太精神中心。没有赫茨尔的成功，阿哈德·哈姆的梦想也无法实现。

而越来越多的以色列人意识到，只有当生活在以色列的新犹太人扎根于民族传统，赫茨尔建立的主权国家才有意义。没有阿哈德·哈姆，赫茨尔的以色列只是一个政治实体而已，这对以色列人而言是远远不够的。

西奥多·赫茨尔和阿哈德·哈姆，这两人性格截然不同，对犹太人的未来也抱有完全对立的愿景。但《贝尔福宣言》过去一个世纪后，以色列人开始意识到，他们的国家之所以与众不同，就在于

416

他们不再相信他们必须在这两种愿景中选择一种。只有让两种愿景结合起来同时实现，才能最终创造出精神丰富、情感细腻的新犹太人。

结语
《贝尔福宣言》发表一个世纪后的犹太 "民族家园"

> 但我们还在这里……在这片海岸坚守，在这片海岸生活。无论
> 怎样，我们就在这里。
>
> ——阿里·沙维特《我的应许之地》[1]

1917 年《贝尔福宣言》中写道："英王陛下政府赞成在巴勒斯坦建立一个犹太人的民族家园。"一个世纪之后，"犹太人的民族家园"在以色列地成为现实，在这里安家的犹太人比在世界上任何其他地方安家的犹太人都多。

通往建国的道路曲曲折折，建设国家的任务也并不容易。1929年，阿拉伯暴徒短短几天内就摧毁了在希伯伦生活了几个世纪的犹太社团，从那以后，该地区陷入漫长的冲突，至今看不到结束的希望。双方都有数千人死去。十多年后，全世界三分之一的犹太人被纳粹分子及其帮凶谋杀。波兰曾拥有当时世界上最大的犹太社团，但那里 90％ 的犹太人遭杀害。在纳粹大屠杀期间，在欧洲国家和北非、伊拉克、伊朗、也门等阿拉伯国家中，数百万犹太人流离失所。悲剧不仅发生在犹太人身上，几十万巴勒斯坦人在 1948 年和 1967年的冲突中也被迫离开了世代生活的家园。

这个新建立的"民族家园"多次走到十字路口，不知何去何从。1947 年 11 月 29 日，联合国通过分治决议后，大卫·本-古里安和梅纳赫姆·贝京没有像其他以色列人那样走上大街欢庆，他们知道，战争已经爆发，而结果未明。这场战争牺牲掉新国家 1% 的犹太公民——这对任何社会都是沉重的打击。① 20 世纪 50 年代早期，随着数十万移民纷纷在以色列靠岸，食品和住房资源严重短缺，国家濒于崩溃。1967 年，纳赛尔向阿拉伯世界承诺，将屠杀犹太人，以色列在备战过程中挖了数千个坟墓，谁也不知道犹太国能否逃过此劫。1973 年，以色列军事情报部门出现严重误判，埃及大军渡过苏伊士运河，叙利亚坦克随时可能突破加利利地区。当萨达姆·侯赛因修建核设施时，以色列没有十足的把握能将其摧毁。除此以外，战争和因提法达、经济抵制和恐怖主义、大量移民的吸收和内部社会不平等问题，都让以色列接受了严峻考验，可以说，每一次考验都威胁到新成立的犹太国能否生存。

然而，以色列不但生存了下来，而且欣欣向荣。最早汇集在这片土地的定居者势单力薄，只能靠海外慈善家的资助生活，但现在他们发展为一个拥有 800 万人口的现代国家，其中 600 万为犹太人。在以色列迎来第 68 个独立日之际，以色列人口已是 1948 年人口的10 倍，² 单单这一数字就能够说明以色列取得的成就。一个古老而伟大的民族实现了复兴。荣获普利策奖的作家和历史学家巴巴拉·塔奇曼评论说，在三千年前就存在的诸民族中，只有犹太人还生活在当时的土地上，说着当时的语言，奉守当时的宗教。³ 可以说，犹太民族回归先祖之地，是人类历史上最富戏剧性的故事。

419

---

① 在今天的美国，1% 的数字意味着 320 万美国人在战争中死去。

是什么造就了这份坚毅和决心？为什么犹太人成功了而其他许多民族失败了？这其中原因很多，但最重要的一点就像果尔达·梅厄所言，在于"犹太人拥有一件秘密武器：他们没有其他地方可去"[4]。

以色列建国的故事在许多方面同犹太民族重生的故事一样伟大。这个国家既古老又现代，既扎根于历史又决心开辟新径。著名专栏作家查尔斯·克劳默精辟地总结了犹太人在以色列取得的成就："如果某个地方在赎罪日陷于停顿，只需要让一群犹太人去那儿，让他们说圣经时代的语言，按犹太（阴）历安排作息，用先祖时代的石头建造城市，创造无与伦比的希伯来语诗歌和文学以及犹太学术和学问——这样，你就有了延续性。"[5]

犹太复国主义运动向犹太人许下了各种承诺，有的实现了，有的却没有。

在《犹太国》中，西奥多·赫茨尔断言，一旦犹太人有了自己的国家，欧洲的反犹主义就会消亡。很不幸，事实证明这一判断过于天真。如今，欧洲的反犹主义正在以惊人的速度蔓延，法国犹太人正在逃离欧洲。犹太人警觉地发现，欧洲极左翼和右翼法西斯阵营中都有反犹主义政党。

然而，赫茨尔不曾料到，犹太国已对流散地犹太人产生了深远影响。虽然犹太教的内涵远远不只是以色列，但最能触动流散地犹太人神经的还是以色列。只有以色列才能让世界各地的犹太人组织大规模的集会和游行。大多数犹太生活中的其他方面属于私人领域，而且不同教派在这些问题上的分歧太大，以至于不同犹太社团之间几乎没有共同点。但是，一旦流散地犹太人思考和辩论犹太国所发

420

生的事，他们就会摒弃分歧走到一起，对犹太教的讨论就会离开私人领域而步入公共领域。雅各·布劳斯坦没有料到，流散地犹太人虽然同意他关于美国犹太人不处在流散状态的观点，但在所有犹太问题中他们最关心的还是以色列。所以，赫茨尔并不是全错了，犹太国确实已经改变了流散地的犹太生活。

在《新故土》中，赫茨尔还描绘了回到先祖之地的犹太人和其他民族和平相处的美好愿景。这部分成为现实。虽然还有许多地方需要改进，但以色列阿拉伯人在职业、学术、社会和经济等领域不断取得进步，他们成为外科医生、工程师、律师和最高法院成员。贝都因女性在以色列大学学习医学。

以色列阿拉伯人的地位问题很复杂，而犹太国同生活在以色列之外的阿拉伯人的关系更加复杂。以色列和邻国之间的冲突仍在持续，短期内难以找到解决方法。国际社会和以色列人都失去了终止这场冲突的信心。以色列人相信，对约旦河西岸土地的占领已证明耶沙亚胡·雷博维茨的判断是正确的。他们担心这种占领已把以色列人变成他们不想成为的人。而与此同时，许多以色列人不知道现阶段还能有什么其他替代方案。民意调查显示，大多数以色列人希望结束占领，但调查结果同时也显示，基于现状，大多数以色列人不愿意承受放弃土地带来的安全风险。占领以及由此衍生出来的所有问题仍然是当今以色列人的心头之痛。

421　　犹太复国主义梦想在其他方面取得巨大成功，远远超出了犹太民族的想象。埃利泽·本-耶胡达希望犹太人能重新说希伯来语，但他没想到希伯来语会成为几百万人的母语，没想到希伯来语作家能成为举世闻名的小说家和诗人，也没有想到以色列书店会摆满用一个半世纪前几乎无人知晓的语言写成的书。

以色列《独立宣言》中提到希伯来语绝非偶然，这门古老语言的复活象征着传统犹太生活和犹太民族在犹太国的复兴，这种成功在世界上其他地方无法复制。

A. D. 戈登敦促犹太人回到这片土地劳作，他认为只有当犹太人用先祖之家的泥土弄脏自己，犹太民族才能复兴。他们照做了。即使在以色列成为高科技国家后，以色列人骨子里仍然是农民。以色列的水利灌溉技术全球领先。徒步在以色列地旅行仍然是男女老少热衷的运动。每逢节假日，以色列的国家公园往往人山人海。在过去100年，以色列人在这片土地上种植了2.5亿棵树，全世界只有两个国家在21世纪初的森林面积超过100年前，以色列就是其中之一。[6] 以色列人可能不像戈登预想的那样直接从事农业劳动，但他们已经深深地爱上了这片不久前大多数犹太人还无法进入的土地。

比亚利克、诺尔道和雅博廷斯基都希望犹太人不再成为受害者，这一点以色列也做到了。今天的以色列仍在同恐怖主义作战，仍然担心伊朗获得核武器，但在过去四分之三个世纪里，以色列击退了敌人所有的进攻，还是全世界最强大的军事大国之一。今天的以色列人不再是比亚利克在《屠杀之城》中谴责的犹太人。

武力使用向来是复杂的道德难题，特别是对故意设在平民中的武装设施使用武力。以色列没有逃避这些难题，虽然有时会因此陷入被动。这方面尽管存在争议，但肯普上校指出了关键一点：以色列国防军比世界上其他军队采取了更多措施来避免平民伤亡。[7] 大多数以色列人虽然对这场冲突忧心忡忡，但仍为国防军对人道主义原则的坚持感到自豪。

阿哈德·哈姆在以色列地精神再生的梦想也实现了。以色列人正在重新拥抱犹太传统，阅读民族经典文本，这会让当年的大卫·

422

本-古里安感到震惊。在以色列，作家和诗人的名字家喻户晓，许多重要社会活动家本身是著名小说家，诗人和作家的头像还印在纸币上，而且，每当以色列人希望有人向当权者说真话，他们常常去找作家。

赫茨尔不仅向《新故土》的读者承诺了一个犹太人的避难所，还承诺了一个能发展和繁荣的犹太国。这个梦想也得以实现。这个小国面积差不多和新泽西州相同，人口和洛杉矶相近，却拥有全球领先的医疗技术。在 2015 年的世界大学排名中，希伯来大学排第 67 位，以色列理工学院（相当于以色列的麻省理工学院）排第 77 位，魏茨曼科学研究所排在第 101—105 位之间，特拉维夫大学排在第 151—200 位之间。[8][①] 犹太传统一直倚重教育，尚未建国时，第一届犹太复国主义者代表大会上就有人提议在伊休夫建立大学。建国后，长期以来对教育和学术的重视，让以色列人取得了非凡成就，在科学、经济和文学等领域获得多个诺贝尔奖。

赫茨尔的愿景中还提到，犹太国将向全世界分享其进步和科技成果，这一点以色列也做到了。1977 年梅纳赫姆·贝京上台后，第一个举措就是下令营救几十艘载有越南人的船只，这些船淡水耗尽，无助地漂浮在公海上，其他国家的船都无情地从旁边驶过。以色列接收了他们，让他们加入了以色列国籍。美国总统吉米·卡特对以色列并不友好，但他后来在评论贝京的决定时说道："这是充满同情和体恤的行为，贝京及其政府认识到家园对于那些一无所有的人，

---

①　值得指出的是，虽然阿拉伯世界的产油国根本不缺建立一流大学的资金，但伊斯兰国家没有一所大学进入前 250 名。在这份排名中，这些国家中排名最靠前的大学是排在第 266 位的沙特阿拉伯法赫德国王石油与矿业大学，接下来是排在第 350 位的巴基斯坦国立科技大学。

对于那些以相同方式表达个性和追求自由的人来说是多么重要，这也典型地体现了以色列人自身的奋斗历史。"[9]

贝京的决定的确扎根于犹太人的历史，就像赫茨尔预言过的那样。在回应卡特时，贝京说："我们永远不会忘记我们这个民族的命运——受迫害，遭羞辱，最终肉体被毁灭。所以，我当选总理后，做的第一件事就是在以色列地为这些人提供庇护，这是自然而然的事。"[10]在后来的岁月里，以色列参加了多次自然灾害的人道主义救援，且常是在当地最早搭建起最大急救医院的国家。

赫茨尔创办的犹太复国主义者代表大会遵循民主原则，以色列继承了这一传统。第二次世界大战后，新成立了大约100个国家（大多因帝国解体而成立），以色列是其中为数不多的选择了民主道路并不间断坚持到今天的国家之一。

在男女平等问题上，以色列尚有很多工作要做。但值得一提的是，以色列是民主国家中唯一一个从建国伊始女性就可以服兵役的国家。以色列还是最早选举产生女性总理和女性最高法院院长的民主国家之一。

424

以色列人仍然有许多事情要担心，也知道这个国家在许多方面需改进，但大多数人自豪地认为他们的国家已经取得了了不起的成就。不仅如此，不少非以色列人也这样看。福阿德·阿贾米（Fouad Ajami）是位什叶派穆斯林，1945年出生于黎巴嫩南部靠近以色列边境的地区。1991年他回忆说：

> 我生活的村庄坐落在高高的山脊上，每天晚上能看到以色列村庄梅图拉的探照灯，那道灯光让童年的我感到非常好奇。祖父说，那道灯光来自犹太人的土地。⋯⋯在靠近边境那空旷

而荒凉的郊外，可以看见犹太人的土地，甚至能听见铁丝网后他们的交谈声。[11]

那些声音无法满足阿贾米的好奇心，多年后他亲身来到犹太国。在总结自己所见所闻时，他写道：

> 在一片荒凉而狭小的土地上，犹太复国主义者建立起一个持久的国家。它有军事实力，但并不穷兵黩武。它接收了一批批难民，再把他们塑造成公民。它为信仰保留了空间，但仍然是个世俗国家。面对长期围堵，它仍然坚持民主精神。阿拉伯人本可以从这种经历中学到东西，但他们因恐惧望而却步。[12]

对于犹太国所取得的成就，很难找到比这更精炼的总结了。

425　　未来会怎样？以色列人明白他们没有答案。犹太复国主义者从一开始就不敢问自己这个问题。

1947 年，拿单·奥尔特曼写了《夏日争执》一诗，其中用不同的女人来刻画不同类型的以色列人。谁会成为以色列人？他们会是怎样的人？又拥有怎样的未来？

> 从西顿到非利士，那里的城市会如何？
> 暴风会给它们带来雷雨吗？嘘！别争了！
> 未来的女人正在房里穿衣打扮，
> 谁都不许通过锁眼偷看！[13]

在以色列生活，就意味着没有可以窥视未来的锁眼。虽然以色列人不知道未来会怎样，但是过去的经历多少能提供一些启示。《贝尔福宣言》发表一个世纪后，犹太复国主义运动取得了累累硕果。

不管处境何其艰难，伊休夫和后来的犹太国总能出乎意料地获取胜利。

大多数以色列人相信，不管遇到什么困难，他们和他们仍然年轻的国家都能设法克服。因为他们没有选择。

以色列人最根本的责任是确保以色列繁荣。1948年他们经不起失败，现在他们同样经不起失败。风险太大了，以色列所代表的不仅仅是一个国家。以色列体现了一场仍在展开的丰富对话，体现了一个业已实现的宏大观念。一旦失败，他们不仅会失去自己与父辈祖辈携手创造和培育的奇迹般的国家，更将失去成立犹太国所要拯救的犹太民族的未来。

致　谢

在写作本书过程中，我得到了许多人的支持、帮助和鼓励，很高兴能有机会在此对他们表示感谢。

以色列第一所博雅学院沙勒姆学院是理想的工作场所。正是在学院许多教职员工的帮助下，本书才得以完成。感谢丹尼尔·波利萨尔、塞思·戈尔茨坦和伊多·赫维罗尼，在我们一起建立这所学院的过程中能够理解我抽出大量时间写书。

我很难想到有谁能像丹一样支持同事的工作。丹仔细阅读了本书书稿，修改了许多细节，就本书的语调和涵盖内容提出了宝贵建议，纠正了多处错误。他在这个项目上投入的时间和从一开始给予我的鼓励令我感动。丹知识面广，能力强，还乐于助人，这也是沙勒姆学院的人都敬重他的原因。

感谢在我写书期间担任沙勒姆学院董事会主席的尤迪·列维、大卫·梅塞尔和亚伊尔·沙米尔以及董事会成员，感谢他们一直以来对我的支持、理解和鼓励。

没有几位朋友无私的资助，本书也无法写成。保罗·E. 辛格基金会的特里·卡塞尔和保罗·辛格最早开始支持这一项目，他们的慷慨解囊让这本书得以出版。雅各布森家族基金会的乔纳森·雅各布森和乔安娜·雅各布森也给予了我一笔资助。罗伯特·赫尔特拉比和弗吉尼亚·拜耳资助过我之前出版的书，他们也同意负担本书的费用。感谢他们的友情资助。几年前，我有幸成为沙勒姆学院的科勒特研究员，感谢科勒特基金会的资助和安妮塔·弗里德曼和杰弗里·法伯对我的赏识。

许多朋友、同事、学者和家人帮我搜索文献，并提供了我本来无法找到的材料。在这方面，我要感谢丽娜·巴丁、梅纳赫姆·本·萨森、马克·布雷特勒、塞尔吉奥·德拉佩戈拉、埃琳娜·戈迪斯、巴里·莱文菲尔德、萨曼莎·马戈利斯、大卫·马特洛、马修·米勒、本尼·莫里斯、法尼娅·奥兹·萨尔茨伯格、利·萨纳、安妮塔·沙皮拉、阿里埃勒·谢特里特、约西·西格尔、肯·斯特恩、纳瓦·温克勒、雅各·赖特。大卫·布鲁默尔也在团队中工作了几个月时间，感谢他为这项研究做出的贡献。阿里·霍夫曼在哈佛大学读博期间，抽出了几乎一个夏天的时间研读书稿，感谢他的建议和意见。感谢以色列国家档案馆首席档案员雅科夫·罗佐维克和犹太复国主义中央档案馆的盖伊·贾摩为我提供的帮助。

在写作过程中，以色列几位思想领袖接受了我的采访，他们深刻的见解丰富了本书内容。在这方面，我要感谢露丝·卡尔德龙、米卡·古德曼、丹尼尔·哈特曼、阿维·卡茨曼、约西·克莱因·哈勒维和索尔·辛格。

一些家人和朋友也读过后期书稿，提出了极具建设性的意见，大大提高了终稿的质量。马丁·克雷默和塞思·戈尔茨坦分别在不同阶段读到书稿，并对书稿仔细标注，提出了许多宝贵建议。部分朋友和同事也是如此，在这方面，我要感谢丹尼尔·邦纳、约拿单·戈迪斯、约西·克莱因·哈勒维、乔·雅各布森、特里·卡塞尔、塞思·卡拉曼、杰·莱夫科维茨、杰弗里·斯沃茨、伊兰·特洛恩和丽萨·沃勒克。卡洛琳·赫塞尔是犹太图书业的传奇人物，多年来她是我的导师和好友，总能给我带来很多写作的灵感。她也多次阅读本书书稿，感谢她对此书提出的诸多建议和长期以来对我的鼓励。

上述读者有些人很不赞同本书的语调。虽然有的人认为本书立场没什么问题，但有的人认为我在一些地方对以色列的批评过于严厉，也有人认为我在某些应该更严厉批判的地方对以色列过于"宽容"。这类书都有这种问题，研究以色列的方法或语调不可能让每个人都满意。本书最终反映的是我对以色列的看法和我对这个复杂国家的解读。

但我还是在上述读者和朋友建议的基础上改进了本书语调，使之更细致入微。感谢他们的付出、智慧和诚恳。当然，本书在语调和内容上还存在的不足或错误，都由我负责。

二十多年来，我一直保持着同出版经纪人理查德·派恩的合作关系，让我心存感激的，不仅是他的专业精神和我俩的友谊，还包括二十多年来他为我提供的睿智建议。感谢哈珀柯林斯出版社旗下Ecco出版社整个团队出色完成这项工作。感谢我的编辑艾玛·加纳斯基和副发行人米丽亚姆·帕克在编辑文稿、图片和地图中付出的辛劳。本书的地图实用而美观，这都是乔·勒莫尼耶的功劳。感谢高级设计经理 Suet Chong 对本书封面的设计和对地图与图片的排版。感谢劳里·麦基对本书细心的编排。

许多年前，我和艾莉舍瓦在科罗拉多州山顶有幸结识了大卫·

柴科夫和艾伦·柴科夫夫妇。此后我们成为家人一样亲近的朋友。我们好几个夏天来到他们家度假，暂时逃离在以色列生活的压力。本书开篇就是在他们家湖边优美的房子里写的，他们让我感觉像在自己家一样自在。大卫的母亲巴伊拉是多伦多著名的教育家，特别热爱以色列，我们在那几个夏天聊天时，她经常会谈起对以色列早年岁月的怀念。我在本书扉页提到她的名字，以表达我对整个柴科夫家族的感谢。

我一刻也没有忘记刚到耶路撒冷时平夏斯·罗佐维克和桑迪·罗佐维克对我们家的帮助。不管多少年过去，都不会影响我们对他们家的感激之情。

书中希伯来圣经的译文参考的是《塔纳赫：基于希伯来语文本的犹太出版协会新译本》，但我经常对引文有所修改。

从这个项目一开始，我便有幸拥有两位出色的研究助理，蕾切尔·格林斯潘和阿莉·梅尔·费厄斯坦。在写作本书的第二年，蕾切尔成为主要研究员。她到耶路撒冷市政府工作后，阿莉接手。为了完成本书，她连续工作了好几个月，完成了大量工作。她们俩都勤劳而聪明，富有责任感，写作出色。

蕾切尔和阿莉协助拟定了本书结构，做了大量编辑工作，包括制作参考文献、注释，获取图片使用权等。我们三人有许多共同点，我们都在美国东海岸长大和接受教育，然后都选择移民以色列。但我们也存在很多差异，我们的政治观点和对宗教的亲近程度不尽相同，这决定了我们对书中提到的事件和时代拥有不同的立场。在将近两年时间里，我们在一起切磋，为自己的立场辩护，并不断锤炼对方的观点。本书每一页都能体现蕾切尔和阿莉的智慧和道德影响，我不但对她们的贡献表示感激，也很怀念和她们一起工作的快乐时光。

写作本书期间，我的家庭悲欣交集。开始不久，我父亲就病倒了，几个月后离开人世。在这悲痛的一年，艾莉舍瓦和孩子们非常支持我的工作，感谢他们对我和我父亲不离不弃的爱和照顾。多年来，为了让我们的孩子（塔利亚、阿维夏伊、阿维和米卡）明白如何按照自己的原则和信仰生活，艾莉舍瓦下定决心带领全家来以色列生活。我相信孩子们已经明白了母亲的良苦用心，为拥有这样一位伟大的母亲而感到幸福。后来艾莉舍瓦又开始负责照顾我的母亲，再次为孩子们树立了无私奉献的榜样。

艾莉舍瓦对以色列及其历史非常熟悉，她的许多见解充实了本书内容。她还是才华横溢的编辑，注重细节和文体，及时纠正了书中不少错误。在许多人帮我审稿后，她还能提出很多明智的建议，让书中无数章节得以改进。对于她所做的一切，我无法用语言表达，我对她的爱同样如此。

父亲离开人世前一周，他有幸看到自己第一个重孙女的出生，本书就是献给她的。写书的过程也是艾拉探索这个陌生世界的过程。我时常告诉自己，她是我们家族多个世纪来第一个出生在以色列地的孩子，每当念及此，我就感到非常开心。她虽然年纪很小，但给我们带来了无限欢乐。

我在扉页上引用圣经经文（《撒迦利亚书》2:14）作为题词献给她，在此我将这段经文改写如下以祝福她：愿我们家第一位"锡安

的女儿"一生享有巨大的欢乐、宏大的梦想、深切的满足,愿她一
生热爱自己的民族。

耶路撒冷

2016 年 5 月

犹太历 5776 年以珥月 5 日,正值第 68 个以色列独立日

附录 1
人物简介

亚伦松家庭（亚伦和萨拉）：亚伦和萨拉兄妹在第一次世界大战期间成立了为英国提供情报的"尼里"间谍组织。奥斯曼帝国最终发现了这个组织，监禁、折磨和杀害了很多成员。亚伦和萨拉成为犹太复国主义者心中的英雄和榜样。

阿巴斯，马哈茂德（阿布·马赞）：马哈茂德·阿巴斯曾被亚西尔·阿拉法特任命为巴勒斯坦民族权力机构的第一任总理，并在《奥斯陆协议》的谈判中担任巴勒斯坦方谈判代表。阿拉法特死后，他成为巴勒斯坦民族权力机构主席。

阿哈德·哈姆（阿谢尔·兹维·金兹伯格）：著名犹太复国主义思想家。阿哈德·哈姆反对赫茨尔的建国方案，主张在巴勒斯坦建立犹太精神中心。

阿萨德，哈菲兹：1971—2000年担任叙利亚总统。1973年和安瓦尔·萨达特一起对以色列发动赎罪日战争，1996年仍拒绝同以色列实现和平。

侯赛因，阿卜杜拉一世：1946—1951年担任外约旦（1949年更名为约旦）国王。相对于其他阿拉伯领导人，阿卜杜拉国王同伊休夫和后来以色列领导人保持了较好的关系。1951年因为考虑同以色列实现和平而被暗杀。

侯赛尼，哈吉·阿明：1921—1937年担任耶路撒冷大穆夫提。作为阿拉伯最高委员会领导人，他千方百计阻止犹太人向巴勒斯坦移民，限制犹太人建立定居点。第二次世界大战期间，他帮助纳粹德国在伊斯兰世界进行舆论宣传。

阿隆，伊加尔：帕尔马赫创立者、以色列政治家和以色列国防军将军。阿隆曾提出计划，将1967年占领的土地部分吞并、部分归还约旦，但未能实施。

阿拉法特，亚西尔：阿拉法特20世纪50年代成立法塔赫，后来成为巴勒斯坦解放组织主席，被认为是巴勒斯坦人的政治领袖。他在以色列和世界其他地方策划过多起武装袭击，虽然签署了《奥斯陆协议》，但后来又拒绝同以色列实现和平。

阿里埃勒，梅厄： 1967 年参与夺取耶路撒冷老城行动的一名国防军战士，后来成为以色列著名音乐家，他在歌曲中表达了以色列人对占领约旦河西岸的反感。他的成名作是那首在拿俄米·舍莫尔《金色的耶路撒冷》基础上改编的《钢铁的耶路撒冷》。

阿罗佐罗夫，哈伊姆： 曾担任犹太代办处政治局局长。阿罗佐罗夫发起了《哈瓦拉协议》（《转移协议》），帮助犹太人将资金转移到巴勒斯坦，同时为德国商品开拓巴勒斯坦市场。阿罗佐罗夫同纳粹分子的谈判让伊休夫许多人非常愤怒。1933 年他被暗杀。

贝尔福，亚瑟： 英国外交大臣。在任期间，贝尔福在写给罗斯柴尔德勋爵的信中宣布："英王陛下政府赞成在巴勒斯坦建立一个犹太人的民族家园。"建立犹太国的观念第一次得到国际社会的认同。

巴尔·科赫巴（西蒙·巴尔·科赫巴）： 罗马人毁灭第二圣殿 62 年后，巴尔·科赫巴于公元 132 年对罗马皇帝发动起义。135 年，巴尔·科赫巴的军队被强大的罗马军队击溃。巴尔·科赫巴成为犹太人反抗外来侵略的象征。

巴拉克，埃胡德： 前国防军将军，1999—2001 年担任以色列总理。2000 年他将以色列军队撤出黎巴嫩，并同克林顿、阿拉法特在戴维营举行和平谈判。

贝京，梅纳赫姆： 对英国人起义期间担任伊尔贡领导人，1948—1977 年担任反对党领导人，之后被选为以色列总理。他执政期间以色列同埃及实现了和平，轰炸了伊拉克奥斯拉克核电厂，还入侵了黎巴嫩。

本-古里安，大卫（大卫·格鲁恩）： 1906 年移民巴勒斯坦后，本-古里安的政治地位迅速提升，最终成为伊休夫最高领导人。1948 年他宣布以色列独立，成为以色列第一任总理。

本-耶胡达，埃利泽（埃利泽·帕尔曼）： 希伯来语之父。本-耶胡达认为希伯来语的复活是犹太文化在以色列地复兴的前提。

别尔季切夫斯基，米嘉·约瑟夫：俄国犹太学者。他认为犹太复国主义是对犹太教的反抗。他的名言是："我们要么做最后一批犹太人，要么做第一批希伯来人。"

伯纳多特，福克：瑞典外交官。独立战争期间，联合国秘书长委派他就停火事宜进行调停，后来被犹太地下武装组织暗杀。

比亚利克，哈伊姆·纳赫曼：世界著名犹太诗人，他通过诗歌表达了以色列人回归故土的渴望，成为代表犹太复国主义运动的重要声音。1934 年，数千人在特拉维夫参加了他的葬礼。

布劳斯坦，雅各：美国犹太委员会主席。布劳斯坦身上体现了美国犹太人对以色列的矛盾态度。他认为生活在美国的犹太人并不处在流散状态，以色列不能将自己当作犹太生活的中心，因此同本-古里安存在严重的观念冲突。

布劳斯坦，拉亥尔·塞拉（女诗人拉亥尔）：移民巴勒斯坦后，拉亥尔加入了德加尼亚基布兹，患上肺结核后被赶出基布兹。一个世纪后她创作的诗歌仍然深受喜爱。

布伦纳，约瑟夫·哈伊姆：第二次阿利亚时期最伟大的希伯来语作家之一。布伦纳的创作关注早期伊休夫生活中的斗争。他在雅法的阿拉伯人暴乱中被杀。

居鲁士，波斯国王：公元前 539 年波斯帝国战胜巴比伦后，居鲁士国王允许当时流亡异地的犹太人回归故土，在耶路撒冷重建圣殿。

达尔维什，马哈茂德：巴勒斯坦诗人，写了许多关于巴勒斯坦人无家可归的作品，表达了巴勒斯坦人对回归家园的渴望。

达扬，摩西：哈加纳成员，1953 年成为以色列国防军总参谋长，在 1967 年六日战争中任以色列国防军总指挥，赎罪日战争期间任国防部部长。

德里，阿里耶：以色列东方犹太人中最成功的政治家之一。作为沙斯党领导人之一，德里成为以色列政坛的风云人物，但后来因为贪污丑闻而受到冲击。

埃班，阿巴：以色列外交官和政治家。埃班曾在多个职位上工作，包括以色列驻美国大使和以色列驻联合国代表。1967 年担任以色列外交部部长期间，埃班在战争爆发前不懈地为以色列争取国际支持。

艾希曼，阿道夫：策划万湖会议和提出最终解决方案的纳粹政府领导人之一。1960 年在阿根廷被以色列摩萨德特工逮捕，后来被定罪。他是以色列历史上唯一一个被判处死刑的人。

埃拉扎尔，大卫（达多）：以色列高级军事将领。在六日战争中，埃拉扎尔对以色列占领戈兰高地有过军功。赎罪日战争期间担任以色列国防军总参谋长，根据阿格拉纳特委员会调查报告，埃拉扎尔在战争中犯下多项过失，因此被剥夺总参谋长职位。

艾希科尔，列维：1963—1969 年担任以色列第三任总理，1969 年去世。六日战争前许多以色列人对他失去信心，他成为第一位建立全国"团结政府"的总理。

杰马耶勒，巴希尔：黎巴嫩基督徒长枪党组织的领导人。梅纳赫姆·贝京一度希望，杰马耶勒的武装力量在以色列的帮助下能控制黎巴嫩，结束巴勒斯坦解放组织在黎巴嫩南部的统治地位。杰马耶勒被杀后，贝京的计划落空。

戈登斯坦，巴鲁克：从美国移民到以色列的犹太教徒。1994 年 2 月，他在希伯伦的先祖墓地杀害了 29 名正在做祷告的巴勒斯坦人。大多数以色列人和世界犹太人厌恶他，但一小部分极端分子视他为英雄。

戈登，亚伦·大卫（A. D. 戈登）：劳工犹太复国主义运动中有影响的人物。戈登认为犹太人只有在土地上劳动才能实现救赎。这种思想对塑造新犹太人的形象影响巨大，这些新犹太人在巴勒斯坦的土地上劳动，并构成基布兹运动的灵魂。

戈伦，什洛莫拉比：六日战争期间以色列国防军的拉比。国防军占领耶路撒冷老城后，戈伦手拿羊角号和《托拉》卷轴来到圣殿山。他后来成为以色列大拉比。尽管他精通犹太律法，并做出不少有勇气的裁决，但他在认可埃塞俄比亚移民的犹太人身份上拖拖拉拉。

古里，哈伊姆：以色列作家。古里用诗歌记录了以色列历史上许多关键事件，比如拉美德黑事件和六日战争。

格林伯格，乌里·茨维：伊休夫的重要诗人，雅博廷斯基修正派运动的追随者。

哈拿尼雅：名气不大的圣经时代的先知。哈拿尼雅预言，犹太人会提前得到救赎，而耶利米认为这种救赎会来得很迟。他的观点在那些否认犹太人应该忍受流散生活的犹太人那里很有市场。（参见耶利米）

赫茨尔，西奥多：犹太复国主义之父。《犹太国》一书出版后一举成名。一年后，他组织世界各地犹太人参加犹太复国主义者代表大会，掀起了犹太复国主义运动。

赫斯，摩西：早期犹太复国主义思想家和作家。1862 年在《罗马和耶路撒冷》中提出建立犹太国的想法。这本书和赫茨尔的《犹太国》非常相似，但没有得到重视。

侯赛因，伊本·塔拉勒：约旦国王，1952—1999 年在位。1967 年侯赛因对以色列发动战争，但 1973 年他警告以色列可能会遭到阿拉伯国家进攻，并尽他最大可能不参与这场战争。1994 年，约旦和以色列签订和平协议。侯赛因还在伊扎克·拉宾的葬礼上发表了动人的悼词。

雅博廷斯基，泽夫（弗拉基米尔）：犹太复国主义修正派创始人。雅博廷斯基认为，在建立和维持犹太国的过程中，必须敢于使用武力。他是以色列政治右翼的先驱，对梅纳赫姆·贝京影响很大。

耶利米：圣经中犹太人流散巴比伦时期的著名先知。耶利米预言犹太人将在外流散 70 年后回到故土。他劝告犹太人在异国他乡安居乐业。（参见哈拿尼雅）

卡迪沙伊，耶希埃尔：伊尔贡战士。卡迪沙伊是梅纳赫姆·贝京的密友和政治心腹。他是"阿尔塔莱纳"号上的乘客，但躲过了这次事件，没有受伤。

卡斯特纳，鲁道夫：大屠杀期间匈牙利犹太复国主义救援委员会的领导人。1944 年，他同德国人达成用卡车交换犹太人的协议。马尔基尔·格鲁恩瓦尔德声称他是"间接谋杀者"后，卡斯特纳起诉格鲁恩瓦尔德诽谤，但格鲁恩瓦尔德被判无罪，卡斯特纳受到公开羞辱。事后遭暗杀。

基辛格，亨利：美国外交家。1969—1975 年担任国家安全顾问，1973—1977 年担任国务卿。中东战争期间他为白宫建言献策，后来试图通过谈判实现中东和平。

　　库克，亚伯拉罕·以撒，拉比：犹太学者和犹太神秘主义教徒。库克拉比是屈指可数的几位支持巴勒斯坦的世俗开拓者的宗教领导人之一。后来成为伊休夫的大拉比。

　　库克，兹维·耶胡达，拉比：亚伯拉罕·以撒·库克拉比的儿子。他领导宗教犹太复国主义运动进入以色列社会和政治的核心。他的意识形态是信仰者集团定居点运动的思想基石。

　　拉皮德，汤米：以色列记者、政治家和大屠杀幸存者。1999—2006 年担任以色列议员。他还是知名作家和电视工作者，在政治上激烈反对极端正统教派的政党。

　　拉皮德，亚伊尔：汤米·拉皮德的儿子。亚伊尔也是记者和政治家，他成立了中间路线的未来党。

　　雷博维茨，耶沙亚胡：以色列信奉正统派的公共知识分子。雷博维茨极力主张撤离六日战争占领的土地，预言统治另一个民族会导致以色列的毁灭。

　　劳合·乔治，大卫：1916—1922 年英国首相。劳合·乔治同情犹太复国主义事业，支持 1917 年的《贝尔福宣言》。

　　玛普，亚伯拉罕：早期犹太复国主义思想家。1853 年，玛普写了第一本希伯来语小说《锡安之恋》。这本畅销书的背景设在圣经时期的以色列地，包括大卫·本-古里安在内的很多人深受此书鼓舞。

　　梅厄，果尔达（果尔达·梅耶森）：犹太工人总工会政治部和犹太代办处政治部领导人。梅厄在担任议员期间曾出任劳工部部长和外交部部长。1969 年成为第一位女性总理，1974 年辞职。

　　纳赛尔，迦玛尔·阿卜杜尔：1956—1970 年去世期间担任埃及总统。作为泛阿拉伯主义领导人，纳赛尔试图团结阿拉伯人民消灭以色列。他将苏伊士运河收归国有导致 1956 年西奈战役的爆发。1967 年，他的挑衅引发六日战争。

　　内塔尼亚胡，本雅明：利库德集团领导人。1996—1999 年担任总理，2009 年再次当选总理。很多人认为他的政治思想受到雅博廷斯基和贝京的影响。

诺尔道，马克思：早期犹太复国主义思想家，政治犹太复国主义领导人之一，西奥多·赫茨尔的重要政治伙伴。他提出培养身强力壮的新犹太人。

奥尔默特，埃胡德：以色列政治家。2006—2009 年，他取代沙龙担任以色列总理。本想继续推进沙龙的撤离政策，但因为丑闻下台。他是以色列历史上第一位进监狱的总理。

奥兹，阿摩司：以色列著名小说家和以色列左翼人士代表人物。

佩雷斯，西蒙：以色列政治家和外交家。佩雷斯拥有多个政府部门的工作经验，两度担任总理，2007—2014 年担任以色列总统。他在以色列发展核武器过程中发挥了关键作用，还参与了《奥斯陆协议》的谈判。

平斯克，列奥：早期犹太复国主义思想家。1882 年写作《自我解放》一书，鼓励犹太人追求独立和建国。1882 年，平斯克建立了"锡安热爱者"组织，这是最早出现的帮助犹太人移民巴勒斯坦的欧洲组织之一。

波拉特，哈南：六日战争期间的一名空降兵，参加了收复耶路撒冷老城的行动。波拉特还是虔诚的犹太教徒，他与友人于 1967 年在古什埃齐翁建立了最早的定居点。

拉宾，伊扎克：以色列将军和政治家，曾参加过帕尔马赫和以色列国防军的战争，六日战争期间成为国防军的总参谋长。1974—1977 年担任总理，1992 年再次成为总理。拉宾执政期间同约旦实现了和平，签署了《奥斯陆协议》。1995 年 11 月被刺杀。

罗斯柴尔德，埃德蒙男爵：人称"众所周知的捐助者"，早期伊休夫几乎靠他一个人的捐助得以维持。虽然他在巴勒斯坦投入了数百万美元，但许多新移民反感他，认为他干预开拓者的工作。

罗特伯格，罗伊：诸多被阿拉伯越境者杀害的以色列人之一。这些越境者叫作"费达因"（阿拉伯语中"自我牺牲者"的意思）。罗特伯格之所以留名，是因为摩西·达扬在他葬礼上的悼词，达扬在悼词中说以色列和邻国的冲突必将旷日长久、代价高昂。

萨达特，安瓦尔：埃及总统。1970 年纳赛尔死后上台，1981 年被刺杀。他 1973 年对以色列发动战争，但 1978 年同贝京签订和平协定。

西纳什，汉娜：以色列的民族英雄。第二次世界大战期间，她志愿成为英军空降兵，空降在南斯拉夫。被德国人逮捕入狱，惨遭折磨后被处决。

沙米尔，伊扎克：以色列政治家。曾担任莱希的领导人。1983—1984年、1986—1992年两次代表利库德集团担任总理。

夏兰斯基，拿单：全世界犹太人心目中的英雄和人权活动家。夏兰斯基曾因被诬陷为间谍而被苏联政府关押了 9 年，出狱后移民以色列，成为日益壮大的俄罗斯移民的政治代言人。

夏里特，摩西：1954—1955 年担任以色列第二任总理。

沙龙，阿里埃勒：以色列将军和政治家。沙龙几乎参加了以色列所有的重大战争，退伍后加入利库德集团。2001—2006 年担任总理，在此期间成立前进党，并将以色列人从加沙撤离。

舍莫尔，拿俄米：深受以色列人喜爱的以色列音乐家和词作家。她最著名的两首歌分别是创作于六日战争两周前的《金色的耶路撒冷》和赎罪日战争后的《顺其自然》。

斯塔夫斯基，亚伯拉罕：贝塔尔成员。斯塔夫斯基是刺杀发起《转移协议》的哈伊姆·阿罗佐罗夫的凶手之一，他一开始被定罪，但后来被无罪释放。死于"阿尔塔莱纳"号事件。

斯特恩，亚伯拉罕：前伊尔贡成员。1940 年，斯特恩离开伊尔贡，成立了自己的地下武装莱希。1942 年，英国人在残忍的搜捕行动中将其杀害。

特伦佩尔多，约瑟夫：战争英雄和犹太复国主义者。特伦佩尔多帮助组建了伊休夫最早的有组织的武装力量锡安骡马队。1920 年，他在保卫特尔哈伊的战斗中牺牲。

魏茨曼，哈伊姆：世界犹太复国主义组织主席和以色列第一任总统。他在《贝尔福宣言》的发表和希伯来大学的建立中发挥了关键作用。他还成立了魏茨曼科学研究所。

雅丁，伊加尔：以色列考古学家、将军和政治家。独立战争期间他是哈加纳作战部部长，后来成为以色列国防军第二任总参谋长。

雅维茨，泽夫：1887 年移民巴勒斯坦后，雅维茨在这里出版了第一本现代希伯来语小说。因为同罗斯柴尔德男爵产生矛盾，他后来离开了巴勒斯坦。

伊扎尔，S（伊扎尔·斯米兰斯基）：以色列作家。在小说《赫贝赫泽》中，伊扎尔描写了 1948 年战争中以色列军队给巴勒斯坦人造成的伤害。此书被选入以色列中学教材，伊扎尔多次当选以色列议员。

约瑟，俄巴底亚，拉比：犹太律法方面的天才和受以色列东方犹太人欢迎的拉比。他在塞法迪犹太人大拉比的任期结束后成立了沙斯党，这是第一个代表东方犹太人利益的政党。

赞格威尔，伊斯雷尔：小说家、剧作家和犹太复国主义思想家。他最早提出巴勒斯坦是"一块没有民族的土地，等待着一个没有土地的民族"。和赫茨尔一样，赞格威尔也认为犹太人从欧洲大量移民巴勒斯坦能够同时造福犹太人和巴勒斯坦人。

附录 2
非英文术语释义

阿利亚（*aliyah*）：希伯来语动词"上升"的动名词形式，指移民以色列。在历史上用来指前往巴勒斯坦的移民潮，如第一次阿利亚或前苏联犹太人的阿利亚。

阿什肯纳兹（*Ashkenazi*）：指主要来自欧洲的犹太人。这些犹太人在中东欧建立社团，形成了自己的宗教和文化传统，甚至创造了自己的语言意第绪语。

比卢伊姆（*Biluim*）：比卢（*Bilu*）是希伯来语中"雅各之家，让我们上行"的简写，比卢伊姆是比卢的复数形式，指第一次阿利亚中移民巴勒斯坦的一群俄国学生。

布里特沙洛姆（*Brit Shalom*）：希伯来语，"和平契约"的意思。布里特沙洛姆是巴勒斯坦一群知识分子于 1925 年成立的促进犹太人和阿拉伯人之间和平的组织。他们认为只要犹太人放弃追求民族主权就能实现和平。

康塞普奇亚（*conceptzia*）：希伯来语词汇，来自英文"构想"（conception）一词。专指在 1967 年六日战争到 1973 年赎罪日战争期间以色列人认为自己战无不胜的自大心态。

埃雷兹以色列（*Eretz Israel*）：希伯来语，"以色列地"的意思。

费达因（*Fedayeen*）：阿拉伯语，"自我牺牲者"的意思。一般指 20 世纪 50 年代攻击以色列的阿拉伯敢死队员。这些人自诩为自由战士，经常穿越约旦和埃以边境，袭击以色列村庄和城镇。

费拉欣（*Fellahin*）：阿拉伯语，"农民"或"劳动者"的意思。

古什埃穆尼姆（*Gush Emunim*）：希伯来语，"信仰者集团"的意思。信仰者集团成立于 1974 年，致力于在 1967 年占领的土地上修建定居点。

哈瓦拉（*ha'avarah*）：希伯来语，"转移"的意思。指哈伊姆·阿罗佐罗夫和纳粹分子达成的《转移协议》，通过德国政府一系列复杂的安排，该协议能够让德国犹太人将财产转移到巴勒斯坦。

哈加纳（*Haganah*）：希伯来语，"防御"的意思。哈加纳于 1921 年由伊休夫领导人建立，最初用于保护犹太农场和村庄，抵抗和防止阿拉伯人入侵。后来发展为以色列国防军。

哈拉哈（*Halakhah*）："犹太教律法"的意思。

哈姆塔纳（*Hamtanah*）：希伯来语，"等待时期"的意思。专指 1967 年六日战争爆发前的三周，在这期间，以色列领导人知道同阿拉伯邻国的战争已经无法避免。国家做了最坏的打算，酒店被改为医院，停车场被修成公墓。

哈努卡（*Hanukkah*）：纪念公元前 164 年马卡比起义军赶走希腊人的犹太节日。这个节日持续 8 天，许多人会在节日期间点燃犹太教烛台。

哈瑞迪人（*Haredim*）：希伯来语，"颤抖者"的意思。指极端正统教派的犹太教徒。哈瑞迪人大多对犹太国持反对或矛盾的态度，现在他们成为以色列一股重要的政治和经济力量。

哈绍莫（*Hashomer*）：希伯来语，"守卫者"的意思。伊休夫最早成立的保护犹太人和犹太村庄的防御性组织。

哈西德（*Hasid*）：来自希伯来语"仁爱"（*Hesed*）一词。哈西德教派是极端正统派犹太人的一支，18 世纪成立于东欧，这个教派的成员叫哈西德。

哈斯卡拉（*Haskalah*）：犹太启蒙运动。该运动在西欧从 18 世纪末持续到 19 世纪末。哈斯卡拉知识分子试图将启蒙观念融入犹太教，让犹太人拥抱世俗世界，这些观念对早期犹太复国主义思想家产生了很大影响。

哈提克瓦（*Hatikvah*）：希伯来语，"希望"的意思。这是以色列国歌的名字，写于 1878 年。

赫鲁特（*Herut*）：希伯来语，"自由"的意思。这是梅纳赫姆·贝京 1948 年建立的政党的名字。它后来和其他政党合并成利库德集团。

希斯达德鲁特（*Histadrut*）：犹太工人总工会。伊休夫的首要工会。后来成为以色列一股强大的政治力量。

霍夫维锡安（*Hovevei Zion*）：希伯来语，"锡安热爱者"的意思。这是在欧洲最早成立的帮助犹太人移民巴勒斯坦的组织之一。在第一次阿利亚中，许多富有理想主义情怀的东欧犹太人就是通过该组织来到巴勒斯坦。

因提法达（*intifada*）：阿拉伯语，"摆脱""抖落"的意思。指巴勒斯坦人在 1967 年以色列占领的土地上对以色列人发动的大起义。第一次因提法达发生在 1987—1991 年，第二次因提法达发生在 2000—2004 年。

伊尔贡（*Irgun*）：希伯来语，"组织"的意思，全名为"国家军事组织"（*Irgun Tsva'i Leumi*）。伊尔贡是一个地下武装组织，希伯来语首字母缩写为"埃策尔"（*Etzel*）。伊尔贡成立于 1931 年，当时成员主要为深受雅博廷斯基影响、对哈加纳的克制政策不满的哈加纳成员。独立战争期间，伊尔贡被编入以色列国防军，但在此之前，伊尔贡一直是一支独立的作战力量。

基布兹（*kibbutz*）：基布兹最早是基于社会主义原则建立的集体社区，主要从事农业生产。在建国最初几十年，基布兹是最具以色列特色的组织。但即便在鼎盛时期，基布兹人口也只占全国人口 7％左右。

基帕（*kippah*）：希伯来语，指仅能盖住头顶的"无沿便帽"。传统上由犹太男子佩戴。

克奈塞特（*Knesset*）：以色列议会。克奈塞特有 120 个席位，沿用犹太复国主义者代表大会使用的比例代表制。第一届克奈塞特于 1949 年选举产生。

科特尔（*Kotel*）：希伯来语，"墙"的意思。指西墙（哭墙），这是第二圣殿唯一残留下来的一段墙体。这里既是犹太人的圣地，也是犹太教不同的教派产生冲突的战场。

碎玻璃之夜（*Kristallnacht*）：德语，意为"碎玻璃之夜"。指 1938 年 11 月 9 日和 10 日在德国和奥地利的犹太人被集体迫害事件。在这一事件中，许多犹太商店和犹太会堂被烧毁，犹太人伤亡惨重。

莱希（*Lechi*）：希伯来语，"以色列自由的战士"（*Lochamei Cherut Yisrael*）的首字母缩写。指 1940 年由亚伯拉罕·斯特恩建立的一支地下武装力量。斯特恩本来是伊尔贡成员，后来同该组织决裂，建立了自己的军事组织。

利库德（*Likud*）：希伯来语，"巩固"的意思，专指"利库德集团"。该政党 1973 年由梅纳赫姆·贝京和其他右翼政党领导人建立。1977 年在贝京领导下第一次成为以色列的执政党。

马巴罗特（*ma'abarot*）：过渡营。独立战争后，大量新移民来到以色列，被临时安排在过渡营里。建立过渡营，是为了改变之前难民营恶劣的住宿环境，在"真正"的房屋建成前让移民暂时居住的。但过渡营的条件很快变得和难民营一样差。

马阿皮里姆（*ma'apilim*）：英国委任统治时期对那些不顾英国封锁来到伊休夫的非法移民的希伯来语称呼。有的非法移民定居下来，有的则被英国人逮捕，关押到拘留营。

马姆拉赫提尤特（*mamlachtiyut*）：译为"国家主义"或"国家意识"差不多与希伯来原文最接近。指本-古里安试图让国家成为以色列文化和政策之核心的运动。

马帕伊（*Mapai*）："以色列地工人党"的希伯来语首字母缩写。马帕伊党是一个左翼世俗政党，1968年，和另一个左翼小政党合并成为以色列工党。1948—1977年，马帕伊党和工党先后一直是以色列的执政党。

米兹腊希（*Mizrachi*）：指罗马人攻陷耶路撒冷后流散到东方（主要在北非和中东）的犹太人。许多世纪来，他们形成了独特的宗教和文化传统。［中译本又译成"东方犹太人"］

莫沙夫（*moshav*）：希伯来语，"村庄"或"定居点"的意思。莫沙夫是以色列合作社制的农业社区。很多莫沙夫由早期阿利亚移民建立。

摩萨德（*Mossad*）：希伯来语，"机构"的意思。摩萨德是以色列的国家情报机构。

纳克巴（*Nakba*）：阿拉伯语，"浩劫"的意思。巴勒斯坦阿拉伯人用这个词指代1948年以色列独立战争。

帕尔马赫（*Palmach*）：希伯来语中"突击队"的首字母缩写。1941年成立，是哈加纳中的精锐部队。这支部队由英军训练，最初目的是迎击德国军队对巴勒斯坦可能的入侵。这支部队中有许多伊休夫优秀的战士。

锡安工人党（*Poalei Zion*）：19世纪末20世纪初，由信仰马克思主义和犹太复国主义的工人在东欧各地建立的组织。

"狩猎季"（*Saison*）：法语，"季节"的意思，又译作"狩猎季"。指1944年11月到1945年3月哈加纳精锐部队搜查伊尔贡和莱希成员的行动。被捕的成员被哈加纳交给英国人。

塞法迪（*Sephardi*）：希伯来语中"西班牙"的形容词形式。塞法迪人指在罗马时期的流散之后定居在伊比利亚和西班牙的犹太人。他们在那里建立了自己的社团，形成了独特的宗教和文化传统。

沙斯党（*Shas*）：一句圣经经文的希伯来语首字母缩写，可译为"塞法迪守卫者"。1984年，曾任塞法迪大拉比的俄巴底亚·约瑟拉比成立了代表东方犹太人利益的沙斯党。

舍亥赫雅努（*Shehecheyanu*）：希伯来语，"你赐予我们生命"的意思。在人生转折点等重要时刻念诵的犹太祝福祷告。犹太人在其中向上帝表达感恩之情，感谢上帝保全我们，活到此刻。

朔阿（*Shoah*）：取自《西番雅书》的圣经用语，"浩劫"的意思。现代希伯来语用这个词指代纳粹大屠杀（Holocaust，这个词来自古希腊语）。

朔法尔（*shofar*）：用公羊角制作的古老犹太礼器。犹太人常常在犹太新年和赎罪日结束时在犹太会堂吹响朔法尔。［中译本又译作"羊角号"］

西奈山（*Sinai*）：圣经中上帝向犹太民族启示《托拉》的地方。

什泰特勒（*shtetl*）：意第绪语，指有大量犹太人生活其中的小村庄或小城镇。第二次世界大战前这类犹太村镇主要分布在中东欧。

塔木德（*Talmud*）：拉比犹太教的核心经典文本。由巴比伦流散犹太社团创作于大约公元 200 年到公元 500 年间。这是圣经之后最重要的犹太教著作，直到今天仍是全世界传统犹太人学习的首要宗教文本。

托拉（*Torah*）：犹太人对《摩西五经》（圣经中从《创世记》到《申命记》的五章）的传统称呼。《托拉》讲述了犹太民族的诞生，以及从埃及人奴役下回到应许之地的经历。

叶施瓦（*yeshiva*）：犹太经学院，男性犹太教徒学习宗教的主要场所，主要学习内容是《巴比伦塔木德》。

意第绪语（*Yiddish*）：阿什肯纳兹犹太人在德语、希伯来语和阿拉米语基础上创造的语言。意第绪语是许多移民巴勒斯坦的犹太人（包括犹太复国主义运动和以色列不少重要领导人）的母语。

伊休夫（*Yishuv*）：希伯来语，"定居区"的意思。一般指以色列建国前巴勒斯坦的犹太人社团。伊休夫拥有自己的政府和军队，是以色列国的雏形。

赎罪日（*Yom Kippur*）：犹太历中最神圣的一天。赎罪日主要用于自我反省，这一天需要禁食 25 小时，犹太人要到犹太会堂祈祷。

附录 3
以色列《独立宣言》

1948 年 5 月 14 日（犹太历 5708 年以珥月 5 日）发表于特拉维夫

犹太民族是在以色列地①形成的。在这片土地上，犹太民族的精神、宗教和民族特性得到了塑造；在这片土地上，犹太民族曾过着自由而独立的生活；在这片土地上，犹太民族创造了一种具有民族和世界意义的文化，并把永恒的圣经奉献给了世界。

在被暴力驱逐出以色列故土后，流散到世界各地的犹太人对故土忠心耿耿，矢志不渝地希望返回故土，在那里重新获得政治自由，从没有为此停止过祈祷。

基于这一历史和传统联系，世世代代的犹太人为加强他们与古老家园的联系一直奋斗不息。在最近的几代人中，他们大批地返回以色列故土。无论是作为拓荒者和保卫者的老兵，还是作为突破封锁的新抵达者，这些犹太人使荒地变成了良田，复活了希伯来语，兴建了城市与村庄，并创建了一个具有自身经济、文化的不断发展的社会。他们希望和平，但也做好了保卫自身的准备。他们为该地区所有居民带来了进步的佳音，并决心获得政治上的独立。

在西奥多·赫茨尔建立犹太国思想的鼓舞下，第一届犹太复国主义者代表大会于犹太历 5657 年（公元 1897 年）召开，并公开宣布：犹太民族具有在自己的国土上恢复自己国家的权利。

这一权利为 1917 年 11 月 2 日的《贝尔福宣言》所承认，后来又为国际联盟的委任统治所肯定。而委任统治就是对犹太民族与以色列故土的历史联系，以及对犹太民族有权在那里重建民族家园要求给予的国际承认。

---

① 《独立宣言》的翻译来自以色列官网，但作者对部分细节进行了修改。翻译原稿中的"以色列国"，作者都改成"以色列地"，因为《独立宣言》在使用这个词时想表达的意思不是以色列的国土，而是犹太民族的先祖之地。修改后更便于读者理解。

在我们这个时代发生的导致欧洲几百万犹太人惨遭杀害的大屠杀再一次表明，为解决犹太民族无家可归和缺乏主权这一问题，有必要重新建立一个犹太人的国家。这个犹太人的国家将对所有犹太人敞开大门，并且确保犹太民族在国际大家庭中享有平等的地位。

尽管面对种种艰难困苦和危险，在可怕的纳粹大屠杀中幸存下来的欧洲犹太人，与其他国家中的犹太人一道，从未放弃回归以色列故土的努力，从未放弃在其民族土地上享有尊严、自由和诚实劳动、生活的权利。

在第二次世界大战期间，以色列故土的犹太人全力以赴，参加了爱好自由人民反对罪恶纳粹势力的斗争。他们以自己战士的鲜血，以自己对战争胜利的贡献，赢得了创立联合国诸民族一员的权利。

1947 年 11 月 29 日，联合国大会通过了一项要求在以色列故土建立一个犹太人国家的决议，并号召这一地区的人民主动采取一切必要措施来贯彻这项决议。联合国对犹太民族建立自己国家合法权利的承认是不容改变的。

像所有其他民族一样，在自己的主权国家里自己决定自己的命运是犹太民族的自然权利。

为此，我们，全国委员会的委员，代表以色列故土的犹太人民和犹太复国主义运动，在英国委任统治结束之日，在这里集会，根据我们自然的和历史的权利以及联合国大会决议，宣告在以色列故土上建立一个犹太人的国家——以色列国。

我们决定：从今天午夜，犹太历 5708 年以珥月 6 日，即 1948 年 5 月 15 日零时委任统治结束之时起到根据宪法产生的国家机关接管政权为止（不迟于 1948 年 10 月 1 日），全国委员会将行使国家临时委员会的职权，它的执行机关——全国行政委员会将行使犹太人国家临时政府的职权。这一犹太人国家取名为以色列国。

以色列国将向散居世界各国的犹太人敞开移居的大门，将全力促进国家的发展以造福所有的居民。

以色列国将把以色列先知所憧憬的自由、正义与和平原则作为立国基础，将保证全体公民，不分宗教、信仰、种族和性别，享有最充分的社会和政治平等权，将保证宗教、信仰、语言、教育和文化的自由，将保证保护所有宗教的圣地，并将恪守《联合国宪章》的各项原则。

以色列国准备同联合国的专门机构和代表合作，履行 1947 年 11 月 29 日大会决议，并且为建立整个以色列地的经济一体化而努力。

我们请求联合国协助犹太民族建立他们的国家，并接纳以色列加入国际大家庭。

尽管几个月来我们一直遭到猛烈的攻击，我们仍号召生活在以色列地的阿拉伯居民起来维护和平，并在享有平等公民权利以及在各种临时和永久的国家机关中拥有相应代表权的基础上，为国家的发展建设贡献出他们的力量。

我们向所有邻邦及其人民伸出和平、和睦、友邦之手，敦请他们与已经在自己故土上独立的犹太民族以互助精神合作。以色列国准备在为整个中东的进步而共同努力中做出自己的贡献。

我们号召散居在世界各国的犹太人团结在以色列的犹太人周围，协助我们完成移居和重建的使命，并同我们一道为实现世代以来的梦想——重振以色列——而奋斗。

怀着对以色列磐石的信念，我们在今天，在安息日的前夕，在犹太历5708 年以珥月 5 日，即 1948 年 5 月 14 日，在祖国的土地上，在特拉维夫城，在国家临时委员会的这次会议上，为宣言签名作证。

大卫·本-古里安	雷切尔·科恩	亚伦·基斯林
丹尼尔·奥斯特	卡尔曼·卡哈纳拉比	摩西·科罗德尼
莫迪凯·本托夫	埃利泽·卡普兰	伊扎克·本·兹维
萨阿迪亚·科巴西	亚伯拉罕·卡兹内尔森	埃利亚胡·伯里格纳
伊克克·梅厄·莱文拉比	菲利克斯·罗森布鲁斯	弗里兹·伯恩斯坦
大卫·雷梅兹	沃尔夫·戈尔德拉比	梅厄·大卫·洛文斯坦
伯尔·莱普特	梅厄·格拉波维斯基	莫迪凯·沙特纳
伊扎克·格伦鲍姆	兹维·卢瑞尔	本·锡安·斯特恩伯格
亚伯拉罕·格拉诺夫斯基博士	果尔达·梅耶森	贝克霍尔·施特里特
纳彻姆·尼尔	摩西·沙皮拉	埃利亚胡·多布金
兹维·西格尔	摩西·谢尔托克	梅厄·维尔纳-科夫纳
耶胡达·莱伯·哈科恩·费希曼拉比		泽拉克·沃哈弗提
赫茨尔·瓦尔迪	大卫·茨维·平卡斯	

附录 4
以色列总理、总统和美国总统对应表

年份	以色列总理	美国总统	以色列总统
1948		哈里·S. 杜鲁门 1945.4.12— 1953.1.20	哈伊姆·魏茨曼 1949.2.17— 1952.11.9
1949	大卫·本-古里安 1948.5.14— 1954.1.26		
1950			
1951			
1952			
1953		德怀特·D. 艾森豪威尔 1953.1.20— 1961.1.20	伊扎克·本-兹维 1952.12.16— 1963.4.23
1954	摩西·夏里特 1954.1.26— 1955.11.3		
1955			
1956	大卫·本-古里安 1955.11.3— 1963.6.26		
1957			
1958			
1959			
1960			

年份	以色列总理	美国总统	以色列总统
1961	大卫・本-古里安 1955.11.3— 1963.6.26	约翰・F. 肯尼迪 1961.1.20— 1963.11.22	伊扎克・本-兹维 1952.12.16— 1963.4.23
1962			
1963			
1964	列维・艾希科尔 1963.6.26— 1969.2.26	林登・B. 约翰逊 1963.11.22 1969.1.20	扎勒曼・夏扎尔 1963.5.21— 1973.5.24
1965			
1966			
1967			
1968			
1969	注：1969 年 2 月 26 日到 3 月 7 日伊加尔・阿隆担任代总理。 果尔达・梅厄 1969.3.17— 1974.6.3	理查德・尼克松 1969.1.20— 1974.8.9	
1970			
1971			
1972			
1973			
1974			
1975	伊扎克・拉宾 1974.6.3— 1977.6.20	杰拉尔德・福特 1974.8.9— 1977.1.20	伊弗雷姆・卡齐尔 1973.5.24— 1978.5.29
1976			
1977		吉米・卡特 1977.1.20— 1981.1.20	
1978	梅纳赫姆・贝京 1977.6.20— 1983.10.10		伊扎克・纳冯 1978.5.29— 1983.5.5
1979			
1980			
1981		罗纳德・里根 1981.1.20— 1989.1.20	
1982			
1983			

续表 2

年份	以色列总理	美国总统	以色列总统
1984	伊扎克·沙米尔 1983.10.10— 1984.9.13	罗纳德·里根 1981.1.20— 1989.1.20	哈伊姆·赫尔佐格 1983.5.5— 1993.5.13
1985	西蒙·佩雷斯 1984.9.13— 1986.10.20		
1986			
1987	伊扎克·沙米尔 1986.10.20— 1992.7.13		
1988			
1989			
1990		乔治·H.W. 布什 1989.1.20— 1993.1.20	
1991			
1992			
1993	伊扎克·拉宾 1992.7.13— 1995.11.4	比尔·克林顿 1993.1.20— 2001.1.20	埃泽尔·魏茨曼 1993.5.13— 2000.7.13
1994			
1995			
1996	注：1995 年 11 月 4 日到 11 月 22 日佩雷斯担任代总理。 西蒙·佩雷斯 1995.11.22— 1996.6.18		
1997	本雅明·内塔尼亚胡 1996.6.18— 1999.7.6		
1998			
1999			
2000	埃胡德·巴拉克 1999.7.6— 2001.3.7	乔治·W. 布什 2001.1.20— 2009.1.20	摩西·卡察夫 2001.8.1— 2007.7.1
2001			

续表 3

年份	以色列总理	美国总统	以色列总统
2002	阿里埃勒·沙龙 2001.3.7— 2006.4.14 注：2006 年 1 月 4 日 沙龙中风陷入昏迷， 奥尔默特担任代总理。	乔治·W. 布什 2001.1.20— 2009.1.20	摩西·卡察夫 2001.8.1— 2007.7.1
2003			
2004			
2005			
2006			
2007	埃胡德·奥尔默特 2006.4.14— 2009.3.31		
2008			西蒙·佩雷斯 2007.7.15— 2014.7.24
2009		巴拉克·奥巴马 2009.1.20—	
2010	本雅明·内塔尼亚胡 2009.3.31—		
2011			
2012			
2013			
2014			
2015			鲁文·里夫林 2014.7.24—
2016			

附录 5
以色列政党及其分化组合

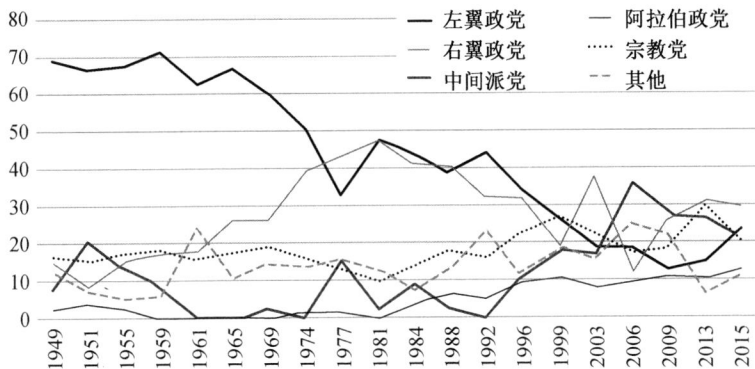

图例：左翼政党　阿拉伯政党　右翼政党　宗教党　中间派党　其他

以色列政党分化组合频繁，不断有新的政党诞生和旧的政党消亡，因此很难准确地跟踪左翼政党和右翼政党的权力走势。人们有时用工党指代左翼政党，用利库德集团指代右翼政党，但工党和利库德集团也经历了分化组合的过程，其中涉及一些本书提到过的政党。

右翼政党
赫鲁特：1948—1965 年（梅纳赫姆·贝京建立的政党）
加哈尔集团：1965—1973 年（由赫鲁特党和自由党合并而成）
利库德集团：1973 年至今（由加哈尔集团、自由中心、国家党和大以色列运动合并而成）

左翼政党
马帕伊党：1948—1968 年（大卫·本-古里安建立的政党）
工党联盟：1965—1968 年（由马帕伊党和劳工联盟合并而成），本-古里安离开马帕伊党成立了拉菲党

以色列工党：1968—2014 年（由工党联盟和拉菲党合并而成）

一个以色列：1991—2001 年（以色列工党、桥党、梅玛德党合并而成，梅玛德党是一个温和的宗教政党）

犹太复国主义者联盟：2014 年至今（以色列工党和运动党合并而成，运动党是 2014 年由齐皮·利夫尼成立的新政党）

附录6
延伸阅读

本书只对以色列历史的总体情况加以勾勒。书中提到的每个事件、话题和人物都可以继续探索。关于书中谈到的问题，许多出色的著作有更详尽的讨论。

想了解更多推荐书目和网上参考资料，参见我的网站 http://danielgordis. org/books/israel-concise-history-nation-reborn/。

注　释

序言

1. 1956 年 2 月 3 日，本-古里安在 CBS 电视台上接受爱德华·R·默罗采访时发表的这一言论。https://www. youtube. com/watch? v＝4Oo75OQmHAw［Last viewed on March 15, 2016］.

2. Mark Twain, "Concerning the Jews," *Harper's Magazine*, March 1898.

第一章

1. Lawrence Epstein, *The Dream of Zion: The Story of the First Zionist Congress* (Lanham, MD: Rowman and Littlefield, 2016), p. 16.

2. Robert M. Seltzer, *Jewish People, Jewish Thought: The Jewish Experience in History* (New York: Macmillan Publishing, 1980), p. 632.

3. Yaacov Shavit and Jehuda Reinharz, *Glorious, Accursed Europe* (Waltham, MA: Brandeis University Press, 2010), p. 88.

4. Walter Laqueur, *A History of Zionism* (New York: Schocken Books, 1976), p. 60.

5. David Patterson, "Introduction," in Abraham Mapu, trans. Joseph Marymount, *The Love of Zion & Other Writings* (Israel: Toby Press, 2006), p. xvi.

6. Alex Bein, trans. Maurice Samuel, *Theodor Herzl: A Biography* (Philadelphia: Jewish Publication Society of America, 1940), p. 232.

7. Shlomo Avineri, trans. Haim Watzman, *Herzl: Theodor Herzl and the Foundation of the Jewish State* (London: Weidenfeld & Nicolson, 2008), p. 33.

8. Amos Elon, *The Pity of It All: A Portrait of the German-Jewish Epoch 1743—1933* (New York: Picador, 2002), p. 213.

9. Bein, trans. Samuel, *Theodor Herzl*, p. 37.

10. Avineri, trans. Watzman, *Herzl*, p. 85 (quoting Herzl's diary).

11. Bein, trans. Samuel, *Theodor Herzl*, p. 19.

12. Yoram Hazony, *The Jewish State: The Struggle for Israel's Soul* (New York: Basic Books, 2000), pp. 84—85.

13. Conversation between the author and David Matlow, of Toronto, Canada. See also Raphael Patai, *The Jews of Hungary: History, Culture, Psychology* (Detroit: Wayne State University Press, 1996), p. 347.

14. Avineri, trans. Watzman, *Herzl*, pp. 61—62.

15. Ibid., p. 78.

16. Ibid., p. 69.

17. Theodor Herzl, *The Jewish State* (New York: Dover Publications, 1989), p. 47.

18. Ibid., pp. 92—93.

19. Ibid., p. 76.

20. Ibid.

21. Hazony, *The Jewish State*, pp. 99—100.

22. Avineri, trans. Watzman, *Herzl*, p. 116.

23. Patterson, "Introduction," in Mapu, trans. Marymount, *The Love of Zion*, p. xiv.

24. 长期以来,人们认为赫斯的妻子西比尔·佩希当过妓女,赫斯因为男性长期欺负贫困女性而娶她为妻,以此作为为男性赎罪的一种方式。但是,对于佩希的个人背景,学术界目前已出现了争议。

25. Moses Hess, *The Revival of Israel: Rome and Jerusalem, the Last Nationalist Question* (Lincoln: University of Nebraska Press, 1995), p. x.

26. 很多人错误地认为赫斯书名中的"罗马"指的是罗马共和国。事实上,赫斯宣称,犹太人应当效仿近代意大利的民族主义,在巴勒斯坦开展犹太民族运动。参见 Epstein, *The Dream of Zion*, p. 6。

27. Eric Cohen, "The Spirit of Jewish Conservatism," *Mosaic* (April 6, 2015), http://mosaicmagazine. com/essay/2015/04/the-spirit-of-jewish-cons-ervatism/ [Last viewed April 6, 2015].

28. Laqueur, *A History of Zionism*, p. 54.

29. Ibid., p. 53.

30. Arthur Hertzberg, ed., *The Zionist Idea* (Philadelphia: Jewish Publication Society, 1997), p. 32.

31. Ibid., p. 188.

32. Ibid., p. 195.

33. Bein, trans. Samuel, *Theodor Herzl*, p. 226.

34. Ibid., p. 230.

35. Ze'ev Tzahor, "Chaim Arlosoroff and His Attitude toward the Rise of Nazism," *Jewish Social Studies*, Vol. 46, No. 3/4 (Summer-Autumn 1984), p. 322.

36. Epstein, *The Dream of Zion*, p. 86.

37. Avineri, trans. Watzman, *Herzl*, p. 141.

38. Ibid., p. 1.

39. Epstein, *The Dream of Zion*, p. 83.

40. Theodor Herzl, *Old New Land* (Princeton, NJ: Markus Wiener Publishers,

1997)，p. 248.

41. Ibid.，p. 174.

42. Avineri，trans. Watzman，*Herzl*，p. 167.

第二章

1. George Eliot，*Daniel Deronda*，introduction by Edmund White，notes by Dr. Hugh Osborne (New York：Modern Library，2002)，page 15.《丹尼尔·德隆达》最早由 William Blackwood and Sons 出版社于 1876 年 2 月至 9 月分 8 部分出版。1878 年 12 月重新出版，书中讨论犹太生活和习俗的章节被修改。

2. Genesis 12:1.

3. Genesis 12:7.

4. Exodus 1:9—10. 对这句话人们有不同的解读。犹太出版协会(JPS)版圣经翻译成"从此地上升"，显然是参考了 Ehrlich 在 *Mikrah Kifshuto* 中的观点。《巴比伦塔木德》(Sotah 11a)认为法老想表达的是犹太人将"获得相对于本国的优势"，但这种理解离经文字面意思太远，理解成"离开这地了"能够呼应《创世记》中提到的犹太人流散到此地的经文，因此这种简单的翻译方法更可取。

5. Deuteronomy 7:1.

6. Alex Bein，trans. Maurice Samuel，*Theodor Herzl*：*A Biography* (Philadelphia：Jewish Publication Society of America，1940)，p. 232.

7. Jeremiah 29:5—6.

8. Psalms 137:1.

9. Psalms 126:1—6.

10. II Chronicles 36:23.

11. J. Maxwell Miller and John H. Hayes，*A History of Ancient Israel and Judah* (Louisville，KY：Westminster John Knox Press，2006)，p. 509.

12. Jerome Murphy-O'Connor and Barry Cunliffe，*The Holy Land*：*An Oxford Archaeological Guide*，5th ed. (New York：Oxford University Press，2008)，pp. 378—381.

13. Hayim Ben-Sasson，ed.，*A History of the Jewish People* (Cambridge，MA：Harvard University Press，1976)，p. 332.

14. Bein，trans. Samuel，*Theodor Herzl*，p. 232.

第三章

1. Monty Noam Penkower，"The Kishinev Pogrom of 1903，"*Modern Judaism*，Vol. 24，No. 3 (2004)，p. 199. 除非另有标注,本章中关于基希涅夫事件的内容皆参考此文。

2. Winston Churchill，"MIT Mid-Century Convocation，March 31，1949，"*MIT*

Institute Archives, https://libraries. mit. edu/archives/exhibits/midcentury/mid-cent-churchill. html [Last viewed December 7, 2015].

3. Penkower, "The Kishinev Pogrom of 1903," p. 187.

4. Ibid.

5. Ibid., p. 188.

6. Ibid.

7. Ibid., p. 211.

8. David G. Roskies, ed., *The Literature of Destruction: Jewish Responses to Catastrophe* (Philadelphia: Jewish Publication Society, 1988), p. 162.

9. Penkower, "The Kishinev Pogrom of 1903," p. 199.

10. Ibid.

11. Lawrence Epstein, *The Dream of Zion: The Story of the First Zionist Congress* (Lanham, MD: Rowman and Littlefield, 2016), p. 97.

12. Shlomo Avineri, trans. Haim Watzman, *Herzl: Theodor Herzl and the Foundation of the Jewish State* (London: Weidenfeld & Nicolson, 2008), p. 241.

13. Penkower, "The Kishinev Pogrom of 1903," p. 199.

14. Avineri, trans. Watzman, *Herzl*, p. 245.

15. Ibid., p. 259.

16. Ella Florsheim, "Giving Herzl His Due," *Azure*, No. 21 (Summer 5765/2005), p. 21, http://azure. org. il/include/print. php? id = 182 [Last viewed May 1, 2016].

17. Penkower, "The Kishinev Pogrom of 1903," p. 194.

18. Steven J. Zipperstein, *Elusive Prophet: Ahad Ha'am and the Origins of Zionism* (Berkeley: University of California Press, 1993), p. 11.

19. Ibid., p. 14.

20. Ibid., pp. 18—19.

21. Ahad Ha'am, "The Jewish State and the Jewish Problem," in Arthur Hertzberg, *The Zionist Idea* (Philadelphia: Jewish Publication Society, 1997), p. 268.

22. Yoram Hazony, *The Jewish State: The Struggle for Israel's Soul* (New York: Basic Books, 2000), p. 127.

23. Zipperstein, *Elusive Prophet*, p. 129.

24. Arthur Hertzberg, ed. , *The Zionist Idea* (Philadelphia: Jewish Publication Society, 1997), pp. 54—55.

25. Isaiah 2:3.

26. Alan Dowty, "Much Ado About Little: Ahad Ha'Am's 'Truth from Eretz Yisrael,' Zionism, and the Arabs," *Israel Studies*, Vol. 5, No. 2 (Fall 2000), p. 161 (quoting Ahad Ha'am). Italics added.

27. Max Nordau, "Jewry of Muscle," in Paul Mendes-Flohr and Yehuda Reinharz, *The Jew in the Modern World: A Documentary History*, 2nd ed. (Oxford: Oxford University Press, 1995), pp. 547—548.

28. Penkower, "The Kishinev Pogrom of 1903," p. 209.

29. Ze'ev (Vladimir) Jabotinsky, "The Basis of the Betarian Viewpoint Consists of One Idea: The Jewish State: The Ideology of Betar," *World Zionist Organization*, http://www. wzo. org. il/index. php? dir = site&page = articles&op = item&cs = 3360&langpage=eng&category=3122&mode=print [Last viewed December 7, 2015].

30. Raymond P. Scheindlin, *A Short History of the Jewish People: From Legendary Times to Modern Statehood* (Oxford and New York: Oxford University Press, 2000), p. 224.

31. A. D. Gordon, "Logic for the Future (1910)," in Hertzberg, *The Zionist Idea*, p. 373.

32. Yehudah Mirsky, *Rav Kook: Mystic in a Time of Revolution* (New Haven: Yale University Press, 2014), p. 65.

33. Hertzberg, *The Zionist Idea*, pp. 291—292.

34. Micah Joseph Berdyczewski, "Wrecking and Building," in Hertzberg, *The Zionist Idea*, p. 293.

35. Babylonian Talmud, Ketubbot 111a.

36. Alan Nadler, "Piety and Politics: The Case of the Satmar Rebbe," *Judaism*, Vol. 31 (Spring 1982), p. 40.

37. Alan Lelchuk and Gershon Shaked, *8 Great Hebrew Short Novels* (New Milford, CT: Toby Press, 2012), Kindle Edition, Location 1029.

第四章

1. 这句话被很多人引用过，包括前总理阿里埃勒·沙龙，参见 http://www. pmo. gov. il/English/MediaCenter/Speeches/Pages/speech040105. aspx。

2. Hani A. Faris, "Israel Zangwill's Challenge to Zionism," *Journal of Palestine Studies*, Vol. 4, No. 3 (Spring 1975), p. 81.

3. Ibid.

4. Howard M. Sachar, *A History of Israel: From the Rise of Zionism to Our Time* (New York: Alfred A. Knopf, 1979), p. 23.

5. Anita Shapira, trans. Anthony Berris, *Israel: A History* (Waltham, MA: Brandeis University Press, 2012), p. 28.

6. Benny Morris, 1948: *The First Arab-Israeli War* (New Haven and London: Yale University Press, 2008), p. 6.

7. David Fromkin, *A Peace to End All Peace: The Fall of the Ottoman Empire and the Creation of the Modern Middle East* (New York: Henry Holt, 2009), p. 36.

8. Yehudah Mirsky, *Rav Kook: Mystic in a Time of Revolution* (New Haven: Yale University Press, 2014), p. 59.

9. Ibid., pp. 59—60.

10. Ibid., p. 50.

11. Sachar, *A History of Israel*, p. 82.

12. Yaffah Berlovitz, *Inventing a Land, Inventing a People* (Tel Aviv: Hotza'at HaKibbutz HaMeuchad, 1996), p. 55 [In Hebrew].

13. Theodor Herzl, trans. I. M. Lask, *The Jewish State* (Tel Aviv: M. Newman Publishing House, 1954), p. 134.

14. Mirsky, *Rav Kook*, p. 54.

15. Ibid., pp. 53—54.

16. Berlovitz, *Inventing a Land*, pp. 18—19.

17. Ibid., p. 20.

18. Mirsky, *Rav Kook*, p. 66.

19. Ruth Kark, "Changing Patterns of Landownership in Nineteenth-Century Palestine: The European Influence," *Journal of Historical Geography*, Vol. 10, No. 4 (1984), pp. 357—384.

20. Nurit Govrin, *Roots and Tops: The Imprint of the First Aliyah in Hebrew Literature* (Tel Aviv: Papyrus and Tel Aviv University, 1981), p. 43 [In Hebrew].

21. Mirsky, *Rav Kook*, p. 68.

22. Ibid., pp. 68—69.

23. Shapira, trans. Berris, *Israel: A History*, p. 46.

24. Tali Asher, "The Growing Silence of the Poetess Rachel," in Ruth Kark, Margarit Shilo, and Galit Hasan-Rokem, eds., *Jewish Women in Pre-State Israel: Life History, Politics, and Culture* (Waltham, MA: Brandeis University Press, 2008), p. 245.

25. Rachel Bluwstein, "Perhaps," *Palestine-Israel Journal*, Vol. 3, Nos. 3 and 4 (1996), http://www.pij.org/details.php?id=536 [Last viewed December 7, 2015].

26. S. Ilan Troen, *Imagining Zion: Dreams, Designs, and Realities in a Century of Jewish Settlement* (New Haven and London: Yale University Press, 2003), Kindle Edition, Locations 1358—1361.

27. Ibid., Locations 1368—1369.

28. Tom Segev, *1967: Israel, the War, and the Year That Transformed the Middle East* (New York: Henry Holt, 2007), p. 442.

29. Troen, *Imagining Zion*, Location 1541.

30. Ibid., Location 1566.

31. Ibid., Location 1609.

32. Sachar, *A History of Israel*, p. 83.

33. Troen, *Imagining Zion*, Location 1609.

34. Martin Gilbert, *Israel: A History* (New York: Harper Perennial, 1998), p. 24.

第五章

1. Shmuel Katz, *Lone Wolf: A Biography of Vladimir (Ze'ev) Jabotinsky* (Fort Lee, NJ: Barricade Books, 1995), p. 136.

2. Edward Grey, Viscount of Fallodon, *Twenty-Five Years 1892—1916* (New York: Frederick A. Stokes Company, 1925), p. 20.

3. 赫茨尔在世时，雅博廷斯基也曾向土耳其统治阶级提出建立犹太国的方案，但土耳其人因为担心"更多非穆斯林力量进入中东会成为欧洲干预此地的理由"，拒绝了雅博廷斯基的提议。Anita Shapira, trans. Anthony Berris, *Israel: A History* (Waltham, MA: Brandeis University Press, 2012), p. 22.

4. Katz, *Lone Wolf*, p. 177.

5. 引用自哈伊姆·魏茨曼在雷霍沃特故居的展览，现在那里成为一个博物馆。

6. Shapira, trans. Berris, *Israel: A History*, p. 71.

7. Jonathan Schneer, *The Balfour Declaration: The Origins of the Arab-Israeli Conflict* (New York: Random House Trade Paperbacks, 2012), p. 197.

8. John Bew, "The Tragic Cycle: Western Powers and the Middle East," *New Statesman* (August 21, 2014), http://www. newstatesman. com/world-affairs/2014/08/tragic-cycle-western-powers-and-middle-east [Last viewed December 7, 2015].

9. Shapira, trans. Berris, *Israel: A History*, p. 73.

10. Cecil Bloom, "Sir Mark Sykes: British Diplomat and a Convert to Zionism," *Jewish Historical Studies*, Vol. 43 (2011), p. 142.

11. Walter Laqueur, *A History of Zionism* (New York: Schocken Books, 1976), p. 186. 许多人都持这一观点，但并非每个人都认为丙酮和《贝尔福宣言》有关系，有的学者认为这只是民间传说。

12. Arthur James Balfour, "Balfour Declaration" (1917), *The Avalon Project*, http://avalon. law. yale. edu/20th _ century/balfour. asp [Last viewed December 7, 2015].

13. Shapira, trans. Berris, *Israel: A History*, p. 73.

14. Eitan Bar Yosef, "The Last Crusade? British Propaganda and the Palestine Campaign, 1917—18," *Journal of Contemporary History*, Vol. 36, No. 1 (January 2001), p. 100.

15. 1914 年，伊休夫就购买了斯科普斯山的土地，但由于第一次世界大战的爆发，希伯来大学到 1918 年才开始动工修建。

16. Seth M. Siegel, *Let There Be Water: Israel's Solution for a Water-Starved World* (New York: Thomas Dunne Books, 2015), p. 22.

17. Martin Gilbert, *Israel: A History* (New York: Harper Perennial, 1998), p. 9.

18. Ibid., pp. 45—46.

19. Siegel, *Let There Be Water*, p. 28.

20. Shlomo Avineri, lecture at the Shazar Center in Jerusalem on December 30, 2014.

21. Anita Shapira, trans. Anthony Berris, *Ben-Gurion: Father of Modern Israel* (New Haven and London: Yale University Press, 2014), p. 28.

22. Michael Makovsky, *Churchill's Promised Land: Zionism and Statecraft* (New Haven: Yale University Press, 2007), Kindle Edition, Location 1463.

23. Martin Gilbert, *Churchill and the Jews: A Lifelong Friendship* (New York: Henry Holt, 2007), p. 50.

24. Tom Segev, trans. Haim Watzman, *One Palestine, Complete: Jews and Arabs Under the British Mandate* (New York: Little, Brown, 2000), p. 104.

25. Howard M. Sachar, *A History of Israel: From the Rise of Zionism to Our Time* (New York: Alfred A. Knopf, 1979), p. 186.

26. Ze'ev Jabotinsky, "The Iron Wall," Jewish Virtual Library, http://www.jewishvirtuallibrary. org/jsource/Zionism/ironwall. html [Last viewed December 7, 2015].

27. Ibid.

28. Hillel Cohen, *Year Zero of the Arab-Israeli Conflict, 1929* (Waltham, MA: Brandeis University Press, 2015), p. xvii.

29. Jeffrey Goldberg, "The Paranoid, Supremacist, Roots of the Stabbing Intifada," *Atlantic* (October 16, 2015), http://www. theatlantic. com/international/archive/2015/10/the-roots-of-the-palestinian-uprising-against-isr-ael/410944/ [Last viewed December 7, 2015].

30. Schneer, *The Balfour Declaration*, p. 375.

31. Benny Morris, *Righteous Victims: A History of the Zionist-Arab Conflict, 1881—2001* (New York: Vintage Books, 2001), Kindle Edition, Location 2481.

32. Yoram Hazony, *The Jewish State: The Struggle for Israel's Soul* (New York: Basic Books, 2000), p. 210.

33. Daniel Gordis, *Menachem Begin: The Battle for Israel's Soul* (New York: Knopf Doubleday, 2014), p. 36.

第六章

1. Adolf Hitler, *Mein Kampf* (Boring, OR: CPA Book Publisher, 2000), p. 184.

2. Tuvia Friling, trans. Ora Cummings, *Arrows in the Dark: David Ben-Gurion, the Yishuv Leadership, and Rescue Attempts during the Holocaust*, Volume I (Madison: University of Wisconsin Press, 2005), p. 16.

3. Hava Eshkoli-Wagman, "Yishuv Zionism: Its Attitude to Nazism and the Third Reich Reconsidered,"*Modern Judaism*, Vol. 19, No. 1(February 1999), p. 26.

4. Colin Shindler, "Zionist History's Murder Mystery,"*Jewish Chronicle Online* (June 16, 2013), http://www. thejc. com/comment-and-debate/comment/108596/zionist-historys-murder-mystery [Last viewed December 7, 2015].

5. Tom Segev, trans. Haim Watzman,*The Seventh Million: The Israelis and the Holocaust* (New York: Henry Holt, 1991), p. 21.

6. Ibid., p. 25.

7. Nina S. Spiegel,*Embodying Hebrew Culture* (Detroit: Wayne State University Press, 2013), p. 22.

8. Ibid., p. 135.

9. Ibid., p. 7.

10. Abba Hillel Silver, Moshe Shertok, and Chaim Weizmann, "Before the United Nations: October 1947," p. 7. Copy on file with the author.

11. Benny Morris,*One State, Two States: Resolving the Israel/Palestine Conflict* (New York: Vintage Books, 2001), Kindle Edition, Location 523.

12. Translation of Uri Zvi Greenberg, "One Truth and Not Two," is from Neta Stahl, "Jesus and the Pharisees Through the Eyes of Two Hebrew Writers: A Contrarian Perspective,"*Hebrew Studies*, Vol. 56, No. 1(December 11, 2015).

13. Yoram Hazony,*The Jewish State: The Struggle for Israel's Soul* (New York: Basic Books, 2000), p. 231.

14. Ibid., p. 232.

15. Friling, trans. Cummings,*Arrows in the Dark*, p. 19.

16. Ibid.

17. Howard M. Sachar,*A History of Israel: From the Rise of Zionism to Our Time* (New York: Alfred A. Knopf, 1979), p. 219.

18. Dina Porat,*The Blue and the Yellow Stars of David: The Zionist Leadership in Palestine and the Holocaust, 1939—1945* (Cambridge, MA, and London: Harvard University Press, 1990), p. 2.

19. Zephaniah 1:15.

20. Sachar, *A History of Israel*, p. 226.

21. Jack L. Schwartzwald, *Nine Lives of Israel: A Nation's History Through the Lives of Its Foremost Leaders* (Jefferson, NC: McFarland, 2012), p. 33.

22. Martin Gilbert, *Israel: A History* (New York: Harper Perennial, 1998), p. 101.

23. Mike Lanchin, "SS *St Louis*: The Ship of Jewish Refugees Nobody Wanted," *BBC World Service* (May 13, 2014), http://www. bbc. com/news/magazine-27373131

[Last viewed December 7, 2015].

24. Alan Guggenheim and Adam Guggenheim, "Doomed from the Start," *Naval History*, Vol. 18, No. 1(February 2004), pp. 46—51.

25. Douglas Frantz and Catherine Collins, *Death on the Black Sea: The Untold Story of the* Struma *and World War II's Holocaust at Sea* (London: HarperCollins, 2003), p. 254.

26. Benny Morris, *Righteous Victims: A History of the Zionist-Arab Conflict, 1881—2001* (New York: Vintage Books, 2001), Kindle Edition, Locations 4035—4037.

27. Geneviève Pitot, trans. Donna Edouard, *The Story of the Jewish Detainees in Mauritius 1940—1945* (Lanham, MD: Rowman and Littlefield, 1998), p. 129.

28. Gilbert, *Israel: A History*, p. 151. Morris, *Righteous Victims*, p. 22, suggests numbers slightly lower.

29. Segev, trans. Watzman, *The Seventh Million*, p. 22.

30. Friling, trans. Cummings, *Arrows in the Dark*, p. 47.

31. Morris, *Righteous Victims*, pp. 162—163.

32. Gilbert, *Israel: A History*, p. 112.

第七章

1. Menachem Begin, trans. Samuel Katz, *The Revolt* (1951; reprint Bnei Brak, Israel: Steimatzky, 2007), pp. 59—60.

2. Interview with the author, April 18, 2013.

3. Bruce Hoffman, *Anonymous Soldiers: The Struggle for Israel: 1917—1947* (New York: Alfred A. Knopf, 2015), p. 333.

4. 关于这一事件有不同的记录。马丁·吉尔伯特(*Israel: A History* [New York: Harper Perennial, 1998], pp. 118—119)认为莫因 6 日被杀,西纳什 4 日被杀。但其他的历史记录认为西纳什死在莫因被刺杀的前一天,因此两个事件存在因果关系。

5. Anita Shapira, trans. Anthony Berris, *Ben-Gurion: Father of Modern Israel* (New Haven and London: Yale University Press, 2014), p. 138.

6. Lawrence Epstein, *The Dream of Zion: The Story of the First Zionist Congress* (Lanham, MD: Rowman and Littlefield, 2016), p. 120.

7. Eric Lichtblau, "Surviving the Nazis, Only to Be Jailed by America," *New York Times* (February 7, 2015), http://www. nytimes. com/2015/02/08/sunday-review/surviving-the-nazis-only-to-be-jailed-by-america. html [Last viewed December 7, 2015].

8. Ibid.

9. Gilbert, *Israel: A History*, p. 121.

10. Yehuda Avner, interview with the author on October 24, 2012.

11. Gilbert, *Israel: A History*, pp. 138—139.

12. Hoffman, *Anonymous Soldiers*, p. 379.

13. Gilbert, *Israel：A History*, p. 145.

14. Ibid.

15. 不同学者给出的数据略有不同,柯林·辛德勒认为犹太人为 528000 人,阿拉伯人为 397000 人。Colin Shindler, *A History of Modern Israel*, 2nd ed. (New York：Cambridge University Press, 2013) p. 45.

16. Gilbert, *Israel：A History*, p. 149.

17. "CIA Report on the Consequences of the Partition of Palestine," p. 18. Copy on file with the author.

18. David McCullough, *Truman* (New York：Simon & Schuster, 1993), Kindle Edition, Locations 11804—11836.

19. Gilbert, *Israel：A History*, p. 150.

20. iCenter, "The Story of a Vote, Nov. 29, 1947," *iCenter* (November 4, 2012), http：//www. theicenter. org/voice/story-vote-nov-29-1947.

21. 对于这一事件的历史记录也存在不同版本:阿巴·埃班在自传中说,投票日期在 11 月 26 日(周二)和 11 月 27 日(周三)分别因为申请和阻挠而被推迟,周四是感恩节,因此最终投票日期为 11 月 29 日(周五)。埃班的传记作家 Asaf Siniver 说投票日期原计划在周三,但最终推迟到周六。安妮塔·沙皮拉在书中说是周五举行的投票,本尼·莫里斯说是在周六。

22. Asaf Siniver, *Abba Eban：A Biography* (New York and London：Overlook Duckworth, 2015), p. 91.

23. Shlomo Avineri, trans. Haim Watzman, *Herzl：Theodor Herzl and the Foundation of the Jewish State* (London：Weidenfeld and Nicolson, 2008), p. 141 (quoting Herzl's diary).

24. A. A. P. , "U. N. O. Passes Palestine Partition Plan," *Morning Herald* (December 1, 1947), http：//trove. nla. gov. au/ndp/del/article/134238148 ［Last viewed December 7, 2015］.

25. Amos Oz, trans. Nicholas de Lange, *A Tale of Love and Darkness* (Orlando：Harcourt, 2004), p. 359.

26. Ibid.

27. Michael Bar-Zohar, trans. Peretz Kidron, *Ben-Gurion：A Biography*, *The New Millennium Edition* (Israel：Weidenfeld and Nicolson, 2013), Kindle Edition, Location 3028.

28. Daniel Gordis, *Saving Israel：How the Jewish People Can Win a War That May Never End* (Hoboken, NJ：Wiley, 2009), p. 170. *Ha'aretz* attributed this language to Weizmann on December 15, 1947, just two weeks after the United Nations voted to partition Palestine.

29. Exodus 19：15.

30. Exodus 19:10.

31. Nadav Shragai, "The Legend of Ambushed Palmach Squad '35,'" *Ha'aretz* (April 27, 2009), http://www. haaretz. com/the-legend-of-ambushed-palmach-squad-35-1. 274876 [Last viewed December 7, 2015]. 第一个版本是本-古里安几天后在马帕伊党悼念这一事件的发言中提到的,本-古里安的信息来源显然是一位可能出现在现场但没有参与屠杀的阿拉伯人。第二个版本是61年后约卡南·本-雅科夫提供的,他出生在埃齐翁村,在这场战争中他失去了父母。

32. Tamar S. Drukker, "'I Am a Civil War': The Poetry of Haim Gouri," in Hugh Kennedy, ed., *Warfare and Poetry in the Middle East* (London: I. B. Tauris, 2013), pp. 242—243.

33. Mati Alon, *Holocaust and Redemption* (Victoria, BC: Trafford Publishing, 2013), p. 168.

34. Yossi Melman, "Jews, Just Like Arabs, Hid Weapons in Immoral Places," *Ha'aretz* (January 27, 2011).

35. Shapira, trans. Berris, *Israel: A History*, p. 161.

36. Ibid., pp. 157—158.

37. Benny Morris, *Righteous Victims: A History of the Zionist-Arab Conflict, 1881—2001* (New York: Vintage Books, 2001), Kindle Edition, Location 6208.

38. 本尼·莫里斯是国际知名的以色列"新历史学家",写了大量指责以色列过度使用军力的文章。但他认为在这一事件中,对国防军犯有强奸罪的指控站不住脚。多数当代历史学家认为死亡人数在100—120人之间。阿拉伯历史学家也改变了先前的看法,1987年,两位来自约旦河西岸城市拉马拉Birzeit大学的学者在对当事人采访基础上发布了一份报告,认为当时的死亡人数为107人,报告中没有提到强奸行为。报告内容和贝京的判断基本一致。Cf. Benny Morris, "The Historiography of Deir Yassin," *Journal of Israeli History: Politics, Society, Culture*, Vol. 24, No. 1(August 2006), p. 87. See also my more detailed summary of the battle and the ways in which it was used by various parties in *Menachem Begin: The Battle for Israel's Soul* (New York: Knopf Doubleday, 2014), Chapter 6, "Deadly Road to Jerusalem."

39. Gilbert, *Israel: A History*, pp. 179—180.

第八章

1. Bruce Hoffman, *Anonymous Soldiers: The Struggle for Israel: 1917—1947* (New York: Alfred A. Knopf, 2015) Kindle Edition, Location 8282.

2. Ariel Feldestein, "One Meeting—Many Descriptions: The Resolution on the Establishment of the State of Israel," *Israel Studies Forum*, Vol. 23, No. 2 (Winter 2008), p. 104.

3. Ibid.

4. Benny Morris, 1948: *The First Arab-Israeli War* (New Haven and London: Yale University Press, 2008), p. 177.

5. Ibid., p. 178.

6. "Israel's Declaration of Independence 1948," *Avalon Project*, http://avalon. law. yale. edu/20th_century/israel. asp [Last viewed December 7, 2015].

7. Anita Shapira, trans. Anthony Berris, *Israel: A History* (Waltham, MA: Brandeis University Press, 2012), p. 180.

8. II Samuel 23:3.

9. Yehudah Mirsky, "What Is a Nation-State For?" *Marginalia* (March 11, 2015), http://marginalia. lareviewofbooks. org/nation-state-yehudah-mirsky/ [Last viewed December 7, 2015].

10. Genesis 32:28.

11. Shapira, trans. Berris, *Israel: A History*, p. 164.

12. Amira Lam, "Peres Recalls Declaration of Independence: We Didn't Have Time to Celebrate," *Ynetnews. com* (December 21, 2014), http://www. ynetnews. com/articles/0,7340,L-4606090,00. html.

13. *Tekumah* (*Rebirth: The First Fifty Years*), an Israeli television series, first broadcast 1998, Channel 1, Episode 3 at 29:25.

14. Martin Gilbert, *Israel: A History* (New York: Harper Perennial, 1998), p. 192.

15. Morris, *1948*, p. 237.

16. Shapira, trans. Berris, *Israel: A History*, p. 165.

17. Colin Shindler, *A History of Modern Israel*, 2nd ed. (New York: Cambridge University Press, 2013), p. 55.

18. Gilbert, *Israel: A History*, pp. 207—208.

19. Morris, *1948*, p. 142.

20. Ibid., p. 159.

21. Ibid.

22. Ibid., p. 365.

23. Ibid., p. 266.

24. Ibid., p. 268.

25. 阿亚龙博物馆的展览上提到了捷克武器上的纳粹标志,这一点在本尼·莫里斯给作者的邮件中得到证实。他写道:"来自捷克的武器是德国标准的毛瑟枪和 MG 机枪。其中大量印有纳粹标志,可能是 1945 年 5 月为德国生产的武器。(捷克生产的梅塞施米特式战斗机也是同样情况)" E-mail, dated May 1, 2016, on file with the author.

26. See, for example, Eliezer Cohen, trans. Yonatan Gordis, *Israel's Best Defense: The First Full Story of the Israeli Air Force* (New York: Orion Books,

1993), pp. 7—60. See also *Above and Beyond* (Playmount Productions and Katahdin Productions, produced by Nancy Spielberg, 2015) at 15:20.

27. *Above and Beyond* at 38:20.

28. *Above and Beyond* at 43:00.

29. *Above and Beyond* at 50:40.

30. *Above and Beyond* at 51:30.

31. Translation by the author. Photograph of the memorandum on file with the author.

32. Jerold S. Auerbach, *Brothers at War: Israel and the Tragedy of the* Altalena (New Orleans: Quid Pro Books, 2011), p. 50.

33. Yehuda Lapidot, trans. Chaya Galai, "The *Altalena* Affair," *Etzel*, http://www. etzel. org. il/english/ac20. htm [Last viewed December 7, 2015].

34. Zvi Harry Hurwitz, *Begin: His Life, Words, and Deeds* (Jerusalem: Gefen Publishing, 2004), p. 27.

35. Avi Shilon, trans. Danielle Zilberberg and Yoram Sharett, *Menachem Begin: A Life* (New Haven and London: Yale University Press, 2007), p. 130.

36. Auerbach, *Brothers at War*, p. 109.

37. Michael Oren, "Did Israel Want the Six Day War?," *Azure* (Spring 5759/1999), p. 47.

38. Ibid.

39. Ilan Pappe, "A Post-Zionist Critique of Israel and the Palestinians, Part II: The Media," in *Journal of Palestine Studies* (Spring 1997), pp. 37—43, cited in Oren, "Did Israel Want the Six Day War?," p. 48.

40. Ari Shavit, *My Promised Land: The Triumph and Tragedy of Israel* (New York: Spiegel & Grau, 2013), p. 108.

41. Ibid., p. 132.

42. See Martin Kramer, "What Happened at Lydda," *Mosaic* (July 1, 2014), http://mosaicmagazine. com/essay/2014/07/what-happened-at-lydda/.

43. Benny Morris, "Zionism's 'Black Boxes,'" *Mosaic* (July 13, 2014), http://mosaicmagazine. com/response/2014/07/zionisms-black-boxes/ [Last viewed December 7, 2015].

44. Gilbert, *Israel: A History*, p. 218.

45. Nadav Man, "1st IDF Parade from Behind the Lens," *Ynetnews. com* (December 13, 2008), http://www. ynetnews. com/articles/0, 7340, L-3637748, 00. html [Last viewed December 7, 2015].

46. Ari Shavit, "Survival of the Fittest? An Interview with Benny Morris," *Ha'aretz* (January 8, 2004), http://www. haaretz. com/survival-of-the-fttest-1. 61345

[Last viewed December 7, 2015].

　　47. Shilon, trans. Zilberberg and Sharett, *Menachem Begin: A Life*, p. 137.

　　48. Shapira, trans. Berris, *Israel: A History*, p. 172.

　　49. Morris, *1948*, p. 406.

第九章

　　1. Pinhas Alpert and Dotan Goren, eds. , *Diary of a Muchtar in Jerusalem: The History of the Beit Yisrael Neighborhood and its Surroundings in the Writings of Rabbi Moshe Yekutiel Alpert* (*1938—1952*) (Ramat Gan, Israel: Bar Ilan University Press, 2013), pp. 173—174 [In Hebrew]. English translation from Vered Kellner, "Longings and Disappointments: A Voter in Exile in New York," *Ha'aretz* (January 18, 2013), http://www. haaretz. com/opinion/longings-and-disappointments-a-voter-in-exile-in-new-york. premium-1. 494743 [Last viewed August 5, 2016].

　　2. Vered Kellner, "Longings and Disappointments: A Voter in Exile in New York," *Ha'aretz* (January 18, 2013), online at http://www. haaretz. com/opinion/longings-and-disappointments-a-voter-in-exile-in-new-york. premium-1. 494743 [Last viewed August 5, 2016].

　　3. Jewish Telegraphic Agency, "Israel to Vote Today in First National Elections; Campaign Reaches High Peak" (January 25, 1949), http://www. jta. org/1949/01/25/archive/israel-to-vote-today-in-first-national-elections-cam paign-reaches-high-peak [Last viewed December 7, 2015].

　　4. *Tekumah* (*Rebirth: The First Fifty Years*), an Israeli television series, first broadcast 1998, Channel 1, Episode 21 at 00:35.

　　5. "Moving Ceremony Marks Reburial of Herzl's Remains; Israeli Cabinet in Full Attendance," *Jewish Telegraphic Agency*, http://www. jta. org/1949/08/18/archive/moving-ceremony-marks-reburial-of-herzls-remains-israeli-cabinet-in-full-attendance.

　　6. Theodor Herzl, trans. I. M. Lask, *The Jewish State* (Tel Aviv: M. Newman Publishing House, 1954), p. 137.

　　7. Ibid. , p. 151.

　　8. JTA, " Of Weizmann's Address Opening Session of Israeli Constituent Assembly" (February 15, 1949), http://www. jta. org/1949/02/15/archive/of-chaim-weizmanns-address-opening-session-of-israeli-constituent-assembly [Last viewed December 7, 2015].

　　9. Ibid.

　　10. Ibid.

　　11. Robert Frost, "The Death of the Hired Man" (North of Boston, 1915), *Bartleby. com*, http://www. bartleby. com/118/3. html [Last viewed December 7,

2015].

12. Anita Shapira, trans. Anthony Berris, *Israel: A History* (Waltham, MA: Brandeis University Press, 2012), p. 208.

13. "Displacement of Jews from Arab Countries 1948—2012," *Justice for Jews from Arab Countries*, http://www. justiceforjews. com/main_facts. html [Last viewed December 7, 2015].

14. Colin Shindler, *A History of Modern Israel*, 2nd ed. (New York: Cambridge University Press, 2013), p. 64.

15. Shapira, trans. Berris, *Israel: A History*, Kindle Edition, Locations 5437—5443.

16. Shindler, *A History of Modern Israel*, p. 93.

17. Golda Meir, *My Life* (New York: Dell Publishing, 1975), pp. 250—251.

18. Esther Meir-Glitzenstein, "Operation Magic Carpet: Constructing the Myth of the Magical Immigration of Yemenite Jews to Israel," *Israel Studies*, Vol. 16, No. 3 (Fall 2011), p. 150.

19. Shapira, trans. Berris, *Israel: A History*, Kindle Edition, Location 5453.

20. Israel Ministry of Foreign Affairs, "Fifty Years of Education in the State of Israel," http://www. mfa. gov. il/mfa/aboutisrael/israelat50/pages/fifty% 20years% 20of% 20education% 20in% 20the% 20state% 20of% 20israel. aspx.

21. Herzl, trans. Lask, *The Jewish State*, p. 16.

22. Shindler, *A History of Modern Israel*, p. 94.

23. Shapira, trans. Berris, *Israel: A History*, p. 231.

24. Seth J. Frantzman, "David Ben-Gurion, Israel's Segregationist Founder," *Forward* (May 18, 2015), http://forward. com/opinion/israel/308306/ben-gurion-israels-segregationist-founder/ [Last viewed December 8, 2015].

25. Ibid.

26. Nir Kedar, "Ben-Gurion's Mamlakhtiyut: Etymological and Theor-etical Roots," *Israel Studies*, Vol. 7, No. 3 (Fall 2002), p. 129.

27. *Tekumah*, Episode 17 at 12:00.

28. Shapira, trans. Berris, *Israel: A History*, p. 199.

29. Tamara Traubman, "A Mystery That Defes Solution," *Ha'aretz* (November 5, 2001), http://www. haaretz. com/print-edition/news/a-mystery-that-defes-solution-1. 73913 [Last viewed December 8, 2015].

30. Moshe Reinfeld, "State Commission: Missing Yemenite Babies Not Kidnapped," *Ha'aretz* (November 4, 2001), http://www. haaretz. com/news/state-commission-missing-yemenite-babies-not-kidnapped-1. 73778 [Last viewed December 8, 2015].

31. "15,000％ Growth in Army Exemptions for Yeshiva Students since 1948," Hiddush website, http://hiddush. org/article-2338-0-15000Growth _ in _ army _ exemptions_for_yeshiva_students_since1948. aspx [Last viewed December 9, 2015].

32. *Tekumah*, Episode 11 at 31:45.

33. *Tekumah*, Episode 11 at 20:15.

34. Shapira, trans. Berris, *Israel: A History*, p. 197.

35. David Ben-Gurion, *Like Stars and Dust: Essays from Israel's Government Year Book* (Ramat Gan, Israel: Masada Press, 1976), p. 147. The translation from the Hebrew by the author. This passage also appears in my *Saving Israel: How the Jewish People Can Win a War That May Never End* (Hoboken, NJ: Wiley, 2009), p. 154.

36. Jacob Blaustein, "The Voice of Reason: Address by Jacob Blaustein, President, The American Jewish Committee, at the Meeting of Its Executive Committee, April 29, 1950," *American Jewish Committee Archives*, http://www. ajcarchives. org/AJC_DATA/Files/507. PDF, p. 11. [Last viewed December 8, 2015]. Italics in original, p. 9.

37. Walter Isaacson, *Einstein: His Life and Universe* (New York: Simon & Schuster Paperbacks, 2007), p. 520.

38. Ibid.

39. Blaustein, "The Voice of Reason," p. 11. Italics original.

40. Ibid., p. 10. Italics original.

41. Shapira, trans. Berris, *Israel: A History*, p. 179.

第十章

1. Anita Shapira, trans. Anthony Berris, *Israel: A History* (Waltham, MA: Brandeis University Press, 2012), p. 274.

2. 关于以色列人死亡人数存在很大争议。马丁·吉尔伯特认为 967 名以色列人死于这些袭击。(Martin Gilbert, *The Routledge Atlas of the Arab-Israeli Conflict* [New York: Routledge, 2005], p. 58.)但本尼·莫里斯说这个数字"纯粹是胡说"。(Benny Morris, *Israel's Border Wars, 1949—1956: Arab Infiltration, Israeli Retaliation, and the Countdown to the Suez War* [Oxford: Oxford University Press, 1993], p. 101.)保守估计有几百人。

3. Morris, *Israel's Border Wars, 1949—1956*, Kindle Edition, Locations 3037—3049.

4. Ibid., Locations 3123—3128.

5. Martin Gilbert, *Israel: A History* (New York: Harper Perennial, 1998), pp. 289—290.

6. S. Yizhar, trans. Nicolas de Lange and Yaacob Dweck, *Khirbet Khizeh: A*

Novel (New York: Farrar, Straus and Giroux, 2014), p. 100.

7. Ibid., pp. 103—104.

8. Noah Efron, "The Price of Return," *Ha'aretz* (November 23, 2008), http://www. haaretz. com/news/the-price-of-return-1. 258035 [Last viewed December 8, 2015].

9. Robert Slater, *Warrior Statesman: The Life of Moshe Dayan* (New York: St. Martin's Press, 1991), p. 149.

10. Morris, *Israel's Border Wars, 1949—1956*, Locations 3037—3049.

11. David Landau, *Arik: The Life of Ariel Sharon* (New York: Alfred A. Knopf, 2013), p. 7.

12. Gilbert, *Israel: A History*, p. 292.

13. Zvi Ganin, *An Uneasy Relationship: American Jewish Leadership and Israel, 1948—1957* (Syracuse, NY: Syracuse University Press, 2005), pp. 190—191.

14. Landau, *Arik*, pp. 26—27.

15. Morris, *Israel's Border Wars, 1949—1956*, Locations 3293—3299.

16. Translation from Mitch Ginsburg, "When Moshe Dayan Delivered the Defning Speech of Zionism," *Times of Israel* (April 26, 2016), http://www. timesofisrael. com/when-moshe-dayan-delivered-the-defning-speech-of-zionism/ [Last viewed on May 8, 2016]. See also Aluf Benn, "Doomed to Fight" (May 9, 2011), *Ha'aretz*, http://www. haaretz. com/weekend/week-s-end/doomed-to-fght-1. 360698 [Last viewed December 8, 2015].

17. Ginsburg, "When Moshe Dayan Delivered the Defning Speech of Zionism." See also Chemi Shalev, "Moshe Dayan's Enduring Gaza Eulogy: This Is the Fate of Our Generation," *Ha'aretz* (July 20, 2014), http://www. haaretz. com/blogs/west-of-eden/. premium-1. 606258 [Last viewed December 8, 2015].

18. Morris, *Israel's Border Wars, 1949—1956*, Locations 208—213.

19. Ibid.

20. Howard M. Sachar, *A History of Israel: From the Rise of Zionism to Our Time* (New York: Alfred A. Knopf, 1979), p. 486.

21. Ibid., p. 487.

22. Gilbert, *Israel: A History*, p. 315.

23. Ibid., p. 317.

24. Morris, *Israel's Border Wars, 1949—1956*, Location 7962.

25. Michael B. Oren, "The Second War of Independence," *Azure*, No. 27 (Winter 5767/2007).

26. Sachar, *A History of Israel*, p. 483.

27. Gilbert, *Israel: A History*, pp. 326—327.

28. Golda Meir, *My Life* (New York: Dell Publishing, 1975), p. 59.

29. Yehuda Avner, *The Prime Ministers: An Intimate Narrative of Israeli Leadership* (Jerusalem: Toby Press, 2010), Kindle Edition, Locations 1822—1829.

30. Ibid.

第十一章

1. David Mikics, "Holocaust Pulp Fiction," *Tablet Magazine* (April 19, 2012), http://www. tabletmag. com/jewish-arts-and-culture/books/97160/ka-tzetnik.

2. Deborah E. Lipstadt, *The Eichmann Trial* (New York: Knopf Doubleday, 2011), p. 3.

3. Ibid., pp. 21—22.

4. Ibid., pp. 24—25.

5. Ibid., p. 29.

6. Martin Gilbert, *Israel: A History* (New York: Harper Perennial, 1998), p. 337.

7. George Lavy, *Germany and Israel: Moral Debt and National Interest* (London: Frank Cass, 1996), p. 7.

8. Menachem Begin, *White Nights: The Story of a Prisoner in Russia* (New York: HarperCollins, 1979), p. 265.

9. Daniel Gordis, *Menachem Begin: The Battle for Israel's Soul* (New York: Knopf Doubleday, 2014), p. 104.

10. Gilbert, *Israel: A History*, p. 280.

11. Seth M. Siegel, *Let There Be Water: Israel's Solution for a Water-Starved World* (New York: Thomas Dunne Books, 2015), p. 40.

12. Seth M. Siegel, "50 Years Later, National Water Carrier Still an Inspiration," *Ynetnews. com* (September 6, 2014), http://www. ynet news. com/articles/0,7340,L-4528200,00. html [Last viewed on May 10, 2016].

13. *Tekumah (Rebirth: The First Fifty Years)*, an Israeli television series, first broadcast 1998, Channel 1, Episode 17 at 20:15.

14. Assaf Inbari, *HaBaita* (Tel Aviv: Yediyot Sefarim, 2009), pp. 169—170, 178 [Translations by Daniel Gordis].

15. Elad Zeret, "Kastner's Killer: I Would Never Have Shot Him Today," *Ynetnews. com* (October 29, 2014), http://www. ynetnews. com/articles/0,7340,L-4585767,00. html [Last viewed December 8, 2015].

16. Yossi Klein Halevi, *Like Dreamers: The Story of the Israeli Paratroopers Who Reunited Jerusalem and Divided a Nation* (New York: HarperCollins, 2013), p. 42.

17. Ari Shavit, *My Promised Land: The Triumph and Tragedy of Israel* (New

York： Spiegel & Grau，2013），pp. 179—180.

18. Lipstadt，*The Eichmann Trial*，p. 34.

19. David Ben-Gurion，"The Eichmann Case as Seen by Ben-Gurion," *New York Times*（December 18，1960），http://timesmachine. nytimes. com/timesmachine/1960/12/18/99904385. html? pageNumber＝182［Last viewed December 8，2015］.

20. Lipstadt，*The Eichmann Trial*，p. 36.

21. Ibid.，p. 53.

22. Ibid.，p. 78.

23. Ibid.

24. Ibid.，pp. 97—98.

25. Ibid.

26. "Planet Auschwitz"（filmed testimony of Yehiel De-Nur at Eichmann trial），https://www. youtube. com/watch? v＝o0T9tZiKYl4.

27. Oz Almog，*The Sabra*（Berkeley：University of California Press，2000），p. 84.

28. Yair Lapid，trans. Evan Fallenberg，*Memories After My Death*：*The Joseph (Tommy) Lapid Story*（London：Elliott & Thompson Limited，2011），pp. 131—132.

29. Ibid.

30. Lipstadt，*The Eichmann Trial*，pp. 80—81.

31. Haim Hazaz，*The Sermon and Other Stories*（Jerusalem：Toby Press，2005），p. 237.

第十二章

1. Jewish Agency，"The Massive Immigration," http://www. jewishagency. org/he/historical-aliyah/content/22097［Last viewed December 10，2015］［In Hebrew］.

2. 这首歌有很多翻译版本,这里是作者自己的译文。

3. 2004 年,拿俄米·舍莫尔临终前承认这首歌的旋律取自一首巴斯克摇篮曲。Tom Segev，"In Letter，Naomi Shemer Admitted Lifting 'Jerusalem of Gold' Tune," *Ha'aretz*（May 5，2005），http://www. haaretz. com/news/in-letter-naomi-shemer-admitted-lifting-jerusalem-of-gold-tune-1.157851［Last viewed December 8，2015］.

4. Yossi Klein Halevi，*Like Dreamers*：*The Story of the Israeli Paratroopers Who Reunited Jerusalem and Divided a Nation*（New York：HarperCollins，2013），p. 58.

5. Ibid.，p. 31.

6. Ibid.，p. 34.

7. Michael B. Oren，*Six Days of War*：*June* 1967 *and the Making of the Modern Middle East*（Oxford：Oxford University Press，2002），p. 63.

8. Ibid.

9. Ibid.，p. 368.

10. Abba Eban，*Abba Eban*：*An Autobiography*（Lexington，MA：Plunkett Lake

Press，2015），Kindle Edition，Location 7223.

11. Ibid.，Location 7352.

12. Oren，*Six Days of War*，p. 133.

13. Yehuda Avner，*The Prime Ministers：An Intimate Narrative of Israeli Leadership*（Jerusalem：Toby Press，2010），p. 148.

14. Ibid.

15. Oren，*Six Days of War*，p. 132.

16. Avner，*The Prime Ministers*，p. 148.

17. Oren，*Six Days of War*，p. 134.

18. Martin Gilbert，*Israel：A History*（New York：Harper Perennial，1998），p. 377.

19. Avraham Avi-hai，"The POSTman Knocks Twice：Yitzhak Rabin，Man of Contradictions，" *Jerusalem Post*（September 11，2014），http://www. jpost. com/ Opinion/The-POSTman-Knocks-Twice-Yitzhak-Rabin-man-of-contradictions-375134 [Last viewed March 23，2016].

20. Halevi，*Like Dreamers*，p. 57.

21. Samuel G. Freedman，*Jew vs. Jew：The Struggle for the Soul of American Jewry*（New York：Simon & Schuster，2001），p. 164. Michael Oren，*Power，Faith，and Fantasy：America in the Middle East，1776 to the Present*（New York：W. W. Norton，2007），p. 536.

22. Ibid.，p. 319.

23. Gilbert，*Israel：A History*，p. 373.

24. Anita Shapira，trans. Anthony Berris，*Israel：A History*（Waltham，MA：Brandeis University Press，2012），p. 298.

25. Avner，*The Prime Ministers*，p. 135.

26. Tom Segev，trans. Jessica Cohen，*1967：Israel，the War，and the Year That Transformed the Middle East*（New York：Henry Holt，2005），p. 15. 我对此处希伯来语的英译略有修改。

27. Gilbert，*Israel：A History*，p. 378.

28. 对该事件发生的时间和具体内容有不同的记录，读者可以比较沙皮拉、奥伦和吉尔伯特对该事件记录的差异。本书参考的是迈克尔·奥伦的版本。

29. Daniel Gordis，*Menachem Begin：The Battle for Israel's Soul*（New York：Knopf Doubleday，2014），p. 126.

30. Oren，*Six Days of War*，p. 176.

31. Avner，*The Prime Ministers*，pp. 156—158.

32. Halevi，*Like Dreamers*，p. 69.

33. Oren，*Six Days of War*，p. 222.

34. Ibid.，p. 88.

35. Gilbert, *Israel: A History*, p. 391.

36. Ibid., p. 392.

37. Ibid.

38. Oren, *Six Days of War*, p. 307.

39. Gershom Gorenberg, *The Accidental Empire: Israel and the Birth of the Settlements, 1967—1977* (New York: Henry Holt, 2006), p. 2.

40. Michael Oren, "Did Israel Want the Six Day War?," *Azure* (Spring 5759/1999), p. 49.

41. Ibid., p. 50.

42. Ibid., p. 51.

43. *Tekumah (Rebirth: The First Fifty Years)*, an Israeli television series, first broadcast 1998, Channel 1, Episode 19 at 20:35.

44. *Tekumah*, Episode 20 at 25:45.

45. Halevi, *Like Dreamers*, p. 98.

第十三章

1. Yossi Klein Halevi, *Like Dreamers: The Story of the Israeli Paratroopers Who Reunited Jerusalem and Divided a Nation* (New York: HarperCollins, 2013), p. 111.

2. Gershom Gorenberg, *The Accidental Empire: Israel and the Birth of the Settlements, 1967—1977* (New York: Henry Holt, 2006), p. 86.

3. Ibid., p. 43.

4. Ibid., p. 85.

5. Tsur Ehrlich, "Nathan the Wise," *Azure*, No. 28 (Spring 5767/2007), http://azure. org. il/include/print. php? id=445 [Last viewed December 8, 2015].

6. Halevi, *Like Dreamers*, p. 119.

7. Translation of Leibowitz's letter, which is reproduced on numerous websites, by the author.

8. Halevi, *Like Dreamers*, p. 94.

9. Ibid., p. 152.

10. Ibid., pp. 140—142.

11. Gorenberg, *The Accidental Empire*, p. 113.

12. Halevi, *Like Dreamers*, pp. 145—146.

13. Ibid.

14. Benny Morris, *Righteous Victims: A History of the Zionist-Arab Conflict, 1881—2001* (New York: Vintage Books, 2001), p. 335.

15. *Tekumah (Rebirth: The First Fifty Years)*, an Israeli television series, first broadcast 1998, Channel 1, Episode 14 at 4:50.

16. Halevi，*Like Dreamers*，pp. 96—97.

17. Ibid.，p. 101.

18. Translation by the author.

19. Martin Gilbert，*Israel：A History*（New York：Harper Perennial，1998），p. 393.

20. Gorenberg，*The Accidental Empire*，pp. 61—62.

21. Ghassan Kanafani，*Palestine's Children：Returning to Haifa and Other Stories*（Boulder，CO：Lynne Rienner，2000），p. 151.

22. 网上有巴解组织宪章不同的翻译版本，本书参考的是犹太虚拟图书馆（Jewish Virtual Library）的译本。

23. Mahmoud Darwish，"Identity Card，" http：//www. barghouti. com/poets/darwish/bitaqa. asp.

24. "The Khartoum Resolutions，" Ministry of Foreign Affairs of Israel（September 1，1967），http：//www. mfa. gov. il/mfa/foreignpolicy/peace/guide/pages/the％20khartoum％20resolutions. aspx［Last viewed December 8，2015］.

第十四章

1. Martin Gilbert，*Israel：A History*（New York：Harper Perennial，1998），p. 423.

2. Howard M. Sachar，*A History of Israel：From the Rise of Zionism to Our Time*（New York：Alfred A. Knopf，1979），p. 744.

3. David Landau，*Arik：The Life of Ariel Sharon*（New York：Alfred A. Knopf，2013），p. 75.

4. Ze'ev Schiff，*A History of the Israeli Army：1874 to the Present*（London：Macmillan，1985），p. 246.

5. *Tekumah（Rebirth：The First Fifty Years）*，an Israeli television series，first broadcast 1998，Channel 1，Episode 9 at 36：20.

6. Anita Shapira，trans. Anthony Berris，*Israel：A History*（Waltham，MA：Brandeis University Press，2012），Kindle Edition，Locations 7794—7795.

7. Sachar，*A History of Israel*，p. 748.

8. *Tekumah*，Episode 9 at 43：18.

9. William B. Quandt，*Peace Process：American Diplomacy and the Arab-Israeli Conflict Since 1967*（Washington，DC：Brookings Institution，2005），p. 101.

10. "Kissinger and Ismail Conduct Secret Meetings，" Center for Israel Education，http：//israeled. org/kissinger-ismail-conduct-secret-meetings/［Last viewed December 8，2015］.

11. Quandt，*Peace Process*，p. 455.

12. Mordechai Bar-On, *Moshe Dayan: Israel's Controversial Hero* (New Haven and London: Yale University Press, 2012), p. 156.

13. *Tekumah*, Episode 10 at 8:07.

14. Mitch Ginsburg, "Mossad's Tip-Off Ahead of Yom Kippur War Did Not Reach Prime Minister, Newly Released Papers Show," *Times of Israel* (September 20, 2012), http://www. timesofisrael. com/newly-released-papers-detail-depth-of-mishandling-of-yom-kippur-war-warnings/ [Last viewed December 8, 2015].

15. Gilbert, *Israel: A History*, p. 432.

16. Landau, *Arik*, p. 98.

17. Benny Morris, *Righteous Victims: A History of the Zionist-Arab Conflict, 1881—2001* (New York: Vintage Books, 2001), p. 416.

18. Shapira, trans. Berris, *Israel: A History*, p. 330.

19. Gilbert, *Israel: A History*, p. 440.

20. Herbert Druks, *The Uncertain Alliance: The U. S. and Israel from Kennedy to the Peace Process* (Westport, CT: Greenwood Press, 2001), p. 113.

21. Amir Oren, "CIA Report on Yom Kippur War: Israel Had Nuclear Arsenal," *Ha'aretz* (February 13, 2013), http://www. haaretz. com/news/diplomacy-defense/cia-report-on-yom-kippur-war-israel-had-nuclear-arsenal. premium-1. 501101 [Last viewed December 8, 2015].

22. *Tekumah*, Episode 10 at 32:00.

23. Gilbert, *Israel: A History*, p. 442.

24. Abraham Rabinovich, *The Yom Kippur War: The Epic Encounter That Transformed the Middle East* (New York: Schocken Books, 2004), p. 497.

25. Gilbert, *Israel: A History*, p. 460.

26. Motti Regev and Edwin Seroussi, *Popular Music and National Culture in Israel* (Berkeley: University of California Press, 2004), p. 67.

27. Translation from the Hebrew by the author.

28. Rabinovich, *The Yom Kippur War*, p. 499.

29. Robert Slater, *Rabin: 20 Years After* (Israel: KIP-Kotarim International Publishing, 2015).

30. *Tekumah*, Episode 20 at 37:55.

31. *Tekumah*, Episode 7 at 45:30.

32. Assaf Inbari, *HaBaita* (Tel Aviv: Yediyot Sefarim, 2009), p. 242 [Translations by Daniel Gordis].

33. 1982年的黎巴嫩战争算是例外,以色列军队和叙利亚军队进行了正面交锋,但没有发展成为两国之间的全面战争。

34. *Tekumah*, Episode 13 at 11:40.

35. Gil Troy, *Moynihan's Moment：America's Fight Against Zionism as Racism* (Oxford：Oxford University Press，2013)，p. 18.

第十五章

1. Yehuda Avner, *The Prime Ministers：An Intimate Narrative of Israeli Leadership* (Jerusalem：Toby Press，2010)，p. 606.

2. Ben Shalev, "Zohar Argov's Flower That Launched a Million Cassettes," *Ha'aretz* (May 4，2012)，http://www. haaretz. com/weekend/week-s-end/zohar-argov-s-flower-that-launched-a-million-cassettes-1. 428235 ［Last viewed December 8，2015］.

3. Nir Hasson, "Jerusalem Neighborhood to Name Streets in Honor of Mizrahi Black Panthers," *Ha'aretz* (June 14，2011)，http://www. haaretz. com/jerusalem-neighborhood-to-name-streets-in-honor-of-mizrahi-black-panthers-1. 369313 ［Last viewed March 23，2016］.

4. Albert Einstein, "New Palestine Poetry：Visit of Menachem Begin and Aims of Political Movement Discussed," *New York Times* (December 4，1948)，https://archive. org/details/AlbertEinstein Letter To The New York Times. December41948.

5. 在第五届议会上，贝京提出应该逐步解除在以色列阿拉伯人生活区的军事法。他认为该法律侵犯了个人自由权，也违反了以色列国家的属性。他强调："一个自由国家最基本的原则就是军事指挥官管理军人，平民管理平民。" Avi Shilon, trans. Danielle Zilberberg and Yoram Sharett, *Menachem Begin：A Life* (New Haven and London：Yale University Press，2007)，p. 191.

6. Daniel Gordis, *Menachem Begin：The Battle for Israel's Soul* (New York：Knopf Doubleday，2014)，p. 88.

7. Menachem Begin, trans. Shmuel Katz, ed. Ivan M. Greenberg, *The Revolt：Story of the Irgun* (Bnei-Brak, Israel：Steimatzky Group，1952)，p. 78.

8. Ned Temko, *To Win or to Die：A Personal Portrait of Menachem Begin* (New York：William Morrow，1987)，p. 146.

9. Anita Shapira, trans. Anthony Berris, *Israel：A History* (Waltham, MA：Brandeis University Press，2012)，p. 357.

10. Assaf Inbari, *HaBaita* (Tel Aviv：Yediyot Sefarim，2009)，p. 248 ［Translations by Daniel Gordis］.

11. Israeli Broadcasting Authority (IBA)，May 30，1977. The Hebrew can be translated, equally correctly, either as "in the style of a good Jew," or "in a good Jewish style."

12. Benjamin Beit Halachmi, *Despair and Deliverance：Private Salvation in Contemporary Israel* (Albany：State University of New York Press，1992)，p. 55.

13. Gordis, *Menachem Begin*，p. 159.

14. Martin Gilbert, *Israel: A History* (New York: Harper Perennial, 1998), p. 489.

15. Shapira, trans. Berris, *Israel: A History*, p. 367.

16. Gordis, *Menachem Begin*, p. 171.

17. Ofer Grosbard, *Menachem Begin: The Absent Leader* (Haifa: Strategic Research and Policy Center, National Defense College, IDF, 2007), p. 271.

18. Mohamed Fadel Fahmy, "30 Years Later, Questions Remain Over Sadat Killing, Peace with Israel," CNN (October 7, 2011), http://edition. cnn. com/2011/10/06/world/meast/egypt-sadat-assassination/ [Last viewed December 8, 2015].

19. 讽刺的是,大多数反对者都不是加沙居民。

20. Gershom Gorenberg, *The Accidental Empire: Israel and the Birth of the Settlements, 1967—1977* (New York: Henry Holt, 2006), p. 361.

21. Temko, *To Win or to Die*, p. 198.

22. Hal Brands and David Palkki, "Saddam, Israel, and the Bomb: Nuclear Alarmism Justified?" *International Security*, Vol. 36, No. 1 (Summer 2011), p. 133.

23. Ibid., p. 146.

24. "Israel's Illusion," *New York Times* (June 9, 1981), http://www. nytimes. com/1981/06/09/opinion/israel-s-illusion. html [Last viewed December 8, 2015].

25. Gordis, *Menachem Begin*, p. 192.

26. Joseph Kraft, "For Begin, the End? He Should Be Voted Out for Raid That Further Isolates Israel," *Los Angeles Times* (June 11, 1981).

27. "United Nations Security Council Resolution 487 (1981)," United Nations, http://www. un. org/documents/ga/res/36/a36r027. htm [Last viewed December 8, 2015].

28. Moshe Fuksman-Sha'al, ed., trans. Ruchie Avital, "Dick Cheney Letter to Menachem Begin," *Israel's Strike Against the Iraqi Nuclear Reactor 7 June* 1981 (Jerusalem: Menachem Begin Heritage Center, 2003), p. 77.

29. Dan Raviv and Yossi Melman, *Spies Against Armageddon: The Mossad and the Intelligence Community* (Israel: Yediot Ahronoth Books, 2012), p. 334.

30. Gadi Bloom and Nir Hefez, *Ariel Sharon: A Life* (New York: Random House, 2006), p. 213.

31. "Middle East: A Sabbath of Terror," *Time* (March 20, 1978), http://www. time. com/time/magazine/article/0,9171,919454,00. html.

32. Avner, *The Prime Ministers*, p. 606.

33. Temko, *To Win or to Die*, pp. 283—284.

34. Thomas L. Friedman, *From Beirut to Jerusalem* (New York: Farrar, Straus and Giroux, 1989), p. 162.

35. *Tekumah* (*Rebirth: The First Fifty Years*), an Israeli television series, first

broadcast 1998，Channel 1，Episode 20 at 45：50. The speaker was Letty Cottin Pogrebin，editor of *Ms.* Magazine.

36. Gadi Bloom and Nir Hefez，*Ariel Sharon：A Life*（New York：Random House，2006），pp. 246—247.

37. Matti Friedman，*Pumpkin Flowers：A Soldier's Story*（Chapel Hill，NC：Algonquin，2016），p. 188.

38. 不少人提到以色列发射了照明弹，比如托马斯·弗里德曼，参见 Thomas Friedman，*From Beirut to Jerusalem*，p. 161。

39. Nirit Anderman，"Israeli Film on Lebanon War 'Waltz with Bashir' Shown in Beirut，" *Ha'aretz*（January 21，2009），http://www. haaretz. com/news/israeli-film-on-lebanon-war-waltz-with-bashir-shown-in-beirut-1. 268524 ［Last viewed December 8，2015］.

40. Dan Meridor，interview with the author，January 2，2013.

41. Michael B. Oren，*Ally：My Journey Across the American-Israeli Divide*（New York：Random House，2015），p. 27.

42. Shilon，trans. Zilberberg and Sharett，*Menachem Begin：A Life*，pp. 374—375.

第十六章

1. Ari Shavit，*My Promised Land：The Triumph and Tragedy of Israel*（New York：Spiegel & Grau，2013），p. 276.

2. Ibid.，p. 278.

3. Nathan Brown，Amr Hamzawy，and Marina Ottaway，"Islamist Movements and the Democratic Process in the Arab World：Exploring the Gray Zones，" *Carnegie Papers*，No. 67（March 2006），http://carnegieen-dowment. org/files/CP67. Brown. FINAL. pdf［Last viewed December 9，2015］.

4. The Hamas Charter is widely available online. See，for example，http://www. acpr. org. il/resources/hamascharter. html.

5. Benny Morris，*Righteous Victims：A History of the Zionist-Arab Conflict，1881—2001*（New York：Vintage Books，2001），Kindle Edition，Locations 13929—13937.

6. *Tekumah（Rebirth：The First Fifty Years）*，an Israeli television series，first broadcast 1998，Channel 1，Episode 18 at 3：50.

7. *Tekumah*，Episode 18 at 16：25.

8. Martin Gilbert，*Israel：A History*（New York：Harper Perennial，1998），pp. 533—534.

9. Morris，*Righteous Victims*，Location 6313.

10. Ibid.，Locations 14578—14596. See also http://www. nytimes. com/1988/08/

01/world/hussein-surrenders-claims-west-bank-plo-us-peace-plan-jeo-pardy-internal-tensions. html.

11. Morris, *Righteous Victims*, Locations 14501—14503.

12. Gilbert, *Israel: A History*, pp. 538—539.

13. Joel Greenberg, "Yeshayahu Leibowitz, 91, Iconoclastic Israeli Thinker," *New York Times* (August 19, 1994), http://www. nytimes. com/1994/08/19/obituaries/yeshayahu-leibowitz-91-iconoclastic-israeli-thinker. html [Last viewed December 9, 2015].

14. David Ellenson and Daniel Gordis, ed. Aron Rodrigue and Steven J. Zipperstein, *Pledges of Jewish Allegiance: Conversion, Law, and Policymaking in Nineteenth- and Twentieth-Century Orthodox Responsa* (Stanford, CA: Stanford University Press, 2012), pp. 151—158.

15. Howard M. Lenhoff and Jerry L. Weaver, *Black Jews, Jews, and Other Heroes: How Grassroots Activism Led to the Rescue of the Ethiopian Jews* (Jerusalem: Gefen Publishing House, 2007), pp. 42—43.

16. Daniel Gordis, *Menachem Begin: The Battle for Israel's Soul* (New York: Knopf Doubleday, 2014), pp. 144—145.

17. Gilbert, *Israel: A History*, p. 552.

18. Jeff Jacoby, "Would Rabin Have Pulled the Plug on a 'Peace Process' That Failed?" *Boston Globe* (October 22, 2015), http://www. bostonglobe. com/opinion/2015/10/22/would-rabin-have-pulled-plug-peace-process-that-fai-led/fgHF1Y8bkh7leSbtgHfleL/story. html [Last viewed December 9, 2015].

19. Moshe Ya'alon, *The Longer Shorter Way* (Tel Aviv: Yedioth Ahronoth Books and Chemed Books, 2007). p. 82 [In Hebrew]. Also discussed in English in David M. Weinberg, "Yitzhak Rabin Was 'Close to Stopping the Oslo Process,'" *Jerusalem Post* (October 17, 2013), http://www. jpost. com/Opinion/Columnists/Yitzhak-Rabin-was-close-to-stopping-the-Oslo-process-329064.

20. Weinberg, "Yitzhak Rabin Was 'Close to Stopping the Oslo Process.'"

21. Gilbert, *Israel: A History*, pp. 569—570.

22. Ibid., p. 572.

23. Ibid., p. 584.

24. *Tekumah*, Episode 22 at 00:20.

25. Ibid., p. 587.

26. Ibid.

第十七章

1. King Hussein's eulogy at Rabin's funeral, November 6, 1995. Transcript

available at http://www. mfa. gov. il/mfa/mfa-archive/1995/pages/rabin％20funeral-％20eulogy％20by％20king％20hussein. aspx.

2. "Clinton to Lead U. S. Delegation," CNN (November 5, 1995), http://edition. cnn. com/WORLD/9511/rabin/clinton/index. html [Last viewed December 9, 2015].

3. Jeff Jacoby, "Would Rabin Have Pulled the Plug on a 'Peace Process' That Failed?" *Boston Globe* (October 22, 2015), http://www. bostonglobe. com/opinion/2015/10/22/would-rabin-have-pulled-plug-peace-process-that-fai-led/fgHF1Y8bkh7leSb tgHfleL/story. html [Last viewed December 9, 2015].

4. Martin Gilbert, *Israel: A History* (New York: Harper Perennial, 1998), p. 593.

5. Matti Friedman, *Pumpkin Flowers* (Chapel Hill: Algonquin Books, 2016), p. 155.

6. Ibid.

7. Ibid., p. 181.

8. "Dennis Ross and Gidi Grinstein, Reply by Hussein Agha and Robert Malley," *New York Review of Books* (September 20, 2001), http://www. nybooks. com/articles/archives/2001/sep/20/camp-david-an-exchange/ [Last viewed December 9, 2015].

9. 对于谈判崩溃的原因，自然会有不同的看法。即使在以色列人中，有些学者也不接受 Ross-Barak 的解释，而是认为巴拉克负有责任。

10. Colin Shindler, *A History of Modern Israel*, 2nd ed. (New York: Cambridge University Press, 2013), p. 283.

11. Benny Morris, *Righteous Victims: A History of the Zionist-Arab Conflict, 1881—2001* (New York: Vintage Books, 2001), Kindle Edition, Locations 15878—15883.

12. Dan Rabinowitz, "October 2000, Revisited," *Ha'aretz* (October 19, 2004), http://www. haaretz. com/print-edition/opinion/october-2000-revisited-1. 137855 [Last viewed December 9, 2015].

13. Jack Khoury, "Israeli Arabs Mark Fifteenth Anniversary of October 2000 Riots," *Ha'aretz* (January 10, 2015), http://www. haaretz. com/israel-news/. premium-1. 678344 [Last viewed December 9, 2015].

14. Jewish National Fund, Tree Planting Center, http://www. jnf. org/support/tree-planting-center/.

15. Bill Clinton, *My Life* (New York: Vintage Press, 2005), p. 946.

16. Ibid., pp. 296—297.

17. Dennis Ross, *Doomed to Succeed: The U. S. -Israel Relationships from Truman to Obama* (New York: Farrar, Straus and Giroux, 2015), p. 297.

18. II Samuel 2:26.

19. Benny Morris, "Peace? No Chance," *Guardian* (February 21, 2002), http://www. theguardian. com/world/2002/feb/21/israel2 [Last viewed January 10, 2016].

20. Ross, *Doomed to Succeed*, p. 312.

21. Interview between Rachel Greenspan and Yossi Klein Halevi, December 15, 2015.

22. Benny Morris, "Exposing Abbas," *National Interest* (May 19, 2011), http://nationalinterest. org/commentary/exposing-abbas-5335 [Last viewed December 9, 2015].

23. Gilbert, *Israel: A History*, p. 627.

24. "Exchange of Letters Between PM Sharon and President Bush," Ministry of Foreign Affairs of Israel website (April 14, 2004), http://www. mfa. gov. il/mfa/foreignpolicy/peace/mfadocuments/pages/exchange%20of%20letters%20sharon-bush%2014-apr-2004. aspx [Last viewed December 9, 2015].

25. Gilbert, *Israel: A History*, p. 637.

26. Ibid., p. 638.

27. Yagil Levy, *The Hierarchy of Military Death*, Open University of Israel (Lisbon, April 14—19, 2009), https://ecpr. eu/Filestore/PaperProposal/2cfd87af-cab2-4374-b84d-eb03fbbc3cd1. pdf. 11.

28. Dan Senor and Saul Singer, *Start-Up Nation: The Story of Israel's Economic Miracle* (New York: Twelve, 2012), p. 15.

29. The World Bank, "GDP Growth (annual %)," http://data. world bank. org/indicator/NY. GDP. MKTP. KD. ZG? page=1.

30. Senor and Singer, *Start-Up Nation*, p. 11.

31. Ibid., pp. 11, 13.

32. Ibid., pp. 11—12.

33. Ibid., p. 129.

34. Ibid., p. 181.

35. Ibid., p. 182.

36. Manfred Gerstenfeld, *The War of a Million Cuts: The Struggle Against the Delegitimization of Israel and the Jews, and the Growth of New Anti-Semitism* (Jerusalem: JCPA, 2015), p. 250.

37. Daniel Freedman, "The World's Deadly Obsession with Israel," *Forbes* (June 24, 2010), http://www. forbes. com/2010/06/23/israel-hamas-middle-east-opinions-columnists-daniel-freedman. html.

38. Gerstenfeld, *The War of a Million Cuts*, pp. 13—14.

39. Joshua Muravchik, "Muslims and Terror: The Real Story," *Commentary* (February 1, 2015), https://www. commentarymagazinecom/articles/muslims-and-terror-the-real-story-1/ [Last viewed December 9, 2015].

40. "Human Rights Actions," *Human Rights Voices*, http://www. humanrightsvoices. org/EYEontheUN/priorities/actions/body/? ua = 1&ya = 1&sa = 1&tp=1 [Last viewed January 10, 2016].

41. Michal Navoth, "Israel's Relationship with the UN Human Rights Council: Is There Hope for Change?" *Institute for Contemporary Affairs*, No. 601 (May—June 2014), http://jcpa. org/article/israels-relationship-un-human-rights-council/ [Last viewed January 10, 2016].

42. Irwin Cotler, "Israel and the United Nations," *Jerusalem Post* (August 15, 2013), http://www. jpost. com/Opinion/Op-Ed-Contributors/Israel-and-the-United-Nations-323252 [Last viewed January 10, 2016].

43. Gerstenfeld, *The War of a Million Cuts*, p. 254.

44. Ibid.

45. Richard Kemp, "The U. N. 's Gaza Report Is Flawed and Dangerous," http://www. nytimes. com/2015/06/26/opinion/the-uns-gaza-report-is-flawed-and-dangerous. html.

46. Ibid.

47. Samantha Power, *Remarks at the Israel Middle East Model United Nations Conference on "Building a More Model UN*," transcript (February 15, 2016), http://usun. state. gov/remarks/7138 [Last viewed March 23, 2016].

48. Robert L. Bernstein, "Rights Watchdog, Lost in the Mideast," *New York Times* (October 19, 2009), http://www. nytimes. com/2009/10/20/opinion/20bernstein. html [Last viewed December 9, 2015].

49. The Forward and Nathan Guttman, "Want to Delegitimize Israel? Be Careful Who You Mess With," *Ha'aretz* (April 13, 2010), http://www. haaretz. com/news/want-to-delegitimize-israel-be-careful-who-you-mess-with-1. 284184 [Last viewed December 9, 2015].

50. Gerstenfeld, *The War of a Million Cuts*, p. 252.

51. Aron Heller, "Western Europe Jewish Migration to Israel Hits All-Time High," Associated Press (January 14, 2016), http://bigstory. ap. org/article/164bbc1445aa42fc883ee85e4439523a/western-europe-jewish-migration-israel-hits-all-time-high [Last viewed March 23, 2016].

52. David Makovsky, "The Silent Strike: How Israel Bombed a Syrian Nuclear Installation and Kept It Secret," *New Yorker* (September 17, 2012), http://www. newyorker. com/magazine/2012/09/17/the-silent-strike [Last viewed January 10, 2016].

53. Gilbert, *Israel: A History*, p. 635.

54. "PM Says Iran's Chief of Staff Vowed Sunday to Eliminate Israel," *Times of Israel* (May 21, 2012), http://www. timesofisrael. com/pm-says-irans-chief-of-staff-

vowed-sunday-to-eliminate-israel/ [Last viewed December 9，2015].

55. Henry Kissinger and George P. Shultz, "The Iran Deal and Its Consequences," *Wall Street Journal* (April 7，2015), http://www. wsj. com/articles/the-iran-deal-and-its-consequences-1428447582 [Last viewed December 9，2015].

56. Michael B. Oren, *Ally: My Journey Across the American-Israeli Divide* (New York: Random House, 2015), p. 360.

57. Ibid., p. 183.

第十八章

1. Rami Kleinstein, "Small Gifts," on the album of the same name. First verse. Translation is mine.

2. "Israel Election Updates Yesh Atid to Announce Openly Gay Candidate," *Ha'aretz* (January 26，2015), http://www. haaretz. com/israel-news/elections/1. 639040 [Last viewed December 9，2015].

3. This translation of Calderon's speech is taken from Ruth Calderon, "The Heritage of All Israel," *Jewish Week* (February 14, 2013), http://www. thejewishweek. com/editorial-opinion/opinion/heritage-all-israel ♯ tz8I4YxxRBluZ53i. 99 [Last viewed December 9，2015].

4. The phrase is Paul Cowan's. Paul Cowan, *An Orphan in History: One Man's Triumphant Search for His Jewish Roots* (Woodstock, VT: Jewish Lights Publishing, 2002).

5. Yair Lapid, trans. Evan Fallenberg, *Memories After My Death: The Joseph (Tommy) Lapid Story* (London: Elliott & Thompson Limited, 2011), p. 23.

6. Malka Shaked, *I'll Play You Forever: The Bible in Modern Hebrew Poetry* (Tel Aviv: Yediot Achronot, 2005).

7. Ruth Gavison, "No 'Israeliness' Instead of 'Jewishness,'" *Liberal Magazine*, Vol. 15 (January 2015), http://theliberal. co. il/ruth-gavison-israeliness-instead-jewishness/ [Last viewed December 9，2015].

8. Meir Buzaglo, *Safa La-Ne'emanim* [Hebrew]. *A Language for the Faithful: Reflection on Tradition* (Tel Aviv and Jerusalem: Keter Publishing and Mandel Foundation, 2009).

9. Robert Alter, ed. , *The Poetry of Yehuda Amichai* (New York: Farrar, Straus and Giroux, 2015), p. 299.

10. Elli Fischer, "Why I Defy the Israeli Chief Rabbinate," *Jewish Review of Books* (Winter 2016), https://jewishreviewofbooks. com/articles/1917/why-i-defy-the-israeli-chief-rabbinate/.

11. Akiva Eldar, "Border Control Getting in a State Over the UN Vote," *Ha'aretz* (September 13，2011), http://www. haaretz. com/print-edition/features/border-

control-getting-in-a-state-over-the-un-vote-1. 384135 [Last viewed March 23, 2016].

12. "Israel's Haredi Population: Progress and Challenges," Myers-JDC-Brookdale (October 2015), http://brookdale. jdc. org. il/_ Uploads/dbsAttachedFiles/Israels-Haredi-Population-2015-10-FINAL. pdf [Last viewed December 9, 2015].

13. Gwen Ackerman and Alisa Odenheimer, "Israel Prosperity Seen Unsustainable as Haredim Refuse to Work," *Bloomberg Business* (August 2, 2010), http://www. bloomberg. com/news/articles/2010-08-01/israel-prosperity-seen-unsustainable-as-haredim-re-fusal-to-work-takes-toll [Last viewed December 9, 2015].

14. Jessica Steinberg, "TV show 'Shtisel' Subtly Changes Ultra-Orthodox Perceptions," *Times of Israel* (January 13, 2016), http://www. timesofisrael. com/tv-show-shtisel-subtly-changes-ultra-orthodox-perceptions/ [Last viewed March 23, 2016].

15. Noah Feldman, "Violence in the Name of the Messiah," *Bloomberg View* (November 1, 2015), http://www. bloombergview. com/articles/2015-11-01/violence-in-the-name-of-the-messiah [Last viewed December 9, 2015].

16. The Forward and Daniel Estrin, "The King's Torah: A Rabbinic Text or a Call to Terror?" *Ha'aretz* (January 22, 2010), http://www. haaretz. com/jewish/2. 209/the-king-s-torah-a-rabbinic-text-or-a-call-to-terror-1. 261930 [Last viewed December 9, 2015].

17. Jeremy Sharon, "'Torat Hamelech' Authors Will Not Be Indicted," *Jerusalem Post* (May 28, 2012), http://www. jpost. com/National-News/A-G-Torat-Hamelech-authors-will-not-be-indicted [Last viewed December 9, 2015].

结语

1. Ari Shavit, *My Promised Land: The Triumph and Tragedy of Israel* (New York: Spiegel & Grau, 2013), p. 419.

2. "Israel Turns 68 with 8. 5 Million People, 10 Times More Than in 1948," *Times of Israel* (May 9, 2016), http://www. timesofisrael. com/israel-turns-68-with-8-5-million-people-10-times-more-than -in-1948/.

3. Barbara Tuchman, "Israel: Land of Unlimited Impossibilities," in *Practicing History* (New York: Ballantine Books, 1981), p. 134.

4. Vice President Joe Biden, "Remarks by Vice President Biden: The Enduring Partnership Between the United States and Israel" (March 11, 2010), White House, Office of the Vice President, https://www. whitehouse. gov/the-press-office/remarks-vice-president-biden-enduring-partnership-between-united-states-and-israel [Last viewed December 7, 2015].

5. Charles Krauthammer, "At Last, Zion," *Jewish Ideas Daily* (September 21, 2012), http://www. jewishideasdaily. com/5057/features/at-last-zion/ [Last viewed March 23, 2016].

6. Jewish National Fund, "Forestry & Green Innovations," http://www. jnf. org/work-we-do/our-projects/forestry-ecology/ [Last viewed March 23, 2016].

7. Richard Kemp, "The U. N. 's Gaza Report Is Flawed and Dangerous," *New York Times* (June 25 2010), http://www. nytimes. com/2015/06/26/opinion/the-uns-gaza-report-is-flawed-and-dangerous. html; Samantha Power, *Remarks at the Israel Middle East Model United Nations Conference on "Building a More Model UN,"* transcript (February 15, 2016), http://usun. state. gov/remarks/7138 [Last viewed March 23, 2016].

8. Academic Ranking of World Universities 2015, http://www. shanghairanking. com/ARWU2015. html [Last viewed August 10, 2016].

9. "Speech by Jimmy Carter on White House Lawn, Washington, D. C. , July 19, 1977. " Cited in Daniel Gordis, *Menachem Begin: The Battle for Israel's Soul* (New York: Knopf Doubleday, 2014), p. 143.

10. "Speech by Menachem Begin on White House Lawn, Washington, D. C. , July 19, 1977. " Cited in Daniel Gordis, *Menachem Begin: The Battle for Israel's Soul* (New York: Knopf Doubleday, 2014), p. 143.

11. Martin Kramer, "Fouad Ajami Goes to Israel," *Mosaic* (January 8, 2015), http://mosaicmagazine. com/observation/2015/01/fouad-ajami-goes-to-israel/ [Last viewed March 23, 2016].

12. Fouad Ajami, "A Reality Check as Israel Turns 60," *U. S. News & World Report* (May 7, 2008), http://www. usnews. com/opinion/fajami/articles/2008/05/07/a-reality-check-as-israel-turns-60 [Last viewed March 23, 2016].

13. Tsur Ehrlich, "Nathan the Wise," *Azure*, No. 28 (Spring 5767/2007), p. 77, http://azure. org. il/include/print. php? id=445 [Last viewed May 1, 2016].

引用文献

A. A. P. "U. N. O. Passes Palestine Partition Plan." *Morning Herald* (December 1, 1947), http://trove. nla. gov. au/ndp/del/article/134238148 [Last viewed December 7, 2015].

"About the Organization." HaShomer HaHadash website, http://www. shomer-israel. org/index. php? option = com _ content&view = article&id = 100&Itemid = 62 [Translation by Daniel Gordis] [Last viewed December 9, 2015].

Above and Beyond. Playmount Productions and Katahdin Productions, produced by Nancy Spielberg, 2015.

Ackerman, Gwen, and Alisa Odenheimer. "Israel Prosperity Seen Unsustainable as Haredim Refuse to Work." *Bloomberg Business* (August 2, 2010), http://www. bloomberg. com/news/articles/2010-08-01/israel-prosperity-seen-unsustainable-as-haredim-refusal-to-work-takes-toll [Last viewed December 9, 2015].

Ahad Ha'am. "The Jewish State and the Jewish Problem." In *The Zionist Idea*, ed. Arthur Hertzberg. Philadelphia: Jewish Publication Society, 1997.

Ajami, Fouad. "A Reality Check as Israel Turns 60." *U. S. News & World Report* (May 7, 2008), http://www. usnews. com/opinion/fajami/articles/2008/05/07/a-reality-check-as-israel-turns-60 [Last viewed March 23, 2016].

Almog, Oz. *The Sabra*. Berkeley: University of California Press, 2000.

Alon, Mati. *Holocaust and Redemption*. Victoria, BC: Trafford Publishing, 2013.

Alpert, Pinhas, and Goren Dotan, eds. *Diary of a Muchtar in Jerusalem: The History of the Beit Yisrael Neighborhood and its Surroundings in the Writings of Rabbi Moshe Yekutiel Alpert* (*1938—1952*). (Ramat Gan, Israel: Bar Ilan University Press, 2013) [In Hebrew].

Alter, Robert, ed. *The Poetry of Yehuda Amichai*. New York: Farrar, Straus and Giroux, 2015.

Anderman, Nirit. "Israeli Film on Lebanon War 'Waltz with Bashir' Shown in Beirut." *Ha'aretz* (January 21, 2009), http://www. haaretz. com/news/israeli-film-on-lebanon-war-waltz-with-bashir-shown-in-beirut-1. 268524 [Last viewed December 8, 2015].

Asher, Tali. "The Growing Silence of the Poetess Rachel." In *Jewish Women in Pre-State Israel: Life History, Politics, and Culture*, ed. Ruth Kark, Margarit Shilo, and Galit Hasan-Rokem. Waltham, MA:Brandeis University Press, 2008.

Auerbach, Jerold S. *Brothers at War: Israel and the Tragedy of the* Altalena. New Orleans: Quid Pro Books, 2011.

Avi-hai, Avraham. "The POSTman Knocks Twice: Yitzhak Rabin, Man of Contradictions." *Jerusalem Post* (September 11, 2014), http://www. jpost. com/ Opinion/The-POSTman-Knocks-Twice-Yitzhak-Rabin-man-of-contradictions-375134 [Last viewed March 23, 2016].

Avineri, Shlomo, trans. Haim Watzman. *Herzl: Theodor Herzl and the Foundation of the Jewish State*. London: Weidenfeld & Nicolson, 2008.

Avner, Yehuda. *The Prime Ministers: An Intimate Narrative of Israeli Leadership*. Jerusalem: Toby Press, 2010.

Baker, Amb. Alan. "The Legal Basis of Israel's Rights in the Disputed Territories." Jerusalem Center for Public Affairs (January 8, 2013), http://jcpa. org/ten-basic-points-summarizing-israels-rights-in-judea-and-samaria/ [Last viewed May 1, 2016].

Balfour, Arthur James. "Balfour Declaration." *Avalon Project* (1917), http://avalon. law. yale. edu/20th_century/balfour. asp [Last viewed May 1, 2016].

Bar-On, Mordechai. *Moshe Dayan: Israel's Controversial Hero*. New Haven and London: Yale University Press, 2012.

Bar-Zohar, Michael, trans. Peretz Kidron. *Ben-Gurion: A Biography, The New Millennium Edition*. Israel: Weidenfeld Nicolson, 2013.

Begin, Menachem. *White Nights: The Story of a Prisoner in Russia*. New York: HarperCollins, 1979.

Begin, Menachem, trans. Samuel Katz, ed. Ivan M. Greenberg. *The Revolt: Story of the Irgun*. Bnei-Brak, Israel: Steimatzky Group, 1952.

Bein, Alex, trans. Maurice Samuel. *Theodor Herzl: A Biography*. Philadelphia: Jewish Publication Society of America, 1940.

Ben-Gurion, David. "The Eichmann Case as Seen by Ben-Gurion." *New York Times* (December 18, 1960), http://timesmachine. nytimes. com/timesmachine/1960/12/ 18/99904385. html? pageNumber=182[Last viewed December 8, 2015].

Ben-Gurion, David. *Like Stars and Dust: Essays from Israel's Government Year Book*. Ramat Gan, Israel: Masada Press, 1976.

Benn, Aluf. "Doomed to Fight." *Ha'aretz* (May 9, 2011), http://www. haaretz. com/

weekend/week-s-end/doomed-to-fight-1. 360698 [Last viewed December 8, 2015].

Ben Hurin, Yitzhak. "Horrifying Details of Murder of Athletes in Munich Revealed: 'They Were Tortured in Front of Their Friends. '" *Ynet. co. il* (December 1, 2015), http://www. ynet. co. il/articles/0, 7340, L-4733681, 00. html [Last viewed May 1, 2016].

Ben-Sasson, Hayim, ed. *A History of the Jewish People.* Cambridge: Harvard University Press, 1976.

Berdyczewski, Micah Joseph. "Wrecking and Building. " In *The Zionist Idea*, ed. Arthur Hertzberg. Philadelphia: Jewish Publication Society, 1997.

Berlovitz, Yaffah. *Inventing a Land*, *Inventing a People.* Tel Aviv: Hotza'at HaKibbutz HaMeuchad, 1996.

Bernstein, Robert L. "Rights Watchdog, Lost in the Mideast. " *New York Times* (October 19, 2009), http://www. nytimes. com/2009/10/20/opinion/20bernstein. html [Last viewed December 9, 2015].

Bew, John. "The Tragic Cycle: Western Powers and the Middle East. " *New Statesman* (August 21, 2014), http://www. newstatesman. com/world-affairs/2014/08/tragic-cycle-western-powers-and-middle-east [Last viewed May 1, 2016].

Biden, Joe. "Remarks by Vice President Biden: The Enduring Partnership Between the United States and Israel. " White House, Office of the Vice President (March 11, 2010), https://www. whitehouse. gov/the-press-office/remarks-vice-president-biden-enduring-partnership-between-united-states-and-israel [Last viewed December 7, 2015].

Billings, Lee. "'Beyond: Our Future in Space,' by Chris Impey. " *New York Times* (April 30, 2015), http://www. nytimes. com/2015/05/03/books/review/beyond-our-future-in-space-by-chris-impey. html[Last viewed December 7, 2015].

Bishop, Patrick. *The Reckoning: Death and Intrigue in the Promised Land*, *A True Detective Story.* New York: HarperCollins, 2014.

Blaustein, Jacob. "The Voice of Reason: Address by Jacob Blaustein, President, The American Jewish Committee, at the Meeting of Its Executive Committee, April 29, 1950," *American Jewish Committee Archives*, http://www. ajcarchives. org/AJC_DATA/Files/507. PDF [Last viewed December 8, 2015].

Bloom, Cecil. "Sir Mark Sykes: British Diplomat and a Convert to Zionism. " *Jewish Historical Studies*, Vol. 43 (2011).

Bloom, Gadi, and Nir Hefez. *Ariel Sharon: A Life.* New York: Random House, 2006.

Bluwstein, Rachel. "Perhaps. " *Palestine-Israel Journal*, Vol. 3, Nos. 3 and 4 (1996), http://www. pij. org/details. php? id = 536 [Last viewed December 7, 2015].

Borden, Sam. "Long-Hidden Details Reveal Cruelty of 1972 Munich Attackers." *New York Times* (December 1, 2015), http://www. nytimes. com/2015/12/02/sports/long-hidden-details-reveal-cruelty-of-1972-munich-attackers. html.

Brands, Hal, and David Palkki. "Saddam, Israel, and the Bomb: Nuclear Alarmism Justifed?" *International Security*, Vol. 36, No. 1(Summer 2011).

Brown, Nathan, Amr Hamzawy, and Marina Ottaway. "Islamist Movements and the Democratic Process in the Arab World: Exploring the Gray Zones." *Carnegie Papers*, No. 67 (March 2006), http://carnegieendowment. org/files/CP67. Brown. FINAL. pdf [Last viewed December 9, 2015].

Buzaglo, Meir. *Safa La-Ne'emanim* [Hebrew]. *A Language for the Faithful: Reflection on Tradition*. Tel Aviv and Jerusalem: Keter Publishing and Mandel Foundation, 2009.

Calderon, Ruth. "The Heritage of All Israel." *Jewish Week* (February 14, 2013), http://www. thejewishweek. com/editorial-opinion/opinion/heritage-all-israel＃tz8I4-YxxRBluZ53i. 99 [Last viewed December 9,2015].

Churchill, Winston. "MIT Mid-Century Convocation, March 31, 1949."*MIT Institute Archives*, https://libraries. mit. edu/archives/exhibits/midcentury/mid-cent-church-ill. html [Last viewed December 7, 2015].

"CIA Report on the Consequences of the Partition of Palestine." Copy on file with the author.

"Clinton to Lead U. S. Delegation." CNN (November 5, 1995), http://edition. cnn. com/WORLD/9511/rabin/clinton/index. html [Last viewed December 9, 2015].

Clinton, Bill. *My Life*. New York: Vintage Press, 2005.

Cohel, Eric. "The Spirit of Jewish Conservatism." *Mosaic*, http://mosaicmagazine. com/essay/2015/04/the-spirit-of-jewish-conservatism/.

Cohen, Eliezer, trans. Yonatan Gordis. *Israel's Best Defense: The First Full Story of the Israeli Air Force*. New York: Orion Books, 1993.

Cohen, Hillel, trans. Haim Watzman. *Year Zero of the Arab-Israeli Conflict: 1929*. Waltham, MA: Brandeis University Press, 2015.

Cotler, Irwin. "Israel and the United Nations." *Jerusalem Post* (August 15, 2013), http://www. jpost. com/Opinion/Op-Ed-Contributors/Israel-and-the-United-Nations-323252 [Last viewed January 10, 2016].

Cowan, Paul. *An Orphan in History: One Man's Triumphant Search for His Jewish Roots*. Woodstock, VT: Jewish Lights Publishing,2002.

Cunliffe, Barry, and Jerome Murphy-O'Connor. *The Holy Land: An Oxford Archaeological Guide from Earliest Times to 1700*. Oxford: Oxford University Press, 2008.

Darwish, Mahmoud. "Identity Card," 1964. http://www. barghouti. com/poets/

darwish/bitaqa. asp [Last viewed May 1, 2016].

David, Assaf, and Asaf Siniver, eds. "Jordan's War That Never Was." In *The Yom Kippur War: Politics, Legacy, Diplomacy.* Oxford: Oxford University Press, 2013.

"Dennis Ross and Gidi Grinstein, Reply by Hussein Agha and Robert Malley." *New York Review of Books* (September 20, 2001), http://www. nybooks. com/articles/archives/2001/sep/20/camp-david-an-exchange/ [Last viewed December 9, 2015].

Dermer, Ron. "Israeli Ambassador: The Four Major Problems with the Iran Deal." *Washington Post* (July 14, 2015), https://www. washingtonpost. com/opinions/a-bad-deal-today-a-worse-deal-tomorrow/2015/07/14/5d34ba00-2a39-11e5-a250-42bd812efc09_story. html [Last viewed December 9, 2015].

"Displacement of Jews from Arab Countries 1948—2012." *Justice for Jews from Arab Countries*, http://www. justiceforjews. com/main_facts. html [Last viewed December 7, 2015].

Dowty, Alan. "Much Ado About Little: Ahad Ha'Am's 'Truth from Eretz Yisrael,' Zionism, and the Arabs." *Israel Studies*, Vol. 5, No. 2. Bloomington: Indiana University Press, 2000.

Drukker, Tamar S. "'I Am a Civil War': The Poetry of Haim Gouri." In *Warfare and Poetry in the Middle East*, ed. Hugh Kennedy. London:I. B. Tauris, 2013.

Druks, Herbert. *The Uncertain Alliance: The U. S. and Israel from Kennedy to the Peace Process.* Westport, CT: Greenwood Press, 2001.

Dunstan, Simon. *The Yom Kippur War: The Arab-Israeli War of* 1973. Oxford: Osprey Publishing, 2007.

Eban, Abba. *Abba Eban: An Autobiography.* Lexington, MA: Plunkett Lake Press, 2015.

Efron, Noah. "The Price of Return." *Ha'aretz* (November 23, 2008), http://www. haaretz. com/news/the-price-of-return-1. 258035 [Last viewed December 8, 2015].

Eglash, Ruth. "Ten Years On, Pain of Dolphinarium Bombing Still Strong." *Jerusalem Post* (May 29, 2011), http://www. jpost. com/National-News/Ten-years-on-pain-of-Dolphinarium-bombing-still-strong [Last viewed December 9, 2015].

Ehrlich, Tsur. "Nathan the Wise." *Azure*, No. 28 (Spring 5767/2007), http://azure. org. il/include/print. php? id=445.

Eldar, Akiva. "Border Control Getting in a State Over the UN Vote." *Ha'aretz* (September 13, 2011), http://www. haaretz. com/print-edition/features/border-control-getting-in-a-state-over-the-un-vote-1. 384135 [Last viewed March 23, 2016].

Eliot, George. *Daniel Deronda.* Introduction by Edmund White, Notes by Dr. Hugh Osborne. New York: Modern Library, 2002.

Ellenson, David, and Daniel Gordis. *Pledges of Jewish Allegiance: Conversion, Law, and Policymaking in Nineteenth- and Twentieth-Century Orthodox Responsa*. Stanford Studies in Jewish History and Culture, edited by Aron Rodrigue and Steven J. Zipperstein. Stanford, CA: Stanford University Press, 2012.

Elon, Amos. *The Pity of It All: A Portrait of the German-Jewish Epoch 1743—1933*. New York: Picador, 2002.

Epstein, Lawrence. *The Dream of Zion: The Story of the First Zionist Congress*. Lanham, MD: Rowman and Littlefield, 2016.

Eshkoli-Wagman, Hava. "Yishuv Zionism: Its Attitude to Nazism and the Third Reich Reconsidered." *Modern Judaism*, Vol. 19, No. 1 (February 1999).

"Exchange of Letters between PM Sharon and President Bush." Ministry of Foreign Affairs of Israel website (April 14, 2004), http://www. mfa. gov. il/mfa/foreignpolicy/peace/mfadocuments/pages/exchange% 20of% 20letters% 20sharon-bush%2014-apr-2004. aspx[Last viewed December 9, 2015].

Fahmy, Mohamed Fadel. "30 Years Later, Questions Remain Over Sadat Killing, Peace with Israel." CNN (October 7, 2011), http://edition. cnn. com/2011/10/06/world/meast/egypt-sadat-assassination/ [Last viewed December 8, 2015].

Fallows, James. "Who Shot Muhammed Al Dura." *Atlantic* (June 2003), http://www. theatlantic. com/magazine/archive/2003/06/who-shot-mohammed-al-dura/302735/ [Last viewed January 10, 2016].

Faris, Hani A. "Israel Zangwill's Challenge to Zionism." *Journal of Palestine Studies*, Vol. 4, No. 3 (1975).

Feldestein, Ariel. "One Meeting—Many Descriptions: The Resolution on the Establishment of the State of Israel." *Israel Studies Forum*, Vol. 23, No. 2 (Winter 2008), p. 104.

Feldman, Noah. "Violence in the Name of the Messiah." *Bloomberg View* (November 1, 2015), http://www. bloombergview. com/articles/2015-11-01/violence-in-the-name-of-the-messiah[Last viewed December 9, 2015].

"15,000% Growth in Army Exemptions for Yeshiva Students Since 1948." Hiddush (February 8, 2012), http://hiddush. org/article-2338-0-15000_Growth_in_army_exemptions_for_yeshiva_students_since_1948. aspx [Last viewed December 9, 2015].

Fischer, Elli. "Why I Defy the Israeli Chief Rabbinate." *Jewish Review of Books* (Winter 2016), https://jewishreviewofbooks. com/articles/1917/why-i-defy-the-israeli-chief-rabbinate/.

Florsheim, Ella. "Giving Herzl His Due." *Azure*, No. 21 (Summer 5765/2005).

"Forestry & Green Innovations." Jewish National Fund, http://www. jnf. org/work-we-do/our-projects/forestry-ecology/ [Last viewed March 23, 2016].

The Forward and Daniel Estrin. "The King's Torah: A Rabbinic Text or a Call to Terror?" *Ha'aretz* (January 22, 2010), http://www. haaretz. com/jewish/2. 209/

the-king-s-torah-a-rabbinic-text-or-a-call-to-terror-1. 261930［Last viewed December 9, 2015］.

The Forward and Nathan Guttman. "Want to Delegitimize Israel? Be Careful Who You Mess With." *Ha'aretz* (April 13, 2010), http://www. haaretz. com/news/want-to-delegitimize-israel-be-careful-who-you-mess-with-1. 284184［Last viewed December 9, 2015］.

Frantz, Douglas, and Catherine Collins. *Death on the Black Sea: The Untold Story of the* Struma *and World War II's Holocaust at Sea*. London: HarperCollins, 2003.

Frantzman, Seth J. "David Ben-Gurion, Israel's Segregationist Founder." *Forward* (May 18, 2015), http://forward. com/opinion/israel/308306/ben-gurion-israels-segregationist-founder/［Last viewed December 8, 2015］.

Freedman, Daniel. "The World's Deadly Obsession with Israel." *Forbes* (June 24, 2010), http://www. forbes. com/2010/06/23/israel-hamas-middle-east-opinions-columnists-daniel-freedman. html.

Freedman, Samuel G. *Jew vs. Jew: The Struggle for the Soul of American Jewry*. New York: Simon & Schuster, 2001.

Friedman, Matti. "Mizrahi Nation." *Mosaic* (June 1, 2014), http://mosaicmagazine. com/essay/2014/06/mizrahi-nation/［Last viewed December 9, 2015］.

Friedman, Matti. *Pumpkin Flowers*. Chapel Hill, NC: Algonquin Books, 2016.

Friedman, Thomas L. *From Beirut to Jerusalem*. New York: Farrar, Straus and Giroux, 1989.

Friling, Tuvia, trans. Ora Cummings. *Arrows in the Dark: David Ben-Gurion, the Yishuv Leadership, and Rescue Attempts During the Holocaust*, Volume I. Madison: University of Wisconsin Press, 2005.

Fromkin, David. *A Peace to End All Peace: The Fall of the Ottoman Empire and the Creation of the Modern Middle East*. New York: Henry Holt, 2009.

Frost, Robert. "The Death of the Hired Man." (North of Boston, 1915), *Bartleby. com*, http://www. bartleby. com/118/3. html［Last viewed December 7, 2015］.

Fuksman-Sha'al, Moshe, ed. , trans. Ruchie Avital. "Dick Cheney Letter to Menachem Begin." *Israel's Strike Against the Iraqi Nuclear Reactor 7 June 1981*. Jerusalem: Menachem Begin Heritage Center, 2003.

Ganin, Zvi. *An Uneasy Relationship: American Jewish Leadership and Israel, 1948—1957*. Syracuse, NY: Syracuse University Press, 2005.

Gavison, Ruth. "No 'Israeliness' instead of 'Jewishness.'" *Liberal Magazine*, Vol. 15 (January 2015), http://theliberal. co. il/ruth-gavison-israeliness-instead-jewishness/［Last viewed December 9, 2015］.

"GDP Growth (annual %)." World Bank, http://data. worldbank. org/indicator/NY. GDP. MKTP. KD. ZG? page=1.

Gerstenfeld, Manfred. *The War of a Million Cuts: The Struggle Against the Delegitimization of Israel and the Jews, and the Growth of New Anti-Semitism.* Jerusalem: JCPA, 2015.

Gilad, Elon. "Why Is Israel Called Israel?" *Ha'aretz* (April 20, 2015), http://www. haaretz. com/israel-news/. premium-1. 652699.

Gilbert, Martin. *Churchill and the Jews: A Lifelong Friendship.* New York: Henry Holt, 2007.

Gilbert, Martin. *Israel: A History.* New York: Harper Perennial, 1998.

Gilbert, Martin. *The Routledge Atlas of the Arab-Israeli Conflict.* New York: Routledge, 2005.

Ginor, Zvia Ben-Yoseph. "'Meteor-Yid': Abba Kovner's Poetic Confrontation with Jewish History." *Judaism*, Vol. 48, No. 1 (Winter 1999).

Ginsburg, Mitch. "Mossad's Tip-Off Ahead of Yom Kippur War Did Not Reach Prime Minister, Newly Released Papers Show." *Times of Israel* (September 20, 2012), http://www. timesofisrael. com/newly-released-papers-detail-depth-of-mishandling-of-yom-kippur-war-warnings/ [Last viewed December 8, 2015].

Ginsburg, Mitch. "When Moshe Dayan Delivered the Defning Speech of Zionism," *Times of Israel* (April 26, 2016), http://www. timesofisrael. com/when-moshe-dayan-delivered-the-defining-speech-of-zionism/.

Goldberg, Jeffrey. "The Paranoid, Supremacist, Roots of the Stabbing Intifada." *Atlantic* (October 16, 2015), http://www. theatlantic. com/international/archive/2015/10/the-roots-of-the-palestinian-uprising-against-israel/410944/.

Gorali, Moshe. "How God and Democracy Were Left Out." *Ha'aretz* (May 5, 2003), http://www. haaretz. com/print-edition/features/how-god-and-democracy-were-left-out-1. 11023 [Last viewed December 9, 2015].

Gordis, Daniel. *Menachem Begin: The Battle for Israel's Soul.* New York: Knopf Doubleday, 2014.

Gordis, Daniel. *Saving Israel: How the Jewish People Can Win a War That May Never End.* Hoboken, NJ: Wiley, 2010.

Gordon, A. D. "Logic for the Future (1910)." In *The Zionist Idea*, ed. Arthur Hertzberg. Philadelphia: Jewish Publication Society, 1997.

Govrin, Nurit. *Roots and Tops: The Imprint of the First Aliyah in Hebrew Literature.* Tel Aviv: Papyrus and Tel Aviv University, 1981. [In Hebrew].

Grayzel, Solomon. *A History of the Jews.* Philadelphia: Jewish Publication Society of America, 1947.

Greenberg, Joel. "Yeshayahu Leibowitz, 91, Iconoclastic Israeli Thinker." *New York Times* (August 19, 1994), http://www. nytimes. com/1994/08/19/obituaries/yeshayahu-leibowitz-91-iconoclastic-israeli-thinker. html [Last viewed December 9,

2015].

Greenberg, Uri Zvi, trans. Neta Stahl. "One Truth and Not Two." In "Jesus and the Pharisees Through the Eyes of Two Hebrew Writers: A Contrarian Perspective." *Hebrew Studies*, Vol. 56, No. 1 (December 11, 2015).

Grey, Edward, Viscount Grey of Fallodon. *Twenty-Five Years 1892—1916*. New York: Frederick A. Stokes Company, 1925.

Groenberg, Gershom. *The Accidental Empire: Israel and the Birth of the Settlements*, *1967—1977*. New York: Henry Holt, 2006.

Grosbard, Ofer. *Menachem Begin: The Absent Leader*. Haifa: Strategic Research and Policy Center, National Defense College, IDF, 2007.

Guggenheim, Alan, and Adam Guggenheim. "Doomed from the Start." *Naval History*, Vol. 18, No. 1 (February 2004).

Halachmi, Benjamin Beit. *Despair and Deliverance: Private Salvation in Contemporary Israel*. Albany: State University of New York Press, 1992.

Halevi, Efraim. "Introduction." In *The Millions That Changed the Middle East: Immigrants from the Former USSR*, ed. Lily Galili and Roman Bronfman, http://matarbooks. co. il/printbook. php? book=1808&nav=4 [Last viewed December 7, 2015] [In Hebrew].

Halevi, Yossi Klein. *Like Dreamers: The Story of the Israeli Paratroopers Who Reunited Jerusalem and Divided a Nation*. New York: HarperCollins, 2013.

Halkin, Hillel. *Jabotinsky: A Life*. New Haven and London: Yale University Press, 2014.

Hartman, Ben. "'Gov't' Failed Gaza Evacuees." *Jerusalem Post* (June 16, 2010), http://www. jpost. com/Israel/Govt-failed-Gaza-evacuees [Last viewed December 9, 2015].

Hasson, Nir. "Jerusalem Neighborhood to Name Streets in Honor of Mizrahi Black Panthers." *Ha'aretz* (June 14, 2011), http://www. haaretz. com/jerusalem-neighborhood-to-name-streets-in-honor-of-mizrahi-black-panthers-1. 369313 [Last viewed March 23, 2016].

Hazaz, Haim. *The Sermon and Other Stories*. Jerusalem: Toby Press, 2005.

Hazony, Yoram. *The Jewish State: The Struggle for Israel's Soul*. New York: Basic Books, 2000.

Heller, Aron. "Western Europe Jewish Migration to Israel Hits All-Time High." *Associated Press* (January 14, 2016), http://bigstory. ap. org/article/164bbc1445 aa42fc883ee85e4439523a/western-europe-jewish-migration-israel-hits-all-time-high [Last viewed March 23, 2016].

Helm, Sarah. "Yemeni Jews Describe Their Holocaust: Sarah Helm in Yehud Reports on Claims That Israelis Stole 4,500 Children from Immigrants." *Independent*

(October 23, 2011), http://www. independent. co. uk/news/world/yemeni-jews-describe-their-holocaust-sarah-helm-in-yehud-reports-on-claims-that-israelis-stole-4500-children-from-immigrants-1370515. html [Last viewed December 8, 2015].

Hersh, Seymour. *The Samson Option: Israel's Nuclear Arsenal and America's Foreign Policy.* New York: Random House, 1991.

Hertzberg, Arthur. *The Zionist Idea.* Philadelphia: Jewish Publication Society, 1997.

Herzl, Theodor. *Old New Land.* Princeton, NJ: Markus Wiener Publishers, 1997.

Herzl, Theodor, trans. I. M. Lask. *The Jewish State.* Tel Aviv: M. Newman Publishing House, 1954.

Hess, Moses. *The Revival of Israel: Rome and Jerusalem, the Last Nationalist Questions.* Lincoln: University of Nebraska Press, 1995.

Hitler, Adolf. *Mein Kampf.* Boring, OR: CPA Book Publisher, 2000.

Hoffman, Bruce. *Anonymous Soldiers: The Struggle for Israel: 1917—1947.* New York: Alfred A. Knopf, 2015.

Hoffman, Gil Stern. "Dov Lipman to Direct WZO Department." *Jerusalem Post* (October 12, 2015), http://www. jpost. com/Israel-News/Politics-And-Diplomacy/Dov-Lipman-to-head-WZO-department-437000.

The Holy Bible (King James Version). Cambridge Edition, 1769.

Holtzman, Avner. "A New Truth from the Land of Israel: On the New Self Awareness in Second Aliyah Literature." In *The Second Aliyah: Studies,* ed. Israel Bartel. Jerusalem: Yad Yitzhak Ben-Zvi, 1997. [In Hebrew].

"Human Rights Actions." *Human Rights Voices,* http://www. humanrightsvoices. org/EYEontheUN/priorities/actions/body/? ua = 1&ya = 1&sa = 1&tp = 1 [Last viewed January 10, 2016].

Hurwitz, Zvi Harry. *Begin: His Life, Words, and Deeds.* Jerusalem: Gefen Publishing, 2004.

iCenter, "The Story of a Vote: Nov. 29, 1947." *iCenter* (November 1, 2012), http://www. theicenter. org/voice/story-vote-nov-29-1947 [Last viewed May 1, 2016].

IDF Spokesman and Israel Police. "Gaza Strip Evacuation." Israel Ministry of Foreign Affairs (August 17, 2005), http://www. mfa. gov. il/mfa/pressroom/2005/pages/start% 20of% 20gaza% 20strip% 20evacuation% 2017-aug-2005. aspx [Last viewed January 10, 2016].

Inbari, Assaf. *HaBaita.* Tel Aviv: Yediyot Sefarim, 2009. [Translations by Daniel Gordis].

Isaacson, Walter. *Einstein: His Life and Universe.* New York: Simon & Schuster Paperbacks, 2007.

"Israel's Declaration of Independence 1948." *Avalon Project,* http://avalon. law. yale. edu/20th_century/israel. asp [Last viewed December 7, 2015].

"Israel's Haredi Population: Progress and Challenges." Myers-JDCBrookdale (October 2015), http://brookdale. jdc. org. il/_ Uploads/dbsAttachedFiles/Israels-Haredi-Population-2015-10-FINAL. pdf [Last viewed December 9, 2015].

"Israel's Illusion." *New York Times* (June 9, 1981), http://www. nytimes. com/1981/06/09/opinion/israel-s-illusion. html [Last viewed December 8, 2015].

"Israel Turns 68 with 8. 5 Million People, 10 Times More Than in 1948." *Times of Israel* (May 9, 2016), http://www. timesofisrael. com/israel-turns-68-with-8-5-million-people-10-times-more-than-in-1948/.

Jabotinsky, Ze'ev (Vladimir). "The Basis of the Betarian Viewpoint Consists of One Idea: The Jewish State: The Ideology of Betar." World Zionist Organization, http://www. wzo. org. il/index. php? dir = site&page = articles&op = item&cs = 3360&langpage = eng&category = 3122&mode = print [Last viewed December 7, 2015].

Jabotinsky, Ze'ev (Vladimir). "The Iron Wall." *Jewish Virtual Library*, http://www. jewishvirtuallibrary. org/jsource/Zionism/ironwall. html [Last viewed December 7, 2015].

Jacoby, Jeff. "Would Rabin Have Pulled the Plug on a 'Peace Process' That Failed?" *Boston Globe* (October 22, 2015), http://www. bostonglobe. com/opinion/2015/10/22/would-rabin-have-pulled-plug-peace-process-that-fai-led/fgHF1Y8bkh7leSbtgHfle L/story. html [Last viewed December 9, 2015].

Jewish Agency. "BeBayit BeYachad: Shiputz Mo'adon Olim BeBeit Brodsky." http://www. jewishagency. org/he/blog/7606/article/11706 [Last viewed December 7, 2015] [In Hebrew].

Johnson, Paul. *A History of the Jews*. New York: Harper Peren-nial, 1988.

JTA. "Israel to Vote Today in First National Elections; Campaign Reaches High Peak." (January 25, 1949), http://www. jta. org/1949/01/25/archive/israel-to-vote-today-in-first-national-elections-campaign-reaches-high-peak [Last viewed December 7, 2015].

JTA. "Of Weizmann's Address Opening Session of Israeli Constituent Assembly." (February 15, 1949), http://www. jta. org/1949/02/15/archive/of-chaim-weizman-ns-address-opening-session-of-israeli-constituent-assembly [Last viewed December 7, 2015].

Judis, John B. "Seeds of Doubt: Harry Truman's Concerns About Israel and Palestine Were Prescient—And Forgotten." *New Republic* (January 16, 2014), http://www. newrepublic. com/article/116215/was-harry-truman-zionist.

Kanafani, Ghassan. *Palestine's Children: Returning to Haifa and Other Stories*. Boulder, CO: Lynne Rienner, 2000.

Kark, Ruth. "Changing Patterns of Landownership in Nineteenth-Century Palestine: The European Influence." *Journal of Historical Geography*, Vol. 10, No. 4 (1984).

Katz, Shmuel. *Lone Wolf: A Biography of Vladimir (Ze'ev) Jabotinsky.* Fort Lee, NJ: Barricade Books, 1995.

Kaya, Furkan. "Minority Policies of Turkey and Wealth Tax of 1942." Yeditepe University (February 12, 2014), http://mpra. ub. uni-muenchen. de/53617/1/MPRA_paper_53617. pdf.

Kedar, Nir. "Ben-Gurion's Mamlakhtiyut: Etymological and Theoretical Roots." *Israel Studies*, Vol. 7, No. 3 (Fall 2002).

Kellner, Vered. "Longings and Disappointments: A Voter in Exile in New York." *Ha'aretz* (January 18, 2003), http://www. haaretz. com/misc/iphone-article/longings-and-disappointments-a-voter-in-exile-in-new-york. premium-1. 494743 [Last viewed December 7, 2015].

Kemp, Richard. "The U. N. 's Gaza Report Is Flawed and Dangerous." *New York Times* (June 25, 2015), http://www. nytimes. com/2015/06/26/opinion/the-uns-gaza-report-is-flawed-and-dangerous. html.

Kershner, Isabel. "Israel to Phase Out Religious Exemptions." *New York Times* (March 12, 2014), http://www. nytimes. com/2014/03/13/world/middleeast/israel-restricts-exemptions-from-military-service. html? _r = 0 [Last viewed December 8, 2015].

"The Khartoum Resolutions." Ministry of Foreign Affairs of Israel (September 1, 1967), http://www. mfa. gov. il/mfa/foreignpolicy/peace/guide/pages/the% 20khartoum%20resolutions. aspx [Last viewed December 8, 2015].

Khoury, Jack. "Israeli Arabs Mark Fifteenth Anniversary of October 2000 Riots." *Ha'aretz* (January 10, 2015), http://www. haaretz. com/israel-news/. premium-1. 678344 [Last viewed December 9, 2015].

King James Bible Online, 2016. http://www. kingjamesbibleonline. org.

"Kissinger and Ismail Conduct Secret Meetings." *Center for Israel Education*, http://israeled. org/kissinger-ismail-conduct-secret-meetings/ [Last viewed December 8, 2015].

Kissinger, Henry, and George P. Shultz. "The Iran Deal and Its Consequences." *Wall Street Journal* (April 7, 2015), http://www. wsj. com/articles/the-iran-deal-and-its-consequences-1428447582 [Last viewed December 9, 2015].

Kraft, Joseph. "For Begin, the End? He Should Be Voted Out for Raid That Further Isolates Israel." *Los Angeles Times* (June 11, 1981).

Kramer, Martin. "Fouad Ajami Goes to Israel." *Mosaic* (January 8, 2015), http://mosaicmagazine. com/observation/2015/01/fouad-ajami-goes-to-israel/ [Last viewed March 23, 2016].

Kramer, Martin. "What Happened at Lydda." *Mosaic* (July 1, 2014), http://mosaicmagazine. com/essay/2014/07/what-happened-at-lydda/ [Last viewed December 7, 2015].

Krauthammer, Charles. "At Last, Zion." *Jewish Ideas Daily* (September 21, 2012), http://www. jewishideasdaily. com/5057/features/at-last-zion/ [Last viewed March 23, 2016].

Lam, Amira. "Peres Recalls Declaration of Independence: We Didn't Have Time to Celebrate." *Ynetnews. com* (December 21, 2014), http://www. ynetnews. com/ articles/0,7340,L-4606090,00. html [Last viewed May 1, 2016].

Lanchin, Mike. "SS *St Louis*: The Ship of Jewish Refugees Nobody Wanted." *BBC World Service* (May 13, 2014), http://www. bbc. com/news/magazine-27373131 [Last viewed December 7, 2015].

Landau, David. *Arik: The Life of Ariel Sharon*. New York: Alfred A. Knopf, 2013.

Lapid, Yair, trans. Evan Fallenberg. *Memories After My Death: The Joseph (Tommy) Lapid Story*. London: Elliott & Thompson Limited, 2011.

Lapidot, Yehuda, trans. Chaya Galai. "The *Altalena* Affair." *Etzel*, http://www. etzel. org. il/english/ac20. htm [Last viewed December 7, 2015].

Lapin, Yaakov. "Katsav Entering Prison: 'You're Burying a Man Alive.'" *Jerusalem Post* (December 8, 2011), http://www. jpost. com/National-News/Katsav-entering-prison-Youre-burying-a-man-alive [Last viewed March 23, 2016].

Laqueur, Walter. *A History of Zionism*. New York: Schocken Books, 1976.

Lavy, George. *Germany and Israel: Moral Debt and National Interest*. London: Frank Cass, 1996.

Lazaroff, Tovah. "2012 Settler Population Grew Almost Three Times as Fast as National Rate." *Jerusalem Post* (September 7, 2013), http://www. jpost. com/ National-News/2012-West-Bank-settler-population-growing-almost-three-times-as-fast-as-national-rate-326309 [Last viewed December 8, 2015].

Lelchuk, Alan, and Gershon Shaked. *8 Great Hebrew Short Novels*. New Milford, CT: Toby Press, 2012.

Lenhoff, Howard M. , and Jerry L. Weaver. *Black Jews, Jews, and Other Heroes: How Grassroots Activism Led to the Rescue of the Ethiopian Jews*. Jerusalem: Gefen Publishing House, 2007.

Levy, Yagil. *The Hierarchy of Military Death*. Open University of Israel (Lisbon, April 14—19, 2009), https://ecpr. eu/Filestore/PaperProposal/2cfd87af-cab2-4374-b84d-eb03fbbc3cd1. pdf [Last viewed May 1, 2016].

Lichtblau, Eric. "Surviving the Nazis, Only to Be Jailed by America." *New York Times* (February 7, 2015), http://www. nytimes. com/2015/02/08/sunday-review/ surviving-the-nazis-only-to-be-jailed-by-america. html [Last viewed December 7, 2015].

Lipstadt, Deborah E. *The Eichmann Trial*. New York: Knopf Doubleday, 2011.

Lis, Jonathan, and Yarden Skop. "Israel Election Updates Yesh Atid to Announce Openly Gay Candidate. " *Ha'aretz* (January 26, 2015), http://www. haaretz. com/israel-news/elections/1. 639040 [Last viewed December 9, 2015].

Little, Douglas. *American Orientalism : The United States and the Middle East Since 1945*. London: I. B. Tauris, 2002.

Lord, Amnon. "Intelligence Failure or Paralysis. " *Jewish Political Studies Review*, Vol. 24, No. 3—4 (Fall 2012).

Makovsky, David. "The Silent Strike: How Israel Bombed a Syrian Nuclear Installation and Kept It Secret. " *New Yorker* (September 17, 2012), http://www. newyorker. com/magazine/2012/09/17/the-silent-strike [Last viewed January 10, 2016].

Makovsky, David. *Churchill's Promised Land : Zionism and Statecraft*. New Haven: Yale University Press, 2007.

Man, Nadav. "1st IDF Parade from Behind the Lens. " *Ynetnews. com* (December 13, 2008), http://www. ynetnews. com/articles/0, 7340, L-3637748, 00. html [Last viewed December 7, 2015].

Mapu, Abraham, trans. Joseph Marymount. *The Love of Zion & Other Writings*. Israel: Toby Press, 2006.

"The Massive Immigration. " Jewish Agency website, http://www. jewishagency. org/he/historical-aliyah/content/22097 [Last viewed December 10, 2015] [In Hebrew].

McCullough, David. *Truman*. New York: Simon & Schuster, 1993.

Meir, Golda. *My Life*. New York: Dell Publishing, 1975.

Meir-Glitzenstein, Esther. "Operation Magic Carpet: Constructing the Myth of the Magical Immigration of Yemenite Jews to Israel. " *Israel Studies*, Vol. 16, No. 3 (Fall 2011).

Melman, Yossi. "Jews, Just Like Arabs, Hid Weapons in Immoral Places. " *Ha'aretz* (January 27, 2011), http://www. haaretz. com/print-edition/features/jews-just-like-arabs-hid-weapons-in-immoral-places-1. 339432.

Mendes-Flohr, Paul, and Yehuda Reinharz. *The Jew in the Modern World : A Documentary History*, 2nd ed. Oxford: Oxford University Press, 1995.

"Menendez Delivers Remarks on Iran Nuclear Deal at Seton Hall University's School of Diplomacy and International Relations. " Bob Menendez for New Jersey (August 18, 2015), http://www. menendez. senate. gov/news-and-events/press/menendez-delivers-remarks-on-iran-nuclear-deal-at-seton-hall-universitys-school-of-diplomacy-and-international-relations [Last viewed January 10, 2016].

"Middle East: A Sabbath of Terror. " *Time* (March 20, 1978), http://www. time. com/time/magazine/article/0, 9171, 919454, 00. html.

Mikics, David. "Holocaust Pulp Fiction. " *Tablet* (April 19, 2012), http://www. tabletmag. com/jewish-arts-and-culture/books/97160/ka-tzetnik [Last viewed March

23，2015]

Miller，J. Maxwell，and John H. Hayes. *A History of Ancient Israel and Judah*. Louisville，KY：Westminster John Knox Press，2006.

Mintz，Alan. "Kishinev and the Twentieth Century." *Prooftests*，Vol. 25，No. 1—2. (Winter/Spring 2005).

Mirsky，Yehudah. "What Is a Nation-State For?" *Marginalia* (March 11，2015)，http://marginalia. lareviewofbooks. org/nation-state-yehudah-mirsky/ [Last viewed May 1，2016].

Mirsky，Yehudah. *Rav Kook：Mystic in a Time of Revolution*. New Haven：Yale University Press，2014.

Mizrahi World Movement. "The First Ever Israeli Elections." http://mizrachi. org/the-first-ever-israeli-elections/ [Last viewed December 7，2015].

Morris，Benny. "Exposing Abbas." *National Interest* (May 19，2011)，http://nationalinterest. org/commentary/exposing-abbas-5335 [Last viewed December 9，2015].

Morris，Benny. "The Historiography of Deir Yassin." *Journal of Israeli History：Politics，Society，Culture*，Vol. 24，No. 1 (August 2006).

Morris，Benny. "Peace? No Chance." *Guardian* (February 21，2002)，http://www. theguardian. com/world/2002/feb/21/israel2 [Last viewed January 10，2016].

Morris，Benny. "Zionism's 'Black Boxes'." *Mosaic* (July 13，2014)，http://mosaicmagazine. com/response/2014/07/zionisms-black-boxes/ [Last viewed December 7，2015].

Morris，Benny. *1948：The First Arab-Israeli War*. New Haven and London：Yale University Press，2008.

Morris，Benny. *Israel's Border Wars 1949—1956：Arab Infiltration，Israeli Retaliation，and the Countdown to the Suez War*. Oxford：Oxford University Press，1993.

Morris，Benny. *One State，Two States：Resolving the Israel/Palestine Conflict*. New Haven：Yale University Press，2010.

Morris，Benny. *Righteous Victims：A History of the Zionist-Arab Conflict，1881—2001*. New York：Vintage Books，2001.

Morris，Benny. *The Road to Jerusalem：Glubb Pasha，Palestine，and the Jews*. London：I. B. Tauris，2003.

"Moving Ceremony Marks Reburial of Herzl's Remains; Israeli Cabinet in Full Attendance，" *Jewish Telegraphic Agency* (August 18，1949)，http://www. jta. org/1949/08/18/archive/moving-ceremony-marks-reburial-of-herzls-remains-israeli-cabinet-in-full-attendance.

Muravchik，Joshua. "Muslims and Terror：The Real Story." *Commentary* (February 1，

2015）, https://www. commentarymagazine. com/articles/muslims-and-terror-the-real-story-1/ [Last viewed December 9, 2015].

Nadler, Alan. "Piety and Politics: The Case of the Satmar Rebbe." *Judaism*, Vol. 31 (1982).

Navoth, Michal. "Israel's Relationship with the UN Human Rights Council: Is There Hope for Change?" *Institute for Contemporary Affairs*, No. 601 (May—June 2014), http://jcpa. org/article/israels-relationship-un-human-rights-council/ [Last viewed January 10, 2016].

Nordau, Max. "Jewry of Muscle." In *The Jew in the Modern World: A Documentary History*, 2nd ed. , edited by Paul Mendes-Flohr and Yehuda Reinharz. Oxford: Oxford University Press, 1995.

Oren, Amir. "CIA Report on Yom Kippur War: Israel Had Nuclear Arsenal. " *Ha'aretz* (February 13, 2013), http://www. haaretz. com/news/diplomacy-defense/cia-report-on-yom-kippur-war-israel-had-nuclear-arsenal. premium-1. 501101 [Last viewed December 8, 2015].

Oren, Michael B. "Did Israel Want the Six Day War?" *Azure*, No. 7 (Spring 5759/1999).

Oren, Michael B. "The Second War of Independence. " *Azure*, No. 27 (Winter 5767/2006).

Oren, Michael B. *Ally: My Journey Across the American-Israeli Divide*. New York: Random House, 2015.

Oren, Michael B. *Power, Faith, and Fantasy: America in the Middle East, 1776 to the Present*. New York: W. W. Norton, 2007.

Oren, Michael B. *Six Days of War: June 1967 and the Making of the Modern Middle East*. Oxford: Oxford University Press, 2002.

Oz, Amos, trans. Nicholas de Lange. *A Tale of Love and Darkness*. Orlando: Harcourt, 2004.

Pappe, Ilan. "A Post-Zionist Critique of Israel and the Palestinians, Part II: The Media. " in *Journal of Palestine Studies* (Spring 1997), pp. 37—43, cited in Michael Oren, "Did Israel Want the Six Day War?" *Azure*, No. 7 (Spring 5759/1999), p. 48.

Parker, Richard Bordeaux, ed. *The October War: A Retrospective*. Gainsville: University Press of Florida, 2001.

Patai, Raphael. *The Jews of Hungary: History, Culture, Psychology*. Detroit: Wayne State University Press, 1996.

Patterson, David. "Introduction. " In *The Love of Zion & Other Writings*, ed. Abraham Mapu, trans. Joseph Marymount. Israel: Toby Press, 2006.

Penkower, Monty Noam. "The Kishinev Pogrom of 1903. " *Modern Judaism*, Vol. 24, No. 3 (2004).

Peres, Shimon, in conversation with David Landau. *Ben-Gurion: A Political Life*. New York: Schocken Books, 2011.

Persico, Tomer. "The Privatization of Religion and the Sanctifcation of the Nation: A History of the Collapse of Zionist Collectivism. "*Akdamut*, No. 30 (February 2015).

Pianko, Noam. *Zionism and the Roads Not Taken: Rawidowicz, Kaplan, Kohn*. Bloomington: Indiana University Press, 2010.

Piper, Franciszek. "Gas Chambers and Crematoria. " Jerusalem: Yad Vashem: The Holocaust Martyrs' and Heroes' Remembrance Authority, 2008.

Pitot, Geneviève, trans. Donna Edouard. *The Story of the Jewish Detainees in Mauritius 1940—1945*. Lanham, MD: Rowman and Littlefield, 1998.

"Planet Auschwitz. " Testimony of Yehiel De-Nur at Eichmann trial, https://www.youtube. com/watch? v=o0T9tZiKYl4 [Last viewed May 1, 2016].

"PM Says Iran's Chief of Staff Vowed Sunday to Eliminate Israel. " *Times of Israel* (May 21,2012), http://www. timesofisrael. com/pm-says-irans-chief-of-staff-vowed-sunday-to-eliminate-israel/ [Last viewed December 9, 2015].

Porat, Dina. *The Blue and the Yellow Stars of David: The Zionist Leadership in Palestine and the Holocaust, 1939—1945*. Cambridge and London: Harvard University Press, 1990.

Power, Samantha. *Remarks at the Israel Middle East Model United Nations Conference on "Building a More Model UN. "* Transcript (February 15, 2016), http://usun. state. gov/remarks/7138 [Last viewed March 23, 2016].

Quandt, William B. *Peace Process: American Diplomacy and the Arab-Israeli Conflict Since 1967*. Washington, DC: Brookings Institution, 2005.

Rabinovich, Abraham. *The Yom Kippur War: The Epic Encounter That Transformed the Middle East*. New York: Schocken Books, 2004.

Rabinowitz, Dan. "October 2000, Revisited. " *Ha'aretz* (October 19, 2004), http://www. haaretz. com/print-edition/opinion/october-2000-revisited-1. 137855 [Last viewed December 9, 2015].

Raviv, Dan, and Yossi Melman. *Spies Against Armageddon: The Mossad and the Intelligence Community*. Israel: Yediot Ahronoth Books, 2012.

Regev, Motti, and Edwin Seroussi. *Popular Music and National Culture in Israel*. Berkeley: University of California Press, 2004.

Reinfeld, Moshe. "State Commission: Missing Yemenite Babies Not Kidnapped. " *Ha'aretz Service* (November 4, 2001), http://www. haaretz. com/news/state-commission-missing-yemenite-babies-not-kidnapped-1. 73778 [Last viewed December 8, 2015].

Rosenberg, Yair. "Watch Orthodox Rabbi Benny Lau's Powerful Denunciation of Homophobia Justified in the Name of God. " *Tablet* (August 3, 2015), http://www.

tabletmag. com/scroll/192649/watch-orthodox-rabbi-benny-laus-powerful-denunciatio-n-of-homophobia-justified-in-the-name-of-god [Last viewed December 9, 2015].

Roskies, David G. , ed. *The Literature of Destruction: Jewish Responses to Catastrophe*. Philadelphia: Jewish Publication Society, 1988.

Ross, Dennis. *Doomed to Succeed: The U. S. -Israel Relationships from Truman to Obama*. New York: Farrar, Straus and Giroux, 2015.

Rovner, Adam. *In the Shadows of Zion: Promised Lands Before Israel*. New York: New York University Press, 2014.

Sachar, Howard M. *A History of Israel: From the Rise of Zionism to Our Time*. New York: Alfred A. Knopf, 1979.

Samuel, Maurice, trans. *The New Palestine*, Vol. 8, No. 13 (March 27, 1925). Reproduced by Hebrew University in 2015 as commemorative issue. Copy on file with author.

Scheindlin, Raymond P. *A Short History of the Jewish People: From Legendary Times to Modern Statehood*. Oxford and New York: Oxford University Press, 2000.

Schiff, Ze'ev. *A History of the Israeli Army: 1874 to the Present*. London: Macmillan, 1985.

Schneer, Jonathan. *The Balfour Declaration: The Origins of the Arab-Israeli Conflict*. New York: Random House Trade Paperbacks, 2012.

Schwartzwald, Jack L. *Nine Lives of Israel: A Nation's History Through the Lives of Its Foremost Leaders*. Jefferson, NC: McFarland, 2012.

Segev, Tom. "In Letter, Naomi Shemer Admitted Lifting 'Jerusalem of Gold' Tune. " *Ha'aretz* (May 5, 2005), http://www. haaretz. com/news/in-letter-naomi-shemer-admitted-lifting-jerusalem-of-gold-tune-1. 157851 [Last viewed December 8, 2015].

Segev, Tom, trans. Haim Watzman. *One Palestine, Complete: Jews and Arabs Under the British Mandate*. New York: Little, Brown, 2000.

Segev, Tom, trans. Haim Watzman. *The Seventh Million: The Israelis and the Holocaust*. New York: Henry Holt, 1991.

Segev, Tom, trans. Jessica Cohen. *1967: Israel, the War, and the Year That Transformed the Middle East*. New York: Henry Holt, 2005.

Seltzer, Robert M. *Jewish People, Jewish Thought: The Jewish Experience in History*. New York: Macmillan Publishing, 1980.

Senor, Dan, and Saul Singer. *Start-Up Nation: The Story of Israel's Economic Miracle*. New York: Twelve, 2012.

Shaked, Malka. *I'll Play You Forever: The Bible in Modern Hebrew Poetry*. Tel Aviv: Yediot Achronot, 2005.

Shalev, Ben. "Zohar Argov's Flower That Launched a Million Cassettes. " *Ha'aretz* (May 4, 2012), http://www. haaretz. com/weekend/week-s-end/zohar-argov-s-flower-that-launched-a-million-cassettes-1. 428235 [Last viewed December 8, 2015].

Shalev, Chemi. "Moshe Dayan's Enduring Gaza Eulogy: This Is the Fate of Our Generation." *Ha'aretz* (July 20, 2014), http://www. haaretz. com/blogs/west-of-eden/. premium-1. 606258 [Last viewed December 8, 2015].

Shalev, Chemi. "Sharon's Gaza Disengagement Was a Necessary Act of Self-Preservation." *Ha'aretz* (July 29, 2015), http://www. haaretz. com/israel-news/. premium-1. 667443 [Last viewed December 9, 2015].

Shapira, Anita, trans. Anthony Berris. *Ben-Gurion: Father of Modern Israel*. New Haven and London: Yale University Press, 2014.

Shapira, Anita. *Israel: A History*. Waltham, MA: Brandeis University Press, 2012.

Sharon, Jeremy. "'Torat Hamelech' Authors Will Not Be Indicted." *Jerusalem Post* (May 28, 2012), http://www. jpost. com/National-News/A-G-Torat-Hamelech-authors-will-not-be-indicted [Last viewed December 9, 2015].

Shavit, Ari. *My Promised Land: The Triumph and Tragedy of Israel*. New York: Spiegel & Grau, 2013.

Shavit, Ari. "Survival of the Fittest? An Interview with Benny Morris." *Ha'aretz* (January 8, 2004), http://www. haaretz. com/survival-of-the-fittest-1. 61345 [Last viewed December 7, 2015].

Shavit, Yaacov, and Jehuda Reinharz. *Glorious, Accursed Europe*. Waltham, MA: Brandeis University Press, 2010.

Shilon, Avi, trans. Danielle Zilberberg and Yoram Sharett. *Menachem Begin: A Life*. New Haven and London: Yale University Press, 2007.

Shimoni, Gideon. *The Zionist Ideology*. Waltham, MA: Brandeis University Press, 1995.

Shindler, Colin. "Zionist History's Murder Mystery." *Jewish Chronicle Online* (June 16, 2013), http://www. thejc. com/comment-and-debate/comment/108596/zionist-historys-murder-mystery [Last viewed December 7, 2015].

Shindler, Colin. *A History of Modern Israel*, 2nd ed. New York: Cambridge University Press, 2013.

"Shmuel Gonen, 73, An Ex-Israeli General." *New York Times* (October 2, 1991), http://www. nytimes. com/1991/10/02/obituaries/shmuel-gonen-73-an-ex-israeli-general. html [Last viewed December 8, 2015].

Shragai, Nadav. "The Legend of Ambushed Palmach Squad '35.'" *Ha'aretz* (April 27, 2009), http://www. haaretz. com/the-legend-of-ambushed-palmach-squad-35-1. 274876.

Shtull-Trauring, Asaf. "Hebrew University Climbs to 57th Place on Global Ranking List." *Ha'aretz* (August 18, 2011), http://www. haaretz. com/print-edition/news/hebrew-university-climbs-to-57th-place-on-global-ranking-list-1. 379203 [Last viewed November 20, 2011].

Siegel, Seth M. *Let There Be Water: Israel's Solution for a Water-Starved World*. New York: Thomas Dunne Books, 2015.

Siegel, Seth M. "50 Years Later, National Water Carrier Still an Inspiration." *Ynetnews. com*(September 6, 2014), http://www. ynetnews. com/articles/0,7340,L-4528200,00. html [Last viewed May 1, 2016].

Silver, Abba Hillel, Moshe Shertok, and Chaim Weizmann. "Before the United Nations: October 1947." Copy on file with the author.

Silver, Eric. *Begin: The Haunted Prophet*. New York: Random House, 1984.

Siniver, Asaf. *Abba Eban: A Biography*. New York and London: Overlook Duckworth, 2015.

Slater, Robert. *Rabin: 20 Years After*. Israel: KIP Kotarim International Publishing, 2015.

Slater, Robert. *Warrior Statesman: The Life of Moshe Dayan*. New York: St. Martin's Press, 1991.

Solnit, Rebecca. "Easy Chair: The War of the World." *Harper's Magazine* (February 2015).

Spiegel, Nina S. *Embodying Hebrew Culture*. Detroit: Wayne State University Press, 2013.

Steinberg, Jessica. "TV Show 'Shtisel' Subtly Changes Ultra-Orthodox Perceptions." *Times of Israel* (January 13, 2016), http://www. timesofisrael. com/tv-show-shtisel-subtly-changes-ultra-orthodox-perceptions/ [Last viewed March 23, 2016].

Tekumah. [Hebrew] *Rebirth: The First Fifty Years*. An Israeli television series, Channel 1, first broadcast 1998.

Temko, Ned. *To Win or to Die: A Personal Portrait of Menachem Begin*. New York: William Morrow, 1987.

Teveth, Shabtai. *Ben Gurion's Spy: The Story of the Political Scandal That Shaped Modern Israel*. New York: Columbia University Press, 1996.

Traubman, Tamara. "A Mystery That Defies Solution." *Ha'aretz* (November 5, 2001), http://www. haaretz. com/print-edition/news/a-mystery-that-defies-solution-1. 73913 [Last viewed December 8, 2015].

Troen, S. Ilan. *Imagining Zion: Dreams, Designs, and Realities in a Century of Jewish Settlement*. New Haven and London: Yale University Press, 2003.

Troy, Gil. "Happy Birthday, Mr. Kissinger." *Tablet* (May 23, 2013), http://www. tabletmag. com/jewish-news-and-politics/132819/happy-birthday-mr-kissinger♯xCoSwz6 BrWoHxhzI. 99 [Last viewed December 8, 2015].

Troy, Gil. *Moynihan's Moment: America's Fight Against Zionism as Racism*. Oxford: Oxford University Press, 2013.

Tuchman, Barbara. "Israel: Land of Unlimited Impossibilities." In *Practicing History*.

New York: Ballantine Books, 1981.

Twain, Mark. "Concerning the Jews." *Harper's Magazine*, Vol. 99 (March 1898).

Tzahor, Ze'ev. "Chaim Arlosoroff and His Attitude Toward the Rise of Nazism." *Jewish Social Studies*, Vol. 46, No. 3—4 (Summer-Autumn 1984).

UN Refugee Agency. "The State of the World's Refugees 2000: Fifty Years of Humanitarian Action" (January 1, 2000), http://www. unhcr. org/3ebf9bab0. pdf [Last viewed December 7, 2015].

"United Nations Security Council Resolution 487 (1981)." United Nations, http:// www. un. org/documents/ga/res/36/a36r027. htm [Last viewed December 8, 2015].

Weinberg, David M. "Yitzhak Rabin Was 'Close to Stopping the Oslo Process.'" *Jerusalem Post* (October 17, 2013), http://www. jpost. com/Opinion/Columnists/ Yitzhak-Rabin-was-close-to-stopping-the-Oslo-process-329064 [Last viewed March 23, 2016].

Winer, Stuart. "Uproar as Ethiopia-Born MK Denied Chance to Give Blood." *Times of Israel* (December 11, 2013), http://www. timesofisrael. com/uproar-as-ethiopian-mk-denied-chance-to-give-blood/ [Last viewed Decem-ber 9, 2015].

Ya'alon, Moshe. *The Longer Shorter Way.* Tel Aviv: Yedioth Ahronoth Books and Chemed Books, 2007.

Yizhar, S. , trans. Nicolas de Lange and Yaacob Dweck. *Khirbet Khizeh: A Novel.* New York: Farrar, Straus and Giroux, 2014.

Yosef, Eitan Bar. "The Last Crusade? British Propaganda and the Palestine Campaign, 1917—18." *Journal of Contemporary History*, Vol. 36, No. 1(January 2001).

Zeret, Elad. "Kastner's Killer: I Would Never Have Shot Him Today." *Ynetnews. com* (October 29, 2014), http://www. ynetnews. com/articles/0,7340, L-4585767, 00. html [Last viewed December 8, 2015].

Zipperstein, Steven J. *Elusive Prophet: Ahad Ha'am and the Origins of Zionism.* Berkeley: University of California Press, 1993.

索　引

（页码为原书页码，即本书边码）